普通高等教育“十二五”规划建设教材

发展经济学

冯开文　主编

中国农业大学出版社
·北京·

内容简介

本书是在多年教学科研实践的基础上，由众多高校的教师通力合作编撰完成的。它充分考虑了受众需求，是本科高年级学生和研究生不可多得的专业读物。

本书突出体现了自身的中国特色、制度特色、专题特色等，在经济发展的先决条件、制度在经济发展中的作用、中国等国的经济发展奇迹、工业革命、中国经济发展的各种实践等方面，内容和分析都有较多的新意。还在提供经济学家小传等方面进行体例的创新尝试。

图书在版编目(CIP)数据

发展经济学/冯开文主编. —北京：中国农业大学出版社，2013.4

ISBN 978-7-5655-0664-2

Ⅰ.①发… Ⅱ.①冯… Ⅲ.①发展经济学 Ⅳ.①F061.3

中国版本图书馆 CIP 数据核字(2013)第 011973 号

书　　名 发展经济学

作　　者 冯开文　主编

策划编辑 魏秀云　　**责任编辑** 张秀环

封面设计 郑　川　　**责任校对** 陈　莹　王晓凤

出版发行 中国农业大学出版社

社　　址 北京市海淀区圆明园西路 2 号　　**邮政编码** 100193

电　　话 发行部 010-62818525,8625　　读者服务部 010-62732336

编辑部 010-62732617,2618　　出　版　部 010-62733440

网　　址 http://www.cau.edu.cn/caup　　**e-mail** cbsszs@cau.edu.cn

经　　销 新华书店

印　　刷 北京时代华都印刷有限公司

版　　次 2013 年 4 月第 1 版　　2013 年 4 月第 1 次印刷

规　　格 787×980　16 开本　24.25 印张　436 千字

定　　价 36.00 元

编 写 人 员

主　编　冯开文

副主编　孙　芳　胡宝贵　马培衢　赵　勇

参　编　（按姓氏笔画排序）

王　卅　王佳楠　许　筠　朱　哲　杨　清

张晋华　孟志兴　原正军

前　言

编写一本发展经济学教材的想法，在10年前就产生了。那时中国加入了世界贸易组织，并且坚持以发展中国家的身份加入。我就想，这样一个大体量的发展中国家的加入，一定会对世界经济格局、对经济学尤其是发展经济学的理论带来一些重大的改变，中国的经济学者应该自觉地用各种方式，结合中国的实践，对发展经济学的理论进行梳理和考量。遗憾的是，这种想法在10年后才成为了行动。好在这时中国已经成为世界第二大经济体，人均GDP也已经达到中等发达国家的水平，这时回顾和审视发展经济学更富理论和现实意义。社会科学界甚至对这类工作打上了"中国风格、中国气象"之类的标签。虽然本人深知，要通过一本教材，达到如此高的目标，显然不够格；但是自己的初衷能与时代的脚步、学术研究的进展合拍，还是一件十分令人欣慰的事。本书的编写，就是在这样欣悦而又自豪的心情支配下，展开的有些惴惴的尝试。

与此初衷相关，本书编写中努力要体现以下5个特色。

第一个特色是中国特色。挖掘和总结中国这个特殊的发展中国家，在经济发展中走过的特殊道路、形成的独特经验，以及这些对传统发展经济学理论的影响，是本书一个重要的着力点。这方面的内容体现在对中国的国际地位、三元经济结构、人民币汇率等问题的分析、中国利用外资、技术进步、制度变革等方面经验的总结，中国的经济增长和发展模式、中国等国的经济发展奇迹、中国农业发展的理论与实践与国外的比较等方面的主张及其论证。力争使中国特色成为本书的一个重要表征。

第二个特色是制度特色。经济发展是一个错综复杂的制度变迁过程，这已经是众多发展经济学家的共识。作为一个转型国家，中国的制度变革理应受到格外的关注。本书对制度的分析主要体现在：强调制度在经济发展的作用，并从发展经济学的基本假定、经济发展的先决条件、可持续发展中的公共资源分析、经济增长理论中的制度因素、圈地运动、工业革命、发展经济学流派中的新制度主义发展经济学等方面强化制度分析，使制度成为贯穿本书的一条红线。

第三个特色是专题特色。本书各章围绕专题展开内容，以某一中心问题为核心组织章节，讲究专题的系统完整性和一定深度。其次才是在此基础上，兼顾全书的系统完整性。有些专题是国内教材未曾涉及的内容：如西方世界的崛起、工业革命、中国的奇迹、经济发展的先决条件、发展经济学的流派等。

第四个特色是体例特色。本书的编写，要求在介绍重要内容时，要有主要进展的文献回顾和相关评价；杜绝抄袭，不许大段引用，引用注释要规范，所有引用文献要一一开列在参考文献中；文中文献引用统一使用夹注的形式，参考文献列在每章正文之后，思考题之前；主要经济学家要有脚注形式的小传，100 字左右，包括生卒年，主要贡献等；选用必要的数据、图表、公式进行规范的表述。

第五个特色是实践特色。本教材的主干内容已经经过了 10 余年的讲授，10 余次的修改、补充、完善，经过了教学实践的反复检验，授课对象达千余人，已经成为经济学课程体系的重要组成部分，取得了较好的社会影响；本书的参编者多是国内各高校的经济学教师，不少就在教授发展经济学，了解受众意愿，丰富的教学经验反映到编写中，提高了选材的针对性。

当然，教材的错谬之处在所难免，多人编写还不免些许重复（虽然从自成体系的角度看也有必要），还请大家不吝指正。

本书的主要编写者是：孙芳（河北北方学院教授，副主编并负责第二、四章），胡宝贵（北京农学院副教授，副主编并负责第十一章），马培衢（河南科技大学副教授，副主编并负责第五章），赵勇（北京城市学院副教授，副主编并负责第八章），张晋华（浙江工业大学讲师，中国农业大学博士，负责第六章），王佳楠（中国农业大学博士、清华大学在站博士后，与冯开文共同负责第九章），原正军（中国社会科学院助理研究员、中国农业大学博士生，负责第十四章），朱哲（塔里木大学讲师，负责第十章），杨清（甘肃农业大学讲师，负责第七章），孟志兴（山西农业大学讲师，负责第十二章），许�（中国农业大学硕士，江苏省委，与冯开文共同负责第一、三章），王卅（中国农业大学硕士，湖北省政府，负责第十三章）。全书由主编冯开文教授统稿，但各章作者文责自负。

不客气的话说完后，还是要真诚地感谢各位编写者。还要感谢认真负责、乐于助人的中国农业大学出版社策划编辑魏秀云女士，责任编辑张秀环女士。但愿本书能成为中国经济发展浪潮中的一枚贝壳，成为有心人停下脚步的理由。

冯开文

2012 年 10 月 18 日

目　录

第一部分　绪　论

第二部分　经济发展本论

第四部分　附　　论

第一部分
绪　　论

第一章　发展经济学

第一节　发展经济学的内涵、基本假定以及特点

一、发展经济学

(一)基本内涵

发展经济学，顾名思义，就是研究经济发展问题的经济学。严格地讲，发展经济学研究的不是一般意义上的经济发展，而是发展中国家的经济发展。具体地说，它研究一个国家从经济落后转变为经济发达的因素、过程、机制、战略、政策。因此，它是发展中国家的经济学，是穷国的经济学或关于贫困的经济学。

发展经济学是一门发展中国家的泛经济学，它是以“发展中国家”为对象，分析和研究不发达经济如何发展的一门经济学学科，也就是研究一国从不发达到发达形态的政治、经济、文化和社会演变，演变过程中的战略与对策，以及发展规律的科学。着重研究经济发展的过程、因素以及所要采取的政策方针问题。

由于今天的发达国家在一两个世纪之前也曾经是贫穷落后的国家，那时经济学家或其他有识之士的好多论著中就充满了对经济发展问题的思考。例如，经济学的创始人亚当·斯密于1776年出版的《国富论》，本质上就是研究一国如何由穷变富问题的。可以说，早期的经济学或者说古典经济学就是发展经济学，斯密之后的马尔萨斯、李嘉图、穆勒也都是经济发展问题的重要研究者。但是19世纪爆发边际革命之后，经济学日益走上纯粹化的道路，职业经济学家对静态解决问题的兴趣超过了动态经济问题，经济发展这个问题也被冷落了近半个世纪。一直到20世纪40年代，经济学家才重新恢复对动态问题的研究兴趣。但是在第二次世界大战之前，经济学家关于动态经济学的研究仍然带有浓厚的纯理论色彩，仍然是关于先进经济体系的经济增长和经济周期理论，对落后国家的经济问题研究极为缺乏。可以说，在50年代以前，还不存在发展经济学。

第二次世界大战结束以后，民族独立运动席卷全球，一大批亚非拉国家先后摆脱殖民主义的统治，赢得了政治独立。随着世界殖民体系的崩溃，出现了一大批新

兴独立国家。这些国家大小各异，自然条件、社会条件、政治经济条件各不相同。但是他们大多经受过殖民主义的压迫和剥削，经济基础都十分薄弱。在取得政治独立之后，迫切要求取得经济解放。发展中国家也意识到它们在世界上所处的经济和政治地位比较低下，只有尽快地发展经济，才能改变自己的地位，进而才能巩固政治上的独立。但是对于这些国家来说，适宜的经济发展理论仍是相当缺乏的，一个完整的学科体系也难以在这些国家形成和兴起；而在世界的另一端，发达国家迫于经济上和政治上的需要，开始重新考虑它们与世界上较为贫穷国家之间的关系。发展经济学就是第二次世界大战以后形成的、研究发展中国家经济发展的过程和规律的一门综合性经济分支学科。

(二)研究内容

如上所述，虽然所有国家都需要发展，但发展经济学这门学科是专门以发展中国家，即以后进国家的经济发展问题作为研究对象的。经济发展问题有很多，概括起来包括两个方面：一是发展中国家经济相对于发达国家为什么落后或不发达，即不发达的原因和障碍是什么。二是发展中国家如何加快经济发展步伐来追赶当今发达国家，即发展中国家根据自身特点应采取何种战略和政策来推进经济更快地发展。因此可以说，发展经济学研究的内容，首先是要不断探索发展中国家不能像发达国家那样较早地进入现代经济增长阶段的原因，即制约或阻碍这些国家迅速实现工业化和现代化的因素有哪些。其次是要研究发展中国家具备怎样的工业化和现代化的必要条件和充分条件，才能改变不发达状态从而进入发达状态。最后是要从发展中国家的实际出发，通过对各种发展战略和发展模式的比较，寻求一条真正符合发展中国家具体国情的、切实可行的、摆脱贫困落后的经济发展模式、道路和规律。具体而言，发展经济学的研究内容主要分为发展理论、发展战略和发展管理研究 3 部分。

发展理论和模型方面，发展经济学家们提出了各种发展模式或思路。比如，刘易斯的二元结构模型以发展中国家经济中存在的二元结构为出发点，提出经济发展过程也就是城市工业部门的扩张并吸收农村剩余劳动力的过程，农村劳动力向城市的转移是刘易斯二元结构模型主张的发展思路。西方激进学派的依附发展理论从发展中国家与发达国家在国际交往中的关系出发，提出“中心-外围”学说。该理论认为，发展中国家在国际关系中处于依附地位，因而主张发展中国家应摆脱现存的国际经济体系，走自主发展或发展中国家之间相互合作的发展道路。发展模型也包括经济增长模型，因为经济增长是经济发展的前提和基础，因而由西方经济学家建立经济增长模型在发展经济学理论及发展中国家的发展实践中得到广泛应用。

发展战略和政策方面，发展经济学基于发展是一个长期的过程，着重探讨与长期变化有关的制度、结构、战略与政策问题，或者说，这些因素的变化对长期经济增长和发展的影响。例如，它研究国际贸易侧重于国际贸易对经济发展是有利还是有害，是促进经济增长还是阻碍经济增长，以及采取何种贸易战略和政策最能促进经济增长等问题。又如，它研究通货膨胀侧重于通货膨胀是有利于经济增长还是不利于经济增长，应该不应该采取通货膨胀政策来推动经济增长等问题。再比如说，较典型的经济发展战略和模式主要是部门间及地区间发展优先顺序的确定和对一些重要部门的发展方向和措施的制定。发展经济学家们有的主张实现经济发展，就必须在国民经济各部门同时大规模投资，实现各部门平衡增长的平衡增长战略；有的主张应优先发展联系效应大的部门，以不平衡增长为手段，最终达到平衡增长的不平衡增长战略；还有实现工业化的各种模式和战略等。发展政策指发展中国家政府在经济发展过程中所采取的各种经济政策，主要包括财政政策和货币政策，以及财政、货币政策的运用及其效果评价等。

发展管理方面，发展经济学有自己独特的研究对象和研究方法，有自己的理论体系。例如，发展经济学着重于结构分析，如产业结构和地区结构的转变对经济增长的影响，这在以发达市场经济为基础的西方经济学中是不存在的。又如，发展经济学强调非经济因素对经济发展的影响分析，如政治、社会、文化、土地占有制度的变革等与经济增长之间的关系，这在以发达资本主义制度为背景的西方主流经济学中也是不存在的。再如，由于发展中国家市场制度不完善，信息不灵敏，结构缺乏弹性，基础设施落后，再加上制度的变革和结构的转变以及资源的调动等，需要强大政府的推动，因此，发展经济学更强调政府在经济发展中的重要作用，这与西方主流经济学强调市场作用反对政府干预的观点也是非常不同的。

目前发展经济学的教科书很多，内容上的差异也很大，但无论哪个派别，无论哪部教材，其基本内容都不外乎以下五大部分。

第一部分，关于经济发展、发展中国家的特点和发展经济学的论述和说明。

第二部分，对各种经济发展理论和模型的叙述、分析和比较评价。

第三部分，关于经济发展的基本要素的探讨。如对经济发展的自然资源、实物资本、人力资本、技术进步、经济制度等要素的功能、地位的分析。

第四部分，关于经济发展的国内战略、政策和重要问题的研究。如人口增长、就业与收入分配、发展的协调机制（计划还是市场）、产业政策、工业化、农业发展、城市化。本部分还包括发展的优先顺序的确定、财政金融政策、社会项目评估等内容。

第五部分，经济发展的国际政策和问题。包括对出口替代、进口替代、国外援助和外债、外国投资和跨国公司、国际间资本流动、国际贸易与货币体系、国际经济秩序等问题的考察。

二、基本假定

发展经济学除了具有独特的研究对象，还必须有一些相对稳定的基本假定。无论这些假定是明确的还是隐含的，都作为理论分析的前提而存在，内在地规定着所有的研究内容。

（一）不完全市场：信息更加不完备

一般地，市场经济的有效运作是以完全信息为前提，完全信息假设是完全竞争市场结构的基本条件。而现实中市场是不完全的，绝大部分原因就在于市场上信息的不完备，因此所做出的选择基本上都是有限理性选择。市场交换等微观人类行为中，在一国经济发展变化的过程中，信息不完备现象普遍存在于其中，获取信息都要受到客观经济和技术条件的限制。

所谓信息不完备，是指信息量的不足，在某种程度上也体现为信息的不对称。奈特在 1921 年就已经指出，现实的经济活动充满了不确定性，致使一部分人会努力寻求更多、更可靠的信息以追求获利的机会。帕累托在 1927 年《政治经济学手册》中也曾经提到过这一点。但真正最早以不完全信息标准考察市场经济问题的是弗里德里希·哈耶克，在他看来，市场信息分散地存在于每个市场参加者之中，任何一个市场参加者都不可能掌握市场的全部信息。凯恩斯也从人们的现有知识、经济世界的不确定性等方面，探讨了不确定性和信息不完备对人们经济行为和经济波动的影响，从而明确地把不确定性、信息不完备与宏观经济波动联系起来。

具体来看，造成信息不完备的原因主要体现在两个方面：首先，存在着客观条件所限制的信息不完备。原因就在于人们所面临的是一个复杂的、不确定的世界，而且人们对环境的计算能力和认识能力是有限的，人不可能无所不知。比如说对于一个处于偏远山区的老农来说，很可能就会把洗衣机当成一种用来装粮食的工具，这就是客观环境对其信息的可获得的限制性。其次，是个体不愿或者说被迫不能得到一些信息。例如，在高考的考场上就会屏蔽手机信号以防作弊就是其中的一种情况。

目前，发展中国家的市场经济具有很大的不完全与不完善性。在发展中国家，信息不完全、市场不完善以及交易成本高等现象的普遍存在，期货市场的缺乏使市场失灵超出了此前关注的公共物品和外部性的范围，形成了“新市场失灵”。以中国为例，市场经济的不完全与不完善具体表现为统一的国内市场尚未形成，各地区自给自足现象严重，国内市场被分割为许多狭小的封闭性地方市场，产品和生产要素流通不畅，生产要素市场建设步伐缓慢，各种生产要素进入市场的程度、各种要素市场放开的程度和完善程度明显滞后于经济发展的需要。

(二)经济发展潜力和获利机会未被充分认识：制度供给滞后和不足，外部性更严重

经过第二次世界大战后半个多世纪的经济发展，大部分发展中国家的经济仍然未见明显的起色。而经济的突飞猛进也不是以现有经济水平为契机的，落后的经济基础有新的制度创新为导向同样可以实现跨越发展。如14世纪的中国，尽管已具备当时先进的技术、优秀的人力资源、雄厚的资金，但中国并没有爆发工业革命。原因主要在于14世纪的中国并没有建立起一套有效的保护创新、调动人的积极性的产权制度。就是说，发展中国家的制度供给不足以及外部性所造成的不发展，从而也使世人忽略了发展中国家的发展潜力和获利机会，这些变成现实的可能性也大为降低。

速水佑次郎和弗农·拉坦最早在《诱致性制度变迁理论》一文中明确使用了“制度变迁的需求”和“制度变迁的供给”概念。从一定程度上说，制度供给是一个动态的不断变迁和更新的过程，它本身必须具备与时俱进的品格，否则，就会导致体制封闭、制度环境恶化，从而跟不上形势发展的需要，并阻碍社会发展。因此，制度供给对不同时期经济发展的制约或促进作用正是发展经济学所要探讨的内容。可以说，当今发展中国家的落后是“制度性落后”，发展中国家的短缺是“制度的短缺”，发展中国家的贫困是“制度性贫困”。制度变革比高资本积累更为重要——因为良好的制度能够以有限的资金发挥更大的作用，而腐败的制度则会使再多的资金化为乌有。在发展中国家，通过制度变革来创建高效率体制的任务虽然是极为重要的，但也将是艰巨而又漫长的。

从微观方面来说，H·登姆塞茨曾指出，当交易的合约没有考虑双方或其他人的受损受益效应时，交易的解决办法就与所交易的产权束的社会价值不一致，从而导致外部性的存在。按照一般说法，外部性指的是私人收益与社会收益、私人成本与社会成本不一致的现象，它又可以具体地分为制度正的外部性和负的外部性。如中国小岗村的包干制度引起了全国家庭承包责任制的改革，使全国人民都在“搭便车”地享受着这种制度所带来的正的外部性，从总体上来看是获益良多，但是这种制度创新的收益则下降，减少了制度变迁主体发明的积极性，从而又造成了制度的供给不足。

(三)产权制度并非给定：转型经济和社会

产权制度的最主要功能在于降低交易费用，提高资源配置效率。马克思和恩格斯从100多年前就开始全面深入地研究了各个社会的财产权利关系，建立了详尽的产权理论体系。西方产权理论主要研究产权制度安排对社会和人的经济活动的影响问题，它的诞生以科斯的论文《企业的性质》发表为标志。按照产权经济学的理论，产权制度的确定是由理性的个人之间的自由交易决定的，产权决定经济绩效。正如诺斯所说，一方面由于国家规定着所有权结构，最终要对所有权结构的效率负责；另一方面，由于意识形态影响着个人的心理偏好和效用函数，因而，制度结构是由产权、国家和意识形态的相互作用形成的，这实际上就承认了产权制度的变迁是社会制度整体结构的产物。

发展中国家在发展过程中，经济和社会大多数处于转型时期。经济方面，各发展中国家逐渐认识到可持续发展的实现需要经济增长向经济发展转变，不单单关注GDP的增长，越来越强调资源合理配置、知识经济和均衡发展的重要性。同时，伴随着经济的转型，构成社会的诸要素如政治、文化、价值体系在社会形态里也发生质变或者是量变。在西方国家，产权的核心是为所有权构建并且保持基本不变，再加上其私有权制度高度稳定，这就从一定层面决定了其经济结构的稳定性。但是在很多发展中国家，由于缺乏成熟和稳定的产权制度，也即产权制度在没有给定的情况下，为了应对经济和社会的各种转型，必然会伴随着产权的变更，通过产权的不断变更，为经济增长和经济发展提供新的有效保障，也为之带来成本的不断降低。例如，中国的国有企业改革和农村改革都不是一步到位的，但在推进和保障经济发展中的作用却尤为明显。当然，失败的改革则不仅没有这样的效果，还会成为经济发展的负担，腐败、军人干政、利益集团都是这样的例子，原因则都可归结为产权制度不稳定不成熟。可以说，非给定的产权制度，是发展中国家面临的特殊难题。

（四）非经济因素造成市场失灵、制度失灵和政府失灵

市场失灵的概念最先由美国经济学家弗朗西斯·巴托在1954年发表的《市场失灵的分析》一文中提出。在现实市场经济活动中，导致市场失灵的因素很多，主要可分为经济因素和非经济因素。一般认为，外部经济和公共产品是导致市场失灵的主要非经济因素。市场失灵是政府干预的必要条件但不是充分条件，因为政府对环境资源配置、对经济活动缺乏有效的干预或实施不合理的干预就会引起“政府失灵”。政府失灵一般表现为两种形式：“干预不足”或者是“干预失灵”。从总体上看，无论是市场失灵还是政府失灵，都源于制度的失灵。制度失灵是指经济活动中市场、政府不能发挥有效配置资源的作用，导致资源使用不合理的一种现象。它出现的原因多是非经济因素，诸如：政府间的信息传递机制失灵、道德风险以及官僚主义等。对于这些非经济因素，亨利·乔治在1880年就已经意识到了它对经济

发展的影响,认为社会差异产生于人们为自己编织成的一张知识、信仰、习俗、语言、兴趣、制度和法律的网,正是这种网使进步成为可能,但同时也会形成进步的障碍。

对于广大的发展中国家而言,它们共同面临着相同的亟待解决的经济发展障碍,它们的市场经济起步晚、基础差,市场体系不完善、市场机制不健全、市场功能不足、政府干预有效性差,这些直接制约着经济持续发展。综观经济发展史可以看出,单纯的市场调节是不能保证一国经济长期、稳定和健康增长的,国家对经济的干预必不可少。目前发展中国家面临的课题是:在市场机制不完善的条件下政府应该如何进行适度干预、如何提高政府干预的有效性、政府如何制定经济发展的战略与决策、如何完善各种制度建设以促进经济的发展。与此同时,还要逐步重视引起这些失灵的非经济因素。

(五)压抑的不公平的国际经济环境

随着经济全球化的发展,特别是国际分工的不断深化,世界各国经济的相互联系和依赖进一步加强,但是不公平的国际经济环境进一步阻碍了经济全球化的发展。阿根廷著名学者、政治活动家普雷维什最早分析了不公平的国际经济环境给发展中国家成长带来危害,并提出应该建立公平的国际经济新秩序,他与发展经济学家辛格共同提出了“普雷维什-辛格假说”,认为发展中国家贸易条件恶化是一种历史趋势,并把这一情况归咎于不公平的国际分工体系,而不公平的国际经济环境在生产、贸易,货币和投资方面均有体现。

在国际生产领域,发达国家一方面通过贷款和直接投资扶持发展中国家初级产品和低附加值工业制品的生产,造成发展中国家的生产结构单一,从而容易受到世界经济波动伤害;另一方面则支持鼓励本国厂商开发生产高附加值的资本和技术密集型产品。在国际贸易中,发达国家垄断着市场和商品价格的决定,不等价的交换使大量财富发生了不合理的转移,执行不合理的贸易条件是这种转移的主要机制。此外,发达国家的保护壁垒妨碍发展中国家在世界财富分配中获得应得份额,发达国家对于发展中国家的商品出口、劳动力流动、资本引进的种种限制,使得世界财富在流动中有很强的单向性。在国际金融和货币领域,发达国家不仅控制着国际金融机构,而且通过不平等的国际金融体系,使发达国家通过提供贷款、资金援助和经济援助等形式控制发展中国家的财政和金融。

(六)具有“学习”的后发优势

后发优势理论源于古典经济学家李嘉图的国际分工、比较生产费用理论和德国经济学家李斯特动态比较费用学说。“后发优势说”指出,后起国家由于可以直接吸收和引进先进国家的技术，其技术成本要比最初开发的国家低得多。美国经济史学家亚历山大·格申克龙在总结德国、意大利等国经济追赶成功经验的基础上，提出“相对后进性”假说，即在初期阶段的经济发展水平越低，其后来的经济增长率就越高。之后美国社会学家M·列维从现代化的角度将后发优势理论具体化。

后发优势的实质是后发国家在实现工业化和现代化的过程中，具有在技术、制度、发展经验等方面向发达国家学习的广阔空间，并具有强烈的学习动力，即具有“学习”的后发优势。在具备了“学习”的后发优势基础上，这种优势能否转换为现实的经济优势，后发国家能否成功实现对发达国家的经济追赶，关键就取决于后发国家的学习能力。

第二次世界大战以后，世界上绝大多数发展中国家取得了政治上的独立，进入和平建设时期。为了取得经济的快速发展和社会的不断进步，发展中国家实施了许多类型的经济发展战略，依据这些发展战略，发展中国家进入了对发达国家的“追赶过程”，呈现出一种以“后发优势”为特征的赶超型经济。但迄今为止，成功地利用后发优势并取得实际成绩的发展中国家也只有亚洲的极少数国家和地区。大多数发展中国家在努力推行其工业化过程中仍面临巨大的困难，即后发优势逐步丧失的困境，从而导致不能取得预期效果。对此，几乎所有发展中国家的经济发展政策都试图以某种方式来打破这种不利局面，然而收获甚微，而且在20世纪70年代以后，发展中国家在其发展进程中普遍面临“后发优势”丧失及向“后发劣势”转换的困境。

（七）发展中经常伴随着不公平和不平衡现象

在西方历史上，古希腊的柏拉图在《理想国》中首先提出了公平和正义的问题，亚里士多德最早从制度的视角主张“分配的公平”。刘易斯认为：“欠发达世界的领袖们对当前国际经济秩序不公平的谴责，其基本指向是建立在机会成本的市场力量基础之上的要素贸易条件，而不是建立在同工同酬的公平原则基础之上的要素贸易条件。”

平衡增长和不平衡增长是西方发展经济学中对发展中国家应采取的发展战略提出的两种不同主张。1943年，罗森斯坦-罗丹在他的著名论文《东欧和东南欧工业化问题》中，系统地阐述了他的平衡增长理论。1953年，纳克斯在他的《不发达国家的资本形成问题》一书中，提出了“贫困恶性循环理论”，也主张发展中国家实行平衡增长战略。与之相反，20世纪初，列宁在对当时的资本主义世界进行了深入细致的研究与分析后，得出了“政治经济发展不平衡是资本主义的绝对规律”这一结论。第二次世界大战后的世界经济的发展也充分说明了这一理论的正确性。而真正对平衡增长理论提出挑战的代表人物是赫希曼，他在1958年出版的《经济发展战略》一书中，指出平衡增长战略的不可行性，并提出不平衡增长理论。他认为发展中国家应当集中有限的资金和其他资源优先发展部分产业，以此为动力逐步扩大到对其他产业的投资，带动其他产业的发展。可与之类比的是中国提出的"一部分先富起来"的"雁形"发展模式，即从由上海至长江三角洲最后至全中国发展的一个经济发展模式。可以说，就当今世界经济而言，凡是存在市场经济的国家和地区，不论其市场经济的类型如何，都要受制于经济发展不平衡规律。

同时不可避免要面对的是发展中国家不公平的大量存在：持续拉大的贫富差距，不均等的机会，贫民窟，以权谋私、贪污腐败，垄断等现象层出不穷；大部分发展中国家发展不平衡，工业发展落后，且主要以重工业为主，大多是劳动密集型或者是资源主导的产业，且区域发展差异明显。这种不公平的现象以及不平衡的发展模式都是目前发展中国家所要面对的重要课题。

三、发展经济学的特点

概括起来，发展经济学的特点有如下几个方面。

第一，理论和实际相结合，比较注重实际问题。发展经济学并不是以理论经济学的姿态出现的，而是源于解决发展问题、提供政策建议的需要。因此，它具有较强的实用性。如果仿照自然科学的分类法对经济学做一分类，发展经济学应属于应用经济学这一层次。

第二，广泛采用比较分析的方法，尤其是在国际问题方面的分析。发展经济学是在世界上已经有了一批虽为数不多但实力雄厚的发达国家的背景下来研究不发达国家经济发展问题的。因此，对发达国家的历史研究不可避免地构成其研究内容的组成部分。对不同类型发展中国家要注意研究计划与市场两者之间关系及其在不同类型发展中国家的新发展。

第三，还要注意非经济因素的影响，即重视非经济因素对经济发展的影响，如社会制度、经济体制等。因此，从这一层面来说，发展经济学的研究范围要比西方经济学宽广。

第四，发展经济学是在实证分析的基础上，进行规范分析的一门经济科学。

第五，注意进行长期研究，利用长期经验总结规律。从社会经济发展的历史角度探根索源，不是就经济谈经济，而是联系历史、社会、政治、文化、教育等方面，综合地探讨发展中国家的经济起飞和经济发展。在此值得一提的是，进入20世纪90年代以来，除中国外，许多其他的原来实行社会主义计划经济体制的国家，如前苏联、东欧诸国、越南、古巴等，相继选择了实行市场经济体制的改革道路。目前，从计划经济向市场经济转型的问题，可说为发展经济学提供了广阔的研究领域，并已成为新发展经济学的重要内容之一。

此外，发展经济学在运用一般经济规律时，还会涉及政治、社会、文化传统等因素的影响和具体行为方案的研讨。所以，发展经济学与现实生活更加贴近。与研究一般经济规律的经济学相比，发展经济学较具体，但发展经济学也不同于只研究某一经济活动领域的部门经济学，如农业经济学、城市经济学等。与部门经济学相比，发展经济学具有综合性、整体性的特点。可见，发展经济学是一门涉及经济、政治、文化和社会全面变化的独立的应用学科。

第二节　发展经济学的发展

一、发展经济学的理论渊源

任何一种思想理论的产生，都有着它的渊源。发展经济学的产生也是有着它的思想理论根源的。当代发展经济学家们普遍认为，在英国古典学派之后，西方经济学对于经济发展问题的研究，出现了一个长长的间歇阶段。直到第二次世界大战之后，随着帝国主义殖民体系的崩溃，越来越多的殖民地变为独立国，增长和发展重新成为经济学的宏大主题，这时候系统的经济发展理论——发展经济学才逐渐形成。实际上，在发展经济学作为一门学科兴起之前，西方经济学说史中就已经发现丰富的经济发展思想。随着资本主义的出现与成长，西方经济学家开始并越来越重视生产力水平如何提高、社会财富如何增进、国民经济如何改善等问题，这些问题归结到一点，就是生产日益社会化过程中的经济发展问题。他们或者积极地论证经济如何发展，或者消极地解释经济如何不发展，前一类经济学家的代表人物是亚当·斯密，后一类经济学家的代表人物是马尔萨斯。“发展”思想，在经济学说发展史上至少可以追溯到古典政治经济学大师亚当·斯密的《国富论》。

(一)亚当·斯密

在西方经济学说中，亚当·斯密无疑是把经济增长问题作为论证中心的第一位经济学家。他的巨著《国民财富的性质和原因的研究》的焦点问题就是发展经济，即什么因素促成国民财富的增加或减少的问题。从亚当·斯密的《国民财富的性质和原因的研究》开始，古典经济学家们就试图发现经济进步的根源并分析经济变化的长期过程。斯密的经济发展思想包括以下几个要点。

第一，国民财富的增长受制于资本和分工。

斯密认为国民产出的增长是由两个因素决定的。一是资本的不断积累，二是资源的正确配置。斯密把发展过程看作是一个不稳定的动态过程。从均衡状态开始，任何一个向上或向下的移动力量，都会引起连锁反应，循环变动。这种变动的自然的上限是静止状态，由于资本不断积累，利润率将降到最低值，经济将步入静止状态。斯密为当代发展经济学中特别强调资本积累对经济发展的作用的“资本决定论”，奠定了理论基础。此外，斯密认为资本的用途，或者说投资方向，对国民财富的增进速度有很大影响，他指出：“投在农业上的部分越大，所推动的国内的生产性劳动量也越大，同时，对社会土地和劳动的年产物所增加的价值也越大，除了农业，当推制造业。投在出口贸易上的资本，在三者中，效果最小。”

在专业分工方面，斯密认为劳动生产力上最大的增进，以及运用劳动时所表现的更大的熟练、技巧和判断力，似乎都是分工的结果。

他认为人类如果没有互通有无、物物交换和互相交易的倾向，各个人都须亲自生产自己生活上一切必需品和便利品，而一切人的任务和工作全无分别，那就不可能会存在工作差异所产生的才能的巨大差异。分工可以促进劳动生产率的提高。按照斯密的看法，即使在生产技术不变的情况下，劳动者人数增加，特别在一个劳动现场中人数高度密集，必将引起分工，而分工将大大提高劳动生产率。斯密进一步指出，影响劳动生产率的是分工，从事生产性劳动人数的多寡则和人口的增减有关，更取决于资本的多少。这样，斯密就把经济增长和分工、人口数量以及资本积累联系了起来。斯密认为，分工的起源是由人的才能具有自然差异，那是起因于人类独有的交换与易货倾向，交换及易货系属私利行为，其利益决定于分工，假定个人乐于专业化及提高生产力，经由剩余产品之交换行为，促使个人增加财富，此等过程将扩大社会生产，促进社会繁荣，并达私利与公益之调和。而分工之所以能提高劳动生产率，原因有三：第一，劳动者的技巧因业专而日进；第二，由一种工作到另一种工作，通常须损失不少时间，有了分工，就可以免除这种损失；第三，许多简化劳动和缩减劳动的机构的发明，使一个人能够做许多人的工作。总体来说，专业分工减少了生产成本。

第二，斯密认为储蓄是经济增长的前提。

斯密认为资本增加的直接原因是节俭，而不是勤劳。诚然，未有节俭以前，须先有勤劳，节俭所积蓄的物，都是由勤劳得来。但是若只有勤劳，无节俭，有所得而无所贮，资本绝不能加大。节俭可增加维持生产性劳动者的基金，从而增加生产性劳动者的人数。他们的劳动，既然可以增加工作对象的价值，所以，节俭又有增加一国土地和劳动的年产物的交换价值的趋势。节俭可推动更大的劳动量；更大的劳动量可增加年产物的价值。

第三，斯密认为对外贸易可以冲破资源和技术的限制。

斯密认为，对外贸易的出发点是从事贸易双方的国家在某些特定商品的生产上各自占有绝对优势。他说“只要甲国有此优势,乙国无此优势,乙国向甲国购买,总是比自己制造有利。”此外,斯密还论证了国外贸易与经济增长的关系。在他看来,国际分工通过自由贸易能促进各国劳动生产力的发展。对外贸易可使一国的剩余产品实现其价值,从而鼓励人们去改进劳动生产力,努力增加其产量,使国民财富和收入都有所增加,同时,国外贸易还增进消费者的利益,从而有利于国民经济的增长和发展。基于这些观点,斯密成为自由贸易的热心鼓吹者和贸易限制的坚定反对者。

第四,斯密主张“自由放任”的经济政策,坚持市场自动调节,反对政府控制经济,反对垄断。

“自由放任”是斯密历来主张的经济政策的基本原则。他认为,要增加一国的财富,最好的经济政策,就是给人们的经济活动以完全的、充分的自由。在他看来,作为人类特有的交换倾向进而会引起专业分工,只要社会政治开明,政府不加干预,就会大大促进生产,加速经济增长,并造成普及到下层人民的那种普遍富裕的情况。斯密历来主张自由放任政策,还有一种论据:个人支配的资本只要政府不加干涉,就可以找到最有利的用途,从而就整个社会而言,资本也会得到最合理的配置。

第五,斯密提出了“富裕的自然演进”(经济发展的最早提法)。

斯密认为资本主义社会富裕是不能迅速增长的。并分析了原因。他认为,有以下各种因素阻碍了财富的增长。首先,分工不开展。“未开化的野蛮民族,不知道分工的效果。而一个继续从事多种工作的人,要经过很久才能生产出比维持每日生活所需要的多一点的东西”。其次,没有资本积累和机器发明。“在古代社会……没有资本,所以不能有机器的发明”。“不可能发明机器来减轻工作的困难”。第三,经济制度扼杀劳动者的积极性。“使用奴隶从事耕作是不好的办法。奴隶只由于害怕责罚才去劳动,除此以外没有其他动机。”工商业进展的疲缓,也是由于同样性质的原因。在封建专制政体下,没有什么能防止地主剥削佃户和随意提高地租。这使佃户的积极性大大减低。第四,政府的压迫和残暴。第五,独占的因素。一切专利和公司独占权利,都使货价升涨,售量减少。货物的制造受到阻碍,劳动分工也不能尽量发挥。第六,其他因素,如“交通的不便”,市场狭小等。

因此,人类特有的交换倾向,以及由此引起的专业分工,在社会政治开明、政府不加干预的条件下,就会大大促进生产,加速经济增长,并造成普及到下层人民的那种普遍富裕的情况。斯密还认为:个人支配的资本只要政府不加干涉,就可以找到最有利的用途,从而使整个社会的资本,得到最合理的配置。最合理的配置,终于会形成“富裕的自然演进”格局。(以上见亚当·斯密,中译本,1972)

(二)李嘉图

首先,重点研究分配问题。

人们熟知,李嘉图的经济理论不同于斯密之处,在于他把研究重点从生产转向分配。李嘉图所探究的分配问题却是从历史的进程的角度去观察的。各个生产要素的收益,随着时间的推移,在绝对量和相对量两方面发生变化,这就必然与经济增长有着密切的联系。正如马克思所说,李嘉图是从生产的变动中去观察分配问题的。他甚至把社会发展单纯地归结为生产力的发展。在他的《政治经济学及赋税原理》的序言中,一开头就明白地说出:“在不同的社会阶段中,全部土地产品在地租、利润和工资名义下分配给各个阶级的比例是极不相同的。这主要取决于土壤的实际肥力、资本积累和人口状况以及农业上运用的技术、智巧和工具。”(转自谭崇台,2008)

其次,提出报酬递减规律。

李嘉图认为有限的资源条件下,报酬递减规律的作用会导致增长的极限。因此,必须扩大经济规模,开展对外贸易,进口粮食以摆脱“粮食颈口”。

关于报酬渐减规律经济增长的约束作用。李嘉图认为,由于土地数量有限而质量有异,农业生产的报酬是渐减的,而这将会对国民经济增长起约束作用。他说,生产技术的进步,可能抵消或延缓报酬的渐减,这种情况在工业生产中表现得比较明显,就农业而言,技术的进步只能短期地、间歇地提高生产。由于没有考虑技术进步的因素,他推出:以工人仅足糊口所需生活资料的价值所决定的劳动的“自然价格”是不会变的,但谷物的相对价格是会上涨的,这会引起货币工资的提高,从而会出现当代发展经济学所说的“李嘉图粮食颈口现象”。

(三)马尔萨斯

马尔萨斯的人口陷阱理论,已为人所熟知,在这里不再赘述,只是简单对其观点进行概括。他认为,人口在无所妨碍时,以几何级数率增加;生活资料,只以算术级数率增加,人口增长有超过生活资料增长的经常趋势,而人口增长一旦超过粮食增长就会带来衰退和崩溃。

(四)李斯特

李斯特首先论述了落后国家的经济发展问题,他认为落后国家的经济发展就是农业国的工业化过程,而工业化取决于劳动力的文化水平科技知识、可利用的物质资源、社会制度因素。此外,他还强调知识和政府的作用,他认为在本国经济实力迅速增强并且向工业强国转变的关键时期,国家有必要对经济领域实行干预。

(五)熊彼特

熊彼特认为经济发展是对现存经济关系格局的一种突破。突破的力量来自企业家的“创新活动”。而“创新”把一种从来没有过的关于生产要素和生产条件的重新组合(如新产品、方法、市场新组织等)引入生产体系。“创新”的主体是企业家而非资本家。因此,发展的关键不是储蓄而是企业家的创新。企业家活动的动力来源于对垄断利润或超额利润的追逐。除利润动机外,经济发展最主要的动力是“企业家精神”。企业家精神是由五个要素构成的:首创性、成功欲、冒险和以苦为乐、精明与敏锐、强烈的事业心。

二、早期的发展经济学

(一)概况

20世纪四五十年代被看作是发展经济学的初创阶段。在这一阶段中,涌现出了一大批对发展经济学的形成起了重大作用的先驱人物,其中有些人后来还直接成为发展经济学的主要代表人物。

第二次世界大战结束后的最初几年,由于战后经济重建问题引起了人们的重视,促使了三种早期关于发展问题著作的发表,即斯塔利(E. Staley)的《世界经济发展》、曼德尔鲍姆(K. Mandelbaum)的《落后地区的工业化》和罗森斯坦-罗丹的《东南欧工业化问题》。这一时期还出现了发展经济学的十大先驱:罗森斯坦-罗丹、罗斯托等。其中诺贝尔经济学奖获得者有刘易斯、缪尔达尔、廷博根。

(二)特点

我国研究发展经济学的著名经济学家谭崇台对于发展经济学的先驱阶段的发展理论作了全面的概括分析。他认为早期西方发展经济学,有三种主要的看法占了统治地位:强调物质资本积累的重要性与必要性;强调工业化的重要性与必要性;强调计划化的重要性与必要性。因此,这一阶段西方发展经济学的基本论点后来被称为“唯资本理论”、“唯工业化理论”和“唯计划理论”

此外,这一阶段的发展经济学主要是用发达国家的经验指导发展中国家。但是新古典主义经济学和凯恩斯主义经济学都不适用于发展中国家。因为前者是发达市场经济的产物,它所描述的价格形成机制及其假设前提远远脱离了发展中国家的现实;后者是针对发达国家经济周期性波动的特征而言的,它的宏观分析模型和对就业的关注虽然对发展经济学研究发展中国家的经济问题有很大的启发,但它的运行机制和适用环境与发展中国家也有很大的不同。

关于工业化。

工业化是发达国家的一大特征，它对刺激经济的发展有巨大的作用。人们把工业化看成减少进口、减轻外汇约束并积极地扩大外汇储备以增加进一步促进工业生产所需的生产资料和进一步提高国内生活水平所需的消费品和劳务的必由之路。人们也把工业化看成是吸收农业剩余劳动力从而提高农业劳动生产率的唯一途径。为发展中国家实行工业化的必要性与可行性提供理论根据的是有名的刘易斯二元经济结构模式。这个模式认为农业剩余劳动的转移是工业资本的积累和扩大的源泉，并提出了二元经济结构，无限剩余劳动供给等概念。因此，谋求工业化是发展中国家的普遍愿望，也体现了经济上摆脱依附、实现独立的民族感情。

而在这一阶段，人们普遍对传统西方经济理论对发展中国家的适用性持怀疑态度，更多地强调发展中国家经济当中特有的市场不完全性、刚性短缺、过剩、低供给弹性等。由于这一阶段是发展经济学的初始阶段，各种理论纷纷出现。因此，这一阶段被称为发展理论的巨大创新和争鸣阶段。

1841 年，李斯特提出的影响深远的“幼稚工业保护论”。他认为在现代化的第一阶段，后发国应采取自由贸易政策，吸收先发国的生产力。阿根廷著名的经济学家劳尔·普雷维什在 1949 年 5 月提出贸易条件恶化论。而同时依附论思想家认为“剩余”是先进资本主义国家从不发达国家那里榨取来的。不发达国家所以贫穷和不能发展，就是因为它得不到自己的“剩余”。这些理论从一定层面上论证了进行工业化的必要性。

当然也存在一些质疑：如舒尔茨认为农业对发展也有着积极的贡献。他反对轻视农业的看法，认为“并不存在使任何一个国家的农业部门不能对经济增长做出重大贡献的基本原因”。他提出欧洲、日本、墨西哥等国正是通过农业而实现了较快的经济发展。他还提出，经济发展取决于人的质量而非自然资源和资本。人力资本是通过投资而形成的，像土地、资本等实体性要素一样，在社会生产中具有重要的作用。农民的技能和知识水平与其耕作的生产率之间存在着有力的正相关关系（舒尔茨，中译本，1987）。此外，缪尔达尔认为，发展目标应包括人的政治地位和文化水平提高，不平等结构是由种姓制度、种族界限、种族歧视、族阀主义以及一整套社会和宗教禁忌支撑的。这就是经济增长的主要障碍。（冈纳·缪尔达尔，中译本，1968）

关于资本积累。

传统西方经济学认为，生产要素有三种：土地、劳动和资本。资本，是指物质资本。自然资源的丰歉，会给经济增长和发展造成有利或不利的条件，但并不能对经济发展起决定性的作用。劳动是一般发展中国家比较充裕的生产要素，不会成为经济增长的约束条件。束缚经济增长的首要因素被归结为资本匮乏。

哈罗德模式从凯恩斯的收入决定论出发，得出了一个十分明确的结论：资本的不断形成，是经济持续增长的决定因素，而其他理论也都一直强调资本积累。如纳克斯的“贫困的恶性循环理论”，缪尔达尔的“循环累积因果关系”等理论，都论证了资本匮乏对经济发展的阻碍；而罗森斯坦-罗丹的“大推进”理论、罗斯托的起飞理论等都强调要提高储蓄率，加速资本形成。第二次世界大战后美国援助欧洲重建的马歇尔计划的成功，从实践上说明了资本形成能够有力的推动经济发展，钱纳里等提出的两部门模型还论证道，对于国内储蓄不足的发展中国家，需要引入外国资本来弥补。不过，在 20 世纪 60 年代初，舒尔茨等发展经济学家已经认识到，经济发展不能仅仅依靠物质资本积累，比物质财富更基本的是创造财富的能力，即人力资本。

关于计划化。

可以说，20 世纪 50 年代是对计划化热情最高的年代。早期的发展经济学家认为，发展中国家的市场无论在结构上还是功能上都不完善，价格不能正确地反映经济信息，市场体系不能起到有效地配置资源的作用。而且，即使是较为完善的市场体系也只是在短期和静态条件下有效率。纳克斯的“贫困的恶性循环理论”也论证了市场机制并不适合发展中国家。同时，无论是大推进、起飞理论，还是平衡增长和不平衡增长理论，都说明了发展中国家需要计划，这些理论为发展中国家制订发展计划奠定了理论基础。

但是，第二次世界大战后 20 年，许多发展中国家走的是一条封闭式的、以物质资本积累为核心的、高度计划化的进口替代型工业化发展道路。总的来说并没有达到预期的经济发展目标，反而暴露出种种问题，如农业发展停滞，市场受到抑制，外汇短缺，部门差距和地区差距拉大，而且造成了严重的环境污染问题。

三、近期的发展经济学

(一)问题与背景

问题可以概括为：资本积累、计划化的工业化（进口替代）不如出口替代的效果好。

20 世纪 60 年代初期、特别 60 年代中期，发展中国家经济出现了和第一阶段经济发展理论所设想的结果不相一致的情况。按照那些理论而作出决策的发展中国家并未达到预期的经济目标，奉行国内工业化和进口替代政策、实行经济计划化和政府多方干预的结果，使经济上遭遇着种种困难。进口替代经过较为宽松的初始阶段之后，出现了国际收支的赤字和国内通货膨胀，外汇的短缺和国内市场狭小，使进口替代的预想成为泡影。例如，处于共产主义世界和资本主义世界的中间地带的柬埔寨，前后有30年时间都处于内战和对外战争中。长期战争摧毁了国内的基础设施和国民经济，导致农业衰败，数百万居民丧生。为寻求生存，大量人口流落到马来西亚、缅甸、印度和泰国等其他国家维生。尽管现在柬埔寨较之以前和平很多，但由于贪恋国外乞丐的"高工资"，这些流出的柬埔寨人仍然宁愿在国外当乞丐。与此相反，那些经济比较开放、注意发挥市场作用、执行出口导向政策的发展中国家，却在经济上取得比较快速的进步。（谭崇台，2008）

对此，早在发展经济学的初期阶段，就有一些经济学家提出，发展不能是"无价格"的。在资源配置中，价格作用不容抹杀；对个人的经济刺激不能忽视，政府不能过分干预市场价格体系的形成和作用等。加之，前一阶段发展中国家的经济发展并不那么尽如人意，人们开始对以前的经济理论重新进行评价，对发展理论采用的研究方法进行重新估计，出现了不少应用传统经济方法分析现实经济问题的理论和模型。如美国经济学家T·舒尔茨在《改造传统农业》中对传统农业中农民的分析；美国经济学家迈克尔·托达罗的人口流动模型等，都是运用传统的新古典分析方法分析发展问题的杰作。

（二）主要趋势

面对上述存在的问题，发展经济学的基本思路、研究重点、分析方法都发生了很大变化。逐渐开始重视农业、市场、收入分配、国际贸易的作用和发展项目的评估。

第一，重视农业发展的重要性。第一个阶段发展经济学家一般只关心工业部门的扩张，而忽视了农业和农村的发展。一些发展中国家为了促进工业部门的扩张，不仅不对农业进行投资，而且还为积累资本对农业部门榨取得很厉害，结果导致农业部门萎缩，农业生产长期停滞不前，粮食严重短缺，贫困人口增加，而工业部门由于市场缺乏和粮食短缺也发展缓慢。第二个阶段发展经济学家看到了工业部门扩张和农业部门发展之间的密切关系，强调在工业化过程中应该重视农业的发展，通过对农业生产与科技研究的投资和对农民的人力资本投资来提高农业生产率，把传统农业转变为现代化农业。此外，如前所述，在这一阶段，发展学者强调发展目标的多元化，把消除贫困作为发展目标之一，而农村是贫困人口最集中的地方，因此发展农村经济、提高农民的收入水平是消除贫困的重要途径，农业与农村发展不仅具有工具价值（为加速工业化提供劳动和资本），而且本身也是发展目标。还有一个原因也是很重要的，即这一时期在一些发展中国家发生的"绿色革命"，显著减轻了粮食短缺的程度，使发展学者看到了农业发展的巨大潜力和改善穷人生活的前景，从而对农业发展的研究更多了。

第二，重新强调市场机制的作用。在此之前发展经济学基本上否定了市场机制在发展中国家的有效性，转而强调国家和计划在经济发展中的主导作用。但是，20世纪60年代后期以来，越来越多的发展经济学家指责政府对经济的过度干预和无所不包的计划，认为计划失败和不适当的政府干预是导致资源配置无效率和经济增长缓慢的根本原因。他们相信市场机制不仅在发达国家是有效率的，而且在发展中国家同样是有效率的。市场机制至少具有三方面的优点：一是有助于配置资源并激励经济增长；二是作为一种有效的管理工具，可用来完成政策目标并避免直接控制下所出现的低效率和腐败；三是可以提供广泛的信息而花费不高。因此，如果不发挥市场价格机制的作用，而夸大价格扭曲和市场失效，则必将出现“政策引致的扭曲”和“非市场失效”。总之，这一时期开始十分重视市场机制在经济发展中的作用。由于强调市场机制作用的理论被称为新古典主义，因此，发展经济学领域里的这一变化也被称为新古典主义复兴。

第三，重新确定发展目标。前一时期发展经济学家基本上是把GNP的增长作为发展的首要目标，甚至是唯一目标，认为只要经济增长了，就自然而然地产生“滴注效应”，惠及到广大低收入阶层。但是，事实却远非如此。一些国家经济增长较快，但收入分配和贫困问题更加恶化了，失业问题更为严重了。于是，在20世纪60年代末70年代初出现了一股重新解释发展的意义和重新确定发展目标的新潮流，很多学者严厉指责把经济增长作为发展的首要目标，认为经济发展的意义和目的在于提高全体人民的生活水平，因此发展的目标应该是多维的，除了收入增加之外还应该包括就业增加、贫困减轻、分配公平和乡村发展。世界银行提出了伴随增长的再分配计划，联合国国际劳工组织制定了“基本人类需要”战略，还有不少文献强调乡村发展。进入20世纪90年代以来，强调消除贫困、增加就业和保护环境的呼声又日渐升高。

第四，重新强调外贸、外资在经济发展中的作用，提倡外向型发展战略。在外贸问题上，20世纪五六十年代的发展经济学认为，发展中国家的自由贸易是有害的，前景是悲观的；60年代后期，以哈伯勒等为代表的学者，开始重视论证自由贸易对经济发展的重要性，积极主张发展中国家应采取外向型发展战略。他们认为，国际贸易是国内贸易的自然延伸，新古典主义中的市场机制无论对于国内经济，还是对于国际经济，同样是适宜的。他们还把东南亚一些国家和地区的成就，归功于新古典主义国际经济理论在实践中得到了贯彻。在对待外资问题上，人们越来越重视如何有效地利用外资来加速经济发展。最具代表性的是钱纳里和斯特劳特的“两缺口模型。

第五，社会项目评估理论与方法的兴起。在这方面做出了贡献的发展经济学家主要是哈伯格。他根据现代福利经济学的三个基本假设，建立了经济发展中社会项目评估的理论框架。这三个基本假设是：竞争的需求价格度量出各个边际单位对需求者带来的利益；竞争的供给价格度量出每个边际单位给供给者带来的机会成本；将所有的利益与成本加总起来就可以度量出整个社会的利益与成本。哈伯格通过对扭曲和外在经济或不经济的矫正，提出了如何解决度量外汇、资本和劳动的机会成本以及如何计算社会贴现率的方法等。

(三)发展内容的变化

在20世纪五六十年代，发展经济学家都热衷于构建宏大的理论体系和制定对所有发展中国家都适用的一般发展战略。由于发展中国家千差万别，构建一般理论体系比较困难，到20世纪七八十年代，发展经济学家的研究兴趣开始从宏观分析转到微观分析，从整体研究转向国别研究和应用研究，如项目评估就是在这一时期兴起的。这一时期发展研究的另一个特点是从长期分析转到短期分析。当然，这些研究都是建立在新古典分析方法基础上的。

在早期发展经济学理论的影响下，绝大多数发展中国家采行依靠计划化、国有化和奉行进口替代战略等，来加速资本积累和工业化的发展道路，其实践结果并未达到预期的经济目标，却在经济运行中遭遇着种种困难。与此形成鲜明对照的是，那些对外经济比较开放、注意发挥市场作用、实行出口导向政策的发展中国家(例如东南亚地区)，却在经济上取得了较快的进步。面对这种情况，从20世纪60年代后期尤其是70年代以后，发展经济学家大多不再像前一段时期意气风发，而是以一种平静的态度反思早期发展理论，并在许多方面作出了重大修正和转变。比较有代表性的学者包括美国的西奥多·舒尔茨、哈伯勒、哈伯格、迈耶，缅甸的明特、巴西的富尔塔多以及其他一些依附论学者。

(四)发展机制的变化

第一，分析政府干预的弊端，重新估计市场机制的作用，使市场和计划相结合。20世纪60年代后的发展经济学家在强调价格—市场机制的同时，又着重指出，他们并非主张政府必须接受自由放任的原则，而是主张政府应当培育、增进、加强和利用价格—市场机制，政府不要完全依赖全面的、细节的管理控制，而可以通过价格变动来执行政策，可以为发展生产、增加输出和扩大国内市场提供价格和收入刺激。价格变动包括外汇率、利息率、关税、租税和补贴。补贴和租税的配合特别有利于诱导厂商，使它们按照社会机会成本去估定投入品的价值，开辟外在经济的效益和引进新的生产技术。

第二，重新估计行为主体的行为和发展的内在结构：如农民的理性，以"金融深化”(通过金融市场的自由化,使利率提高到足以反映资本稀缺的程度)解决“金融抑制”,平衡增长的弊端等。

(五)研究方法的变化

第一,更多地采用新古典的分析方法。新古典经济学是否既适用于发达国家又适用于发展中国家,发展中国家是否还需要有一种单独经济学,是一个长期以来一直争论不休的问题。随着新古典主义复兴思潮的出现和传播,持“单一经济学”的观点也开始成为一种时髦理论。原先持新古典主义观点的发展经济学家,当然更是把发展经济学看成是西方正统经济学的一个分支或派生形式。例如,根据伊恩·李特尔的观点,发展经济学只是“纯应用微观经济学”的正宗分支。哈伯勒则更为明确地指出:“在我看来,发展经济学和发展政策应当看成是一般的经济学和经济政策的组成部分。或者更确切地说,是增长理论和增长政策的组成部分。”

第二,更多地采用经验分析的方法。而对着新古典主义在西方发展经济学中的“复兴”,许多发展经济学家都意识到发展是一个错综复杂的过程,各国自然资源禀赋、文化历史传统、社会经济结构和外部环境条件千差万别,很难把全部发展中国家纳入统一的理论框架和模式构造之中。似乎这是以往发展经济学之所以不能取得理想的实际成效的根本原因。于是,发展经济学家开始注重了所谓的“类型学”分析,也就是对不同的发展中国家进行分门别类的研究,根据它们的具体情况,求不同的发展道路。希望能在这些“案例分析”和“实证研究”的基础上,进行综合比较、归纳整理和理论抽象,以此来修正过去的理论错误和提出新的理论观点,帮助发展经济学的发展和完善。然而,一些发展经济学家走向了另一个极端,即在注重实际材料分析的同时,完全否认了理论研究的重要性,把发展经济学看成了政策学。

第三,越来越多地接受制度分析方法。发展经济学应侧重于历史的和制度的分析方法。在发展中国家的经济发展中,历史、社会、政治、文化等非经济因素,起着十分重要的作用。从20世纪80年代末,特别是90年代以来,发展经济学越来越多地运用制度经济学的方法进行分析。其具体做法是将历史社会、政治文化、制度等作为内生变量,分析传统制度对发展的制约,制度创新对增长和发展的促进作用,关注非经济因素对经济发展路径的影响。

第四,更理性地用具体方法分析特殊、特定问题,尤其是理论自身的适应性难题。这一是因为发展中国家现实的复杂性、独特性,二是因为理论对现实的舍取和抽象,一些特殊、特定的问题,对发展经济学家产生了越来越浓厚的兴趣。

参考文献

[1] 纳·缪尔达尔.亚洲的戏剧：南亚国家的贫困的研究.北京：首都经济贸易大学出版社，2001.

[2] 谭崇台.发展经济学概论.武汉：武汉大学出版社，2008.

[3] 西奥多·W·舒尔茨.改造传统农业.北京：商务印书馆，2006.

[4] 亚当·斯密.国民财富的性质和原因的研究(上下卷).北京：商务印书馆，1972.

思考题

1.提出你自己的发展经济学基本假定。

2.发展经济学的发展与经济学的发展联系很紧密，为什么会这样？还有什么因素影响着发展经济学的发展？

第二章　经济发展和发展中国家

发展经济学是以发展中国家为主要研究对象，中心内容为探讨一个不发达国家的经济如何增长与发展。本章主要介绍经济增长与经济发展的含义及两者的区别；发展中国家与发达国家的划分、发展中国家的种类，以及中国的国际地位。

第一节　经济增长与经济发展

发展经济学的理论体系是建立在"发达"与"不发达"、"发展"与"增长"的概念基础上的，因此，在介绍理论之前，先理解经济增长和经济发展这两个概念的主要含义。

一、经济增长的含义

(一)经济增长的概念

经济增长是一个国家总体或人均收入和产品的增长。如果一个国家的商品生产和服务提供增加了，不管在什么意义上，都可以把这一增加看作"经济增长"(德怀特·H·波金斯等[①]，中译本，2005)。经济增长是对一个国家经济实体、经济力量的增长而言的，强调一个国家的商品和劳务产出能力的扩大和生产商品、劳务总量的增加。一个国家的经济增长意味着在一个国家的经济中，投资不断地增加和产量的不断提高。经济增长还意味着生产中的更高生产效率、物质财富增加和人们经济水准的提高。经济学中所讲的经济增长是指一个国家国民生产总值(GNP)、人均生产总值和人均收入长期、持续、稳定提高的过程。因此，经济增长是一个经济运动的过程。在此过程中，随着经济增长，实际国民生产总值、国民收入的水平也不断地提高和增加。

经济增长意味着国民生产总值增长。如果排除人口增长因素，还应包括人均国民产值的提高和国民生活水平的不断改善。这两个指标在经济增长中是相互联

---

①德怀特·H·波金斯(Dwight H. Perkins)：美国经济学家，在哈佛大学获得硕士与博士学位，是哈佛大学政治经济学 H. H. Burbank 教授，哈佛国际发展学院前任院长，也是哈佛大学经济系前任主席。他是中国与韩国经济发展研究方面的杰出学者，拥有这两国与马来西亚、越南、日本等的实地经验。

系、缺一不可的。因为一个国家国民生产总值的增长，并不意味着其人均国民产值的同步增长（其中还有人口增长因素）。由于发展中国家人口增长率较高，国民生产总值和人均产值增长速度不一的矛盾尤为突出。因此，如果一个国家的国民生产总值增长不与人均国民产值同时增长，就不能叫做经济增长。在测定一个国家经济是否增长时，国民总产值和人均总产值都应包括在内。所以，要达到真正的经济增长，只有当总体和个体指标均长期地、持续地增长时，才能称作发展经济学所研究的经济增长（徐育珠①，1988）。

（二）经济增长的特点

1. 经济增长的长期性

经济增长作为一个动态化的过程，是一个连续长期的过程。从发展经济学的角度测定经济增长，要求经济增长具有长期性，即要说明经济增长是经济生活中长期人为努力的结果。各种经济增长模型的建立，也旨在探讨经济长期增长的“稳定状态”及其所具备的条件。短期的经济增长，含有较大的自然性、偶然性和随机性。如一种新产品的发明，就会引起对该产品的需求，从而导致生产增长，即产生短期的经济增长。但由于产品生产周期的衰退，也可能带来经济增长速度减慢甚至停滞。因此，长期性的经济增长才能真实地反映出经济增长的本质。

2. 经济增长的持续性

经济增长是一个无止境的过程。这是由于人们对经济生活不断提高的需求性质所决定的。社会经济的发展，人们经济水平的不断提高，其消费欲望也是不断增长和发展的，永无止境的。因此，相应的经济增长也应是持续和永无止境的。当然，作为经济增长的过程，由于偶然的原因或者是自然的因素，可能会有起伏，甚至较大的波动，但长期经济增长的趋势应是持续上升的。

二、经济发展与现代经济增长

1. 经济发展与经济增长的关系

经济发展与经济增长相比，其含义更为广泛。经济发展是一个长期的、持续的过程。它涉及经济和非经济的内容，即经济发展既要研究国民生产总值、人均生产总值、国民收入和人均国民收入，同时也要研究经济结构、生产结构的改变以及社会制度、经济制度、组织结构、价值判断和社会观念的改变等方面。

经济发展的关键要素，是人民必须是这一过程的主要参与者，这样才能带来结

①徐育珠（1930—）：美籍华裔学者，农村发展经济学家，出生于印度尼西亚椰加达，美国南康州州立大学教授。成果有：《经济学》、《经济学导论》等专著11部，论文近百篇。

构的诸多变化。外国人也能够并不可避免地介入发展,但他们不能包办代替。参与发展意味着享受发展带来的利益,并且参与这些利益的生产过程。如果增长在国内外只是极少数富人受益,不是发展(波金斯,2005)。

经济增长是经济发展的基础,经济发展是经济增长的结果。没有经济增长就不可能有经济发展,但是经济增长并不一定有经济发展。如果强调单一的经济增长的结果,有可能造成两极分化,致使富者越富、穷者越穷,使基尼系数增大,而收入越加不平均,这点必须引起高度重视。再如经济增长带来的资源浪费、生态环境的破坏和大量的污染等,政府不得不动用大量的钱财来治理,从而带来广大人民福利的极大降低等。从非经济层面看,如果经济增长后相关的社会制度、组织机构、市场机制未根本改善,就不能使社会正常发展,也不能算作发展。增长和发展的区别可以用一个简单的例子说明:一个人的成长过程包括两个方面:一是增长,如身体长高、体重增加。但另一方面,其发展也要同时进行,即人的本身素质协调的改变、学习能力的提高、智力的提高、工作能力的发展等。如果一个人只有长高、增重,而没有本身素质和智力的提高,那么也就谈不上发展(徐育珠,1988)。因此,经济发展比经济增长的范围更广。"增长"主要是讲经济方面,而"发展"则包括经济和非经济方面的诸因素,即是多方面、多层次的。

归结起来,经济发展的外延超出经济增长的部分主要包括:经济结构的优化(农业和农村人口减少,而工业和城市人口不断上升)＋人口年龄结构的优化(婴儿死亡率、人均预期寿命,入学率等)＋工业化和现代化程度(能源的人均消费量等)＋收入差距(基尼系数、税收制度等、社会保障体系等)＋ 民主和人民参与程度。

2.现代经济增长

增长是一个社会产出物数量的增加,以人均国民收入或国民生产总值的提高为标志;发展是伴随着重大结构变动的经济增长,这种结构变动,特指从传统社会演进过程中的经济、政治和适合结构的变动,如工业化、城市化、产业结构优化、全球化、公共事务的公众参与、福利的分享等。

现代经济增长是诺贝尔经济学奖得主西蒙·库兹涅茨①所使用的术语,其含义是将目前的经济时代与商业资本主义时代或封建主义时代相对照。现代经济增长仍然在进行着,因此它的全部特点尚不十分清楚,关键在于要应用科学来解决经

①西蒙·库兹涅茨(Simon Smith Kuznets):俄裔美国著名经济学家,"美国的 G. N. P. 之父"。1901 年 4 月 30 日生于乌克兰哈尔科夫,1971 年诺贝尔经济学奖获得者。主要著作:《1870 年以来美国国民收入的长期变化》(1951 年)、《各国经济增长的定量方面》(1956 年)、《关于经济增长的六篇演讲》(1959 年)、《现代经济增长:速率、结构和扩展》(1966 年)、《各国经济增长:总产值和生产结构》(1971 年)等。

济生产中的问题，而这反过来又导致了工业化、城市化甚至人口爆炸性的增长（波金斯，2005）。经济发展和现代经济增长涉及的要比人均收入或产值的增长广泛得多，但没有经济增长也就不可能有发展。

第二节 发展中国家

一、发展中国家的概念

发展中国家是指原处于殖民地、半殖民地或附属国地位，后获得政治独立的新兴民族独立国家（波金斯，2005）。包括亚非拉和其他地区的一些国家，一般表现为经济落后，社会文明程度低，正处于工业化和现代化发展进程中的国家。少数发展中国家已经基本实现了工业化，但是经济结构和社会文明程度还有待于进一步发展。

国际经济学界对“发展中国家”的称谓有多种，主要有第三世界国家、新兴的民族独立国家、落后国家或后进国家、不发达国家、欠发达国家、发展中国家、穷国以及低收入国家等（赵邦宏，2004）。由于大多数第三世界国家分布在南半球，有时又被称为南方国家（波金斯，2005）。这里需要强调，不发达国家和低收入国家并不是完全等同的。例如，像阿拉伯地区产油国人口稀少而富裕，但同时又是不发达的。另一方面，20 世纪 50 年代的日本和以色列则可以说是发达而又贫穷的。

二、发展中国家的分类

（一）发达国家和发展中国家

全世界的国家从经济发展水平来说可以分为两大类：发达国家和发展中国家。发达国家也称工业化国家。当前公认的发达国家有 20 多个，经济合作与发展组织（OECD）的大部分成员国均为发达国家，包括西班牙、葡萄牙、爱尔兰、冰岛、新西兰、意大利、英国、澳大利亚、比利时、荷兰、卢森堡、奥地利、法国、德国、芬兰、土耳其、日本等都是发达国家。其中最重要的 7 个国家是美国、英国、德国、日本、法国、意大利、加拿大，这 7 个国家又形成“七国集团（Group of Seven）”。发达国家也就是所谓西方世界。

发展中国家是发达国家的相对称呼，又称不发达国家或欠发达国家。目前，这些国家和地区有 150 多个，分布在亚洲（日本除外）、非洲、拉丁美洲、大洋洲（澳大利亚和新西兰除外）、东欧和南欧以及地中海地区。人口约占世界总人口数的 3/4，土地面积约占世界的 2/3。在这样一个庞大阵营中各国的发展水平、历史、文化和制度等诸方面必定是千差万别的。

依据世界银行对发达国家与发展中国家的划分，将世界上的国家被划分为三大类：低收入国家、中等收入国家和高收入国家。其中，中等收入国家又分为中等低收入国家和中等高收入国家。如世界银行的《2000年世界发展报告》按人均国民生产总值(GNP)水平来划分，国民生产总值低于756美元的国家为低收入国家；国民生产总值在756美元以上、9 265美元以下的国家为中等收入国家，这些国家又可按人均GNP 2 995美元为界划为上中等收入和下中等收入国家；高于9 265美元的国家为高收入国家。

(二)发展中国家的分类

1. 世界银行的分类方法

(1)人均国民生产总值水平

世界银行每年发布的《世界发展报告》，就是以人均国民生产总值(GNP)水平来划分高收入国家、中等收入国家和低收入水平国家。中等收入又可以根据收入的不同划分为中等低收入水平国家和中等高收入水平国家。具体划分数据标准随着时间的推移，世界银行在作不断的调整。

(2)地理位置

世界银行1995年的《世界发展报告》把发展中国家划分为6类：一是撒哈拉以南非洲的39个发展中国家；二是东亚和太平洋地区的15个国家(地区)；三是南亚的7个国家；四是欧洲和中亚的30个国家(地区)；五是中东和北非的16个国家；六是拉丁美洲和加勒比海地区的23个国家(地区)。

2. 联合国的分类方法

(1)三组分类法

在联合国的分类中，全部发展中国家被分为三组：最不发达国家、非石油输出国发展中国家和石油输出国。最不发达国家是指发展中国家中经济最落后、最贫困的国家。1964年联合国第一届贸易和发展会议首次使用了这一概念。1971年联合国发展计划委员会确定了符合最不发达国家的三条标准：一是人均国内生产总值在100美元以下(以后均以1971年价格为固定价格，适当调整)；二是制造业在国内生产总值中所占比重低于10%；三是识字人数占人口比重不到20%。联合国于1971年按此标准确认21个发展中国家为最不发达国家。衡量标准后来有所调整。最不发达国家为44个，非石油输出国发展中国家有88个，石油输出国有13个。

(2)人类发展指数分类法

联合国开发计划署(UNDP)基于人类发展的多个方面进行分类，包括了一些非经济变量，如人出生时的预期寿命和受教育程度等，这些指标与人均实际收入等经济指标综合起来被称为人类发展指数。1999 年，人类发展的状况被分为 3 个等级：高发展程度，指人类发展指数高于 0.8 的 45 个国家，如阿根廷、澳大利亚、加拿大、美国、日本、德国、法国、英国、意大利、瑞典、爱尔兰、乌拉圭等国家；中等发展程度是指人类发展指数在 0.5～0.79 的 95 个国家，如阿尔巴尼亚、玻利维亚、巴西、刚果、中国、印度、肯尼亚、斯里兰卡、土耳其等国；低发展国家是指人类发展指数低于 0.5 的 35 个国家，如安哥拉、孟加拉国、中非共和国、马拉维、马里、尼泊尔、也门、赞比亚等国家。

也有学者提出“现代化综合指数”这一分类标准，包括“人口发展指标、经济发展指标、社会发展指标、生活质量指标、教育水平指标、创新能力指标、信息化程度指标、生态化程度指标”，于是世界各国被分为发达组，较发达组和不发达组，每一组又被细分成若干等级。

3. 经济合作与发展组织（OECD）分类方法

经济合作与发展组织把发展中国家分为低收入国家、中等收入国家、新兴工业化国家和石油输出国组织成员国。其中，新兴工业化国家是指工业迅速发展，产业结构变化显著，制成品在出口所占比重迅速上升，经济发展速度较快，人均收入较高的发展中国家。1979 年 6 月，经济合作与发展组织发表了新兴工业化国家报告，将新加坡、韩国、中国香港、中国台湾、巴西、墨西哥、西班牙、葡萄牙、希腊、南斯拉夫 10 个国家和地区列为“新兴工业化国家（地区）”。

4. 特殊的发展中国家

根据联合国对发达国家和发展中国家的划分，发达国家除了上述 20 多个国家，还有非洲的南非共和国。那么像中东石油输出国、以色列、中国的香港、俄罗斯、新加坡和韩国等这些国家是否属于发展中国家的问题，回答是：这些国家被联合国认定为发展中国家。

中东石油输出国——包括也门、利比亚、沙特阿拉伯、科威特和阿拉伯联合酋长国在 1996 年的人均收入为 8 000～17 000 美元，但是经济比典型的中高收入或工业化国家更为传统（波金斯，2005）。

以色列、中国的香港，尽管 1996 年人均收入超过了 18 000 美元，也被认定为发展中国家和地区（波金斯，2005）。

东欧国家，包括俄罗斯，其收入已达到了中等收入经济体的标准，如俄罗斯 1989 年人均 GDP 达到峰值 8 000 多美元，总量仍居美、日之后为世界第三。但是它们中的一些国家被描述为处于下滑状态的工业化国家或转轨经济体可能更好，这类国家正在从管制经济转为市场取向型经济（波金斯，2005）。更何况俄罗斯在

2001年的人均GNI只有1 690美元，不及巴西的一半(3 610美元)，总量居世界第十八位。俄罗斯早已失去昔日经济大国的风采。所以，这些国家仍然被认定为发展中国家。

新加坡的人均GNI非常高，2001年为22 780美元，居世界前列。联合国曾有意把它列为发达国家，但新加坡官方表示新加坡发展时间短，工业基础还不稳固，谨慎地把自己列为发展中国家(赵磊，2004)。

(三)发展中国家的经济结构

发展中国家地域辽阔，人口众多，有广大的市场和丰富的自然资源。还有许多战略要地，无论从经济、贸易上，还是从军事上，都占有举足轻重的战略地位。经济基础产业结构收入水平差别很大。所以，发展中国家按照经济结构和资源可分为：农矿原料生产国、石油输出国、出口加工国和地区、综合发展国四大类。

1. 农矿原料生产国

农矿原料生产国属单一原料出口型经济。大多数原料出口国严重依赖于农矿原料的生产和出口，严重依赖于发达国家市场，农矿原料生产在国民经济中占相当大的比重。撒哈拉以南非洲的很多国家都是这一类型。

2. 石油输出国

石油输出国拥有丰富的石油资源，大量生产和输出石油。石油输出国经济的特点就是单一的石油出口，经济结构很片面，国家经济收入深受国际石油市场限制，经济自主权受到限制。欧佩克(OPEC)就是石油输出国组织，包括伊拉克、伊朗、科威特、沙特阿拉伯、委内瑞拉、阿尔及利亚、阿拉伯联合酋长国、卡塔尔、利比亚、尼日利亚和印度尼西亚等国。目的是控制油价和控制石油生产的权力。虽然其中很多国家GNI很高，但由于经济严重依赖石油，工业结构单一，仍不算作发达国家。

3. 出口加工国和地区

韩国、中国台湾、新加坡、中国香港等是典型的这种类型。其特点是：进口工业原料，利用本国或本地区的劳动力和厂房设备等加工生产，再出口成品到世界各国。因为出口带动了整个经济发展，所以这类国家或地区大多比较富裕，韩国2001年人均GNI为9 010美元，新加坡2001年人均GNI更是高达22 780美元。

4. 综合发展国家

如中国、巴西、印度等国。它们大多地大物博，政局稳定，历史悠久，农业发达，拥有资金、人力、资源、市场等优越条件。国内工业发展迅速，也注重发展外向型企业。并且特别注重尖端科技和国民教育的发展，比如中国的航天业、印度的软件业等。这些国家经济全面发展，形势很好。但由于历史原因，特别是人口众多，GNI

还很低，中国1999年人均GNI为750美元，2001年840美元，印度只有440美元（赵磊，2004）。

三、发展中国家的特点

不发达的市场经济是发展中国家经济的本质特征。由于长期遭受殖民掠夺和封建生产关系的束缚，以及独立后政府干预不当，发展中国家的市场运行不灵且受到严重扭曲，无法发挥作为资源配置基本手段的功能。

（一）经济方面特征

1. 经济差距大

大多数发展中国家的人均收入水平低下，同发达国家的经济差距不是缩短了，而是拉得更大了，人均国内生产总值，发达国家1990年12 313美元，到2000年增加到15 440美元，增加值为3 127美元；发展中国家从946美元增加到1 161美元，增加值才215美元。生产力水平低下。到20世纪90年代，发展中国家的劳动生产率只有发达国家的1/10，农业部门仅占1/18。

2. 内部分化

一是高收入的国家和地区，如石油出口国人均收入高，但经济结构单一。二是新兴工业化国家和地区，如亚洲“四小龙”，拉美的巴西、墨西哥、阿根廷等国收入处于中上等水平。三是低收入的国家和地区，如拉美、南亚、北非地区的发展中国家大多是农业国，产业结构多以出口原材料和初级产品为主。但中国、印度等国家具有相当的发展潜力，与某些新兴工业国一起，被美国称为“未来世界的十大新兴市场”，但由于人口多，人均仍处在低收入的行列中。四是分布在非洲撒哈拉大沙漠以南、亚洲和大洋洲最不发达国家，占发展中国家1/3以上。这些国家经济结构单一，基础设施落后，人口增长过快，政局不够稳定，不少国家温饱问题还没有解决。

3. 产业结构低级、经济关系的依附性强

农业和采矿业仍占重要地位，除了少数新兴工业化国家和地区外，大多数发展中国家的工业仍然是劳动密集型和初等技术水平的工业。而且经济关系的依附性很强，在资本、技术、出口等方面都处于被动和受支配地位，具有高度的脆弱性。存在的困难和问题有：粮食、债务、人口膨胀、环境恶化、外贸困难、难民增多。

（二）社会、文化、制度方面

虽然发展中国家各国之间在历史、文化、制度以及经济发展水平等各个方面差异很大，但这些国家却拥有某些共同特征。

1. 低下的生产率水平和生活水平

发展中国家由于人力资源素质、资本存量、技术和管理水平等条件的限制，生产率水平比较低下。2002 年，发展中国家的劳动生产率仅为发达国家的 1/23。

在发展中国家，大多数人民的生活水平很低。生活水平的低下表现在如下几个方面。首先，这些国家的人均生活水平很低。其次，在发展中国家，作为人口大多数的穷人与少数富人生活水平的鸿沟也较发达国家大。最后，大范围的贫困。所谓贫困是指缺少达到最低生活水准的能力。

2. 人口高速增长和沉重的赡养负担

发展中国家人口出生率一般都远高于发达国家的出生率，同时由于卫生条件的改善和传染病的控制，两类国家在死亡率上的差别要小得多，这便造成了发展中国家的人口快速增长。人口快速增长的一个结果是在发展中国家儿童占总人口的比率较高，因此从业劳动力抚养的儿童和老人的数目也多，这就造成了发展中国家的赡养负担。

3. 高水平的失业和低度就业

发展中国家劳动力中相当大的一部分未得其用。劳动力利用不充分有两种表现形式。一种是公开失业，指有劳动力和劳动意愿的人们得不到工作机会；另一种是低度就业或不充分就业，指劳动者形式上虽然就业，但得到的工作时间比他们能够工作的时间少，或指劳动者虽然在形式上得到充分就业的工作时间，但他们的劳动生产率却非常低。

4. 对农业生产的严重依赖

从生产结构看，低收入国家（中国和印度除外）农业在 GDP 中份额要远远高于发达国家；从就业结构看，农业劳动力的比重在发展中国家多达 50%～70%；从城市化水平看，低收入和中等收入国家城市人口占总人口比例要远低于高收入国家和地区。

5. 在国际关系中处于劣势地位

发达国家与发展中国家在国际关系上是不平等的。发达国家控制着国际贸易的类型，决定着国际关系的规则和形势。而在大多数发展中国家，由于发展水平低，国内储蓄不足，经济建设只能靠出口初级产品取得外汇。同时，发展中国家也需要引进必要的技术、外援和外资，而这些资源的国际转移条件也是由发达国家控制的。因此，发展中国家在经济上受发达国家支配，依附于发达国家。

6. 历史命运相似

发展中国家有着相似的历史命运，面临共同的任务和愿望。第二次世界大战后，政治上取得独立的发展中国家，大多奉行中立不结盟政策，并实现了不同意识形态和社会制度的直接合作，加强了发展中国家之间的联系与合作。20 世纪 50 年代中期，以亚洲、非洲、拉丁美洲地区新独立发展中国家为主体的第三世界国家，作为一支新生力量参与国际事务，开展维护国家主权、发展民族经济、反对强权政治、变革国际旧秩序的联合运动。

运动的主要内容有：①不结盟运动。反对参加大国军事集团和与大国结盟。不允许在本国建立大国军事基地，要求尊重各国主权，共同参与解决国际政治经济的重大问题。②发展运动。主要任务是变革以控制和掠夺为核心的国际经济旧秩序，建立公平合理、平等互利的国际经济新秩序；其行动主要体现为南北对话和加强南南合作，重点是南南合作，以南南合作推进南北对话的发展。③反独裁、争民主的运动。20 世纪 70～80 年代达到高潮。随着发展中国家民族经济的发展，资本主义因素的增强，各国人民普遍要求建立民主制度，实行普选，加强法制。

四、中国的国际地位

中国是最大的发展中国家之一，其国际地位要通过综合国力来评价。早期评价综合国力涉及政治、经济、国防、文化、科技、外交的能力；后期评价综合国力涉及国家软实力经济和文化。

(一)中国的综合国力

1. 经济实力

1990 年中国经济实力排世界第八位，和当时的 GDP 总量是一致的。2001 年中国 GDP 总量一举超过了加拿大和意大利，居世界第六位。2010 年以后中国 GDP 位居世界第二位，仅次于美国。

2. 政治实力

政治实力排美、苏之后，世界第三。中华人民共和国成立以来，特别是 21 世纪 70 年代以来，中国作为美、苏、中世界大三角中的一个极，虽然弱于其他两极，但的确起到一个极的重要作用。近年来，中国扩大了对东盟等周边国家的影响，伴随着经济实力的增加，政治影响上升很快。目前世界上主要的政治大国有美国、俄罗斯、中国、法国、英国、日本、德国、意大利、印度、加拿大。

3. 国防实力

中国国防实力在新中国成立之初就排第八位，1990 年排世界第三位，居美苏之后。2001 年以来，中国陆军正在进行“缓慢的现代化”(美国的《中国年度军力报告》用语)，电子化、导弹化水平有一定提高，海空军近年发展迅速，国防实力很快提升。印度学者提出的国家安全指数排名如下：美国、中国、俄罗斯、日本、法国、英国、德国、印度、意大利。

4. 科技实力

1990 年以来，中国具有庞大的科研力量，但效率较低下，世界排名第九位。近年中国科技实力有很大提升,但并没有取得质的变化,没有产生突破性进展。世界科技发展并未因中国的发展而放慢脚步。就科技整体实力而言,中国居第七位,排列在美国、日本、英国、德国、法国、俄罗斯之后。

5. 文化实力

美国第一,法国第二,中国居第六。中国是东方文化的代表,但现代文化产业不发达,近几年中国在文化领域仍没有突破。但是2012年以来中国大力发展文化产业的战略出台了,这定会对这种局面带来大的改观。

6. 外交实力

有一定影响的国家都和中国建交,外交实力近几年与1990年比较,没有发生多大变化,美国、俄罗斯居前两位,中国仍然居第三位。

总的来说,中国综合国力低于美国、苏联、法国、英国、日本,居世界第六位。其他的一些排法如以软实力为主的一种排法中国居第十二位。经过前苏联和东欧巨变及亚洲金融危机后,俄罗斯国力衰落,日本停滞不前,中国迅猛发展,特别是2008年美国金融危机之后,有人甚至认为中美成为世界经济增长的两个轮子,中美两极的时代已经到来。实际上中国与发达国家的综合国力对比,并没有发生巨大的根本变化。

(二)中国在世界经济中的地位

清醒地认识中国国际地位和作用,有利于中国的社会、经济发展。联合国发布的《2008年世界经济形势与展望》报告提到,中国经济的快速发展对其他发展中国家的经济产生了巨大影响,直接推动了这些国家经济近几年来的强劲增长。中国在世界经济中的地位稳步提升。2007年,中国的经济增长大约占全球经济增长的17%。自2001年加入世界贸易组织以来,中国与世界其他国家和地区的贸易往来不断增加,其贸易增长速度是世界贸易平均速度的3倍。

中国国际问题研究所研究员郭震远在《中国评论》上发表专文《21世纪第二个十年中国的国际地位和作用》强调:“经过国际金融危机,国际社会对中国的重视,已经明显地变为积极的重视,即中国的参与和支持,正在成为成功处理国际事务、相关国家争取自己利益,不可缺少的,而且越来越重要的因素。”因而有了所谓的“中美国”、“G2”、“新的超级大国”等言论,甚至出现“中美共同管理世界”的说法。但中国庞大的人口数量决定了,按人口平均的实力,首先是富裕程度,要赶上发达国家则需要一段很长的时间。尽管2009年中国GDP总量已达约4.9万亿美元,与长期居世界第二位的日本不相上下,但中国的人均GDP仅为约3 700美元,世界排名仍在100位之后。2010年后中国虽然已经超过日本,位居世界第二,但2011年人均GDP才超过4 000美元大关。如果综合考虑其他因素,中国自己更要保持清醒和冷静。

参考文献

[1] 徐育珠[美]. 农村发展经济学. 郑州：中原农民出版社，1988.

[2] 赵宏邦，宗义湘，张润清. 发展经济学. 北京：中国农业科学技术出版社，2004.

[3] 速水佑次郎，神门善久. 发展经济学——从贫困到富裕. 3 版. 北京：社会科学文献出版社，2009.

[4] 得怀特·H·波金斯，斯蒂芬·拉德勒，唐纳德·R·波金斯，等. 发展经济学. 5 版. 北京：中国人民大学出版社，2005.

[5] 陶文达. 发展经济学. 成都：四川人民出版社，1995.

[6] 赵磊. 浅谈发达国家和发展中国家的划分. 中学地理教学参考，2004(3).

思考题

1. 理解经济增长与经济发展的含义，说明两者的联系与区别。

2. 发展中国家与发达国家是如何划分的？发展中国家有哪些种类？

3. 中国的国际地位如何理解？

第三章　经济发展的先决条件

经济发展的先决条件，首先是指一国在经济发展之前就已存在的、影响经济发展的重要因素。例如，石油输出国丰富的资源、中国沉重的历史包袱、印度的人口压力、一些国家独立的艰难等。这些因素的存在和显现，影响甚至决定了发展中国家的发展道路。但历史不是也不会是宿命的，发展中国家还有很多学习、创新的机会，以及自己固有的后发优势。不过，当看到后发优势变成后发劣势时，制度的刚性和外部性势必进入人们的视野，因为这才是决定国家发展道路的内在因素、根本因素。对“剩余的流出”的解释就是一个涉及内部和外部因素的理论框架。总之，发展中国家要做出自己的选择，必须对这些因素做出全面、细致、审慎地考量。

一定程度上讲，经济发展的先决条件可以从路径依赖的角度进行分析。

第一节　路 径 依 赖

纵观西方发展史，可以看出经济增长并不是世界各地都是在同一时期开始的，而是慢慢地跨越了欧洲大陆和北美，直到 20 世纪 50 年代和 60 年代，才突破了以欧洲文化占据绝对优势(日本除外)的地区，波及世界大部分地区。

理查德·伊斯特林[①]曾于 1981 年在其美国经济史学会会长就职演说中提出：“为什么全世界未能都得到发展?”认为发展的扩散依存于科学的进步和现代教育的普及，而这二者又依存于一种刺激结构和新的政治状况与新的思想意识力量。与此相反，在历史上，正规学校教育的增长在促进发展的理智思维中产生了一种理性的和唯物的趋势。第二次世界大战后经济学家最初处理穷国的发展问题时，将不发达的原因归之于“缺少的成分”，即发达国家所有的资源存量、企业家阶级、法

---

①理查德·A·伊斯特林是美国著名人口经济学家，南加利福尼亚大学的教授，最早对主观快乐进行理论研究的当代经济学家。著有《生育率革命：一种供求分析》、《是否需要对不发达状况进行历史的研究》、《经济增长可以在多大程度上提高人们的快乐》等书。利用供给和需求分析理论来研究生育率变化，特别是最早对主观快乐进行理论研究，是其主要的学术贡献。

律和秩序、基督教道德等。然而阿尔伯特·赫希曼①主张，在发展中并没有绝对的障碍，在此国此时为障碍，在彼国彼时或为有利因素，而且也没有不可逾越的障碍。虽然争论未有定局，本国的特性以及与他国的差异，绝对是经济发展中不可忽视的。因为这些差异，就在一定程度上决定了国家的发展路径。在发展中国家之间，自然资源禀赋和经济体制、制度存在着很大差异，又形成了多样化的收入水平的差距，这就使处于不同发展阶段的发展中国家间的多样性更加复杂化，发展路径也只能趋于多样化。

一、殖民地与独立国家

亚当·斯密(1723—1790)②曾在《国富论》中试图找出经济进步的根源，并分析经济变化的长期过程；熊波特提出了“创新理论”等。但是由于历史的局限性，传统的西方经济学一直忽视了对社会经济发展相对落后的广大亚、非、拉国家和地区的研究。直至第二次世界大战结束后，西方经营了数百年的殖民体系土崩瓦解，亚、非等国家纷纷独立，获得了民族解放，这才引起了一批思想活跃的西方经济学家的兴趣，他们掀开了传统理论的束缚和漠视的态度，而积极地开始研究这些新兴民族国家和地区的发展问题。

虽然这些发达国家的经济学家们仍然运用西方经济学那一套理论和方法，并站在发达国家的立场上来研究发展中国家的经济社会问题。但突出的一点就是他们对发展中国家抱着不同程度的同情态度，能够比较客观地认识和分析造成发展中国家社会经济落后的原因。正如诺贝尔经济学奖获得者冈纳·缪尔达尔③所说，“殖民理论”企图开脱殖民体制对不发达情况所承担的责任。他们认为必须超出殖民经济学的视野，不能将发展的失败简单地归咎于热带气候的自然条件、人口压力、资源缺乏或过于僵硬的不合理的制度和社会准则，而应客观地承认殖民统治

---

①阿尔伯特·赫希曼(Albert Otto Hirschman)是一个德国出生的犹太思想家，早年沉迷于黑格尔和马克思的哲学，后辗转英美学习经济学。著名的发展经济学家。赫希曼认为，由于技术进步和劳动生产率的影响，经济会“松弛与紧张”、“衰减与恢复”的反复循环，他因此主张“不平衡发展”。

②经济学的主要创立者。1759 年出版的《道德情操论》获得学术界极高评价。而后于 1768—1776 年写作出版《国民财富的性质和原因的研究》，引起广泛影响，被世人尊称为“现代经济学之父”和“自由企业的守护神”。

③1974 年，冈纳·缪尔达尔与弗里德里希·奥古斯特·冯·哈耶克同获瑞典皇家科学院颁发的该年度诺贝尔经济学奖。获得此项殊荣的原因是“因为他们在货币和经济波动理论中的先驱工作，并且因为他们对经济、社会和制度现象的相互依赖关系的深刻分析。”其中，缪尔达尔“把他的大多数研究工作指向最宽广意义上的经济问题，特别是美国黑人问题和发展中国家的贫困问题，”他还“寻求把经济分析联系到社会的、人口的和制度的条件。”有《亚洲的戏剧：对一些国家贫困问题的研究》等著作。

对于发展中国家的贫困、落后负有不可推卸的责任。与其持相同观点的还有美国著名经济学家M·P·托达罗①,在他的《第三世界的经济发展》一书中,就明确指出了发展中国家的历史背景:大多数非洲和亚洲国家过去都曾是西欧国家的殖民地,主要是英国和法国的殖民地,但也有些是比利时、荷兰、德国、葡萄牙和西班牙的殖民地。它们的经济结构、教育与社会制度都是一直按照它们以前的殖民统治者的模式建立的。在拉丁美洲,较长的政治独立的历史加上较普遍的殖民传统(即西班牙的和葡萄牙的殖民统治),意味着尽管在地理上和人口上是形形色色的,但这些国家都具有相类似的经济、社会和文化制度,也面临着类似的问题。在亚洲,不同的殖民传统和当地民族的多种多样的文化传统结合起来,使各国形成了不同制度与社会模式,例如印度(英国的)、菲律宾(西班牙和美国的)、越南(法国的)、印度尼西亚(荷兰的)。

对于殖民地历史作用的评价,在学术界一直存在争论。"左派"的和来自社会主义国家的历史学者通常认为,在非洲、美洲和亚洲的殖民地对于当地的文明、文化、经济和政治只起到负面的、破坏的作用。也有观点认为,殖民地在不同时期的历史作用是不同的,以非洲为例,在早期奴隶贩卖时期,殖民地对非洲文化起了毁灭性的破坏作用;在自由资本主义时期,禁止非洲本土的奴隶贸易,是功大于过;在帝国主义时期,对非洲的资源掠夺加剧,是过大于功;从第一次世界大战前夕到第二次世界大战结束是殖民地的建设时期,既有对殖民地的投资和发展,也有对殖民地民族运动的镇压,功过相等。也有观点认为,殖民地的历史贡献大于它对当地造成的损害。针对该问题,1853年马克思在《不列颠在印度统治的未来结果》一文中提出殖民地及殖民主义有"双重使命",即破坏性使命和建设性使命。殖民地的"破坏性使命"主要表现在对殖民地传统社会经济结构的破坏上,但由于宗主国的政治、经济情况不同,各个殖民地的历史情况、殖民对象、自然生态条件和社会集团的不同,因此殖民地所受的影响在质量上有很大的差别。殖民地的"建设性使命"通常表现在以下几个方面:宗主国通过向殖民地输出资本、技术,进行建设,为其提供了现代化的港口、道路等基础设施,殖民地的商品经济也得到发展,城市化步伐加快,出现了铁路、公路、电讯、电话、医院、学校,把原本落后的殖民地地区带入了市场经济领域,比较典型的例子如中国香港。而列宁在分析垄断资本主义经济特征时指出,各国最大垄断组织从经济上分割世界,必然进一步导致它们从领土上瓜分

①发展经济学家。尤其是在农业剩余劳动力转移、发展中国家的现代化等方面提出了独特的假设。比如,认为农村人口向城市的迁移量或迁移率与就业概率呈正相关,但迁移显然是存在成本的,不想刘易斯想的那样简单容易。

世界，抢占殖民地。殖民地则是垄断资本主义的生命线：即殖民地是垄断资本主义国家最重要的原料产地、最有利的投资场所、最广阔的销售市场、维持霸权地位和建立军事基地的重要条件以及转嫁经济危机、政治危机、社会危机的重要途径。但是有一点是确定的，即殖民地政府主要服务于宗主国的商人和投资者，而非殖民地大众。这是必须强调的地方，也是本章作者的主要看法。

宗主国“以我为主”统治殖民地、使殖民地服务于宗主国，是其最主要的宗旨，最主要的做法，也是其殖民过程中表现出的最主要的特点。这是与生俱来的，并至今未曾根本改变的。

从 17 世纪初到 18 世纪中叶，欧洲国家在美洲的殖民地管理方式基本相同，即将其与本土区别对待，殖民地的经济发展受到遏制和监管，被迫种植宗主国需要的单一经济作物，矿业高度发达，其他工业发展停滞，甚至连农具和衣物等基本消费品也无法生产。宗主国从殖民地无偿或低价输出产品，甚至因此产生了殖民地通货紧缩、不得不借用别国货币的现象。这些现象在后来更是一次次重演。

图 3-1 是宗主国与附属国之间关于收入分割的博弈。

附属国的选择

		加入宗主国	不加入（即独立）
宗主国	剥夺	A，-A	0，0
	不剥夺	0，A	0，0

图 3-1　宗主国与附属国之间关于收入分割的博弈

图 3-1 可表示附属国有两个选择，即加入或者不加入宗主国。一旦加入了宗主国，则可能要遭受宗主国对其的剥夺（或者不剥夺）。当附属国选择不加入的时候，两者没有收入分配的争端，但附属国的收益也不会增加。只有在加入宗主国、并且宗主国不剥夺的情况下，附属国才有最优选择。这基本上是一个一厢情愿的天方夜谭。

亚当·斯密曾在《国民财富的性质和原因的研究》中提出，宗主国用极有限的资金服务于殖民地的教育、培训、社会改革和开发。而事实上绝少有哪个殖民地可以称得上有过持续的经济发展，不管是欧洲的殖民地，还是日本的殖民地，都是如此。部分原因是殖民政策仅仅服务于宗主国的贸易者和投资者，对殖民地民众却得益甚少。更为重要的原因恐怕是，大多数的殖民政府只花很少的钱去训练殖民地人民，开发人力资源和促进工业的发展。因此，十分明显，在大多数情况，获得政治上独立是现代经济发展的必要条件。

二、城市化和商业化水平

城市化是社会、经济发展的必然趋势，而商业化则是经济发展的血液流畅的必备条件。商业化的阶段性成就之一就是城市化。

欧洲国家较高的商业化水平的形成，促进了近现代资本主义经济的兴起和发展，形成了欧洲长期领先世界的格局。而起点就是基于贸易冲动的新航路的开辟、地理大发现和世界市场的形成。从世界范围来看，发现新大陆后，欧洲至印度、印度尼西亚、中国和美洲的最有利的通商航路都被西班牙和葡萄牙所占据。荷兰、英国等为发展海上贸易，开始寻找通往印度和中国的新航路，并探险世界其他地区。十四五世纪时，欧洲各国已有资本主义萌芽。15 世纪末，葡萄牙、西班牙、荷兰和英国等，为了扩展商业和殖民活动，积极鼓励航海事业，开辟新航路，这是促成地理大发现的主要原因。而地理大发现不仅仅促进了欧洲的资本原始积累和世界市场的出现，开始了殖民掠夺，同时也促进了西欧各国经济的发展。葡萄牙和西班牙发现新大陆后，西班牙独占巴西以外的美洲全部，葡萄牙则将亚洲、非洲置于自己的势力范围之内。之后，荷兰、英国、法国接踵而至，几乎将欧洲以外的土地瓜分殆尽。而由于新大陆的瓜分，导致了印第安人被大肆屠杀，非洲黑人大批贩卖，黄金、白银、香料等不断运回欧洲。世界性的市场逐渐形成，而资本主义的原始积累也很快完成。

事实上，中国人的经商传统与善于经商也是世界闻名的，商业化水平一点也不低。古代历史上有过许多著名的巨商大贾和社会商业十分繁荣的时期。司马迁在《史记·货殖列传》中言："天下熙熙，皆为利来，天下攘攘，皆为利往。""用贫求富，农不如工，工不如商，刺绣文不如倚市门。"《商君书·外内篇》说："农之用力最苦，而赢利少，不如商贾技巧之人。"古人还注意到市场化交易和商品经济的活跃对于刺激生产增加财富的巨大作用，说："聚者有市，无市则民乏。"又说："市者，天地之财具也，而万人之所和而利也。"因此，只要有机会，中国人是乐于去经商致富的。例如，鸦片战争后，顺德商品性农业和工业化进程加快，成为我国最早出现民族资本主义经济的地区之一，市场需求在地区经济开发中起了决定性作用。而山西商人积极奋进的开拓精神，不畏艰险的冒险精神，尽心尽力的敬业精神，同舟共济的群体意识以及其他可贵的思想素质构成了晋商兴起繁荣的精神动力。宁波帮传承东南沿海地区的商业传统，形成了 19 世纪以来中国最著名的现代商帮之一。在商业精英的基础，中国也出现了一大批蜚声国内外的大都市。

上海的兴起和发展，有着悠久的历史。从某种意义上讲，上海所以能由往昔的海滨渔村渐进到当今世界上著名大都市的行列，其中一个重要原因，是依靠商业贸易的蓬勃发展和商业对整个经济的带动作用。早在20世纪30年代，上海就是远东的商业中心，新中国成立以来上海商业的发展是伴随着上海经济建设的脉搏一起跳动的。1843年，上海被辟为通商口岸，帝国主义列强侵入上海，上海成为殖民主义者倾销商品、廉价收购原料、掠夺财富的主要据点。辛亥革命后，第一次世界大战期间，帝国主义列强忙于战争及战后的恢复，中国民族资本主义工商业利用这一空隙时间，在上海获得了较大发展。当时，中国官僚资本在上海加剧经济垄断，美国剩余物资充斥于市，正当的商业经营处境困难，投机商和奢侈性行业却十分活跃。1948年，国民党政府推行所谓币制改革，导致上海经济陷入空前混乱局面，通货膨胀，物价飞涨，市场抢购风势不可挡。1949年5月27日，上海获得了解放。从此，在中国共产党和人民政府的领导下，揭开了上海社会主义商业的历史新篇章，改革开放给上海商业带来了勃勃生机。社会主义市场经济体制确立以后，上海商业服务业进入了快速发展的轨道。

三、教育与培训

一个国家的文化传统和社会价值观念，如果与现代社会的工业化所需要的工业文明相差甚远，就构成了经济发展深层的阻碍因素。例如，在类似中国和印度这样历史悠久的发展中大国，几千年的封建历史使它们形成了与传统农业社会形态相适应的传统文化和价值观念，由此演化成为一种历史包袱。社会现代化过程就是传统与现代不断冲突、摩擦、融合、演化的过程。然而，在社会变迁的过程中，不同文化的消长沉浮、冲突融合、发展变异，不完全是一种人为的设计和控制，实际的文化选择和文化传承不会如“取其精华、弃其糟粕”的原则那么简单明快。中国传统教育的命运是一个典型的个案。

中国作为一个文明古国，也是一个教育大国，其悠远的教育文化传统对人类文明的演进产生过重要影响。《礼记·学记》中指出：“师严然后道尊，道尊然后民之敬学。”《吕氏春秋·劝学》中讲道：“疾学在于尊师。”戊戌四君子谭嗣同在《浏阳算学馆增订章程》中也曾告诫世人：“为学莫贵于尊师。”《荀子·大略》中说：“国将兴，必贵师而重傅……国将衰，必贱师而轻傅。”深刻地阐明了国家兴衰与重视知识、尊敬教师的关系。这也在一定程度上体现了教育对经济发展、国家振兴的重要作用。更重要的是，不是什么样的教育都会带来经济发展。先进的教育会正向推进一个国家的进步；而固守落后的不合时宜的教育，或者对先进的教育进行削足适履般地“体”“用”割舍，教育的正向功能都会大打折扣。

19世纪70～90年代的洋务运动，虽然在一定程度上对鸦片战争以来的危局颓势进行了积极主动的应对，在中国教育和思想史上算得上是一种新思潮、新知识。但放眼当时的世界，洋务派所选择的，已经并非当时世界上最前沿的知识。更何况洋务派们还对西方的先进思想和知识进行了严格的"体""用"框正，要"以中国之伦常名教为原本，辅以诸国富强之术"，也就是坚持"中学为体，西学为用"，目的更在于用"西学"维护封建统治之"本"，用西方资本主义的皮毛来维护已经腐朽的封建主义的躯体，这是洋务运动的实质，也是导致洋务运动没有把中国引入现代化道路的根本原因。

而日本明治政府的学习西方，则突出体现了"取法乎上"的先进性，以及一往无前奋勇赶超的时代性。它的目标非常明确：使日本迅速走上资本主义发展道路。因此，明治维新一取得成功，日本天皇就打破封闭锁国的"旧有的陋习"，与各国友好往来，"向世界求得知识"，学习欧美的先进文明。他们敏锐地注意到了西洋的议会政治和经济繁荣之间的内在联系，不仅主动学习，而且为之建立一系列的制度保障，包括1873年开明派就将维新功臣西乡隆盛为首的守旧势力完全驱逐出政权。这两种做法成为中日两国在资本主义发展进程中的一个决定性的分歧点，也决定了两国在19世纪末的经济差距，这最终由1894年的甲午中日战争，以《马关条约》的形式充分表现了出来。此后，日本据此获得巨额的战争赔款，完成了最初的资本原始积累，而中国则更加积弱积贫。

对此，很多有识之士提出："发展中国家之所以落后，就是因为教育落后"，"发展中国家缺少的并不是资金、技术或先进设备，而是使用和管理它们的人才"等。美国经济学家舒尔茨断言：改善穷人福利的决定性生产要素不是空间、能源和耕地，决定性要素是人口质量的改善和知识的增进。英国经济学家哈比森也表述了同样的观点。他说"人力资源……是国民财富的最终基础。资本和自然资源是被动的生产要素，而人是积累资本、开发自然资源、建立社会、经济和政治组织并推动国家向前发展的主动力量。"显而易见，一个国家如果不能发展人民的技能相知识，就不能发展任何别的东西。

人力资源是现代经济增长与发展的源泉和根本动力。增加人力资源投资，提高人力资源质量，已成为各国促进经济发展的重要手段。越来越多的国家工业化实践表明，人力资源是一国社会财富的源泉。普遍提高全民素质，大力开发人力资源，是世界各大国崛起的最重要原因。第二次世界大战之后，不同的发展中国家由于采取不同类型的发展战略，因而获得不同的发展结果。一是注重物质资本积累的战略，如拉美的巴西、墨西哥、哥伦比亚，亚洲的巴基斯坦和欧洲的西班牙，最后形成的资本结构是物质资本相对充裕而受过教育的人力短缺，形成了资本密集型产品生产方面的相对优势。二是注重人力资本积累的战略，如韩国、菲律宾和斯里兰卡以及我国台湾省，限制物质资本方面的投资而大力投资于教育，形成了技术密集型产品生产的相对优势。在发展中国家，若人力资本投入与物质资本投入不能保持平衡，那就必然会大大限制经济发展。这再一次显示了教育在经济发展中的重要性。

四、文化传统

文化性要素是一种无形的但却十分重要的发展要素，由于文化结构的形成，是一个民族经历了漫长的年代整合、积累、演化的结果，所以它必然具有坚韧的、深层潜化的特质，往往不会随着政治上层建筑和经济关系的改变而同步、同程度地消失。价值取向、宗教信仰、伦理道德、家庭制度、生活方式、风俗习惯等，对经济发展的模式、重点、组织形式、发展进程都会产生不可忽视的作用。

文化传统是不死的民族魂。它产生于民族的历代生活，成长于民族的重复实践，形成为民族的集体意识和集体无意识。个人的意志自由，在这里没有多少绝对意义，正如肉体超不出皮肤一样，个人意志超不出文化传统之外。但也正因如此，文化传统便成了一种无声的指令，凝聚的力量，集团的象征。没有文化传统，我们很难想象一个民族能够如何得以存在，一个社会能够如何不涣散，一个国家能够如何不崩解。当然，时间在前进，生活在交替，经验在累积，知识在更新，传统中某些成分会变得无所可用而逐渐淡化以至衰亡；生活中某些新的因素会慢慢积淀、并经过筛选整合而成为传统的新成分。但是必须注意，文化传统的变化无论如何总是缓慢的、渐进的，不会发生一蹴而就的奇迹；虽在社会急剧变幻的革命时期也是如此。

不同的民族拥有不同的文化传统，不同文化传统之间可以进行比较，但很难做出绝对的价值判断；因为每个传统对于自己民族来说，都是自有的，因而也是合适的。例如南美和北美的差异。南美国家有大量土著人，移民来自欧洲落后地区西班牙、葡萄牙等地或者是非洲奴隶后裔，封建理念浓厚；北美则土著被彻底镇压，移民来自欧洲最发达地区英国、法国等，富有创新、冒险精神，崇尚民主自由。发展经济学家认为，这两种不同的文化传统，对南北美洲的经济发展带来了截然不同的影响。

16 世纪初，葡萄牙、西班牙殖民者开始入侵。葡萄牙侵占了巴西，西班牙统治了除巴西以外的南美广大地区。16 世纪末，英国、法国和荷兰殖民者经过激烈争夺，分割了圭亚那地区和近海一些岛屿。从此，全洲进入了长达 300 年的殖民统治时期。在殖民地时期，西班牙和葡萄牙将中世纪的政治经济制度移植到了它们的美洲殖民地，由此这种陈旧的成分就构成了拉美经济的依附性和落后性的滥觞。

而英国殖民者和移民则将近代资本主义的精神和物质成分带到了北美的荒原，为以后美国的进一步发展提供了十分有利的条件。其次，英国形成的资产阶级民主政治倾向和自由主义的经济结构，为以后的科学革命和技术革命的启动准备了良好的社会环境和坚实的物质基础，这也为北美的技术进步奠定了良好的基础。由于上述原因，独立后的美国为政治、经济、社会、文化和科学的全面发展提供了巨大的可能性，而南美洲的资源虽然很丰富，却一直处于发展中国家的地位，没能完成从不发达到发达的转化。

中国和美国之间的文化差异，也对经济发展带来了迥然不同的影响。

美国的经济制度更重视个人竞争致富，自由市场制度更强化了美国的个人主义，而美国的个人主义反过来又刺激了美国经济的自由增长，形成了文化和经济发展之间的协调关系。美国几乎没有本土的文化传统，有的就是从欧洲来到新大陆的清教徒所具有的“资本主义精神”。因此，美国人普遍认为穷人贫穷的原因是懒惰。只有勤奋努力，才可能摆脱贫穷的状态，而不能依靠社会福利来摆脱贫困。他们提倡努力工作，依靠自我努力，来实现人生的目标。他们常说“上帝保佑，先要自己奋斗”。垄断巨头洛克菲勒的座右铭就是：“依靠自己。”这些精神，是依靠市场机制完成工业化的国家非常需要的意识形态。

与美国这个由移民组成的新兴国家不同，中国是一个具有几千年文明的古老国家。中国继承的是5 000年一脉相承的文化传统，很自然地形成于美国很不相同的价值观。从人权的角度看，中国传统文化有这样一些显著的特点：一是强调以人为本。对人的重视是中国传统文化的一个重要特点。二是强调“合群”，坚持集体主义，反对个人主义，甚至鄙视重利忘义的人。中国的封建社会是以血缘关系为基础的宗法制度和以君主为中心的封建专制制度相结合的社会。个人只有融于族群、融和于国家，才能找到自己的位置和价值。否则，就会无立锥之地。中国的传统文化对于保持国家的统一、民族的团结、社会的和睦稳定有着积极的意义；人本主义也与经济发展的最终目的高度一致；但在鼓励个人追求私利、个人的成功等方面，显得格格不入。这就说明，在中国从不发达向发达过渡的过程中，传统文化的作用、作用的方式等，都值得认真思考，谨慎而为。（波金斯，中译本，2005）

第二节　学习与替代：人为的挑战能走多远

在分析了发展中国家与发达国家的各种不同之后，问题就变成了发展中国家是沿着发达国家的既定路径前进，还是寻找自己的独特的路径？答案是，发展中国家不可能、也不用学着发达国家“亦步亦趋”。因为经济发展的前提条件本身就有着“替代性”,发展现代经济并不存在着必须克服的一系列标准化的障碍或必须事先具备的标准条件。

比如,英国那样的通过殖民剥削、海盗式贸易和其他一些手段所实现的财富大量膨胀,来完成资本积累的方式,是否是所有国家,或至少是大部分国家经济发展的必要前提条件?如果不具备这种事前资本积累,经济发展是否就不可能了?

就在欧洲大陆,对这个问题的回答就是否定的。资本积累也在这里形成了多种途径和形式。例如,德国在经济发展开始时的资本原始积累,就已经没有英国那样的条件,但德国发达的银行系统,使德国能够借以聚集起大量资金,然后通过贷款的形式输送给工业资本家。19 世纪的俄国,既没有经历英国那样的财富膨胀式的资本原始积累,也没有建立起能够提供足够信贷的银行系统。俄国采用的办法是运用国家的税收征收权力。政府把从人民身上收来的税金,转化于工业投资,同时从国外吸引资本,逐渐完成了俄国的资本原始积累。因此,德国和俄国都是在前提条件被替代的情况下,找到了不同于英国的资本原始积累的“替代”途径。

类似的“替代”例子在其他国家还可以看到很多。如同样是资本积累,拉丁美洲国家主要依靠动员储蓄和配置资金的金融体制,而非洲撒哈拉以南地区的国家则更多的是依赖于国家财政制度。

因此,不必过分在意经济发展所必须具备的前提条件,而应该积极寻找它们的替代物。理由主要包括以下几个方面。

一、“发展总是和极大的突发机遇相联系的”

一些发展经济学家很早提出,发展中国家并不一定要具备发达国家的发展条件、“发展总是和极大的突发机遇相联系的”,可遇不可求。由于外部环境条件的改变或内部结构演变而出现的某种有利于发展的时机,往往也形成一种发展要素,有时甚至是突发性的要素。例如,中国在 20 世纪初为什么选择了社会主义的发展道路而没有选择资本主义的发展道路,这在很大程度上与当时的历史时机分不开。众所周知,外部环境与内部阶级结构的演变,使中国不可逆转地走上了社会主义发展道路。又如,越南战争和发达国家的产业结构调整,给亚洲“四小龙”带来了突发性的发展时机。机遇这种要素同其他要素还有一个不同之处,即它的时限性很强,“稍纵即逝”。抓住它并加紧利用,便可能发展,抓不住,便可能丧失。

赫希曼认为,发展的机会是客观存在的,但是当经济发展机会出现时能否及时发现并加以利用,这将取决于当地的社会传统价值是否有利于变革。那么,如何才能发现机会?应该承认,传统价值确实在一定程度上对启动发展是有影响的,但是它并不能起主要作用。还要看社会传统价值是否具有“开放”的特质。开放的系统下，才能清楚而准确地找到自己国家的“坐标”，才会发现比自己更为先进的国家，才能激起模仿追赶的冲动。

那么，发现了机会能否加以利用？中国在鸦片战争被迫打开国门之后，就已经开始发现了机会，但却为什么没有能利用得了呢？制度障碍、体制障碍，对于能否利用发展的机会，起着关键影响。这样，改革就绝对必要。开放和改革结合起来，内外配合，才能启动发展。

二、经济发展的“后发优势”

长期以来，发展经济学家一直以后发优势理论来解释日本、韩国等国家赶超战略的成功，并以此来激励后发国家的工业化。后发优势理论也是许多后发国家制定其赶超战略的理论依据。该理论认为，由于后发国家可以直接模仿先发国家的发展经验，引进先发国家的先进技术，从而可以减少发展风险，大大节约时间和资本，迅速地实现工业化，缩小与先发国家之间的差距，而这些机会是先发国家所不可能有的，因此称之为后发优势。后发优势的主要内容有以下四点。

首先，发展中国家收入水平、国民受教育程度等与发达国家有差距，这决定了发展中国家的适用技术和产业结构与发达国家也是有差距的。再加上技术引进和模仿的成本很低，则有了发展中国家技术模仿和引进的可能性。

其次，后发展的落后国家通过制度学习，从先发展的发达国家那里仿效和借鉴各种先进制度并经本土化改造，从而极大地促进本国经济发展和工业化进程。

第三，结构转换优势。发展中国家的经济增长，一般在很大程度上是由结构转变推动的，这是落后国家的一个特有优势。在国际方面，发达国家随着工业化的纵深发展，经济的比较利益将从一个或几个产业向另一个或几个产业转移；随着国际资本向外扩张、实现产业链的国际延伸，这对于发展中国家来说是一个绝好的发展机遇。因此，在开放的国际经济条件下，发展中国家也将具有参与国际分工合作、连接发达国家产业转移的后发优势。在这方面，东亚经济中“四小龙”和东盟国家都有着成功的经历。

最后，社会意识优势。后起的发展中国家，因受自身相对落后的经济限制，以及受先进国家经验的刺激和启迪的影响，从而激发了人们实现赶超工业化的强烈的社会意识，而且一国落后程度越大，这种意识及其功效也就越显著。

应该说，后发优势客观存在，但其实现却需要理想的条件：后发国家与先发国家之间的发展差距只存在程度上的差别，而不存在本质上的差别；并且，两者发展时面临的内部条件与外部环境应基本相同，只有这样，后发国家的模仿才可能成功，后发优势也才能体现出来。与此相关，一些学者提出了后发劣势概念。指出由于面临不同的发展条件与环境，才使后发劣势更成为后发国家发展面临的常态。对后发国家来说，随着时间的推移，其赶超成功的可能性似乎已越来越小，后发劣势却似乎越来越明显，世界范围内的极化效应和累积循环因果效应也越来越突出，并且随着信息社会的到来，全球人口、能源、生态压力的日增，后发国家的发展环境将越来越严峻，后发劣势将进一步增加。澳大利亚华裔学者杨小凯教授指出：后发国家只注重技术模仿而忽视制度模仿是其后发劣势形成的根本原因，并依据新制度经济学的观点认为后发国家只有模仿共和宪政，才能变后发劣势为后发优势，走出发展的误区。中国经济学家林毅夫曾指出，后发优势主要在于技术模仿与引进，寻求动态的比较优势是发展中国家发展的核心，制度应该因时、因势而异。

第三节　既有制度安排的刚性

制度因素对经济发展既有促进作用，也有阻碍作用。在新制度经济学看来，制度就是一套涉及人们政治及经济行为的规则，它定义了人与人之间某种“契约关系”。发展经济学的先驱者们注意到，在发展中国家普遍持续贫困、发展缓慢的背后，是经济结构刚性、技术刚性和制度刚性，并认为发展中国家经济发展需要的宏大的结构变革是其不完善的市场体系所不可能胜任的，因而强调国家或政府是经济变革的行为主体。

制度刚性是用来衡量人们对某一项制度所产生的符合该制度精神本质的预期的一致性程度。制度刚性是指这样一种情况：某一项制度能够使某一特定环境的绝大多数的人们产生相对一致的符合制度本质精神的预期结果，否则，制度的刚性不足。

本书这里所说的制度刚性，并不是为了强调制度本身的高行为预期约束、高行为约束、高执行能力以及其中的低违规现象，而是指它的负面影响，指的是一种制度的刚性对其他制度安排带来的不良影响：包括对现实中一些存在需求的制度生成的制约，以及在一个制度集合中对一些适应需求的既有制度的排挤乃至消除。这自然会影响各个制度、制度集合整体的作用和成效，在制度集合内部因为制度的不经济而带来负面影响；因为制度的约束作用，这种不经济也会对制度集合外部、乃至整个经济产生不良影响。因此，制度刚性的缺陷，可以概括为内部不经济和外部不经济。因此，制度刚性也是制度的外部性的一种表现。

制度的刚性可以从宏观和微观两个层面进行论述。

一、宏观制度

从宏观层面看，可能带来制度刚性和外部性的包括意识形态、宪法、经济体制、政治体制等。

意识形态刚性的例证之一就是中国改革开放之初的思想斗争。

宪法的刚性影响集中体现在对产权制度的规定中。

经济体制和政治体制的刚性集中体现为发展中国家经济转型的艰难。

制度刚性导致其他制度难以产生的突出事例，就是在1978年以前多次出现、又多次被扼杀的包产到户。扼杀包产到户的正是当时的主流意识形态——“一大二公”、集体劳动、统一分配的社会主义教条。

包产到户的第一次出现，就是在1956年高级社制度刚刚建立起来就出现的退社风中。

匆促完成的农业高级合作化(即农业集体化)迅速地剥夺了小农的各种私有的生产资料如土地、果树、林木、鱼塘、大车、船只、牲畜等，并且扼杀了农民所藉以获得补充收入的家庭副业和一些手工业，农民收入降低，农业生产积极性低落，许多人抱了消极观望的心情对待集体的农业生产，因此，1957年我国粮食产量比1955年只增产了5.4%，主要是靠扩大耕地面积取得的。单位面积产量并没有多少增长，甚至出现了一些主要农产品的单位面积产量下降、大牲畜和役畜减少、不少农户收入减少的现象。根据对20个省、自治区564个社的调查(苏星，1976)，1956年农户减少收入比例达总农户数的1/4～1/3(28.90%)，其中老上中农收入减少最多，其次是老下中农和其他劳动人民，贫农和新下中农减收最少，但减收户数也接近平均水平。

虽然中共中央采取了一系列措施巩固新建立的高级社，但在全国范围内势不可挡的高级化热潮中，这些措施并没有得到普遍贯彻。结果高级社的问题不但没有解决，反而随着1956年农民收入减少，导致全国范围内的“退社风潮”。

参加闹事的一般是中农、贫农，比较坚决的是富裕中农，地主、富农见风行事，复员军人、撤职干部和其他有胆量的人主持，许多党员和干部参加领导。范围波及广东、江苏、河南、新疆、辽宁、浙江、湖南、安徽、山东等省、自治区，形成程度不同的群众性退社风。中共中央农村工作部估计，全国闹退社的农户，“一般占社员户数的1%，多的达5%；思想动荡想退社的户，所占的比例更大一点。”如“浙江省宁波专区，已退社的约占社员户数5%，想退社的约占20%”。

其实，高级社这种大而公、权力高度集中而又有民主的制度，不仅超出了当时的技术水平，而且也与农民私有观念依然存在、部分农民依然在观望合作社制度的现实相左，是一种超前的制度安排，与农民求稳的心理和现实发生分歧，影响了同意的一致性；国家的过急政策，则又拉大了与农民之间的距离，使制度初建时就将缺陷放大，也来不及在制度实施中进行可能的修正。加之，高级社中农民已难行使退出权，退出已变成了一种和政治制度、政治信仰联系起来的违规行为，但退出中明显具有潜在收益，而且潜在收益因为被禁止而人为放大、抬高。于是，为了降低独自退出时的高风险，并实现退出行为的潜在收益（如有技术或手艺的想单干，有的想要回被征收的私有财产，有的想增收，有的想自由等），农民们不约而同地选择了集体行动——退社。

退社潮的灰幕中闪耀出的包产到户星火，就是对高级社制度的一种补充。因为高级社是靠国家推动而产生并得以高速实现的，国家推出这种制度，是为了适应工业化战略下的计划经济体制，以及国家信奉的主流意识形态——社会主义。但是靠什么或者说用一个什么样的机制来保持并激励农民的积极性，使其在公有产权下增产增收，使国家的目标得以实现，就是退社风已证明存在的制度需求。在这种制度需求下，包工包产到户这种责任制形式便应运而生了。

在邓子恢的倡行下，包工包产到户在多地差不多同时出现了。1956 年 4 月 29 日《人民日报》发表了何成的《生产组和社员都应该"包工包产"》一文，介绍四川江津地区许多农业生产合作社把包工包产包到了每户社员的作法。指出这种生产组承包了一定的土地和一定的产量、成本、又把它分给组里每个社员负责的做法，是把"责任制贯彻执行到底的"的正确做法，解决了只有生产队包工包产，生产组和社员不包工包产，社员只顾赚工分，不关心社里生产，生产仍然混乱的问题。此后，山西榆次地区，安徽芜湖、阜阳地区，江苏的盐城和广东的中山等地，许多高级社都试行过"包产到户"的责任制。而浙江温州专区永嘉县在 1956 年春夏试验和全县推广"包产到户"的做法，则富有代表性。

浙江永嘉出现包产到户，直接导因于高级社的效率问题：劳动组织扩大了生产工具仍是传统的小型工具，集体的优越性没能发挥出来；参加生产的劳动力增多，出勤率也很高，一方面带来了窝工现象，另一方面众多的劳动者，带着传统工具，用小生产的方式进行细致复杂的生产，问题相当突出；小块地上拥着大堆人，一件农活经过数人合作，很难执行"按件计酬"，结果生产的"一窝蜂"，带来了评分的"满堂红"，平均主义严重。说明制度与技术之间的差距，急需一种连通它们的实施机制创新出来，以实现高级社制度应该带来的潜在收益。1956 年 5 月，在县委副书记李云河等的指导下，燎原农业生产合作社开始试行"包产到户"责任制。群众把"包产到户"责任制和实施效果总结为责任清楚、劳动质量、大家动脑、干群关系、记工方便、增产可靠"六好"；农活质量、粮食产量、学技术热情、劳模威信、生活水平"六高”;积肥、养猪、学技术、千斤田、勤奋人、和睦团结等“八多”以及偷工减料、懒人,装病者等“五少”。9月6日永嘉县委召开全县千余高级社主任会议(“千人大会”),布置了“多点试验包产到户”的任务,并强调在平原地区试验。随后,包产到户在永嘉全县展开,后来统计,共有200多个高级社实行了“包产到户”。温州地区也有1 000多个社,17多万农户实行“包产到户”,占温州农村总户数的15%。

永嘉县实行包产到户带来了很大反响。1956年11月26日《浙南大众》发表了一篇《不能采取倒退作法》的文章,首次公开严肃批评“包产到户”。1957年1月27日《浙江日报》发表李云河的专题报告,并加“编者按”,纠正了对永嘉的批评。但到1957年3月8日,在中共浙江省委和温州地委的指令下,中共永嘉县委做出了《坚决彻底纠正包产到户的决定》。永嘉县的“包产到户”之光一闪即逝。

在1978年以前,虽然包产到户还接连出现过五六次,但终究未能冲破主流意识形态的限制,直到1978年以后,才同大包干一起被许可并推广。(冯开文,2003)

晚清时期中国人学习西方、挽救中国的实践,同样受到了所谓“天赋皇权”传统的严重掣肘和约束,终因未能及时“取法乎上”厉行变革而成了时代的落伍者、任人宰割者。最早“睁眼看世界”的魏源、林则徐等人,根本没有想到要改变数千年来的封建制度,思想主张只停留在学习西方的层次。之后的曾国藩、左宗棠、李鸿章、张之洞等洋务派,虽然看到了“数千年未有之变局”的严峻形势,但其造成的改变也仅仅局限在举办军事工业、倡导民用工业等器物层面。至于“形而上学”领域,依然故步自封,强调并死守“中体西用”大防。这就使他们的创举和建树的影响和作用都大打折扣。康有为、梁启超等维新派终于看到了封建制度的弊端,甚至不惜为改革捐躯赴死,但其改革的主张又局限于保皇权前提下的改革,终于也因所依靠的光绪皇帝的失去权力而草草失败。孙中山等革命党人,终于领悟到了皇权不可不除,民主政治制度势在必行,但这时距离魏源他们主张学习西方厉行变革,已经有半个世纪之久,而革命的正确方略、道路、手段等问题,都还悬而未决。这一漫长的过程表明,皇权,特别是构筑皇权的旧制度体系,以及决定这些制度的旧的封建的意识形态,是一道不易冲破的铁幕。也说明了一个刚性的旧制度对新制度的制约作用,是绝对不能忽视和小觑的。

二、微观制度

这里以对中国的家庭责任制的制约作用为例。中国农民收入问题是农村一系列问题的焦点,而家庭责任制则是其形成原因的深层体现。家庭责任制并不是一开始就表现出弊端的,在制度演进的过程中,随着制度环境的变化,那些制度弊端就逐渐出现并不断放大,以致成了一种阻碍后续制度创新的障碍物。

这种制约作用表现在以下几个方面。

(1)家庭责任制以及后来的乡镇企业制度变革和合作社制度创新,都是以诱致性为主的制度变迁。随着制度创新的条件和环境已经越来越复杂,要求越来越高,但农民却依然处在知识较欠缺、信息较不灵便、地位很低的境地中,制度创新的成本也就很难减少。国家的退出,虽然是市场经济背景下一种理性的选择,但也强化了这种困境。制度供给不足成了当前农村制度供求的基本格局。

(2)产权随着制度变迁的不断演进,对产权明晰化的要求会越来越高。家庭责任制形成之时,极大地明晰了集体产权。但是随着市场经济体制的逐渐确立,集体土地产权面临着搞活流转的难题。因为集体产权是属于集体所有成员的财产权利,流转过程中势必增加一部分集体成员的机会和利益,就会相应减少另一部分集体成员的权益,从而引发利益纠纷。

(3)路径依赖:家庭责任制形成之后,一条新的制度变迁路径也形成了,并在以后得到不断的强化,限制了其他类型制度安排出现的可能。从某种意义上讲,因其早期的成功,家庭责任制已经成了一种"标准"安排,制度创新只能局限在以其为基础的制度框架内,不合乎这一框架的制度创新注定难以产生,即使产生了,也不易充分实现其经济绩效。从这个角度看,路径依赖也在增加着制度创新的成本。

(4)家庭责任制之后,意识形态呈现出宏观上的统一与微观上的差异共存的局面。国家选择了社会主义市场经济,而农民依然抱有小生产传统、家族观念和宗法观念、地方观念以及私有观念等。这些观念并没有随着社会主义市场经济体制的建立而改变,也在一定程度上阻碍和限制着新制度安排的产生。

(5)从微观上来看,首先是家庭责任制造成的分散经营,导致了农户农业产值"有限性"。在工业化、城镇化和农业现代化加快推进的背景下,农业生产经济绩效"有限性"的负面影响就会日益凸显出来,甚至成为整个经济发展的短板。其次是由于分散经营规模过小导致的生产成本相对较高且难以降低。改革开放以来,由于良种、化肥、除草剂、先进的小型农机具的使用,农业生产成本不断提高,但各种生产要素投入的边际收益递减十分明显。再次是市场经济条件下,由个人产品向社会产品转化并不是无条件的,其间存在巨大的市场交易费用。在转型经济中,这些交易费用并不仅仅存在于市场领域,也不仅仅是一个经济领域的问题。

因此总的来说,中国农民收入相对于其他产业增长缓慢的根本经济原因是,土地投入有限而导致的农业生产绩效的"有限性",更深层的体制原因是家庭承包责任制中农户分散经营的体制规定;虽然从分配绩效、农业生产的自身特点以及基本国情等方面看,还不能完全否定这种方式。

第四节　剩余流出：中心-外围论及其他解释

经济剩余的概念最早出自于美国激进经济学派的代表人物保罗·巴兰[①]，他在《增长的政治经济学》中论述了经济剩余在发达资本主义国家的作用。后来保罗·巴兰和保罗·斯威齐在他们合作完成的著作《垄断资本》中给经济剩余的"最简短定义就是，一个社会所生产的产品与生产它的成本之间的差额"，并系统提出了经济剩余理论。这一理论不仅成为他们分析垄断资本主义理论的一个中心概念，而且还成为美国激进政治经济学派的核心理论。巴兰和斯威齐指出，在经济剩余的总量中，寻找投资出路的那部分比重，在垄断资本主义时期日益增大，剩余的吸收越来越困难。因为投资不可能无限制地增长下去，多余的生产能力会限制投资。当投资下降时，收入和就业就会下降，因而剩余本身就会减少，经济趋向下降，衰退和萧条必将开始。

一、马克思主义的解释

劳尔·普雷维什[②]是著名的拉美经济学家，1949 年他提出了著名的"中心-外围"理论。他认为，工业国组成了为它们利益服务的整个体系；生产出口原料的国家则以其自然资源的功能和中心发生联系，从而形成了以不同方式和不同程度结合在这个体系中的一个广大的、参差不同的外围；就每个外围国家而言，它和中心联系的方式和程度主要取决于它的矿产资源和动力资源的经济及政治能力。"经济剩余"概念是普雷维什改革的核心。他认为，外围资本主义缺乏能力去维持剩余的积累，这使它难于生存下去。由于积累受制于作为一方的劳动力和作为另一方的国家剩余再分配的要求，使积累几乎不可能进行。普雷维什从技术、贸易、动力中心等角度探讨了"中心"与"外围"之间的不平等发展，他认为，资本主义世界体系中的"中心"首先享受到技术进步的好处，从一开始就处于有利地位。而广大"外围"国家和地区则被迫参与到国际分工中，承担着初级产品生产和出口的任务，明显处于不利的地位。并且，初级产品的贸易条件与工业品相比存在长期恶化的趋

①保罗·巴兰(Paul Alexander Baran 1910—1964)：俄国人，辗转求学于德国、美国等地，斯坦福大学经济学教授。美国当代激进派经济学家(马克思主义经济学家)。著作《增长的政治经济学》，以"经济剩余"为中心概念，开辟了马克思主义关于不发达政治经济学理论研究的新领域，被称作战后西方最有影响的马克思主义经济学著作。

②劳尔·普雷维什(1901—1986)是阿根廷著名的经济学家，是 20 世纪拉美历史上"最有影响的经济学家"，被公认为是"发展中国家的理论代表"。对发展中国家的贸易条件恶化论、中心-外围论等建树突出。

势，这又进一步加深了“中心”与“外围”之间的不平等。“中心”和“外围”在经济运动中相互影响、相互作用，在经济的这些起伏运动中，中心起着一种主动作用，外围则起着一种被动作用，只不过外围在周期的下降阶段做出的反应有助于恢复中心的活动，从而提供新的推动力。

马克思、恩格斯是资本主义中心外围式国际分工理论的创始者，讨论中心区如何剥削外围区致富，是马克思主义的中心外围观的核心与灵魂。他们把资本主义经济制度看作一个通过世界市场联结在一起的世界性经济体系，他们已把资本主义世界体系一分为二：一部分是英、美、法、德这些“文明国家”，另一部分则是文明国家以外的“世界上其他国家”。马克思认为，在国际性资本主义经济制度的萌芽期，中心区居于支配地位的资本形态是商业资本。而“占主要统治地位的商业资本，到处都代表着一种掠夺制度”，而且它“是以最残酷的暴力为基础”的掠夺制度。它一方面是通过政治暴力，赤裸裸的“掠夺、海盗行径、绑架奴隶、征服殖民地”，这种直接用暴力抢劫在当时是中心区商业资本剥削外围区的重要途径；另一方面则是通过经济关系进行剥削，这主要是通过中心区商业资本伸向外围区的国际垄断公司来进行，如英属、荷属的东印度公司。国际垄断公司在流通领域内，垄断了外围区市场，他们“自定价格，任意勒索”。

从中心外围的理论框架来看，马克思不但涉及了中心外围理论，实际上提出中心外围结构的三种类型：第一类，外围地区成功地发展了资本主义生产方式，甚至成为发达资本主义国家。这类地区起初由于资源相当丰富，资本主义生产方式成功地发展起来，经过多少年的发展，成为发达的资本主义国家，最后进入了中心国家的行列，如美国、加拿大、澳大利亚、新西兰等。第二类，陷入永远的不发达地区，如非洲、拉丁美洲和亚洲的一些国家和地区。马克思说：美洲金银产地的发现，土著居民的被剿灭、被奴役和被埋葬于矿井，对东印度公司开始进行的征服和掠夺，非洲变成商业性地猎获黑人的场所；这一切标着资本主义生产时代的曙光。第三类，资本主义入侵形成了一些现代产业，并使传统经济部分地解体，形成了传统经济与现代经济并存的二元经济结构。马克思说：资本主义以前的、民族的生产方式具有的内部的坚固性和结构，对于商业的解体作用造成了多大的障碍，这从英国人同印度和中国的通商上可以明显地看出来。

马克思认为，从生产力层面考察，中心国家是资本主义生产方式，外围国家是前资本主义生产方式；中心国家是先进的，外围国家是落后的，因为中心国家完成了工业革命，外围地区仍然停留在传统农业阶段，甚至停留在游牧经济阶段。而资产阶级在它的不到 100 年的阶级统治中所创造的生产力，比过去一切世代创造的全部生产力还要多，还要大。马克思认为，从封建主义向资本主义过渡，从传统农业社会向工业社会过渡是历史的进步。“工业较发达的国家向工业较不发达的国家所显示的,只是后者未来的景象”。

资本主义的生产过程,实质上就是剩余价值的生产。马克思认为资本主义生产的规律,是由生产方式本身的不断革命,由不断和这种革命联系在一起的现有资本的贬值,由普遍的竞争斗争以及仅仅为了保存自身和避免灭亡而改进生产和扩大生产规模的必要性决定的。他认为,随着资本主义生产方式的发展,利润率会下降,而利润量会随着所使用的资本量的增加而增加。同时出现的矛盾在于:资本主义生产方式包含着绝对发展生产力的趋势,而不管价值及其中包含的剩余价值如何,也不管资本主义生产借以进行的社会关系如何;而另一方面,它的目的是保存现有资本价值和最大限度地增值资本价值。它的独特性质是把现有的资本价值用作最大可能地增值这个价值的手段。它用来达到这个目的的方法包含着:降低利润率,使现有资本贬值,靠牺牲已经生产出来的生产力来发展劳动生产力。而由于利润是由劳动中超出满足劳动力的生存需要以外的剩余所生产出来的。在利润率下降的情况下,竞争导致较强大的资本家吞食较弱小的资本家,使他们加入无产阶级或工人阶级的队伍。随着经济发展,危机和萧条也愈加严重,工人的实际工资由于资本家拼命地追求利润对工人严酷压榨而不断地下降。最后结果便是爆发推翻资本家阶级的革命。

二、新的解释

在殖民帝国统治下,工人当然也生产出一定的剩余量,如果宗主国可攫取大量的殖民地剩余价值,那么他们便可以维持国内的利润率,并且可能会有足够的余量用来提高工人的工资,从而使工人们不至于滋事。相反的,按殖民地国家的观点来看,经济发展受到了严重的阻碍,因为它的剩余都被攫取到了国外。由于没有剩余,殖民地国家便没有钱在本国投资同时,殖民地只能得到来自国外的为数很少的投资。

用这种简单的方式,理论的基本思路可以得到验证。主要的问题是,从殖民地攫取的剩余量,或利润和税收税金,数量是否那么大得足以维持资本主义国家的高利润率,或者使殖民地呈现低投资率。从发展的眼光来看,更重要的是,这样一笔剩余价值的外流,其数量是否大到占殖民地国民产值的较大比例,使得投资受到重大影响,从而对该殖民地国家的发展前景产生巨大影响?在许多国家殖民主义的告终并不一定能改变上述局势。资本主义国家仍可以不断通过私人在国外的投资活动来取得殖民主义时代所取得的大部分东西。然而,持这一观点的许多人也承认,从一开始要找到证明这一简单的论点的定量分析资料就是很困难的。在发展中国家，外国投资的返回利润量，与资本主义世界的利润总量和发展中国家的国民生产值相比、恰恰并不那么大。

另一些持不同观点的学者们坚持认为，发展中国家失去的不仅是实际中的剩余，而且还包括一种潜在剩余。所谓潜在经济剩余，巴兰认为它指的是在一定自然条件和技术条件下，利用可获得的生产资源所可能生产出来的产品和可认为必需消费品之间的差额。它的实现必须以或多或少对社会产品的生产和分配进行重大的改组为先决条件，并意味着社会结构的深刻变化。发展中国家的利润外流可能并不多，即资本主义国家的所作所为使得这些发展中国家不能生产出多少剩余来，要是没有来自外国的资本主义压迫，这种剩余本来是可以生产出来的。他们举例说，自由的贸易政策使发展中国家不可能保护自己的幼稚工业，从而这些工业就发展不起来了。那些本来可以用于工业生产的资源和成为进一步投资的资金都闲置起来了。他们还认为，同样，自由贸易导致的机织布的进口，摧毁了当地的手工业，并进一步造成了国内劳动力的失业。

现代帝国主义学说在穷国的经济发展问题上，重点已经不再是分析剩余直接外流的作用问题，而是分析发达国家的资本家是如何与发展中国家内部的反增长势力相勾结的。有些学者认为从发达国家的利益出发，应该让发展中国家开放市场，使得发达国家的产品能进得去，发展中国家的廉价原材料能够流出来。而相反的是，依附理论学家认为在资本主义世界体系中，经济剩余由外围流向中心，中心对外围形成剥削和控制，外围内部也形成畸形的经济结构。外围发展属于资本主义性质的不发达的发展，要实现跨越，需要走社会主义道路，重新构建国际经济秩序，或者在依附中求发展。

巴兰是最早勾勒出依附理论轮廓的经济学家，他认为发展中国家落后的原因是外生的而不是内生的，即它们的贫穷在于与西方的联系，而不纯粹是因为内部经济增长的障碍，这种联系产生的结果是不发达。他用经济剩余的积累和转移考察历史的发展，认为经济增长就是剩余的多少及对其利用的结果。根据他的分析，落后的资本主义国家之所以不能沿着人们所熟知的发达资本主义道路前进，是因为实际经济剩余和潜在经济剩余两者之间的差额太大，以至资本积累太少而投资不足。巴兰批判了资本主义和谐一致的观点，将世界经济的不平衡归结为发达国家与不发达国家的对立。巴兰认为虽然发达国家资本流向落后国家，但并不能改善落后国家人民的物质生活条件，反而使之遭受封建压榨和世界资本主义商业压迫的双重剥削，并导致这些国家变本加厉的腐败和不公正，最终导致经济剩余由不发达国家逆向流往发达国家。桑托斯是依附理论的集大成者，他指出依附作为一种历史状况，造成了一种有利于一些国家却损害另一些国家的经济发展结构。他认为，这种依附结构特征表现为，发展中国家的工业发展依赖于出口部门创汇以购买所需要的投入品。然而，出口生产由"中心"国家的需求所限定，生产结构具有僵硬的专业化和单一生产的特点。依附性对外贸易关系导致外国资本严重控制了发展中国家最有活力的经济部门从而导致在发展中国家国内形成"大都市"中心和"落后地区"外围的结构，另一方面，这种"依附结构"在政治上也维持了传统的和堕落的寡头政治集团的统治。这种生产体系的依附性还在于它能再造一个自身发展受到国际关系制约的生产体系，这个生产体系必须只发展某些经济部门，必须在不平等条件下进行交换，必须在自己国家内部同国际资本在不平等条件下竞争，必须强制推行对劳动力的超级剥削关系，以便将如此创造的经济剩余在国内和国外统治者之间进行分配。一旦再造了这种生产体系和国际关系，依附性资本主义便再生产出阻碍其处于有利地位的各种因素，并在国内再生产出落后、贫困和社会边缘化。

第五节　选择：从自己国内的文章做起

一、争取独立与营造政治稳定

政治独立与经济发展是一个国家社会进步的不可或缺的两个重要方面。对发展中国家来说，政治独立只是经济发展的重要前提，而经济发展则是政治独立的保证，二者缺一不可，但国家的政治是否独立更为先决，更重要。如果把政治独立看作是"第一次解放"的话，那么，经济发展实际意味着"第二次解放"。

与之相同的是，政治的稳定是一个国家经济和社会发展的基本前提。不论在什么制度下，不论是计划经济还是市场经济，人们都只有在政治相对稳定的条件下，才可能按照一定的规则从事经济活动，才可能减少不确定性并形成稳定的预期，保证经济的正常运行，这是资源配置的一般条件，只有在此基础上，才可以进一步考虑制度的优劣和选择问题。对于发展中国家来讲，政治的不稳定是经济发展的最大障碍，同时又是一个最容易出现、最不容易解决的问题，这就是为什么在许多发展中国家中无论实行什么样的制度，都达不到预期效果的重要原因。

考察人类发展的历史，可以得到这样的历史借鉴：什么时候政治稳定，人民就能安居乐业，生产就能迅速发展，人类社会就会不断进步；什么时候政治动荡，人民就饱受战乱之苦，经济凋敝，社会出现停滞不前甚至倒退。因此，争取独立与营造政治稳定，才会有经济发展和社会繁荣。国家独立和政治稳定，是经济发展的必要条件，是绝对不可缺少的必要条件。

二、选择适当的发展策略和制度安排

通过多年的研究与观察，林毅夫教授确信：长期的经济发展战略对一个经济体的绩效起着至关重要的作用，只有坚持比较优势发展战略，根据生产要素禀赋结构在时空上的分布和变化情况，确立合适的产业、产品和技术结构，才能够使国民经济以潜在的最快速度增长，才能使人民均享发展的利益。我们认为，经济发展战略是政府和经济组织为了较好地满足人民不断增长的需求，按照客观规律的要求，从全局和长远的角度制定的经济发展目标、发展阶段、发展策略和重大措施的总体构想。发展战略与经济发展是理论经济学家与政策经济学家能够在不同层面和范围有所贡献的实践性命题。例如，中国的改革开放初期的农村联产承包责任制和国有企业中的“放权让利”，关键在于明确经济主体的竞争地位，进而延伸到个人与企业的激励制度层面。当中国终于蹒跚迈入小康阶段时，不但面临着更多的竞争压力和挑战，而且还不得不面对收入分配方面的突出矛盾和潜在的社会利益集团冲突。作为全社会资源的传统配置者和各种利益总和的集中代表，政府的效能和作用又一次被无限地夸大。只有建立一个有效的、合理的法治体系和有序竞争的市场体系，人们才能摆脱对政府或者传统框架与习俗的依赖，最终得以分享社会发展与技术进步带来的利益增进。

此外，通过对部分发展中国家政治制度民主化程度的考察，我们发现，经济上贫困落后、经济增长缓慢、人们生活水平低下的发展中国家，大多是政治制度存在严重问题的国家，如在不少非洲国家，政治腐败，专制独裁，经常发生军事政变等是其不变的经典教条。因此，发展中国家要实现经济起飞，除了要有较高的资本积累率外，还要进行体制变革。

需要注意的是，我们不能照搬西方国家的政策和体制。例如，为了对付通货膨胀，1977 年埃及、1990 年赞比亚取消了工人的食品补贴，就曾引起了社会动荡。

三、突破制度“瓶颈”

糟糕的、难以打破的路径依赖，往往就是制度创新的瓶颈，也会是经济发展的“瓶颈”。

“路径依赖”问题最早由保罗・大卫提出的，他的结论是，在两个技术的竞赛过程之中，即使后来证明失败的技术方案比胜利的方案更优越，人们也不会放弃已经形成的技术路径。1988 年，W・巴兰・阿瑟进一步提出：一些小的历史事件可能导致一种技术战胜另一种技术。而当我们指出作为历史遗产的技术、组织、制度等在经济增长中的积极作用时，并非认为一切历史遗留物的作用都是如此。事实上，有很多历史遗留物是经济增长的包袱，是经济发展的障碍，技术创新、组织创新、制度变革就是要清除这些障碍。这里想特别指出的是，当人们把某些历史遗产作为发展资源来利用的时候，是因为它们对当事者来说具有相对成本优势，即利用它比不利用它可以以更低的成本取得相同的收益、或以相同的成本取得更多的收益；但由此也可能形成对这类资源的依赖，并形成演变的特殊路径。

最先将路径依赖从单纯的技术角度转向更广的社会层面进行研究的是道格拉斯·诺思①。他研究了不同社会的制度变迁和经济发展的关系，并从制度经济学的角度指出：当人们最初选择的制度变迁路径是正确的，那么沿着既定的路径，经济和政治制度的变迁可能进入良性循环的轨道，并迅速优化之；反之，则有可能顺着最初选择的错误路径一直走下去，并造成制度陷入无效率的状态中。这种无效率的路径依赖，是导致一些发展中国家政治与经济长期停滞不前的一个主要原因。诺思用"路径依赖"概念来描述过去的绩效对现在和未来的强大影响力。一国的经济发展一旦走上某一轨道，它的既定方向会在往后的发展中得到自我强化，制度给人们带来的规模收益决定了制度变迁的方向，并最终使得制度变迁可能呈现出两条截然相反的轨迹。当收益递增普遍发生时，制度变迁不仅得到巩固和支持，而且能在此基础上一环紧扣一环，沿着良性循环轨迹发展，即"路径依赖"或"相互依赖的通道"；当收益递增不能普遍发生时，制度变迁就朝着无效或不利于产出最大化的方向发展，结果在痛苦深渊中越陷越深，甚至被"闭锁"在某种无效率状态。

对此，要想选择新的发展道路，必须实施全局性的改革，才会摆脱路径依赖的限制。例如，中国社会主义制度的建立，不仅能够在全国范围内动员资源，集中力量在经济上启动工业化进程，而且同时也使中国的民族利益在国际上有了保障，特别是在强国林立的国际环境下，获得平等的民族国家地位，也是中国实现工业化应具备的必要条件。所以，从现代经济学的制度与经济增长理论的观点来看，新中国社会主义制度的建立，使中国制度变迁彻底摆脱了"路径依赖"的轨道，发生了革命性的突变。

需要注意的是，不同国家有不同的自然资源禀赋，各国的社会、经济、文化将长期影响自己经济发展道路的选择，形成自己特殊的经济发展的路径依赖。但是，各国的经济发展又将遵循共同的发展规律，在经济发展的进程中，不论各国的路径依

①道格拉斯·诺思（Douglass C. North），美国经济学家，在新制度经济学和新经济史学方面贡献突出，获得了诺贝尔经济学奖。

赖如何不同，但总会经过经济制度的创新或转轨，克服不利于经济发展的制度障碍，选择适宜的经济发展战略，实现经济有效的和可持续的发展。

四、自主的对外开放

当今世界的一个突出特点，就是经济全球化趋势日益增强。我国对外经济关系发生了重大变化，全方位、宽领域、多层次的对外开放格局已经形成，开放性经济迅速发展，国内经济发展与国际经济的联系越来越密切，影响越来越直接。在这种形势下，对外开放是充分享受国际分工利益的必要条件，扩大对外开放，发展开放型经济，根本目的在于有效参与国际竞争与合作，发挥比较优势，争取在新的国际分工格局中赢得更加有利的地位，寻求更大的发展空间和动力。

从实证分析看，一个国家或地区的经济，实行开放的时期发展就快，国际经济关系也比较协调；而一旦实行闭关锁国的政策，国家之间贸易保护主义盛行，报复和反报复措施升级，经济就会出现停滞和衰退。例如，19 世纪末 20 世纪初多边贸易支付体系和国际金本位的建立，以最惠国待遇为重要内容的国际贸易条约的盛行，促进了国际贸易和世界工业的快速增长；第二次世界大战后，布雷顿森林货币体系、国际货币基金组织和世界银行、区域性货币体系的建立和发展，关贸总协定的建立，带动了资本的国际化和经济一体化的巨大发展，使国际贸易和世界经济获得空前的发展速度与规模。与此相反，第二次世界大战前夕，面对严重的经济危机，各国变本加厉地采取贸易保护主义，建立对立的货币集团，把世界经济推向灾难的深渊；而经济危机以后，新的保护主义日益加强，特别是以美元为中心、实行固定汇率制的国际货币体系瓦解，各国普遍实行汇率浮动以后，各国非关税壁垒措施日益增多，造成相互间经贸关系紧张，国际贸易增长速度大大下降。周期性经济危机的作用，国际贸易的不振，加之政府宏观经济调控措施失当，使资本主义国家经济长期陷入“滞胀”的泥潭。而在冷战思维下形成的所谓两大平行的世界市场体系的存在，给双方经济的发展都造成了重大的损失。

因此，开放也是一把双刃剑，前提就是对外开放的自主权是否掌握在自己手里。中国加入世界贸易组织后，对外开放进入新的阶段，一个在更广泛的领域、更深的层次上参与经济全球化进程；中国经济也迎来了 10 余年高速增长的黄金时期。与此相对应，1840 年的中国虽然也选择了开放，却一步步走向了“被最惠国”、“被瓜分”、甚至覆亡的境地。

因此，结论就是，发展中国家必须开放，但必须坚持自主的对外开放，要把是否开放、如何开放牢牢地掌控在自己手中。

参考文献

[1] 苏星.我国农业的社会主义道路.北京:人民出版社,1976:151.

[2] 冯开文.合作制度变迁与创新研究.北京:中国农业出版社,2003.

[3] 波金斯,等.发展经济学.5版.北京:中国人民大学出版社,2005.

思考题

1.经济发展的先决条件中各部分体现出了什么样的逻辑关系?

2.一个国家在经济发展之前必须准备的先决条件有哪些?为什么?

第二部分
经济发展本论

第四章　经济增长理论

第一节　经济增长模型

一、基本经济增长模型

解释经济体总量经济增长的基本模型较为简单。用几个方程式来构建最基本的经济产出和经济增长模型，主要涉及劳动力规模、资本存量以及总量生产与储蓄、投资和人口增长，包括5个方程式：总量生产函数；决定储蓄规模的方程式；储蓄-投资恒等式；关于资本存量变化与新投资的描述；劳动力增长率表达式（波金斯，2005）。

1. 生产函数

生产函数表达的是总产出与资本存量与劳动力规模的关系。总量生产函数可以用式(4-1)表达：

$$Y=F(K,L) \tag{4-1}$$

式中：Y——总产出（总收入）；K——资本存量；L——劳动供给。

该式表示产出是资本存量与劳动供给的函数，即随着资本存量与劳动供给量的增长，总产出会增加。其经济增长的实现可以是通过增加资本存量，或者增加劳动供给，也可以通过资本存量与劳动供给同时增加得以实现。

2. 资本存量变化

用储蓄与投资来描述资本存量的变化。假设储蓄与收入是一个固定的比例关系，用式(4-2)来表示储蓄在收入中占固定的比例。

$$S=s\times Y \tag{4-2}$$

式中：S——总储蓄量；s——平均储蓄率。

将储蓄与投资联系起来描述投资对资本存量变化的影响。假设在一个封闭经济系统中，储蓄与投资最基本的关系是储蓄等于投资。因为在封闭经济体中没有贸易的情况下，生产的全部产品被用于当期的消费或投资，而家庭获得的全部收入，也必然要么用于消费，要么用于储蓄。其关系式为：

$$S = I \tag{4-3}$$

式中：I——投资。

用上两个表达式可以描述资本存量的变化。增加的资本存量与折旧的关系式如下：

$$\Delta K = I - (d \times K) \tag{4-4}$$

式中：d——折旧率；$d \times K$ 表达的是由于折旧而使得现有资本存量每年发生的减少。

通过式(4-4)计算所得新资本存量值再被代入生产函数方程，可求得新的产出值 Y。

3. 劳动供给

假设劳动力与人口同速增长。同时假设 n 为人口和劳动力的增长率。劳动力供给的表达式：

$$\Delta L = n \times L \tag{4-5}$$

将上述 5 个方程式合并成为一个完整的模型：

$$\Delta K = s \times Y - d \times K \tag{4-6}$$

该式表明资本存量的变化(ΔK)等于储蓄($s \times Y$)减去折旧($d \times K$)。通过该式所得资本存量的变化，直接代入总量生产函数得到总产出数值。

二、哈罗德-多马模型

自斯密、李嘉图和穆勒等的古典理论之后到 20 世纪 40 年代之间，几乎没有人对经济增长理论的研究作出贡献。20 世纪 30 年代中期的世界经济危机及第二次世界大战后的经济萧条引起人们对经济增长的研究兴趣，凯恩斯根据发达国家的经济情况，提出了以增加投资来扩大总需求的理论。但是凯恩斯的理论并不适用于发展中国家，因为当时发展中国家的主要问题是生产不足，而不是需求不足。

20 世纪 40 年代以来，当代经济增长理论中最著名的模型是以英国经济学家罗伊·哈罗德(Roy Harrod)①和美国经济学家埃弗塞·多马(Evsey Dommar)②根

①罗伊·哈罗德(Roy Harrod)：英国著名经济学家，以创立所谓经济增长理论与模型闻名于西方经济学界。著作：1948 年出版了《动态经济学导论》，1973 年出版了《动态经济学》。

②埃弗塞·多马(Evsey Dommar，1914—1997)：波兰裔美国经济学家，麻省理工学院教授，著作有：《经济增长理论论文集》、《资本主义、社会主义及农奴制：埃夫塞·多马论文集》等。

据凯恩斯理论，分别独立提出宏观动态模型，后来将其两者结合起来，用他们的名字共同命名为哈罗德-多马模型。该模型通过对国民经济重大比例关系的几个参数的具体分析，寻求经济长期均衡增长的途径。他们认为，研究经济在长期内的连续增长，虽然必须以凯恩斯的有效需求原理为基础，但由于凯恩斯只看到投资对国民收入和就业的乘数作用，而忽视了国民收入和消费对投资的影响；只看到投资能增加就业消除生产过剩的一面，而没有看到投资增加生产能力造成下期销售困难的一面。因此，需要用加速原理和投资二重性原理来补充发展凯恩斯的理论。在分析方法上，也需引进时间因素，用按比例分析代替按水平分析，把凯恩斯理论长期化、动态化。

(一)模型假设条件

(1)全社会只有一种产品，只存在一个生产部门、一种生产技术。

(2)只有两种生产要素:资本和劳动。两者按照一个固定比例投入生产，不能相互替代。

(3)规模收益不变，即单位产品成本与生产规模无关。

(4)储蓄是国民收入的函数。

(5)不存在技术进步，资本在生产过程中没有耗损，所有的投资都形成新增资本。

(二)模型表达式

1.哈罗德经济增长模型

哈罗德经济增长模型主要是研究国民经济增长率、储蓄率和边际资本-产出比率的关系的。三个变量的关系为：

$$G=\Delta Y/Y \tag{4-7}$$

式中:G——国民经济增长率；Y——基期的国民收入量；ΔY——本期的国民收入增量。

储蓄率用 s 表示，储蓄用 S 表示，储蓄率表示储蓄在国民收入中所占的比例。

即
$$s=S/y \tag{4-8}$$

边际资本-产出比率用 C 表示，该比率是在技术不变的条件下等于加速系数，

即
$$C=\Delta K/\Delta y=I/\Delta y \tag{4-9}$$

式中:ΔK——资本增量，等于本期投资 I。

哈罗德经济增长模型的基本公式为：

$$G/s=C，或 GC=s \quad (4\text{-}10)$$

哈罗德经济增长模型说明：储蓄率越高，增长率也越高，即 G 与 s 成正比；资本-产出比率越低，增长率就越高，即 G 与 C 成反比；国民经济增长率不仅要注意积累率的高低，而且要注意到资本-产出之间的比率。前者涉及国民收入在积累与消费的比例划分，后者涉及资本的生产效率。而这两者又是不可分割的。积累率过高或过低，都影响效果的好坏，又会影响积累率的实现程度。

2. 多马经济增长模型

多马经济增长模型与哈罗德经济增长模型基本相同。区别仅在于用资本生产率来代替资本-产出比率。资本生产率又称为投资效率，是指每单位资本的产出。

用 β 代表资本生产率，

则：
$$\beta=\Delta Y/I=I/C \quad (4\text{-}11)$$

资本生产率正好是资本-产出比率的倒数。此外，在多马经济增长模型中，G 表示投资增长率，

即
$$G=\Delta I/I \quad (4\text{-}12)$$

实际上与哈罗德式中的收入增长率是相同的。

$$\Delta I/I=\Delta S/S=S\Delta Y/S\,Y=\Delta Y/Y \quad (4\text{-}13)$$

为此，多马经济增长模型的基本公式为：

$$G=S\beta \quad (4\text{-}14)$$

3. 哈罗德-多马经济增长模型

无论是哈罗德经济增长模型还是多马经济增长模型，都是根据凯恩斯的投资等于储蓄这一公式得出来的。可以通过哈罗德经济增长模型说明这一点。

哈罗德-多马经济增长模型可以表述为：

$$GC=s \quad (4\text{-}15)$$

由于 $G=\Delta Y/Y$，$C=I/\Delta y$，$s=S/y$，所以，$\Delta Y/Y \cdot I/\Delta y=s=S/y$，即 $I/y=S/y$，$I=S$，即投资等于储蓄。

由此可见，哈罗德经济增长模型实际上就是投资等于储蓄这一凯恩斯学说的基本公式。所不同的是，凯恩斯的投资等于储蓄没有引入时间因素，而是用水平分析来说明均衡实现的条件，是一种静态的分析；而哈罗德经济增长模型是按比率分析的方法替代凯恩斯按水平的方法，引进了时间的因素，是一种动态分析。该模型的含义是，为了加速低收入国家的经济增长，需要用政府计划和命令来促进投资。

事实上,哈罗德-多马经济增长模型为发展中国家的经济计划,如印度的五年计划,提供了一个框架(速水佑次郎[①],2009)。

(三)模型评价

哈罗德-多马经济增长模型消极地显示了发展中国家的问题——由于资本的匮乏阻碍了经济增长,同时积极地指明了只要有持续的资本形成,就会有持续的增长。

1. 积极作用

(1)该模型强调储蓄、投资对经济发展的作用和意义。对资本严重稀缺成为主要障碍的不发达国家来说,强调资本积累,强调提高储蓄率和投资水平是符合实际的,对促进这些国家的经济发展有积极作用。

(2)该模型为发展中国家经济计划化提供了分析工具。借助这个模型可以确定国民生产总值、增长速率等,以及确定积累和消费的、人口和就业增长速度等经济活动总量、增长和发展速度等主要的比例关系。目前,大多数发展中国家的经济计划模式体系一般由总量模型、投入产出模型和成本效益分析模型所组成,而哈罗德-多马经济增长模型是应用最为广泛的总量模型。

除此之外,该模型的极大贡献还表现在:

(1)该模型把凯恩斯理论长期化和动态化,复兴了古典增长理论思想,开创了新的动态经济理论——现代经济增长理论(赵邦宏,2004)。

(2)该模型突出了资本和储蓄对经济增长的作用。在资本产出比例不变的前提下,储蓄率即资本积累率是经济增长的唯一源泉。

2. 消极作用

该理论在发展中国家究竟有多大的适用性,以及在经济增长中有多大的作用,发展经济学家也持怀疑态度,表现为:

(1)如果经济是开放的。储蓄的增加并不一定导致资本形成的扩大。因为资本的所有者可能不在国内投资而把资本流向国外,从而无助于国内经济的进展。

(2)资本形成的扩大又不一定导致生产能力的提高。因为如果投资集中在含有高资本-产出比率的部门,而资本折旧大量发生在含有低资本-产出比率的部门,这样资本存量并不会增加多少,从而无助于生产能力的提高。

(3)即使生产能力提高了,也并不一定会增加产出。因为在贫困的发展中国家,生产能力的闲置是相当普遍的现象。

---

①速水佑次郎(Yujiro Hayami)[日本]:国际著名经济学家,青山学院大学的国际经济学教授。主要著作:《日本农业的成长过程》、《农业经济论》、《发展经济学》等。

(4)生产过程中除资本外,还需要其他投入要素的配合。当资本增加时,也要求其他投入要素的增加。在发达国家,这种配合比较容易得到满足,而发展中国家则缺少这些条件。

三、汉森(Alvin Harvey Hansen)模型

(一)汉森-萨缪尔森加速数经济模型

1.基本假设与模型

汉森[①]-萨缪尔森[②]加速数经济模型只是一个分配模型,该模型有三个假设条件。

(1)第 t 年的产出 $Y(t)$ 分解为消费 $C(t)$、投资 $I(t)$ 和政府购买 $G(t)$。

$$Y(t)=C(t)+I(t)+G(t) \tag{4-16}$$

(2)第 $t+1$ 年的消费 $C(t+1)$ 占第 t 年的产出的比例为 b,$0<b\leqslant 1$。

$$C(t+1)=bY(t) \tag{4-17}$$

称 b 为边际消费倾向,$1/(1-b)=k$,称 k 为乘数。

(3)投资 $I(t)$ 和消费的增量呈线性关系。

$$I(t)=a+d[C(t)-C(t-1)] \tag{4-18}$$

公式(4-18)中的常量 $a\geqslant 0$,表示每年有一个常量投资额;参数 $d>0$,当消费量增加时,即当 $[C(t)-C(t-1)]>0$ 时,投资量也增加,反之亦然;如果常量 $a=0$,则投资量与消费的增加量成正比,这样的投资就称为引致投资,系数 d 就称为加速数。

公式(4-16)至公式(4-18)就构成了所谓的"Hansen-Samuelson 加速数模型"。萨缪尔森用它来解释经济周期现象。

2.模型评价

主要是从原理上来判断这个经济模型存在的问题。

(1)经济模型的方程组不完备

①汉森(Alvin Harvey Hansen,1887—1975):美国经济学家。生于美国南达科他州。1918 年获威斯康星大学哲学博士,曾任明尼苏达大学教授,哈佛大学教授。主要著作:《繁荣与萧条的周期》(1921 年)、《经济周期理论》(1927 年)、《充分复苏还是停滞?》(1938 年)、《财政政策与经济周期》(1941 年)、《经济政策与充分就业》(1947 年)、《货币理论与财政政策》(1949 年)、《经济周期与国民收入》(1951 年)、《凯恩斯学说指南》(1953 年)、《60 年代的经济问题》(1960 年)等。

②萨缪尔森(Paul A. Samuelson,1915—2009):麻省理工学院任经济学教授,著作:《经济分析基础》、《经济学》。美国诺贝尔经济学奖第一人,萨缪尔森和他的导师汉森是凯恩斯主义在美国的主要代表人物。

Hansen-Samuelson 加速数模型共有三个方程，但是包含四个经济变量：产出 Y，消费 C，投资 I 和政府购买 G。这意味着，如果用三个方程描述四个变量之间的相互关系，则肯定带来任意性或者不确定性，即这个方程组的解也就是不确定的。这种解的任意性，就称为经济系统运动方程不完备。而实际的经济系统是不可能这样的，是可以用确定的数值表达的。例如，某个社会，一年生产 1 000 亿千克粮食，居民消费掉 800 亿千克，留下种子 100 亿千克，则政府人员吃掉 100 亿千克。实际经济生产肯定都是能够确定的量，不可能有任意值发生。

(2)政府购买 G 不能作为外生变量

从数学方面讲，三个方程描述四个变量之间的关系，那可能是某种函数关系，例如，产出 Y、消费 C 和投资 I 都是政府购买 G 的函数。Samuelson 正是这个意思：他把政府购买 G 作为自变量，当成独立于经济系统之外的所谓外生变量。这样做显然也是不妥的。以下分析 Hansen-Samuelson 加速数模型的稳态解(或者叫静态解)。

所谓稳态解，就是假设时间足够长以后，经济变量趋向于常量，不再随时间而变化：$Y(t)=Y, C(t)=C, I(t)=I, G(t)=G$。

因此，上面三个运动方程退化成：$Y=C+I+G, C=bY, I=a$。将后面两个方程代入前一个方程，得到：

$$(1-b)Y=a+G \tag{4-19}$$

公式(4-19)的经济学意义是：常量投资 a 和政府购买 G 占产出的比例等于 $(1-b)$。公式(4-19)也可以改变成下式：

$$Y=a/(1-b)+G/(1-b) \tag{4-20}$$

公式(4-20)的经济学意义还应该是：常量投资 a 和政府购买 G 占产出的比例等于 $(1-b)$。数学公式的变换不可能改变实际经济含义。可是 Samuelson 把公式(4-20)解释成：政府购买 G，产出将是 k 倍的 G，投资为 a，产出将是 k 倍的 a，$k=1/(1-b)$。进一步的解释就是：政府购买增加 ΔG，产出 Y 将会增加 k 倍 ΔG，$\Delta Y=k\Delta G$。例如，边际消费倾向 $b=0.8$，则 $k=5$，政府购买增加 1 亿元，产出将会相应增加 5 亿元。这就是凯恩斯主义者扩张性财政政策和扩张性货币政策的“理论依据”，其理论上的解释不尽如人意，实践中的“停滞膨胀”现象也否定了这个“加速理论”。

事实上，政府购买 G 不是独立于经济系统之外的“外生变量”，而是经济系统内部一个实实在在的经济变量。政府购买 G 取决于政府的财政税收收入，不能随便假设。

(3)每年有投资,产出不可能收敛

通常人们为了简化分析,把政府购买也分解为投资和消费两项。政府消费,包括政府公职人员的个人消费和公共消费,政府投资就是公共投资,以区别于私人投资。把政府购买也分成消费和投资以后,采取同类项合并方法,产出 Y 也就只包括两项:消费 C 和投资 I(相当于假定 $G=0$)。

这样就得到三个方程三个经济变量的方程组:

$$Y(t)=C(t)+I(t) \tag{4-21}$$

$$C(t+1)=bY(t) \tag{4-22}$$

$$I(t)=a+d[C(t)-C(t-1)] \tag{4-23}$$

这个方程组从数学上讲不存在什么问题,但是不符合经济实际。这里仍然用稳态解进行说明。公式(4-21)至公式(4-23)退化为:$Y=C+I$,$C=bY$,$I=a$。

方程的稳态解为:

$$(1-b)Y=a \text{ 或者 } Y=a/(1-b) \tag{4-24}$$

公式(4-24)表示,每年投资 a,但是每年的产出保持不变,产出 Y 年等于 $a/(1-b)$。这个结论也与事实不符。为什么?每年投资 a,如果不考虑天灾人祸,则垫付资本肯定逐年增加。例如,原有资本为 K,第一年投资 a,则第 2 年的垫付资本就变成 $K+a$,第 2 年又投资 a,则第 3 年的垫付资本变成 $K+2a$,这里不涉及原有资本的折旧和重投资。因为资本的折旧额和资本量的大小有关系,资本量大,折旧多,资本量小,折旧就少。而这里是每年固定投资 a,和原有资本的大小无关。再则,资本折旧后重又投资,维持了原有资本不变。所以,这里的投资 a 只可能是净投资,或者叫追加投资,属于资本积累。

随着资本的积累,垫付资本量会相应增加,产出 Y 也会逐年增加,不可能维持常量不变的。总而言之,Samuelson 的加速数模型脱离实际,对国民经济宏观调控缺乏指导意义。

(二)汉森的贡献

1. 汉森使凯恩斯理论更通俗化

凯恩斯[①]的《就业、利息和货币通论》是以西方专业经济学者为对象,该书的内容难为一般人所理解。汉森除了写作《凯恩斯学说指南》一书来对该书的难点加以

①凯恩斯:英国经济学家,1883 年 6 月 5 日生于英格兰的剑桥,因开创了经济学的"凯恩斯革命"而称著于世。其代表作《就业、利息和货币通论》(1936 年),凯恩斯另外两部重要的经济理论著作是《论货币改革》和《货币论》。

解释以外，也在其他的地方阐述该书的内容，其中影响较大的是他和萨缪尔森一起用一条 45°线和 $Y=C+I$ 线来说明凯恩斯理论的最简单的模型，即产品市场均衡的模型。这几乎出现在任何一本宏观经济学教科书中。他的补偿性财政政策和不平衡预算的论点已克服了传统的预算必须平衡的观点，成为西方财政理论的正统思想。

2. 凯恩斯主义财政政策的制订

在《就业、利息和货币通论》书中，关于具体的财政政策，凯恩斯并没有详加论述。对此，汉森作了补充性的说明，并且加以发展。凯恩斯的理论说明有效需求的不足是造成资本主义失业问题的原因。根据这一点，汉森认为，在萧条时期，资本主义国家的政府应该执行赤字预算的政策，使支出大于收入，以便弥补有效需求的不足。

汉森还进一步提出，在繁荣时期，过多的有效需求也可能造成经济的过度膨胀；这时，便应执行预算盈余的政策，使支出小于收入，以便减少过多的有效需求。这种旨在于调节有效需求来熨平资本主义的经济波动的政策，被称为补偿性的财政政策。执行这种政策意味着国家的预算没有在任何时候都保持平衡的必要，而仅需在整个经济周期中使收支相抵。

3. 混合经济论

汉森认为：在 19 世纪末期以后，大多数国家已经不再是纯粹单一的私有经济制度，而是属于混合经济的范畴。

所谓混合经济系由“公营”和“私营”两个部分所组成。“公营”即国家干预经济生活的部分，包括国有化企业和种种福利措施，如社会保险等。“私营”部分即指私人所有的企业和事业。他认为：应以“私营”部分为主，“公营”部分不过起着补充和辅助的作用。

4. 长期停滞论

汉森认为，美国经济在长期中具有停滞的倾向，其原因在于：①人口增长迟缓；②新土地的开垦已经完毕；③公司储蓄的增长；④资本品的大量存在；⑤新发明的节约资本的偏向。这五点都使投资数量减少，而引致国民收入减少。因此，国家必须进行干预，以便改变经济停滞的现象。

5. 将凯恩斯有效需求原理的四个变量联系起来

凯恩斯理论的核心是有效需求原理，认为国民收入决定于有效需求，而有效需求原理的支柱又是边际消费倾向递减、资本边际效率递减以及心理上的流动偏好这三个心理规律的作用，这三个心理规律涉及四个变量：边际消费倾向、资本边际效率、货币需求和货币供给。

在这里,凯恩斯通过利率把货币经济和实物经济联系起来,打破了新古典学派把实物经济和货币经济分开的两分法,认为货币不是中性的,货币市场上的均衡利率要影响投资和收入,而产品市场上的均衡收入又会影响货币需求和利率,这就是产品市场和货币市场的相互联系和作用。但凯恩斯本人并没有用一种模型把上述四个变量联系在一起。汉森、希克斯这两位经济学家则用 IS-LM 模型把这四个变量放在一起,构成一个产品市场和货币市场之间相互作用如何共同决定国民收入与利率的理论框架,从而使凯恩斯的有效需求理论得到了较为完善的表述。不仅如此,凯恩斯主义的经济政策即财政政策和货币政策的分析,也是围绕 IS-LM 模型而展开的。因此可以说,IS-LM 模型是凯恩斯主义宏观经济学的核心。

四、索洛(Now Romer 体)模型

哈罗德-多马经济增长模型基于凯恩斯理论提出了资本主义经济不能持续稳定增长的结论。一些西方经济学家认为,这一结论与西方经济增长的事实不相符合。索洛指出,如果像哈罗德-多马增长模型所假设的,单纯靠增加资本投入实现增长,在其他因素不变的条件下,必然会引起投资报酬递减和增量资本产出率的提高,即投资效率的下降。这意味着保持一定的增长率的必要条件在于不断提高投资率。然而,投资率是不可能无限制地提高的。为此,以美国的经济学家罗波特·索洛(Robert. Solow,1956)①、斯旺(Tom. Swan,1956)及英国的米德(J. Meade)为代表,修正了哈罗德-多马经济增长模型,以新古典主义经济理论为基础,提出新古典增长模型,模型把充分就业视为必然的趋势。该模型标志着从哈罗德-多马增长体系向前迈出了重要的一步。下述以索洛的经济增长模型为代表分析经济增长的实现。

(一)基本假定

索洛模型的基本思想是:充分就业均衡可以通过市场机制调整生产中劳动与资本的配合比例来实现。如果劳动力比资本增长更快,劳动的价格、工资就相对比资本价格、利率下降;反之,工资就会提高。企业家对于价格非常敏感,可以采用先进技术,改变要素投入结构。

---

①罗波特·索洛(Robert Merton Solow,1924—):美国经济学家,麻省理工学院教授。以其新古典经济增长理论著称,由于在经济增长理论上的贡献,在 1961 年被美国经济学会授予青年经济学家的"约翰·贝茨·克拉克奖"。1987 年,获得诺贝尔经济学奖。主要成果:"A Contribution to the Theory of Economic Growth,"*Quarterly Journal of Economic*,70(February 1956),65-94;"Technocal Change and the Aggregate Production Function,"*Review of Economics and Statistics* 39(August 1957),312-320。

索洛经济增长模型主要包含以下假定。

(1)全社会使用劳动和资本两种生产要素只生产一种产品，这一产品既可用于消费也可用于投资。由于储蓄和投资都是消费的剩余，也就意味着储蓄等于投资。

(2)总量生产函数为 $Y=F(K,L)$，表明总产出取决于资本的总投入量和劳动的总投入量。劳动与资本之间可以相互替代，但不能完全替代，如图 4-1 所示。

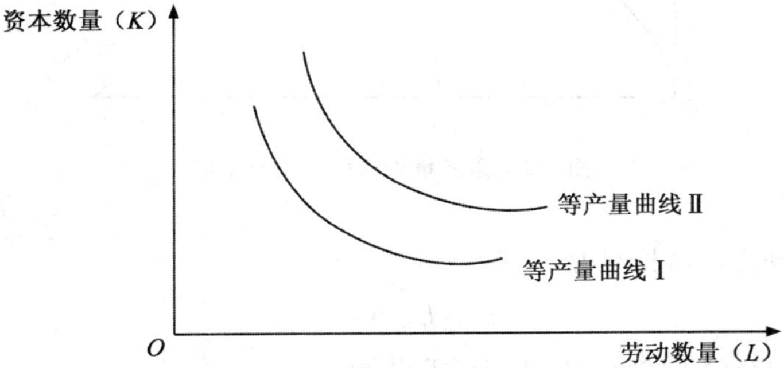

图 4-1　新古典(可变比例)的生产函数

(3)生产的规模收益不变，所以，生产函数又可以为 $y=f(k)=F(k,1)$，表示人均产出 y 只受人均资本投入量 k 的影响。

(4)储蓄率不变，储蓄量与收入存在线性关系，即 $S=sY,0<s<1,s$ 是外生的。

(5)技术进步是个常量，不存在折旧，即投资等于资本的存量。

(6)人口和劳动力是外生的，按照一个固定速度 n 增长。

(二)索洛模型表达式

新增资本等于投资等于储蓄：$\Delta K=I=S$

储蓄与产出间存在线性关系：$S=sY$

产出函数为：$Y=F(K,L)$

可以得出：$\Delta K=s\,F(K,L)$

每期的资本存量都等于上期的资本存量加上新增资本：

$$K_t=K_{t-1}+\Delta K=K_{t-1}+s\,F(K,L) \tag{4-25}$$

由于规模收益不变，即人均收入函数为 $y=f(k)$，如图 4-2 为索洛增长模型的生产函数。

公式(4-25)可以变为：

$$k_tL_t=k_{t-1}L_{t-1}+s\,f(k_{t-1})L_{t-1} \tag{4-26}$$

其中 k 为人均资本存量

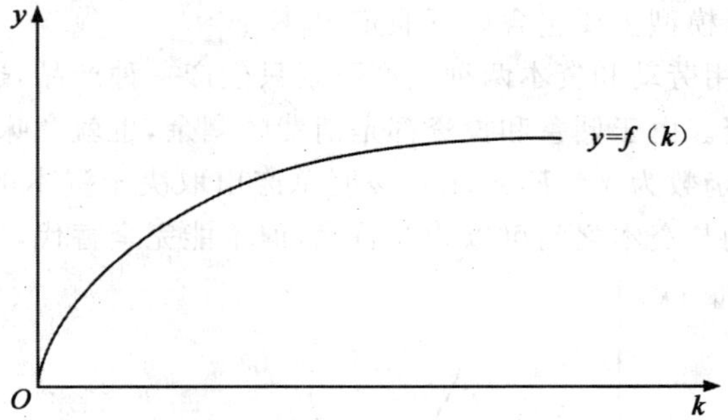

图 4-2 索洛增长模型的生产函数

由于劳动力的增长率为 n，即：

$$L_t = L_{t-1}(1+n) \tag{4-27}$$

将式(4-27)代入式(4-26)整理可得出：

$$k_t - k_{t-1}\ \Delta K = s\,F(K,L)\,s\,f\ = (k_{t-1}) - nk_{t-1}$$

由此可以得到索洛模型的基本表达式为：

$$\Delta K = s\,f(k) - nk \tag{4-28}$$

也可以写成：

$$s\,f(k) = \Delta K + nk$$

式中：$s\,f(k)$——人均储蓄；nk——当劳动力增长 n 倍时，为保持资本劳动比不变所需的投资量，被称为资本广化；ΔK——资本存量的变化率，是每个劳动力配备的资本量的增加，通常被称为资本深化。如图 4-3 所示索洛经济增长模型。

根据变形后的基本方程，其经济含义是：产出中的储蓄部分用于两个方面，一是资本的广化，一是资本的深化。

在发展中国家，k 和 y 比较低的情况下，资本广化的要求相对较小，所以 $s\,f(k)$要大于 nk 表示(图 4-3 中交点 A 的左边)，并且 k 和 y 都在增长。在 k 和 y 较低的那些点处，生产函数相对较为陡峭的斜率意味着，给定 k 值的增加，y 值的变化相对较大，所以人均收入增加相对较快。当经济增长点向 A 点移动时(收入同时增加了)，y 的增加放慢了，直到在 A 点处停止。因此，对较高收入的国家(k 和 y 相对较大)，y 的增长率较小。所以，索洛经济增长模型对经济发展过程的一个深刻含义是：当国家之间有相同的稳态水平的 y 值时，较穷的国家的增长要快于较富的国家，并最终在 A 点处达到相同水平的人均收入(波金斯，2005)。

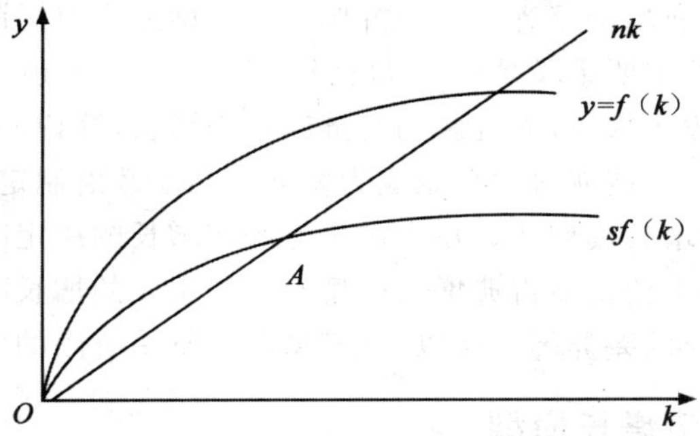

图 4-3　索洛基本经济增长模型

根据变形后的基本方程与图示，可以了解索洛经济增长模型的经济含义，产出中储蓄部分用于两个方面，一是资本的广化，一是资本的深化。该模型的重要贡献是说明了技术变化在经济增长中的决定性作用。

(三)索洛模型评价

索洛经济增长模型对经济增长问题的理解与认识具有重要的理论价值和历史意义。同时，索洛经济增长模型也有一些缺陷。

1. 指导作用

(1)重新设定生产要素(资本与劳动)具有相互替代性，是资本/产出由固定不变成为可变。这样，人们可以通过调整资本/劳动改变资本/产出，从而降低资本的收入，提高劳动的收入，以刺激劳动增长，实现充分就业。

(2)强调技术进步是人均收入增长的源泉，突破了经济增长理论中占统治地位的“唯资本论”的观点。通过这一思路，新增长理论家拓展了新古典增长理论的研究。

(3)强调市场价格机制对经济增长的调节作用。当储蓄率既定而经济增长出现不稳定时，通过市场机制的调节，改变利润率或工资率来调节资本与劳动的投入量，从而使资本/产出得到调整，以与经济增长率相适应，最终实现理想的经济增长。

2. 模型缺陷

(1)模型中假定资本与劳动可以任意替代，以便生产要素可以充分利用，实现均衡增长，是不符合实际的。一般来说，已经构成的固定资产，资本和劳动的替代关系或配合比例大致是固定的，因而两者的比例变动范围只存在于技术改造和新投资项目的一定限度内。

(2)缺乏政策方面的指导意义。新古典增长模型强调市场调节的作用,认为对经济增长进行调节的主要手段是市场-价格机制而非国家干预。但事实上,政府的一些政策不仅影响收入水平,而且影响经济的长期增长,这说明新古典增长理论与现实存在严重脱节。这就使得它很难成为发展中国家政府制定政策的理论依据。

(3)新古典经济增长模型认为技术进步是经济增长的决定因素,却又假设技术进步是外生变量,结果使得新古典增长模型对一些重要的增长事实无法解释,如各国的增长率存在广泛的差异等。所以,该模型的贡献是有限的。

五、新剑桥经济增长模型

新剑桥经济增长模型是哈罗德-多马模型的延伸,和哈罗德-多马模型一样,其基本观点是增长率决定于储蓄率或投资率,而资本-产出比例是固定不变的。但是,由于哈罗德-多马经济增长模型与新古典经济增长模型对于发展中国家经济发展指导作用的缺陷,新剑桥经济增长模型解决上述哈罗德-多马模型与新古典经济增长模型两种模型存在的问题,在探讨了资本家和工人之间进行收入分配的基础上,认为摆脱不稳定的办法在于将技术进步与资本的边际生产率结合起来。新剑桥经济增长模型还否定了新古典经济增长模型的思路,即持续稳定增长取决于投入要素比例的变化和技术进步,而认为要实现持续稳定增长必须靠国家政策对分配比例失调进行干预。

(一)基本假设与经济增长模型

新剑桥经济增长模型(又称新剑桥增长模型),它是现代凯恩斯主义新剑桥学派的经济增长模型。新剑桥经济增长模型是由英国的琼·罗宾逊①、卡尔多②和意大利的帕森奈蒂提出来的。由于琼·罗宾逊执教于剑桥大学,因而该模型被称为新剑桥增长模型。该模型主要分析收入分配的变动如何影响决定经济增长率的储蓄率,以及收入分配与经济增长之间的关系。

1.基本假设

该模型的基本假设有:

①资本-产量比率保持不变,即常数;

①琼·罗宾逊(Joan Robinson,1903—1983):(琼·罗宾逊夫人)英国著名女经济学家,新剑桥学派的代表人物,主要著作有:《就业理论引论》(1937年)、《论马克思主义经济学》(1942年)、《经济增长论文集》(1962年)、《现代经济学导论》(1973年)等书。她的大量著作对当代资产阶级经济理论的发展有相当大的影响。

②尼古拉斯·卡尔多(1908—1986):是当代英国著名的经济学家,新剑桥学派的主要代表人物之一。第二次世界大战后的10年,卡尔多在英国经济政策中起到了重要作用。20世纪80年代,卡尔多是货币主义最强劲的反对者,而且他的论证在经济学领域内外都有大量受众。

②均衡条件为 $I=S$；

③社会成员分为工资收入者(工人)和利润收入者(资本家)，两者的储蓄率都是固定的，而且利润收入者的储蓄率大于工资收入者的储蓄率。

2. 模型的表达式

以 P 代表资本利润，W 代表工资，Y 代表国民收入，

则：$Y=P+W$ 或 $W=Y-P$

以 s_p 代表利润收入者的储蓄率，s_w 代表工资收入者的储蓄率，s 代表总储蓄率，则有：

$$s=P/Y\cdot s_p+W/Y\cdot s_w$$
$$=P/Y\cdot s_p+(1-P/Y)\cdot s_w$$
$$=P/Y\cdot s_p+s_w-P/Y\cdot s_w$$
$$s=P/Y(s_p-s_w)+s_w \tag{4-29}$$
$$k=K/Y \tag{4-30}$$

将式(4-29)、式(4-30)代入哈罗德-多马模型中，得到：

$$G=[P/Y(s_p-s_w)+s_w]\cdot 1/k=P/K(s_p-s_w)+s_w/k \tag{4-31}$$

P/K 即是利润率，以 π 来表示，则：

$$G=\pi(s_p-s_w)+s_w/k \tag{4-32}$$

式(4-32)即是新剑桥经济增长模型。该模型的经济含义是：在既定的技术水平下，经济增长率决定于利润率的高低以及资本家和工人两个阶级的储蓄倾向。

(二)新剑桥经济增长模型的特点

新剑桥经济增长模型具有以下特点。

1. 模型是哈罗德-多马模型的延伸

新剑桥经济增长模型是哈罗德-多马模型的延伸，与哈罗德-多马模型类似，其基本观点是增长率决定于储蓄率或投资率，而资本-产出比例是固定不变的。

2. 模型把经济增长与收入分配结合起来

将经济增长与收入分配结合起来，说明经济增长过程中收入分配的变化趋势以及收入分配关系对经济增长的影响。

3. 收入分配比例失调与经济增长互为影响

新剑桥经济增长模型认为：在社会分化为两个阶级“资本家和工人”的条件下，经济增长加剧了收入分配比例失调，收入分配比例失调反过来又影响经济增长。要解决这一问题，不是简单地谋求经济快速增长而是消除收入分配比例失调的状况。

4. 模型否定了新古典经济增长模型的思路

新剑桥经济增长模型表明，持续稳定增长取决于投入要素比例的变化和技术进步，而认为要实现持续稳定增长必须靠国家政策对分配比例失调进行干预。

（三）新剑桥增长模型的意义

新剑桥增长模型旨在说明资本主义社会结构的症结在于国民收入分配的失衡，因而解决资本主义社会问题的途径不在于加速经济增长，而是实现收入分配的均等化。

新剑桥经济增长理论认为，经济增长率取决于收入分配。过分提高利润占总收入的比重，经济增长率必然过高，会导致经济膨胀；过分提高工资收入占总收入的比重，经济增长率必然过小，会导致经济萧条。因此，社会可采取调整收入比重的办法来实现经济长期稳定地增长。

新剑桥经济增长模型的结论可概括为：

(1)经济增长中收入分配倾向于资本家而不利于工人。从长期来看收入分配的趋势是，利润在国民收入中的比重越来越大，工资在国民收入中的比重越来越小。

(2)经济增长加剧了收入分配的比例失调，收入分配的失调反过来又影响了经济增长，二者形成了一个恶性循环，不利于经济的稳定发展。

(3)要实现经济的稳定增长，必须调节资本家和工人的储蓄率。

六、内生经济增长模型

内生经济增长理论也称新增长理论，产生于 20 世纪 80 年代中期。其代表人物有保罗·罗默①(Rome)、卢卡斯②(Lucas)、巴罗③(Barro)、贝克尔④(Becker)等。

---

①保罗·罗默(Paul M. Romer，1955—)：美国经济学家，斯坦福大学教授。他被认为是经济增长方面的专家并且是诺贝尔经济学奖的有力候选人。罗默在 1986 年建立了内生经济增长模型，把知识完整纳入到经济和技术体系之内，使其作为经济增长的内生变量。成果有：《收益递增与长期增长》(1986)。

②卢卡斯(Robert Lucas，1937—)：著名经济学家，美国人，他倡导和发展了理性预期与宏观经济学研究的运用理论，深化了人们对经济政策的理解，并对经济周期理论提出了独到的见解，由此获得 1995 年诺贝尔经济奖。成果有：《论经济发展机制》(1988)。

③罗伯特·巴罗(Robert J. Barro，1944—)：是当今世界最具影响力的经济学家之一。由于他在宏观经济学、经济增长、货币理论与政策等领域所做出的卓越贡献，巴罗被推选为美国艺术与科学学院院士(1988 年)、美国国会预算局学术顾问委员会委员(1996 年)、美国经济学会副主席(1998 年)，并在同年获得亚当·斯密奖。

④加里·S·贝克尔(Gary S. Becker)：美国著名的经济学家，以研究微观经济理论而著称。他运用微观经济分析方法构件理论体系，坚持用经济人假设逻辑一贯地解析全部人类经济行为。1992 年，他因“把微观经济分析的领域推广到包括非市场行为的人类行为和相互作用的广阔领域”而获得诺贝尔经济学奖。

为了进一步解释经济增长的原因,内生经济增长理论继新古典经济增长理论之后而产生。虽然新古典经济增长理论为说明经济的持续增长导入了外生的技术进步和人口增长率,但外生的技术进步率和人口增长率仍然不能从理论上说明持续经济增长的问题。因此,内生经济增长理论将储蓄率、人口增长率和技术进步等重要参数作为内生变量(变量可以在模型内决定)来考虑。从而可以由模型的内部来决定经济的长期增长率,因此模型被称为内生经济增长模型。由于储蓄率、人口增长率、技术进步是由人们的行为决定的,也是可以通过政策等加以影响的,因而在不同的经济期中经济增长水平不相同。

(一)内生增长理论

内生增长理论的主要任务之一是揭示经济增长率差异的原因和解释持续经济增长的可能。尽管新古典经济增长理论为说明经济的持续增长导入了外生的技术进步和人口增长率,但外生的技术进步率和人口增长率并没有能够从理论上说明持续经济增长的问题。内生增长理论是基于新古典经济增长模型发展起来的,从某种意义上说,内生经济增长理论的突破在于放松了新古典增长理论的假设并把相关的变量内生化。

内生增长理论没有一个为大多数经济学家接受的基本理论模型,只是由一些持有相同或类似观点的经济学家所提出的诸种增长模型共同组成的一个松散集合体。根据基本假设上的差别,内生增长理论可以分为3类。

1.技术进步是实现经济增长的保证

该模型是以收益递增和外部性为假设条件,适用于完全竞争的分析框架。代表性的模型有:罗默的知识溢出模型(1986)、卢卡斯的人力资本溢出模型(1988)等。这类模型认为技术进步是内生的,取决于知识资本和人力资本的积累和溢出。内生的技术进步保证了经济的均衡增长。

2.资本积累是实现经济增长的保证

该类模型以完全竞争假设条件,强调决定经济增长的关键因素是资本积累,而不是技术进步。代表性的模型有:琼斯-真野惠里(Jones and Manuelli)模型(1990)和雷贝洛(Rebelo)模型(1991等)。这类模型否认知识或人力资本的溢出效应,强调不断的资本积累是实现经济持续增长的保证。

上述两类模型是以完全竞争为假设条件的,它们基本上代表了新增长理论的第一个发展阶段。

3.技术进步是经济增长的决定因素

从20世纪90年代开始,一些经济学家抛弃了完全竞争假设,开始以垄断竞争为假设考察经济增长,从而构成了第三类增长模型。

这类模型着重研究技术商品的特征和技术进步。由于技术进步的表现形式不同，这类模型又可以细分为两种基本形式，即产品品种增加型内生增长模型和产品质量升级型内生增长模型。前者假定技术进步表现为新型资本品或消费品的不断出现，如罗默的知识驱动模型(1990)、格罗斯曼-赫尔普曼(Grossman and Helpman)模型(1991)等；后者假定技术进步表现为产品质量的不断提高，如阿格亨-豪伊特(Aghion and Howitt)模型(1992)等。这两种模型的基本结论是一致的：内生的技术进步是经济增长的决定因素，同时经济的均衡增长离不开必要的政府干预。两种模型相互补充，从不同的侧面体现了技术进步对经济增长的决定作用。

第三类模型可用于研究开放经济条件下一国的经济增长。它的提出标志着新增长理论的研究进入了第二个发展阶段。

内生增长理论的研究在继续发展，新的模型不断出现，随着假设条件的不断放宽，越来越多的变量会被引入新增长模型。所以，随着研究的深入，新增长理论将逐步成熟起来。

(二)内生经济增长模型评价

内生增长理论思路结论：在引进技术创新、专业化分工和人力资本之后，内生增长理论得出以下结论：技术创新是经济增长的源泉，而劳动分工程度和专业化人力资本的积累水平是决定技术创新水平高低的最主要因素；政府实施的某些经济政策对一国的经济增长具有重要的影响。

1. 内生增长理论对发展中国家的意义

内生增长理论不仅取得了理论上的重大突破，而且为各国经济发展，尤其是发展中国家的经济发展提出了许多具有启发性的政策建议。

(1)该理论将技术内生化

内生增长理论具有微观化、模型化、内生化的特点，其核心是内生化。新古典增长理论模型中只考虑了资本与劳动两个生产要素，而内生增长理论模型加上了知识和技术第三个要素，把经济科学和信息时代结合在一起。

(2)重视知识、技术与人力资本对经济增长的作用

内生增长理论认为专业化的知识和人力资本的积累引起的内生技术进步可以使总的收益递增，是经济增长持续永久的动力和源泉。也就是说，一国经济增长主要依靠知识积累、技术进步和人力资本的水平。知识、技术和人力资本的水平高，经济增长率和收入水平就高，反之亦然。所以，发展中国家必须千方百计地增加自己的知识、技术和人力资本的积累，这样才能获得递增的要素收益，取得经济长期、持续、稳定的增长。

(3)突出了对外开放的重要性

新增长理论突出了对外开放在发展中国家经济发展过程中的重要性。该理论认为对外开放和国际贸易能够产生“知识外溢效应”，加速知识、技术和人力资本在世界范围内的传播。而且，该理论改变了国际贸易是一方受益，而另一方受损的“零和博弈”的传统观念，并且认为国际贸易是双方受益的“正和博弈”。

(4)具有丰富的政策内涵

该理论对各国政府制定增长政策具有一定的参考价值。该理论认为政府对经济的干预是必要的，自由竞争并不能保证经济的最优增长。为此，该理论提出了大量的政府应采取的经济政策，如罗默提出的研究开发补贴政策，琼斯等人提出的降低关税政策，撒拉提出的专利保护政策和巴罗提出的向基础设施投资和保护私人投资产权的政策等，这些政策对各国政府的经济实践具有重大的指导意义。当然，这并不意味着政府政策可以滥用，该理论强调运用政府政策时必须谨慎。

2.内生增长理论的缺陷

(1)没有取得生产理论上的突破

增长理论取得突破的关键在于生产理论基本假设的变化。然而，该理论仍然以固定要素替代弹性生产函数和柯布-道格拉斯生产函数为基础，因此与索洛模型并没有本质区别。

(2)忽略了经济制度对经济增长的影响

除了少数的模型外，大多数的内生增长理论都隐含地假定经济制度是给定的。因此，构建一个规范制度内生化的动态经济增长模型应成为以后经济学家研究的方向。

(3)该理论偏重于数学

该理论研究的数学技巧的运用越来越多，方程组越来越复杂，势必会将精力和时间分配于解方程组，从而影响到学术研究和政策讨论的精力投入。

新增长理论虽然存在不少缺陷，但是，这一理论的贡献不可否认，其在开创新领域、创新新思想、探讨理论突破方面有着重要的启发意义，对经济理论和各国经济实践都将产生深远的影响。

第二节 经济增长的影响因素

一、经济增长的基本影响因素

经济增长的主要影响因素是资源的投入数量与有效配置。资源主要包括劳动力资源、自然资源、资本，所以，这些要素的投入数量与使用效率成为影响经济增长的主要因素。

(一)资本因素

资本对经济增长起着非常重要的作用。资本可以分为两方面的内容，一是物质资本，二是人力资本。物质资本包括设备、厂房和存货；人力资本包括技术和知识，是通过教育等人力资本形成的。这里的资本仅指物质资本。经济增长的初期阶段，资本积累的程度对经济增长起着至关重要的作用(赵邦宏，2004)。

资本积累的主要来源是储蓄，即一国在一定时期内的国民收入减去消费后的余额。根据储蓄全部转化为资本的假设，储蓄等于投资，从而投资过程就是资本积累的过程。所以，发展中国家一般通过以下几种渠道解决资本不足问题。

1. 储蓄

资本来自于储蓄，即消费剩余。因为储蓄可以转化为投资，从而转变为机器设备、厂房、交通工具基础设施等物质资本，由此产生资本形成。一般通过三个阶段使储蓄形成资本。一是储蓄，二是金融机构将储蓄集中起来，三是将集中起来的储蓄贷给生产者，形成投资，由生产者购买生产资料，储蓄完全形成资本。

储蓄分为自愿储蓄和强制储蓄。自愿储蓄是指居民主动减少目前的消费，将部分所得储存起来。自愿储蓄的多少主要取决于居民的收入所得高低。因此，要增加居民的自愿储蓄，最根本的办法是大力发展经济，提高居民收入水平。强制性储蓄是指政府通过行政力量迫使城乡居民节制消费，将部分所得转化为储蓄。其主要方式是推行通货膨胀策略。采取该策略会出现很多问题，所以，采取该方法时需要谨慎。

2. 吸引外资

通过吸引外资的方法弥补储蓄率低的资金缺口。吸引外资可以在不降低本国居民目前消费水准的条件下，弥补资金不足，并通过增加资源投入，扩大生产规模，以提高国家、地方、企业、国民的收入和资本积累的能力。

吸引外资的方式有：一是向国际金融组织借款。二是向外国金融组织借款。三是与外国企业开展补偿贸易。四是开办合资企业、允许外资到本国本地区办企业。五是开展国际间的租赁业务。六是开展国际信托投资业务和国外发行金融债券。

3. 税收

税收是政府稳定经济增长与发展所采取的一种手段。税收具有满足政府执行公务的财政需要、加速资本形成、平均社会财富、抑制奢侈浪费、减缓经济波动、改善产业结构、调控人口增长速率等功能。

在发展中国家，税收与加速资本形成有密切的关系。一方面表现为：由税金形成的资本数量与税收总额具有正相关关系。税收收入减去政府经常性支出就是政府的储蓄，政府储蓄可以转化为政府投资，从而产生资本形成。另一方面表现为：如果税赋太重，会影响投资积极性，所以，在税赋太重的情况下，要采取降低税率的措施，诱发生产者增加生产投资，扩大生产规模，以取得国民收入提高的目的。发展中国家也可以通过免收储蓄税、加大奢侈品税收比例等措施调整税收的大小，以达到税收形成资本的目的（徐育珠，1988）。

（二）劳动力资源

劳动力资源是经济活动的主体，对经济增长起着重要的作用。劳动力人口的增长率和劳动生产率决定了一个社会潜在的收入增长率。

一般情况下，发展中国家的人口增长率是相对较高的，劳动力资源是比较丰富的，而且大部分发展中国家存在劳动力剩余。因此，发展中国家的劳动力资源数量不会成为经济增长的制约因素（赵邦宏，2004）。反而是劳动力得不到充分合理利用会影响经济的持续增长。发展中国家可以通过有效控制人口增长、调整经济结构提供更多就业机会、消除城乡差别、改变二元经济结构等措施，促进经济发展。

同时，劳动力质量在科技发达的今天，对一个国家经济发展起着更重要的作用。劳动力质量可以用人口素质来描述，包括身体素质和文化素质。身体素质由先天的遗传、后天的营养、保健、医疗卫生条件等因素决定，文化素质取决于社会经济制度、历史文化传统、科学教育水平等因素。要提高劳动力的素质，就要从改善后天的身体素质与文化素质入手，所以，发展中国家一般通过以下主要方法提高劳动力素质。

1. 教育投资

世界银行提供的研究报告说明，国民受教育的程度与经济发展有高度的正相关性，所以，兴办教育是提高劳动质量，从而加速经济发展的有效措施。通过儿童早期教育、正规学校教育、职业培训等方面的支出，形成教育投资，也称智力投资，这种教育投资转化为知识存量，以扩展劳动力的工作能力，提高劳动生产率，促进经济的增长。

2. 保健投资

改善医疗条件形成保健投资，包括照料婴幼儿童、营养物品、穿衣、住房、医疗服务、自我照顾等有关身体保健方面的费用支出，通过这些支出改善医疗条件，这些投资可以转化为健康资本存量，增强劳动者的体力和精力，从而使劳动者提高生产效率或工作效率，延长工作寿命，创造更大的财富，实现经济增长（徐育珠，1988）。

资本与劳动用量的增加和技术进步引起资源利用效率提高，对经济增长的贡献几乎各占一半。各种生产要素的使用效率对经济增长的作用是很大的。可以通过全要素生产率来衡量，即用产量与全部要素投入量的比值来衡量。在生产要素投入不变的情况下，提高生产要素的使用效率，国民生产总值也会增加。所以，资本形成不足，低下的劳动生产率，单一的经济结构，缺乏人力资源和适宜的技术，市场发育不完善，这些因素均影响经济的发展。托达罗认为，虽然有些发展中国家自然资源较为丰富，但在人力资源禀赋方面，人口的绝对数量较大，但教育水平较低，技术水平、文化素养、对工作的态度、获得信息的能力、创新的意愿以及自我完善的愿望、行政管理的技巧和水平等都有待于进一步提高。

（三）技术进步

技术的发展是与经济发展相互制约、相互促进的。它对生产力和经济的发展起着巨大的推动作用。大多数发展中国家之所以贫穷、落后，重要原因之一就在于科学技术处于落后、甚至停滞状态。因此，要发展经济，摆脱贫困，就必须推动科学技术迅速发展，实现科技现代化。技术进步不仅包括生产方法的进步，还包括管理和经营方法的进步。发展中国家在经济发展初期，主要依靠更加充分地利用劳动力和土地，提高农村增长速度，非农产业主要是劳动密集型的，且所占份额甚小。这时的技术进步缓慢，技术进步对农村经济发展的贡献也不显著。但是，随着经济的逐步发展，对技术进步的要求越来越迫切，技术进步的作用会越来越明显（赵邦宏，2004）。

可以通过技术创新或研究和技术引进两种途径实现技术进步。有些发展中国家是依靠引进国外先进技术实现经济起飞的。技术创新理论是熊彼得①在其 1912 年出版的《经济发展理论》中提出的。按照他的观点，将“创新”作为连接科学技术进步与经济增长和发展的一个转换媒介，从经济运动的内部去寻找推动社会进步、历史发展的深厚基础和本质动因，该理论突出了科技进步在经济发展进程中的主导作用。但是，开展技术研究与创新要具备相应的条件和巨额资金。发展中国家资金匮乏，应该采取自己研究与引进技术相结合的办法，以加快技术进步。但在研究与引进时，一要坚持实用原则，把研究和引进的重点放在实用技术上，使劳动、资本和技术进步更快地配合起来，使技术进步较快地产生效益。二要把设立科研机构、配备科研设施和培养科研人员三者结合起来，保证科研机构真正在技术进步方面充分发挥作用。三要注重引进技术的实效，避免盲目性。四要注意科研成果和

①约瑟夫·阿洛伊斯·熊彼得（J. A. Schumpeter）：美籍奥地利人，当代西方著名经济学家，主要著作：《经济发展理论》、《经济周期》等。

引进技术消化，搞好科研成果和引进技术的试验和推广(徐育珠，1988)。

(四)自然资源与生态环境

人们在追求经济发展的同时，会造成自然资源浪费和环境污染，因此，要维持一个整体的、稳定的、持续的经济发展，就必须要合理地、有效地利用自然资源，并避免人类赖以生存和发展的不可再生的自然环境被破坏。

资源具有稀缺性，同时具有量、质、时间和空间等多重属性。自然资源与经济发展的关系主要体现在：在其他因素同等的条件下，自然资源丰富，特别是能源丰富，可以使一个国家摆脱资源供给不稳定的困境，有助于经济发展的起步，并且有利于经济持续、深入的发展；而资源贫乏的国家却要想方设法去对付由于资源供给缺乏而可能出现的一切情况，比如，重要进口资源的价格突然上升。总之，不论伴随着资源丰富会出现什么问题，与资源贫乏所出现的“坏”问题相比，这些问题总应归于“好”问题范畴。这种“好”问题的解决就是合理地、有效地利用资源。例如，在经济发展初期，对于出口这些资源所得的收益进行有效的经营，促使国家走上发展的道路；在资源直接供本国使用时，不造成环境污染，不破坏生态平衡。这些才是经济发展中有关自然资源的核心问题。

所以，在一个国家谋求经济发展必然利用资源的情况下，一定要合理有效地配置资源，以保证社会福利实现最大化。因为社会福利最大化不仅仅表现为收入水平的提高、物质生活的富裕，还包括了反映生活质量水平的要求，例如人类赖以生活的自然环境不受到污染和破坏等。因此，自然资源的合理利用直接涉及环境保护问题。在自然资源利用过程中不造成污染，不破坏生态平衡，是维持持久、综合和稳定的经济发展的重要条件(陶文达，1995)。

二、经济增长的其他限制因素

随着经济全球化和一体化的进一步深化，发展中国家与发达国家之间的差距逐渐拉大。与此同时，整个发展中世界的经济增长与发展也出现较大的差异。亚洲和拉美的一些新兴工业国在20世纪下半叶以来，经济却取得了明显的进展。那么除上述分析的基本影响因素外，还有以下因素限制发展中国家的经济增长与发展。从国内来讲，有政治、经济、社会和历史等各个方面的因素；从国际来讲，不平等的国际经济秩序、贸易条件的恶化、发达国家设置的种种障碍也阻碍发展中国家的经济发展。

(一)国内的限制因素

1. 政治因素

政治因素包括政府稳定性、政治独立和有效的经济政策。帕金斯认为，发展中国家经济发展面临的政治因素包括以下三个方面。

(1)政府稳定性

稳定的政府能够为现代企业创造和维持一个稳定的环境。发展中国家由于经历了长期的国内政局的不稳定,长期的战乱,或是政府的更迭频繁,权利转移没有一套制度,新的政策法规和其他限制不断替代原有的政策法规,投资风险性很大,从而严重阻碍了经济的增长与发展。

(2)政治独立

发展中国家即使有一个稳定的发展环境,但在殖民时期,宗主国在殖民地创造稳定的环境通常只是为了帮助那些来自殖民宗主国的商人和投资者们获取利益,而殖民地的大众却从中受益甚微。而且大多数殖民地政府只投入极为有限的资金,用于培训当地人民、开发电力资源或推动工业发展。所以,政治上的独立也是发展中国家经济发展的必要条件。

(3)经济政策

不同势力的政治要求和目标造成了经济政策抉择上的困难。坏的经济政策,会阻碍经济的增长,使之无法进行,也可以使已经开始的增长停顿下来。经济发展本身,尤其在早期阶段,会造成社会与政治的高度紧张,从而削弱增长所必需的稳定基础。

2. 经济因素

经济因素主要表现在一个国家的富裕程度,具体体现在一个国家的人均收入水平的高低,人均收入水平高低影响资本的形成,资本形成是经济增长和发展的重要因素。

(1)贫困的恶性循环的原因

经济因素主要体现在发展中国家的贫困恶性循环。英国经济学家 H·辛格于 1949 年最早提出,美国经济学家 R·纳克斯在其 1953 年出版的《不发达国家的资本形成问题》中作了更充分的说明。

纳克斯认为,在不发达国家中,贫穷既是其资本形成率低下的原因,也是其结果。由于这些国家的人均国民收入很低,生活贫困,教育落后,技术水平不高,机器设备短缺,劳动生产率水平低下,处于贫困的恶性循环之中。这种循环可以从两方面来考虑:在供给方面,生产率低导致人均真实收入少,又意味着用于储蓄的部分低,储蓄率低;导致投资率也低,从而导致资本形成不足,使生产率难以得到提高。如此周而复始,形成一个“低收入—低储蓄能力—低资本形成—低生产率—低产出—低收入”的恶性循环。从循环的需求方面来讲,真实收入低导致国内购买力低下,市场狭小,对投资的需求也不高,也导致资本不足,生产率低下。如此周而复始，形成一个"低收入—低购买力—投资引诱不足—低资本形成—低生产率—低产出—低收入"的恶性循环。

在这两个循环中，真实收入水平低是共同的因素，不论从供给方面，还是从需求方面，它都是造成投资水平低、资本不足的原因。但这也导致真实收入永远保持在低水平之上，即不发达国家之所以贫穷就是因它贫穷。这一理论的核心是要说明：资本缺乏是产生贫困恶性循环的根本原因，资本形成不足是经济发展的主要障碍和约束条件。该因素也是上述论述的经济增长的一个基本影响因素。

(2)低水平均衡陷阱原因

1956 年，美国经济学家纳尔逊(P. R. Nelson)发表了《不发达国家的一种低水平均衡陷阱理论》，利用数学模型分别考察了不发达国家人均资本、人口增长、产出增长与人均收入增长的关系，并综合研究了在人均收入和人口按不同速率增长的情况下人均资本的增长与资本形成问题，从而形成了"低水平均衡陷阱"理论。具体表现为：

第一，人均资本增长与人均收入的关系。当人均收入很低时，人们的消费大于收入，从而整个经济存在负储蓄和负投资。当人均收入刚好等于其消费，此时，没有储蓄，也没有投资，因而人均资本增长为零。若人均收入超过这一水平，收入大于消费，储蓄为正，并随人均收入的增加而增加。此时，人均资本大于零且随人均收入增长而增长。由此可见，资本形成是受人均收入水平制约的。

第二，人口增长与人均收入的关系。当人均收入开始增长时，由于收入增加使营养、医疗卫生条件等得到改善，人口死亡率下降，从而人口增长加快。当人均收入达到一定限度后，人口增长率达到最大值，这意味着人口死亡率下降到最低程度。在这种情况下，人均收入的增加不会引起人口增长率的进一步上升。

第三，国民收入增长与人均收入的关系。在人口增长率不变、由储蓄创造的人均资本增长为零，即劳动和资本都不变时，国民收入增长为零。随着人口和资本的增加，国民收入相应增加。在人均收入达到某一水平时，国民收入的增长率达到最大。人均收入超过这一水平后，由于边际收益递减规律，在技术、自然资源和土地不变的假定下，资本和劳动的边际生产力不断下降，因而，国民收入增长开始呈下降趋势。

所以，存在两种均衡：一种是低水平均衡——在人均收入处在很低的水平时，国民收入的增长会被更快的人口增长所抵消，使人均收入退回到维持生存的水平上，并且是固定不变的。另一种是高水平均衡——人均收入大于某一水平时，国民收入的增加将超过人口的增长，人均收入相应增加，直到国民收入增长下降到等于人口增长为止。这种均衡在其他条件不变时，也是稳定的。

因此，发展中国家贫困落后的主要原因是人均收入过低，导致储蓄能力过低、投资量小和资本形成不足；而人均收入低的原因又在于资本形成不足。由此可见，资本稀缺是经济发展的主要障碍和关键所在，它实际上处于一种低水平均衡阶段。

第四，循环积累因果关系理论。1957 年，缪尔达尔①出版了《富国与穷国》一书，1968 年又出版了《亚洲的戏剧：一些国家的贫困问题研究》。在这两本书中，缪尔达尔考察了一些亚洲的发展中国家经济贫穷、制度落后等问题。在分析了产生贫困的原因时，提出了循环积累因果关系理论，用来解释不发达国家因收入低下而导致的越来越贫穷的困境。

他认为，在一个动态的社会经济发展过程中，各种因素相互联系、互相影响、互为因果，并呈现出一种“循环积累”的发展态势，这种发展关系不是均衡的、守恒的，而是一种“累积性的循环”。在欠发达的国家，由于人均收入水平低，导致人民群众生活水平低下，营养不良、医疗卫生状况恶化，健康受损，教育水平低下，从而使人口质量下降，劳动力素质不高、就业困难；劳动力素质不高导致劳动生产力难以得到提高，生产效率低下；劳动生产率低使产出增长停滞或下降，最终，低产出导致低收入，低收入进一步强化了经济贫困，使发展中国家总是陷入低收入与贫困的累积性循环困境之中。由此可见，收入水平过低是导致发展中国家贫困的重要原因之一。而产生低收入的原因有社会、经济、政治和制度等许多方面，其中一个重要原因是资本稀缺，资本形成不足，以及收入分配制度上的不平等。

3. 社会和历史因素

大多数发展中国家较长的殖民统治，使它们具有相同的经济、社会和文化制度，也面临着类似的问题。种族、部落和宗教冲突和紧张局势在一些发展中国家总是存在，一国在民族和宗教方面的差异越大，它的内部冲突和政治不稳定也就越激烈，这在很大程度上阻碍了一国的经济发展。而且，发展中国家人口增长率普遍较高，赡养负担沉重。

托达罗认为，内部与外部的经济和社会力量都要对作为绝大多数发展中国家特征的贫困、不平等和劳动生产率低下负责。大多数发展中国家较长的殖民统治，使它们具有相同的经济、社会和文化制度，也面临着类似的问题。种族、部落和宗教冲突和紧张局势在一些发展中国家总是存在，一国在民族和宗教方面的差异越

①冈纳·缪尔达尔(Karl Gunnar Myrdal,1898—1987)：是瑞典学派和新制度学派以及发展经济学的主要代表人物之一。1933 年任该校政治经济学和财政学客座教授。1934 年和 1942 年两度当选为议员。1974 年，冈纳·缪尔达尔与弗里德里希·奥古斯特·冯·哈耶克(Fdiedrich Von Hayek)同获瑞典皇家科学院颁发的该年度诺贝尔经济学奖。

大,它的内部冲突和政治不稳定也就越激烈,这在很大程度上阻碍了一国的经济发展。而且,发展中国家人口增长率普遍较高,赡养负担沉重。

4. 制度障碍

上面所述阻碍发展中国家经济发展的种种因素都不是问题的关键,制度障碍才是阻碍发展中国家经济发展的根本因素。大多数发展中国家在更大的程度上由少数有权势的上层人物统治着。因此,收入分配制度就会极端不平等,对特权阶层的保护就会严重阻碍其经济发展。一个国家如果没有社会、政治和经济制度的相应变革,经济与社会的发展往往是不可能的。

经济发展是以经济增长为前提的。发展中国家所面临的许多问题如贫困、失业等都要通过经济增长来解决。但在过去的几十年中,不少发展中国家虽有经济增长,经济增长率还不算低,但并没有经济发展,且经济增长发生之前社会上所存在的问题,在经济增长发生后仍未见多大改变。如收入分配不公,基本生活必需品得不到满足,受教育的权利被剥夺,基本人权得不到保障等。经济增长的成果被少数特权阶层或官僚阶级所剥夺、垄断和享用。所以,虽有经济增长,参与生产性劳动的广大民众则被排斥在收益分配格局之外,政治结构、经济体制、社会结构等方面得不到增长的经济的支撑。

在现实中,一些经济上贫困落后、经济增长缓慢、人们生活水平低下的发展中国家,大多是政治制度存在问题或制度效率不高的国家,无休止的政治斗争,管理无效和社会秩序混乱问题都相当普遍。在当代,一些发展中国家的庞大政权体系和官僚阶层不仅耗费了巨额的财政收入,导致用于经济建设的资金难以积累起来;如果再加上政治制度缺乏来自新闻的、政党的、法律的、议会的全方位监督,那就必然会产生广泛而普遍的腐败,而政治体制的腐败往往对经济体制的改革形成阻力。资源再多,也因制度的无序而导致浪费。

谭崇台认为,发展中国家的制度安排不足,政治和法律制度常常是不完整或落后的,各种寻租行为和腐败行为盛行。政治结构和权贵统治阶层(例如大土地所有者、城市的实业家、银行家、外国工厂主、工会领导人)的既得利益和他们的忠诚将会从根本上决定可能采取什么样的战略,以及有效的经济和社会变革的主要障碍在什么地方。大多数发展中国家的人口的不同部分中的权利和利益集团本身就是这些国家经济、社会和政治历史的产物,与发达国家相比,大多数发展中国家在更大的程度上由少数有权势的上层人物统治着。因此,收入分配制度就会极端不平等,对特权阶层的保护就会严重阻碍其经济发展。一国没有这种社会、政治和经济制度的相应变革(例如土地占有制度、管理模式、教育结构、劳动力市场关系、财产权利、物质与金融资产的分配与控制、税法和继承法、信贷的提供等的变革),经济与社会的发展往往是不可能的。托达罗认为,发展中国家普遍存在的不完全市场和信息约束(完善的市场机制依赖于制度和法律前提的存在),但在发展中国家,这些法律和制度基础要么根本不存在,即使存在,也极其薄弱。

因此,发展中国家在采取措施促进经济增长的同时,应努力推进本国的政治体制改革,建立高效的政治经济体制,通过制度的高效率来带动经济增长的高效率,只有良好的、有效率的制度安排才是发展中国家经济发展的真正动力。

5.不合理的城乡关系

发展中国家在城乡关系上存在着城市对农村的不适当掠夺问题。首先,发展中国家在本国经济布局上,农村主要从事农产品生产,至于产品加工、包装等主要由城市来完成。初级产品的价值比较低,而经过加工以后的产品价值往往是初级产品的几倍。这部分加工增值的利润一般为非农业生产部门所截留而无法返回农村。其次,发展中国家还普遍存在着城市工业对农业的过分榨取现象。农业应该为经济发展作出贡献,为工业提供积累和劳动力,这在发展中国家是义无反顾的。问题在于发展中国家无法确定农业为工业提供积累的合理界限,往往发生工业对农业的过分榨取。有些国家不但攫取了农业的剩余劳动,甚至还攫取了部分必要劳动。再者,农村得不到外汇的支配权。发展中国家主要依靠初级产品特别是农产品出口来换取外汇。然而,在外汇的使用上,几乎把所有的外汇都用于城市工业的技术、设备引进和改造上,农村几乎得不到外汇(徐育珠,1988)。

城市对农村过分掠夺的结果,首先导致农业无力扩大再生产,甚至无法维持简单再生产。农业经营条件得不到改善,有些甚至反而恶化,使农业发展缺乏后劲,不利于农业为经济发展进一步作出贡献。其次导致了农村人才的大量外流。由于对农业的过分榨取,农民在农村获得的经济收入远低于在城市所能获得的预期收入。出于追求较优越生活的愿望,农村里有较高文化程度和身强力壮的青壮年劳动力大量流入城市寻找工作机会。人们不安心于农村工作,不愿在提高技术、改善农村经营上花工夫,农村发展就缺乏推动力。

(二)国际影响因素

一些经济学家认为,发展中国家今天发展的障碍主要来自发展中世界的外部条件,尤其是富裕的工业化国家制造的种种国际的政治和经济压力,损害了贫困国家为发展而作的努力。

1.不合理的经济关系

关于发展中国家贫困的国际因素,谭崇台认为发展中国家的贫困与现存的国际经济秩序有关。

(1)不平等的国际贸易使发展中国家蒙受巨大损失。在贸易产品的数量和品种方面，发达国家不断加以限制，实行逐步升级的贸易保护主义。发达国家还利用不同环境标准，借环境保护之名，行贸易保护之实。发达国家运用关税和其他贸易政策，使发展中国家无法摆脱作为原料出口国的地位。发达国家与发展中国家之间的价格“剪刀差”继续扩大，使发展中国家很难得到自由贸易的实际利益。

(2)沉重的债务负担使许多发展中国家的经济状况恶化。它们的自然资源收益不是用于自身的发展，而是用于偿付利息。

(3)先进技术往往都掌握在发达国家或跨国公司手中，为获得竞争优势和最大利润，它们一般并不愿意与发展中国家分享。

托达罗认为，发展中国家在国际关系中所处的劣势地位、依附性和脆弱性也是阻碍其经济发展的重要因素。这种不平等的力量不仅表现在富国控制国际贸易类型的支配权力，而且也表现在富国通常也有能力支配向发展中国家转让技术、给与外援和进行私人投资的条款等。而且，大多数发展中国家是农业国，农业不仅是一种职业，而且也是一种生活方式。发展中国家的人口和生产活动都集中于农业和其他初级产品生产部门，经济都是面向初级产品（农业、林业和原材料）的生产，这些初级产品构成了它们出口的主要商品。这种单一的经济结构使发展中国家在国际贸易中处于不利地位，对世界贸易有着严重的依赖性。

2. 国际贸易保护

发达国家都是高度工业化的国家。从常理上说，他们应该向发展中国家出口工业品，进口农业品。因为他们的工业化程度很高，生产工业品较具优势。反之，发展中国家主要是农业国家，工业不发达，生产农业品较具优势，他们应向发达国家出口农产品以换取工业品的进口。事实上，发展中国家却大多需要依赖发达国家供应他们的农产品。20 世纪 70 年代以来，发展中国家已成为农产品净进口国家，其原因就在于发达国家对农产品的高度保护和发展中国家对农产品出口的过分榨取。发达国家出口农产品并不是因为成本低，具有比较利益，而是由于政府大量补贴的缘故。如美国，1986 年农业补贴额达 300 亿美元，相当于农业净产值的 1/3 还多。反过来，发展中国家则对农产品出口征收很高的税，这一措施越发增加他们的农产品在国际市场竞争中的不利地位（徐育珠，1988）。在高度保护贸易下，发展中国家以初级产品出口带动经济起飞的愿望将难以实现。

参考文献

[1] 徐育珠[美]. 农村发展经济学. 郑州：中原农民出版社，1988.

[2] 赵邦宏，宗义湘，张润清. 发展经济学. 北京：中国农业科学技术出版社，2004.

[3] 速水佑次郎,神门善久.发展经济学——从贫困到富裕.3版,北京:社会科学文献出版社,2009.

[4] 得怀特·H·波金斯,斯蒂芬·拉德勒,唐纳德·R·波金斯,等.发展经济学.5版,北京:中国人民大学出版社,2005.

[5] 陶文达.发展经济学.成都:四川人民出版社,1995.

思　考　题

1.论述哈罗德-多马经济增长模型、索洛经济增长模型、新剑桥经济增长模型、内生经济增长模型的基本假设条件、基本模型以及优缺点。

2.经济增长的影响因素有哪些?

第五章　二元经济发展理论

第一节　引　　言

“二元经济”最初是伯克(J. H. Boeck,1953)提出的,他在对荷兰殖民地印度尼西亚社会经济的研究中发现,印度尼西亚一方面存在着原有的前资本主义制度,另一方面存在着从西欧宗主国引进的资本主义制度。他就把该国经济和社会划分为传统部门和现代化的荷兰殖民主义者所经营的资本主义部门,相应部门的劳动生产率和收入水平存在较大差异,进而提出“社会二元结构”理论。后来,本杰明·霍华德·希金斯从“技术二元主义”的角度,用生产函数的异质性来表示传统部门与先进部门的区别,从而描绘了发展中国家二元经济的特征。但他们的理论都只是描述性地说明发展中国家的经济社会是由两种不同性质的部门构成这一事实,并未深入分析二元经济的经济结构特征。

美国经济学家威廉·阿瑟·刘易斯(W. A. Lewis)①则将二元结构分析与工业化产生和发展的条件相联系,于1954年在《劳动力无限供给条件下的经济发展》一文中,提出二元经济结构理论,认为传统农村农业部门边际生产率为零的隐蔽失业或过剩劳动力,使城市现代工业部门能够以不变的低工资得到无限的劳动力供给成为可能②。

从经济发展史看,与发达国家单一的现代经济不同,发展中国家的经济具有不同于发达国家的鲜明的结构特征。绝大多数发展中国家在从农业社会向现代经济转型的过程中,市场刚刚开始发育,零碎而相互分割。一种生产要素往往有好几种价格,现代产业尚属凤毛麟角。由于资本积累不足、科技比较落后、劳动力素质普遍不高、具有创新精神的企业家极为缺乏等原因,发展中国家的现代工业只能在某些产业或部门率先形成,而后通过这些先发产业的引导作用,带动前向、后向和侧向产业的逐步发展,因而国民经济各产业部门的现代化则需要经历一个相当长的

---

①刘易斯(William Arthur Lewis,1915—1991年):1979年的诺贝尔经济学奖获得者,发展经济学的成就者,是研究发展中国家经济问题的领导者和先驱。

②参阅W. A. Lewis. 劳动无限供给条件下经济发展. 曼彻斯特学报,1954(5).

过程。在这期间，一国经济中一般都会同时存在着两种性质不同的部门或结构：一种是以传统生产方式进行生产、劳动生产率极为低下、收入仅能维持劳动者最低生活水平的乡村农业部门；另一种是以现代生产方式进行生产、劳动生产率较高、劳动者工资水平也相应较高的城市工业部门。从地域上看，前者位于农村，后者一般位于城市。发展中国家这种传统经济与现代经济的并存，就是二元结构。这就是发展中国家工业化进程中必然出现的经济结构。刘易斯将之概括为二元经济结构。

在刘易斯创立二元结构理论之后，又有许多经济学家对其进行了补充，使之更加贴近发展中国家的现实。费景汉、拉尼斯（H. Fei and G. Ranis，1964）修正了刘易斯模型中的假设，在考虑工农业两个部门平衡增长的基础上，完善了农业剩余劳动力转移的二元经济发展思想。这样"刘易斯-费景汉-拉尼斯"模型就成为在古典主义框架下分析二元经济问题的经典模型。出于对"刘易斯-费景汉-拉尼斯"模型的反思，乔根森（D. Jogenson，1967）力图在一个新古典主义的框架内探讨工业部门和农业部门的发展问题，哈里斯特和托达罗（Harrist and Todaro，1970）则拓展了发展中国家产业间的劳动力流动理论。

这些理论共同构成了二元经济发展理论的基石。需要注意的是，产业部门的二元结构是发展中国家二元结构的核心内容，是其他方面的二元结构的基础。二元结构不仅表现为产业部门的传统与现代并存，还广泛存在于发展中国家社会经济的各个方面。许多发展中国家的城市，尤其是首都，拥有现代化的交通、通讯设施和建筑物，从外观上看，与发达国家几乎无甚区别，但在偏远的农村，人们还生活在 20 世纪的贫困落后状态中，缺乏水、电、交通等基本的现代生活设施。因而，围绕上述相关问题的二元经济理论研究就构成了发展中国家工业化发展理论研究的核心内容。

第二节　二元经济模型

按照二元结构理论，一方面，传统农业部门存在大量剩余劳动力；另一方面，现代工业部门的规模随生产的发展和资本的积累而不断扩大，需要雇用更多的劳动力。随着劳动力不断由农业部门流向工业部门，农业中的剩余劳动力逐步减少，以至于消失，人地矛盾得到解决，农业生产实现现代化。与此同时，工业生产持续扩张，产出持续增长。这个过程，正是发展中国家由二元经济转向现代化的一元经济的过程，也就是经济由不发达到发达的发展过程。自刘易斯率先提出"二元经济模型"之后，费景汉、拉尼斯、乔根森、卡尔多、托达罗模型等发展经济学家在继承和发展刘易斯模型的基础上，逐步构建出了贴近发展中国家经济发展实际的相关模型来分析这个发展过程。

一、刘易斯模型

刘易斯于 1954 年发表的著名论文《无限劳动供给下的经济发展》，开创性地研究了二元经济向一元经济转型过程中的经济增长问题，刻画了后起国家存在的二元经济特征：在一定的条件下，传统农业部门的边际生产率为零或成负数，劳动者在最低工资水平上提供劳动，因而存在无限劳动供给。城市工业部门工资比农业部门工资稍高点，并假定这一工资水平不变。由于两部门工资差异，诱使农业剩余人口向城市工业部门转移。经济发展的关键是资本家利润即剩余的使用，当资本家进行投资，现代工业部门的资本量就增加了，从农业部门吸收的剩余劳动就更多了。当剩余劳动力消失，劳动的边际生产率也提高了，与工业达到一致，这时经济中的二元结构也消失了。

1. 基本假定

(1)存在无限供给的劳动力。在最低工资水平下，劳动力的供给超过了需求，就可以定义为劳动力供给是无限的。在那些相对于资本和自然资源来说人口众多、劳动的边际生产率很小或等于零，甚至为负数的国家里，农业中存在"隐蔽"失业者，城市临时工、小商人、家庭仆人中也存在"隐蔽"失业者，劳动力的无限供给是存在的。在最低工资水平下，资本主义部门的扩展，不会出现找不到熟练劳动力的现象。劳动力的无限供给的压力能保证工人的低工资。劳动力的无限供给，意味着劳动力供给曲线是水平的，供给弹性无穷大。

采用弹性概念，劳动力无限供给可以概括为：如果资本家欲以现行工资招收更多的劳动力，争求职业者会大大超过需求，也就是说，劳动力供给在现行工资水平下有无限弹性。刘易斯并不认为劳动力无限供给的假设是普遍适用的。他认为，这一假设对于英国和西北欧并不正确。它也不适用于非洲、拉丁美洲和某些发展中国家。他说，对埃及、印度或牙买加等国的经济来说，是一个适用的假设。

(2)经济由资本主义部门和维持生计的部门组成。如前所述，刘易斯模型的目的在于提供一种方法来解释在经济发展初期国内储蓄占国民收入的份额快速提高的原因，储蓄的主要来源是利润。模型的目标一经确定，就可以根据利润的情况把整个经济分为两个部门：资本主义部门和非资本主义部门。资本主义部门也可叫现代化部门，主要是指工业部门，是使用再生产性资本，资本家给工人支付工资，自己获取利润。维持生计部门是不适用再生产性资本的经济部门，主要是指传统农业部门、原料部门或者使用资本比较少的部门。现代化部门和传统部门的主要区别是劳动生产率的差别。在转型阶段，或者古典经济增长阶段，前者人均产量高，后者人均产量低，因为前者中的资本要获得利润。

(3)工人工资是维持最低生活水平的费用。在大多数人是耕种自己的土地的农业经济中，农民的收入是农产品的平均产量。这个收入决定了资本主义部门工人工资的下限，实际工资必须高于这一水平。其原因，一是生活在城镇，房租、交通支出等生活费用提高了；二是对工人适应资本主义部门新环境的一种心理补偿费用；三是工人经过一段时期的工作，生产效率提高了；四是工会的力量。尽管工人工资可能比农民高30%～50%，但仍然是维持城市生活的最低工资。由于存在劳动力的无限供给，工资在转型过程中一直维持最低标准。资本主义部门的技术进步和资本的增加并不会增加工人的工资，资本主义部门的利润是归资本家所有的。

(4)资本积累主要来源于利润。整个社会由资本家、地主、工人和大量的农民组成，每个阶段使用其收入方式是不相同的。地主、工人和农民的收入主要用于消费，只有资本家把部分利润用于存储，转变为资本积累，投资于再生产。资本和劳动力的经济增长的主要因素。劳动力存在无限供给，因此，资本积累的数量决定经济增长。二元经济向一元经济转变过程中，最重要的任务是提高资本家的利润，增加资本积累。这就不难理解刘易斯关于工人只获得最低生活费用的分配理论了。

2.发展过程分析

刘易斯认为："经济发展理论的中心问题是要理解这样一个过程：一个先前储蓄和投资占国民收入的4%或5%的社会如何转变为自愿储蓄达到国民收入的12%或15%更多的经济。这一问题之所以是中心问题，是因为经济发展的中心事实是快速的资本积累。"

在刘易斯模型中，以剩余劳动力转移为特征的经济发展可分为两个阶段。第一阶段劳动力无限供给的二元经济存在发展阶段，资本相对稀缺，劳动力充裕，工业工资不变，利润额不断增加；工人工资不取决于边际产出，而是取决于农民的平均收入，在固定的实际工资下具有无限供给的劳动力，技术进步和资本扩展的利润归资本家所有，进一步推动资本主义部门的扩展。经济发展的第二阶段是指经济进入一元经济阶段，劳动力不再是无限供给，资本和劳动都是稀缺的，供给是无弹性的；工业工资上升，边际利润和利润额并不总是不断增加。两阶段之间的转折点是指经济发展的第一阶段和第二阶段的分水岭。大多数发展中国家还处于第一阶段。

由模型可看出，刘易斯把工业部门的资本积累看成经济增长和劳动力转移的唯一动力。农业部门的作用只在于为工业扩张提供劳动力。农业剩余劳动力的转移过程可以用图5.1说明。图中OA表示农业部门维持最低生活水平的实际收入，OW 表示工业部门的实际工资。WSS' 是工业部门的劳动供给曲线，D_1K_1、D_2K_2、D_3K_3 分别为不同资本量下工业部门的劳动需求曲线。对工业部门而言，在 OW 工资水平下，来自农村的劳动力供给是无限的、具有完全弹性的，即不必提高工资，就能源源不断地得到来自农村的劳动力供给。劳动供给曲线是一条完全水平的直线 WS。假定工业部门在初始阶段的资本量为 K_1，当资本固定为 K_1 而逐渐增加劳动投入时，按照生产要素边际报酬递减规律，劳动的边际产品将逐渐减少，如曲线 D_1K_1 所示。这条曲线也正是工业部门的劳动需求曲线。工业部门雇用工人的数量由劳动供给曲线和劳动需求曲线的交点决定。当资本量为 K_1 时，雇用的劳动力数量为 OL_1。工业部门的总产量为 OD_1FL_1，付出的工资总量为 $OWFL_1$，剩余产出即利润量为 D_1FW。利润可以再投资而形成资本，使资本量由 K_1 增加到 K_2。重复这一过程，就使工业部门的资本量继续增加，雇用的劳动力数量随之增加，利润额不断扩大，工业生产规模不断扩张。

当工业部门雇用的劳动力数量增加到一定限度，农业部门的剩余劳动力已经全部转移到工业部门时，农业中的劳动边际生产率将提高，农业劳动力的收入也将提高。此时，工业部门要得到更多的劳动力，就不得不提高工资水平。如图 5-1 所示，农业剩余劳动力数量为 OL_S，超过 OL_S，工业部门的劳动供给曲线将向右上方上升，成为 SS'。

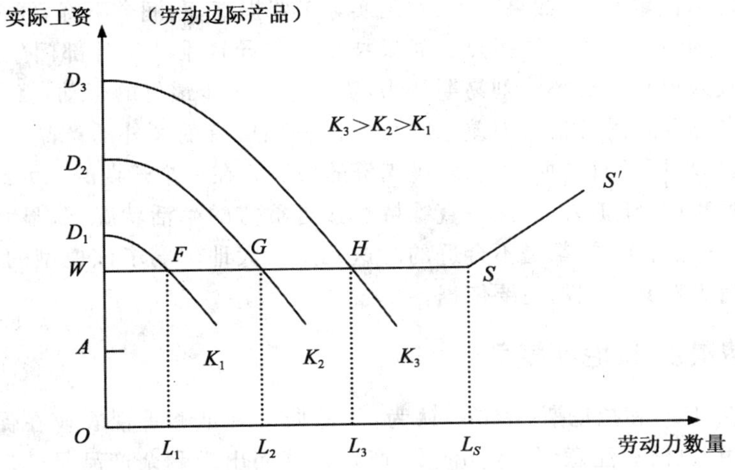

图 5-1　刘易斯的经济发展二阶段模型

3. 主要贡献

刘易斯模型抓住了大部分发展中国家存在的劳动力过剩和存在生产效率不同

的生产部门主要经济特征，揭示了二元经济发展的一个显著特征，即劳动力从生产效率低的地区向生产效率高的地区转移，开创了二元经济发展的两部门分析方法。同时，该理论提出了一个完整的二元经济向一元经济转型的发展过程，指出二元结构下的经济增长，伴随着经济结构的变化，伴随着农村剩余劳动力从农村农业转移到城市工业。

这个模型问世以来，作者进行了一些补充、完善，并且引发其他经济学家大量的后续研究，已成为主要分析发展中国家结构变迁、城乡关系、劳动力市场、劳动力转移、人口增长、收入分配、资本积累、储蓄行为、技术选择及变化等一系列重要问题的理论框架。这也使他与舒尔茨共同分享了1979年的诺贝尔经济学奖。

4. 不足之处

由于假设在转型增长阶段劳动力是无限供给的，刘易斯模型解释的主要内容是发展中国家劳动力无限供给条件下的经济发展过程。刘易斯模型认为现代城市部门的资本积累能带来固定比例的劳动力就业的增长，意味着不存在劳动力节约型的技术进步，资本积累越快，创造的就业机会增长也越快；认为农业只是工业化中的一个消极部门，忽视了农业发展的重要性，忽视了农业发展与工业发展之间的关联。认为工人、农民维持最低生活水平，最有利于经济增长，"任何提高维持生计部门(按人口平均)生产率的事情都将提高资本主义部门的工资，从而减少资本家的剩余和资本积累率"。如果工人、农民实际工资提高，利润会下降，经济可能在有剩余劳动力的情况下进入转折点。如果技术进步导致维持生计部门生产率提高，农民实际收入提高怎么办？刘易斯认为，资本家下一步最好的行动，就是采取日本式征税或者苏联式的价格剪刀差来阻止农民得到所有的额外的产品。可见，为了经济增长，刘易斯反对增加工人、农民工资的做法。在一个长期的二元经济向一元经济转型过程中，让工人、农民一直维持在接近贫穷的生活状况下，显然无论从道义上，还是从经济上看，都是不合适的。这几点大大地削弱了该模型的现实意义，并且也是后人对其批判的主要依据。

二、费景汉-拉尼斯模型

费景汉(Fei)和拉尼斯(Ranis)认为，刘易斯没有足够重视农业在促进工业增长中的作用，也没有注意到农业由于生产率提高而出现剩余产品是劳动力持续流入工业部门的先决条件。从这一点出发，他们对刘易斯模型进行了补充和完善，重点修正刘易斯二元经济增长模型关于农业对发展贡献的假设，建立了一个更加精细的劳动力转移模型。他们认为农业存在技术进步，不仅为工业提供劳动力，还提供剩余产品和资本积累，提出了二元经济增长是一个工业与农业平衡增长的动态过程。

费景汉-拉尼斯模型明确地将二元结构归结于传统农业与现代工业的并存。按照他们的说法,从农业社会到二元经济再到成熟经济是一种重要的增长类型。二元经济的中心特征是庞大的农业部门与活跃而生气十足的工业部门的并存。

费景汉-拉尼斯模型强调了农业对工业的贡献不仅在于提供工业部门所需要的劳动力,还为工业部门提供农业剩余。如果农业剩余不能满足工业部门扩张后新增工业劳动力对农产品的需求,经济增长和劳动力转移就会受到阻碍。因此,在鼓励工业部门扩张、加快经济增长的同时,也不能忽视农业。费景汉-拉尼斯模型有其自己的5点假设。

1.基本假设

(1)农业的二元经济转型中的作用。有两个作用,一是提供劳动力,二是提供农业剩余,为工业部门的工人提供食物。第二个作用是对刘易斯模型的重要修正。他们接受了重农主义关于农业产出剩余的思想。农业生产率的增长形成农业产出剩余,得以维持非农业部门工人的活动,这是非农业部门的出现及扩展的先决条件。为此,农业产出分成两个部分,一个部分供农民消费,另一个部分是为工人提供的农业总剩余(*TAS*)。劳动力转移的数量受农业总剩余的限制。

农业部门向工业部门提供农业剩余的过程,就是一个农民参与市场的过程,也是农业市场化、商业化的过程。农民提供农业剩余的同时,得到的回报为两类:一是现代商品,包括用于农业生产的现代投入品(肥料、种子)和消费品(纺织品);二是工业财产的产权,相当于中国农民在乡镇企业拥有的所有权。

(2)工资的决定。农业是传统部门,农民工资是制度性实际工资(*IRW*),它取决于发展中国家的传统农业社会中非商业化交换关系。它等于农业总产出中供农民自己消费的部分与农业劳动力的比值。与刘易斯假定一样,农民工资是一个平均数,只是分子不同。“工资水平主要与满足最低热量摄入要求的食品有关”,也就是说,工资水平仅仅维持最低生活水平。工业部门劳动力的最低实际工资与农民的实际工资是相等的,都等于维持最低消费标准的制度性实际工资。

(3)三个阶级的行为。城市工人追求消费福利最大化,把全部收入用于消费。资本家积累资本。分散的农户,是“家庭”与“农场”融合成为一种具有生产、消费和投资等多种决策职能的父系家庭农场。他们接受了“古典储蓄规则”,即工人将全部收入用于消费,而贪得无厌的资本家则把全部收入用于资本积累。

(4)隐蔽性失业。剩余劳动力与隐蔽性失业是两个不同的概念。剩余劳动力相当于完全失业的劳动力,无任何工作可干。隐蔽性失业,除包括剩余劳动力外,还指那些劳动能力没有被充分利用的就业人口。“隐性失业存在不一定指家庭劳动力无所事事，而是说他们虽然没有自有的土地耕种，但可以在家里生产 Z 商品。”Z 商品是指农民自己生产供自己使用的工业品和服务业产品。只要劳动力的人均食物消费(*IRW*)大于劳动边际生产率(*MPL*)，就存在隐性失业。

隐性失业在以下两种情况存在。一是劳动边际生产率为零，这时的隐性失业人口，相当于刘易斯模型的农业剩余劳动力。这部分隐性失业人口向工业部门转移，不会影响农业的总产出，不会出现粮食短缺。二是隐性失业劳动力的边际产出大于零，但是小于制度性实际工资(*IRW*)。这种情况下，发生农业人口向工业转移时，如果农业不增加产出，会出现粮食短缺。

(5)劳动力的释放与劳动力的吸收。劳动力从农业部门向工业部门的再配置是二元经济发展的根本现象。劳动力的再配置可以从两个方面来分析，即劳动力的释放与劳动力的吸收。前者是指农业部门为工业提供劳动力的过程，即农业部门技术的进步，生产率得到提高，农业剩余积累不断增加，被释放的农业劳动力增加。后者是指工业为农业部门释放的人口提供就业岗位的过程，即资本积累增加，工业部门扩展，提供更多的就业岗位。

2. 发展阶段分析模型

这个模型把经济发展过程划分成三个阶段：劳动力无限供给的阶段，伪装失业者被工业吸收的阶段，以及农业现代化的阶段(图 5-2)。

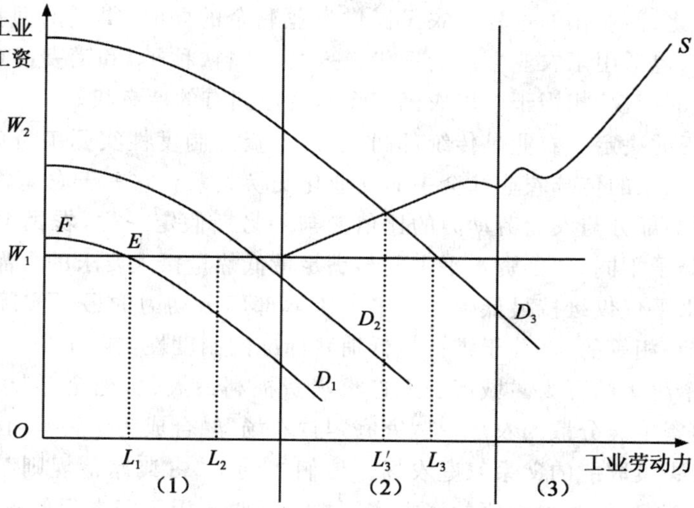

图 5-2　费景汉-拉尼斯模型

图 5-2 中，D_1、D_2、D_3 分别表示不同资本量下的劳动需求曲线，S 表示劳动供

给曲线。第(1)部分对应劳动力无限供给的阶段；第(2)部分对应伪装失业者被工业吸收的阶段；第(3)部分对应农业现代化的阶段。

第一发展阶段与刘易斯模型没有区别。农业部门存在剩余劳动力，即相当一部分劳动的边际产出为0，因而劳动力是无限供给的。这部分农业劳动力向工业转移时，农业的总产量不受任何影响。如果农业工资不变，则农业总产量在支付农业成本之后还有剩余，可以提供给工业部门，使工业部门的劳动力人均仍能得到和原来同样多的农产品。因此，这一阶段农业部门的人均收入没有改变，工业部门的工资也保持不变。即工业部门无须提高工资，就可以从作业部门源源不断地吸引劳动力，劳动力处于无限供给状态。工业规模的扩张不受劳动力成本的限制。这个阶段对应着图5-2中的第(1)部分。工业工资线是水平的，意味着在工资水平W_1上劳动力无限供给。当劳动力需求曲线为D_1时，工业的总产出为$OFEL_1$，其中，OW_1EL_1是工人的工资收入；EFW_1则是企业主的利润收入。企业主将利润用于再投资，使工业规模扩张，劳动力需求曲线右移，从D_1移到D_2，工业劳动力人数由L_1增加到L_2，但仍没有越出劳动力无限供给的阶段。所以虽然工业劳动力人数增加，工业工资水平却没有上升，而企业主的利润增加了。这就为工业的进一步扩张提供了更多的资本。当这部分劳动力转移完毕，经济发展就进入了第二阶段。

第二发展阶段。农业剩余劳动力已被工业吸收完毕，但还存在边际产出低于农业工资的伪装失业者。由于这部分劳动力的边际产出大于0，所以当他们转移出去以后，农业总产量会有所下降，而农业工资不变，剩下的农业劳动力仍然得到和以前相同的收入。这样一来平均农业剩余就会下降，即提供给工业部门的农产品不足以按原有水平来供应工业部门的劳动力。于是经济中开始出现农产品特别是粮食的短缺，粮食价格上涨。为了维持工业工资的购买力不变，必须使工业工资提高，才能吸引更多的劳动力。即工业不再出于劳动力无限供给的状态中。而工人工资的提高会使企业主的利润减少，工业扩张减缓。这个阶段对应着图5-2中的第(2)部分。农产品价格上升导致工业工资上升，劳动供给曲线开始向右上方倾斜。由图中可以看出，工资的上升会限制工业的扩张。当劳动力需求曲线由D_2转移到D_3时，假如工业工资没有上升，劳动力供给曲线仍保持水平的话，工业劳动力人数将达到L_3。但是，由于工资水平必须上升，劳动力供给曲线开始向上倾斜，实际的工业劳动力人数只能达到L_3'。工业总产出和利润水平也都相应的下降。总产出的下降是由于生产规模没能扩张到应有的程度；而利润的下降则不仅来自于生产规模受限，而且来自于工资水平的上升。

在这一阶段，由于转移出去的农业劳动力边际产出大于0，所以即使粮价上涨，农业剩余也不能满足工业劳动力的需求。那么如何才能补偿工人不能由农产品满足的需求呢？唯一的解决办法是用工业品来代替。问题在于，人们对粮食的需求是有一个最低界限的。如果农业工资本来就十分接近刚能维持生存的水平，那么用工业品来替代粮食的不足将是非常困难的。由此可见，农业的发展会对工业乃至整个经济发生影响。

第三发展阶段。当农业中的全部伪装失业者都转移到工业部门以后，经济发展就进入了第三个阶段。此时农业劳动力是按其边际产出取得报酬，在这一点上与工业劳动力已经没有区别。农业工资水平不再由平均产出决定，而是和工业工资一样由市场决定。于是，农业部门告别传统经济，进入商品化或曰现代化阶段。当农业劳动力数量进一步减少，以至于农业劳动力的边际产出与工业劳动力的边际产出相等时，农业劳动力向工业部门的转移就停止了。以后，劳动力的配置将不再受部门的限制，而是在整个经济中按照边际效益最大化的原则进行配置。这样，二元结构转化成了现代化的一元结构，以后的经济发展就遵从新古典增长理论了。这个阶段对应着图 5-2 中的第(3)部分。劳动供给曲线变的比第二阶段更陡，这意味着工业扩张的成本进一步提高了。

3. 贡献与不足

费景汉-拉尼斯模型的意义在于它强调了农业对工业的贡献不仅仅在于它提供工业部门所需要的劳动力，而且它还为工业部门提供农业剩余。费景汉-拉尼斯模型认为农业中尽管存在刘易斯模型所说的边际生产率为零的剩余劳动力，但是还存在大量的边际生产率大于零的隐蔽性失业人口，二元经济增长最显著的特征是农业劳动力持续地向城市工业转移。如果农业剩余不能满足工业部门扩张后新增工业劳动力对农产品的需求，劳动力的转移就会受到阻碍。在此基础之下，他们进一步扩展修正了刘易斯模型，形成一个存在隐蔽性失业人口下的二元经济理论模型，这个假设可能更符合广大发展中国家的实践。

其基本思想是：经济中存在传统生产部门(农业)现代生产部门(工业)，它们存在结构和组织的不对称性。土地数量固定，人口的增长以及过去主要以农业为主，导致劳动力的供给极为丰富，从生产的角度看，其中一些劳动力甚至是彻底的冗员，是一种劳动力过剩的二元经济。把劳动力从农业转移到工业进行再配置，是发展的一个重要目标。农业部门能够释放的劳动力数量取决于农业生产率和农民的最低工资。工业部门能够吸纳的劳动力数量取决于资本积累、技术和工人工资。只有工业和农业共同发展，确保工人工资等于农民的制度性工资，才能保证劳动力的不断转移，促进二元经济平衡增长。这个过程是长期的、动态的。当农业隐蔽性失业被转移完后，农业完全实现商业化，农民的工资等于劳动力的边际产出，二元经济转型增长结束，进入新古典经济学的一元增长阶段。费景汉-拉尼斯模型与刘易斯模型齐名,形成了著名的"刘-费-拉"模型。

在刘易斯条件下,把剩余劳动力转移到工业,不会出现粮食缺口。但是把隐蔽性失业劳动力转移到工业,如果粮食生产率不提高,将会发生粮食缺口。农业劳动力的转移不仅取决于工业部门的扩展,而且取决于农业部门的发展。正是这个角度来看,农业部门对工业贡献不仅在于提供剩余劳动力,而且还要提供农业剩余。这是费景汉-拉尼斯模型对刘易斯模型最重要的修正。为此,他们提出农业必须发生平衡的农业技术变迁,使工业部门吸收的劳动力与农业部门能够释放的劳动力相等,促进二元经济的平衡增长。

费景汉-拉尼斯模型的不足之处在于:①和刘易斯模型一样,费景汉-拉尼斯模型假定在经济发展的初始阶段,农业部门劳动的边际生产力为零,这与许多实证研究的结果不一致。他们也认为农业仅仅是工业发展的工具,这与刘易斯模型没有什么本质的区别。只不过两个模型的假设不同,在刘易斯那里农业只要为工业提供劳动力就可以了,而在费景汉和拉尼斯这里不仅要提供劳动力,而且还要农业剩余。因此,农业技术进步不能太快也不能太慢,要发生一个"最小关键性"农业技术变迁,以保证农民和工人的人均粮食消费保持在最低的标准。农业发生一个平衡的技术变迁是一个倒推的结果,没有真正揭示农业技术进步的机制。出现这种情况主要还是对农业与工业的关系没有一种正确的认识。农业与工业是一个相互依存关系,应该从产业关联的角度来看农业和工业的关系。②他们的模型也忽视了城市失业的存在,以及低工资政策会带来消费不足,从而使工业发展受到需求方的制约。③费景汉和拉尼斯未能对雇佣劳动和家庭劳动做出区分,模型在很大程度上是封闭的,贸易条件变化所起的作用未得到说明,货币和价格的作用也被忽略了。

三、乔根森模型

美国经济学家戴尔·乔根森(D. W. Jogenson,1933—)[①]1961 年提出不同于刘易斯的"二元经济发展模式",对二元经济发展做出了新古典主义的解释,他否定了农业中存在隐蔽性失业与剩余劳动力的假设,认为农业对工业扩张是相当重要的。

乔根森模型是乔根森于 1961 年在《过剩农业劳动力和两重经济发展》一文中

①戴尔·乔根森(D. W. Jogenson),经济学家,1971 年克拉克经济学奖获得者(因其论投资的经济计量模型建立的著作而获美国经济协会的约翰·贝茨·克拉克奖)。1933 年生于蒙大拿州的博斯曼,1955 年从里德学院获文学科硕士和哲学博士学位。1959 年开始在加利福尼亚大学的伯克利分校任教。1967 年在伯克利升任经济学教授。1969 年前往哈佛大学就任教授职位,并在那里留任至今。

提出，依据新古典主义(New Classicalism)分析方法创立的一种理论。出于对古典主义的反思，在一个纯粹的新古典主义框架内探讨工业部门的增长是如何依赖农业部门的发展的。认为工业部门的工资等于边际生产力，而农业部门的工资等于劳动的平均产品，劳动力可以在两部门之间自由流动，工业的发展取决于“农业剩余”和人口规模，农业是经济发展的基础。当农业剩余规模越大，劳动了转移规模也越大，两者同比例增长，即不发达国家一般存在着两种性质不同的结构或部门，现代工业部门和落后农业部门。落后农业部门的产量由土地和劳动所决定，生产函数呈收益递减。

农业剩余的出现是农业部门释放劳动力的起点，农业的不断发展，是工业平衡增长的必要条件。用农业剩余条件下的二元经济增长，来修正和补充了刘易斯的“具有无限劳动供给的经济增长”理论。乔根森模型可以说是新古典增长模型在二元经济的应用。可以说乔根森在一些重要方面否定了刘易斯的假设，提出了自己的假定条件。

(一)基本假设

(1)农业中不存在隐蔽性失业和剩余劳动力。农村剩余劳动力转移的前提条件是农业剩余。当农业剩余等于零时，不存在农村剩余劳动力转移。只有当农业剩余大于零时，才有可能形成农村剩余劳动力转移。这个观点与刘-费-拉模型的假设根本不同。

在农业剩余存在的前提条件下，乔根森又提出了一个重要假设，即农业总产出与人口增长相一致。乔根森认为，人口增长是一个内生变量，取决于人均粮食的增长，在一定的条件下(包括医学、知识和足够的粮食供给)可以达到最大生理限度。在传统经济中，人口增长率小于最大生理限度的人口增长率，农业产出的增加会导致人口同比例增长，人均产出保持不变。在经济处于“低水平均衡陷阱”时，农业产出的增加用于满足新增人口的粮食需求，不存在农业剩余，全体人口必须从事农业经济活动。只有当人均粮食产出超过了人均消费极限时，才会出现粮食剩余，劳动力才可以离开农业，进入工业部门就业。劳动力进入工业部门就业的规模取决于农业剩余的规模。在这种条件下，随着农业技术的不断发展，农业剩余的规模将不断扩大，更多的农村剩余劳动力将转移到工业部门。因此，农业剩余的规模决定着工业部门的发展和农村剩余劳动力转移的规模。

(2)落后的传统部门和先进的现代部门都存在技术进步，并且是中性技术进步，技术进步保持一个稳定的速度。

(3)工人工资与农民收入存在一定的差别。农民对工业部门工资收入与农业部门收入的差异会做出理性的反应，为了把劳动力从农业部门转移到工业部门，存在一个差距是必须的。工人工资取决于劳动力边际生产力，所以技术进步的收益在工人和资本家之间进行分配。技术进步既会导致工人工资的上涨，又会导致农民收入的上升。这也与刘-费-拉模型的假设不同。

（二）经济发展过程

分析框架仍然是二元的，包括工业和农业两个部门。

1. 农业部门的发展

农业部门的总产量由土地和劳动给出，假定生产服从边际收益递减规律，技术进步是中性的。农业部门的生产可以用C-D生产函数形式来表达：

$$Y(t)=e^{\alpha t}A^{1-\beta}(t)T^{\beta}(t) \tag{5-1}$$

式中：A——农业劳动力，T——土地，β——土地的贡献率，$1-\beta$——劳动力的贡献率，α——农业部门的技术进步率，是外生决定的，$e^{\alpha t}$——t年与技术进步有关的增长因子。因为假设土地供给不变，农业生产函数可以写成：

$$Y(t)=e^{\alpha t}A^{1-\beta}(t) \tag{5-2}$$

人均产出函数可以写成：

$$y(t)=e^{\alpha t}A^{1-\beta}(t) \tag{5-3}$$

对式(5-3)取对数，然后求微分，可得到人均产出增长率：

$$y=\alpha-\beta A \tag{5-4}$$

式中：$y=\mathrm{d}y/y\mathrm{d}t$，$A=\mathrm{d}A/A\mathrm{d}t$

可见，由于在不发达国家，产量的劳动弹性比较稳定，β可大致视为常数，因此，人均产出增长率是技术进步率和农业劳动力增长率之差。

由式(5-4)可写出微分方程：

$$\mathrm{d}y/\mathrm{d}t=(\alpha-\beta A)y \tag{5-5}$$

该方程的通解为：

$$y(t)=e^{(\alpha-\beta A)t}y \tag{5-6}$$

第一种情况，当人口增长率小于最大生理增长率ε之前，乔根森认为，如果经济中存在均衡，即人均产出不变，也是“低水平均衡陷阱”。因为，技术进步导致产量增加，同时，产量增加会导致人口增加，人口和粮食以相同的速度增长。此时，经济中不存在任何剩余粮食，全体人口必须从事农业生产活动。

第二种情况，当人口增长率达到最大生理增长率ε时，如果农业均衡增长，会出现农业剩余。当达到最大人口生理增长率ε时，相对应的是最低人均粮食消费，设为y^*。乔根森假设，在二元经济增长过程中，人均消费的粮食始终保持在y^*这个水平。

此时，式 5-6 可写成：

$$y(t)=e^{(\alpha-\beta\varepsilon)t}y^{(0)} \tag{5-7}$$

可见，要使产量的增长为正数，必须有 $\alpha-\beta\varepsilon>0$。如果不发达国家经济处于“低水平均衡陷阱”，要使经济摆脱陷阱，一个方法是促进农业技术进步，提高 α，另一个方法是采取控制人口的办法，降低最大生理增长率 ε。$\alpha-\beta\varepsilon>0$ 是产生农业剩余的充分必要条件，而农业剩余是工业化的必不可少的条件。

2. 工业部门的发展

工业部门的生产也可以用 C-D 生产函数形式来表达：

$$X(t)=e^{\lambda t}M^{1-\sigma}(t)K^{\sigma}(t) \tag{5-8}$$

式中：X——工业总产出，M——工业劳动力，K——资本，σ——资本的贡献率，$1-\sigma$——劳动力的贡献率，λ——工业部门的技术进步率，是外生决定的，这也符合技术进步是中性的假设。$e^{\lambda t}$——t 年与技术进步有关的增长因子。

式(5-8)可以写成：

$$X=\lambda+(1-\sigma)M+\sigma K \tag{5-9}$$

式中：X、M、K 分别表示工业部门的产出总量、劳动力和资本的增长率。同样，人均产出生产函数可写成：

$$x(t)=e^{\lambda t}k^{\sigma}(t) \tag{5-10}$$

式中：$x=X/M$，表示人均产出；$k=K/M$，表示人均资本产出。

由式(5-9)可得，

$$x=\lambda+k \tag{5-11}$$

可见，工业部门的人均产出增长速度是技术进步率和人均资本增长速度之和。在长期中，$\frac{\dot{x}}{x}\rightarrow\frac{\lambda}{1-\sigma}$因此

$$\frac{\dot{w}}{w}=\frac{\dot{x}}{x}=\frac{\lambda}{1-\sigma} \tag{5-12}$$

从式 5-12 中可以看出，工资增长率取决于两个因素。一个因素是工业技术进步率。如果没有技术进步，即 $\lambda=0$，那么，工人的实际工资是不变的；如果工业部门存在技术进步，$\lambda>0$，工人的实际工资就会上升。决定工资增长率的另一个因素是资本积累率。$1-\sigma$ 表示劳动收入在总产量中所占的份额，劳动份额越大，资本份额即利润份额越小，资本积累率就越低。因此，工资增长率与劳动份额成反比，

由于工业扩张总是伴随着技术进步和资本积累率的上升，所以，工业部门的工资水平不是固定的，而是不断上升的。乔根森还认为，农业工资也不是固定不变的，他假定工业工资与农业工资的差异是一常数，农业工资与工业工资按同一比例上升。

3.劳动力分配与二元经济增长

(1)总人口。农业剩余的出现是工业化的前提。进入工业化阶段后，人口以最大生理增长速度 ε 增长。此时的人口增长方程可写成：

$$L(t)=e^{\varepsilon t}L(0) \tag{5-13}$$

其中 $t=0$ 时，表示 $y=y^*$ 的时点。

由于人口以不变的速度增长，人均粮食消费为最大生理增长极限条件下的人均最低消费水平，也保持不变，因此，粮食产出的增长速度与人口增长速度相等。

(2)农业劳动人口。为了保持经济的平衡增长，农业部门的全部产出必须能够满足总人口的粮食消费。可以用下列等式表示：

农业劳动力人口×人均产出＝总人口×人均粮食消费。它可表示为：

$$Y(t)=e^{\alpha t}A^{1-\beta}(t)=L(0)e^{\beta t}y^* \tag{5-14}$$

农业劳动力为：

$$A(t)=[L(0)y^*e^{(\varepsilon-\alpha)t}]^{\frac{1}{1-\beta}} \tag{5-15}$$

由 $y(t)=e^{\alpha t}A(t)^{-\beta}$ 可知，

$$y^*=L(0)^{-\beta} \tag{5-16}$$

把式(5-16)代入式(5-15)，得到农业劳动力的表达式：

$$A(t)=L(0)e^{\left[\frac{\varepsilon-\alpha}{1-\beta}\right]t}=A(0)e^{\left[\frac{\varepsilon-\alpha}{1-\beta}\right]t} \tag{5-17}$$

最初时，总人口全部为农业人口。式(5-17)表明，农业人口变化(增长、下降、保持不变)取决于两个参数：人口最大生理极限增长率 ε 和农业部门的技术进步率 α，并且与 ε 正相关，与 α 负相关。

(3)工业部门的劳动力。工业部门劳动力等于总人口减去农业人口。可得：

$$M(t)=L(0)e^{\varepsilon t}-\left[e^{\left(\frac{\varepsilon-\alpha}{1-\beta}\right)t}\right] \tag{5-18}$$

式(5-18)显示，当 $t=0$ 时，$M=0$，不存在工业人口。但是，只要存在工业人口，其增长率总是大于总人口的增长率。因为存在农业剩余，即 $\alpha-\beta\varepsilon>0$。由 $\alpha-\beta\varepsilon>0$，可以推出，$\varepsilon>\frac{\varepsilon-\alpha}{1-\beta}$。

从式(5-13)、式(5-17)、式(5-18)可以得出以下结论：

第一，农业剩余出现后，农业人口也还要继续增加，增长速度为$\frac{\varepsilon-\alpha}{1-\beta}$，小于总人口最大生理极限增长率。

第二，工业人口增长速度要高于总人口增长速度，因为总人口增长率是两部门人口增长率的加权平均。

第三，工业人口增长率不断下降，并且其极限值等于人口最大生理极限增长率ε，此时农业人口全部转变为工业人口。

4. 资本积累与二元经济增长

乔根森认为，劳动力与资本可以替代，只要出现农业剩余，部分劳动力就可以从农业转移到工业，与一个小量的资本初始禀赋相结合，就能够带动经济发展，进入资本和产出持续增长的状态。

乔根森假定资本收入全部用于储蓄，农业和工业部门劳动力的收入全部用于消费，并且储蓄等于投资。

由式(5-8)可知：

$$\sigma X(t)=\Delta K(t)+\eta K(t) \tag{5-19}$$

式中：$\Delta K(t)$为t期净资本积累，η为折旧率。

$$\Delta K(t)=-\eta K(t)+\sigma e^{\lambda t}M^{1-\sigma}(t)K^{\sigma}(t) \tag{5-20}$$

把式(5-18)代入式(5-20)，可得：

$$\Delta K(t)=-\eta K(t)+\sigma e^{\lambda t}k^{\sigma}(t)L(0)\left[e^{\varepsilon t}-e^{\left(\frac{\varepsilon-\alpha}{1-\beta}\right)t}\right]^{1-\sigma} \tag{5-21}$$

可见，资本净积累不仅取决于资本量，还取决于工业人口。由于工业人口不断增长，资本净积累也不断增长，从而工业部门不断扩张。工业增长并不需要一个比较大的初始资本。

从长期来看，资本积累、产出增长和人口增长有以下特征。

(1)长期净资本积累率k。从式(5-21)可知，当时$t\to\infty$，净资本积累率趋于一个常数，即：

$$k=\frac{\lambda}{1-\sigma}+\varepsilon \tag{5-22}$$

式中：$k=\Delta K/K$。

(2)工业人口增长率m。从式(5-18)可知，当时$t\to\infty$，工业人口增长率趋于一个常数，即：

$$M=\varepsilon \tag{5-23}$$

式中：$m=\Delta M/M$。

(3)产出增长率 x。从工业部门的生产函数可知：

$$\frac{\Delta X(t)}{X(t)}=\lambda+(1-\sigma)\frac{\Delta M(t)}{M(t)}+\sigma\frac{\Delta K(t)}{K(t)} \tag{5-24}$$

把式(5-22)、式(5-23)代入式(5-24)，可得：

$$x=\lambda+(1-\sigma)\varepsilon+\sigma\left(\frac{\lambda}{1-\sigma}+\varepsilon\right)=\frac{\lambda}{1-\sigma}+\varepsilon \tag{5-25}$$

从式(5-22)、式(5-23)、式(5-25)可以得出以下结论：

第一，如果工业部门不存在技术进步，资本、产出和人口都将以人口最大生理增长极限 ε 的增长速度。

第二，如果存在技术进步，资本、产出的增长速度相同，并且高于人口增长率。

第三，工业部门产出增长率高于劳动力增长率技术进步率。

(三)戴尔·乔根森模型的特点

乔根森农村剩余劳动力转移理论的内涵，与刘易斯理论和费景汉-拉尼斯理论相比，有以下 4 个特点。

(1)乔根森理论是用新古典主义分析方法和依据农业剩余为基础创立的理论。刘易斯和费景汉-拉尼斯理论是用古典主义分析方法和依据剩余劳动力为基础创立的理论。

(2)乔根森理论认为工资率是随着资本积累上升和技术进步而不断提高的。而刘易斯等的理论认为，在全部剩余劳动力转移到工业部门之前，工资率由农业人均收入水平决定，是固定不变的。

(3)乔根森理论认为，农村剩余劳动力转移到工业部门，是人们消费结构变化的必然结果。而刘易斯、费景汉和拉尼斯理论认为农村剩余劳动力由农业部门转移到工业部门，会提高整个经济的生产率，从而促进经济发展。

(4)乔根森理论从马尔萨斯人口论的观点出发，认为人口增长是由经济增长决定。正因如此，乔根森理论否定了刘易斯、拉尼斯和费景汉理论的剩余劳动假说和固定工资观点。

乔根森理论的一大缺陷是关于粮食需求收入弹性的假定，即在存在农业剩余时，粮食需求收入弹性为零，这个假定显然与事实不符。此外，该理论应用了马尔萨斯人口论的观点，也不符合发展中国家的实际情况。

(四)贡献和不足之处

1. 贡献

乔根森模型通常被认为是新古典主义增长理论在发展中国家的应用。乔根森模型与刘易斯-费景汉-拉尼斯模型相比，更强调农业的发展和技术进步。实际上，从刘易斯到费景汉和拉尼斯，再到乔根森的模型演变过程也是对农业部门在经济发展中作用不断加深认识的过程。乔根森否定了工资既定的假设，这使他的模型更接近现实。

(1)乔根森模型抛弃了劳动边际生产率为零的假设和制度确定的维持最低工资率的假定。由于农业中不存在剩余劳动力，如果不牺牲农业产出，工业部门就绝不会得到劳动力。另外，工业部门工人的工资有劳动边际产出决定，农业部门是前者的一个比率。从工业发展初期开始，工业部门的扩张，就会导致不利于工业部门的贸易条件。

(2)脱离贫穷不需要大资本投入。促进农业技术进步和控制人口出生率是走出“低水平均衡陷阱”的方法。只要出现农业剩余的持续增加，出现二元经济，工业部门就会不断的扩展，自动进入稳定增长的一元经济。

(3)农业发展的重要性。没有农业剩余就没有工业部门的出现。农业技术进步越快，农业劳动力增长越慢，能够转移的劳动力就越多；同时，产出越多，贸易条件越有利于工业部门。可以说，农业部门自始至终都是很重要的。

2. 主要缺陷

乔根森模型认为农业产量的盈余对经济增长具有决定性作用的理论。但是乔根森模型仍然忽视了对农业物质投资的重要性以及城市的失业等问题。

乔根森模型的缺陷包括：第一，乔根森的农业部门生产函数中没有资本，而资本是农业发展的一个重要决定因素。第二，乔根森强调了供给因素在经济发展中的作用，但却没有论及需求方面因素的作用。第三，和古典模型的理论家一样，乔根森忽视了服务业对经济增长的重要作用。没有运输、信贷、营销、金融、通讯、教育等方面的服务设施，无论是在传统部门还是现代部门，持续、迅速的增长都是不可能的。

乔根森模型的主要缺陷是马尔萨斯人口反映机制和粮食收入需求弹性为零的假定。人口增长率是人均粮食产量的函数，随着粮食的增加，人口也不断增加，直到最大生理极限的人口增长速度。在乔根森模型中，当人口增长达到最大生理极限的增长速度(ε)时，人均粮食消费也达到最大值(y^*)。在此点之前，粮食的增加，全部被消费掉，也就是说，粮食的需求收入弹性为1。在此点之后，人口增加，粮食增加，但是人均消费粮食不变，也就是说粮食的需求收入弹性从1突然降到0，所有消费的增加都归于工业部门的生产产品。

有些学者认为，这些假定显然既不符合人口行为，也不符合粮食消费行为。当对粮食的收入需求弹性大于零时，人口增长率一般开始下降。而且，粮食的收入需求弹性甚至在最高收入国家也不会下降到零。

四、托达罗模型

由刘易斯开创，经过拉尼斯和费景汉、乔根森进行重大修改和补充的二元经济理论，是第一代发展经济学的核心理论，对发展经济学理论演变和发展中国家实践都产生深远的影响，它所遭到批评不会比它们所受到的赞誉少。刘易斯模型是以城市“充分就业”为前提假设的。刘易斯模型虽然历经修正和发展，劳动力无限供给和农民不理性的假设被逐渐放宽，模型越来越完善，在很大程度上能反映发展中国家的实际情况，但一直招致多方批评，其中最遭人诟病的就是对城市失业问题的忽视和否定。但是，20 世纪六七十年代的实际情况表明，在许多发展中国家，城市失业问题已经相当严重，仍有大量的农村人口源源不断地流入城市，发展中国家普遍存在的高失业率现象。显然，刘易斯模型难以对此现象做出解释。如何解释这种现象呢？

在这种背景下，托达罗模型应运而生。美国发展经济学家托达罗于 1969 年，对此提出了一个解释框架，以农村人力资源进城所获“期望收益”大小，而不是实际收入差异，很好地解释了这一现象，这就是“托达罗模型”。

1. 基本假设

①人口流动基本上是一个经济现象。②城市和农村都存在失业现象。③预期收入是城乡人口迁移的决定因素。农民选择迁移决策主要取决于预期收入差异，而不是取决于实际收入差异。④城乡预期收入差异的扩大是发展中国家农村人口迁移规模继续增大的主要原因，并且城市失业率也影响着农村居民的迁移决策。

托达罗认为，人口流动是人们对城乡预期的收入差距的反应而不是对实际的收入差距的反应。迁移者可以考虑城市、农村劳动力市场上的各种就业机会，选择其中能带来最大预期收益的迁移。预期收益可用城乡工作实际收入的差距和迁移者在城市获得工作的概率来计算。也就是说，劳动者比较在城市的预期收入和农村的现有收入，如果前者大于后者，他就可能选择迁移。

2. 人口流动模型

托达罗认为，一个农业劳动者决定他是否迁入城市的原因不仅决定于城乡实际收入差距，还取决于城市的失业状况。当城市失业率很高时，即使城乡实际收入差异很大，一个农民也不会简单地作出迁移到城市去的决定。托达罗的人口流动模型如下：

$$M=f(d)\quad f'>0 \tag{5-26}$$

$$d=w\pi-r \tag{5-27}$$

式(5-26)中，M——从农村迁入城市的人口数，d——城乡预期收入差异，$f'>0$——人口流动是预期收入差距的增函数。式(5-27)——城乡预期收入差异，其中，w^*——城市实际工资率水平，r——农村实际平均收入，π——就业概率。

劳动力选择留在农村，还是迁移到城市，是一个理性决策过程。预期收入差异越大，迁移到城市的动机越强，流入城市的人口越多。式(5-27)说明，预期收入是按照城乡工作之间的实际收入差异和一个新迁移者获得一份城市工作的可能性来衡量。

这个模型很好地解释了以下两种情况。第一，城市为何存在失业？从式(5-27)可知，当城乡预期收入差异为零，劳动力在城乡之间的流动达到均衡。如果城乡实际工资比为 10∶3，当城市就业率为 30%(失业率为 70%)时，城乡劳动力流动达到均衡。这说明了在城乡劳动力流动均衡的条件下，城市存在失业。第二，只要城市失业率低于 70%，农民流入城市就是理性的行为。这说明了在城市失业比较严重的情况下，农村劳动力动力还会不断迁进城市。

如果我们用 $V(o)$表示在某一特定时点时，迁移者预期的城市、乡村收入的净现值，$Y_u(t)$，$Y_r(t)$分别表示迁移者在时点 t 上城市和农村的平均实际收入，n 表示迁移者的计划时间长度，r 表示贴现率，则有

$$V(o)=\int_{t=o}^{n}[p(t)Y_u(t)-Y_r(t)]\mathrm{e}^{-rt}-C(o) \tag{5-28}$$

式中：$C(o)$——迁移的成本，它既包括实际成本，也包括心理成本。$p(t)$——迁移者在时点 t 上在城市获得工作的概率。

如果 $V(o)$为正数，则迁移者选择迁移。

按照这一模型，迁移速度超过城市就业机会的增长速度不仅是可能的，也是合理的。要解决城市失业问题，仅仅在城市创造就业机会是不够的，还必须制定综合型的农村发展规划，缩小城乡就业机会之间的不平衡。

3. 托达罗模型的基本含义

(1)促进农民向城市流动的决策，是预期的而不是现实的城乡工资差异，它取决于两个因素：一是工资水平，二是就业概率。

(2)农村劳动力在城市获得工作机会的概率与城市的失业率呈反比。

(3)人口流动率超过城市工作机会的增长率，不仅是可能的，而且是合理的。在城乡预期工资差异很大的条件下，情况就会如此。因此，在许多发展中国家，城市高失业率是城乡经济发展不平衡和经济机会不平等的必然结果。

托达罗模型的政策含义则是：如何控制农村人口向城市流动的速度和规模，以解决日益严重的城市失业问题。主要包括：①依靠工业扩张不可能解决发展中国

家的失业问题。这是因为，一方面资本积累必然伴随劳动生产率的提高，对劳动需求的增长就会低于工业产出的增长；另一方面，现代工业部门创造的就业机会越多，就业概率"p"就越大，从而将会吸引越来越多的农村人口流入城市。据托达罗估计，对于每个新创造的工作岗位，将会导致2～3个农民迁入城市。这就出现令人难以置信的现象，城市现代部门扩张得越快，就业机会创造得越多，失业人口就越多。②一切人为地扩大城乡实际收入差异的措施必须消除。在发展中国家，由某些政治因素决定的工资水平远高于农民的平均收入，一般高2～3倍，有的甚至达4倍以上。收入差距的拉大无疑将吸引更多的农村人口流入城市。③大力发展农村经济是解决城市失业问题的根本出路。托达罗建议，政府应当改变"重工业，轻农业"的发展战略，把更多的资金用于改善农业的生产条件和农村生活环境，使农业劳动者的实际收入水平提高。

托达罗模型得出如下政策建议：发展城市只会带来更严重的失业，应该发展农业，走农村工业化道路，限制发展高等教育。针对乔根森所认为的只有存在农业剩余，农业劳动力才开始向工业转移，托达罗提出相反的观点，认为城市存在大量的失业，仅仅发展城市工业，不但不能解决城市失业，还会引致更多的人口流入，导致更高的失业。为此，他主张努力发展农业和农村工业，减缓人口向城市迁移。有人认为它是对刘易斯二元模型的否定。

托达罗模型在发展经济学上引起了比较大的反响。在中国也引起大量的研究。一部分是对模型的检验研究；一部分主要是从影响迁移因素的角度对模型进行修正。

4. 托达罗模型的贡献和缺陷

托达罗模型对城市已经存在较为严重失业情况下农村劳动力还继续流往城市的问题上，给出了较为满意的答案。托达罗模型正确地反映了人口和劳动力在比较经济利益的驱动下向较高收入的地区或部门流动的理性经济行为；只要存在相对来说收入高的就业岗位和就业机会，就会对收入较低、就业不足的劳动力产生持续的引力(拉力)效应；对迁移成本的计算与预期是影响劳动力作出迁移与否决策的重要因素之一。但是，该模型也有不少缺陷：第一，迁移数量或迁移率直接随就业概率的变化而变化，农村劳动力基本上是根据对城市就业概率的了解而作出迁移与否的决策的，那么迁移在相当大的程度上是"盲目的"，因而得出"就业机会越多，失业率越高"，这显然不符合经验事实。第二，托达罗只考虑迁移者的迁移成本，而忽略了他们在城市里的生活成本。

(1)城乡人口流动一直保持均衡状态

托达罗模型认为预期收入差异决定人口流动，这基本是正确的。劳动力的流动是一种理性行为，但托达罗模型只考虑了农民向城市转移的理性，没有考虑农民在城市里找不到工作，也会理性地流回农村。在人口自由流动的情况下，城乡人口流动一直保持均衡状态。“农民工”的失业与城市居民的失业情况不同，后者是指劳动力在一定时期无事可干，“农民工”的失业主要是一种就业不充分的情况。比如，搬运工、家政服务人员、人力车夫等流动人口，一天只干半天活，这是一种情况；建筑工人、装修工人等，一年在城市里只有几个月有工作，这又是一种情况。尽管存在比较高的失业率，但是每个流动人口都获得一定的收入。通常指的失业率，意味着失业人口没有工作干，没有收入，靠政府救济。城市流动人口不享受政府救济，如果待一段时间找不到工作，就会流回农村。农民是理性的，尽管回到农村也是失业，但是生活成本低。托达罗模型没有考虑到城市居民和流动人口面对同样的失业率时，收入分配完全不同。可见，就业不充分时劳动力在农村与城市的分布是一种理性选择的结果，城乡人口流动始终保持一种均衡状态。

(2)家庭理性经济决策行为和农民收入的决定

托达罗模型迁移的微观基础是迁移者单个人的理性经济行为，即迁移者根据个人城乡预期收入差距决定是留在农村，还是向城市迁移。事实上，迁移的微观基础是家庭理性决策行为。二元经济中的农村，以农业为主，主要以家庭为单位进行劳动和收入分配。刘易斯、费景汉和拉尼斯、乔根森的模型都对这一点进行过论证，都认为农民的收入是平均农业产出。家庭劳动力在城市和农村进行的分配方式，比如，是父亲和儿子流入城市打工，还是留在家里种地，是使家庭全体成员福利最大化的理性决策，这种决策是在保证家庭基本生活和获取最大化收入之间的一种最优风险-收益组合。

家庭理性经济决策行为决定了每一个家庭成员获得的是一个平均收入，它等于家庭成员在家种粮食的收入和在城市工作的收入的一个平均数。例如，一个 N 个成员的家庭，N_1 个人在家务农，每人年收入为 M_1，N_2 个人在城市打工，其中 $N=N_1+N_2$，在城市打工人均收入是 M_2，则农民的平均收入是：

$$\gamma=\frac{N_1\times M_1+N_2\times M_2}{N} \tag{5-29}$$

可见，在家务农农民的收入与家庭其他成员在城市工作收入紧密相联。这种家庭经济决策行为和农民收入分配制度可以推广到整个农村社会。当然，下面我们还根据迁移者与农村家庭的紧密程度对一些具体情况进行区分。只要把式(5-29)中的数字理解为整个农村的情况，就可以衡量全社会农民的平均收入。这个收入是农民做出是否流入城市就业决策的主要影响因素，它比托达罗模型的假设更具有微观基础,更符合大多数发展中国家的实际情况。在中国,农民收入的很大一部分来源于农民工的汇款。

(3)农业部门、正规和非正规的划分

托达罗模型把发展中国家二元经济结构理论运用到城市经济上,认为城市存在正规部门和非正规部门,正规部门属于城市现代部门,工作比较稳定,工资相对较高,对劳动力素质要求比较高,有比较完善的福利和社会保证措施。非正规部门由一大批小规模生产和服务活动构成,它们或者是个人所有或者是家庭所有,采用的技术简单而且是劳动密集型的。这种划分是客观的,也是有价值的。但是,托达罗模型认为每个迁入者都是用正规部门工资及其就业概率来计算自己的预期收入,是不符合实际情况的。每个迁入城市的劳动力对自己就业能力、就业部门和工资收入都有一个理性的考虑,正如大量研究表明,很多流入者只能在非正规部门就业。

还需要指出的是,城市居民具有较高人力资本,他们主要到正规部门就业。也就是说,在很大程度上农民工的就业领域与城市居民的工作领域有区别,农民工的流入不会给城市带来较大的就业压力。这是托达罗模型所忽视的一点。扩大中、高等教育投资会冲击城市就业的论断也与发展中国家实际不符,因此,在运用托达罗模型时应具体分析,使之适合研究地区基本情况。

五、二元经济理论评价

1.二元经济理论的主要贡献

二元经济理论对发展经济的创立进行了开拓性的工作,具有重大的理论和实践意义。

(1)二元经济理论揭示了二元经济增长的本质,即劳动力从生产效率低的部门向劳动力生产率高的部门的转移配置。这个理论抓住了大部分发展中国家的主要经济特征,即存在劳动力生产率低的以农业为代表的传统部门和劳动力生产率较高的工业为代表的现代部门,认为二元经济增长过程就是一个劳动力从前者向后者的转移的过程,揭示了增长的本质。从经济增长的动态角度来看,要素配置的改进是经济增长的重要力量。“各种研究的结论表明,资本如何配置比资本积累水平更为重要”。这是西方发达国家曾经走过的历程,也是发展中国家实现现代化不可逾越的阶段。

(2)开辟了现代经济学研究的一个新领域。二元经济理论不承认新古典经济学适合于发展中国家的转型经济增长,认为需要一个新理论来研究发展中国家的增长问题,这就是以二元经济分析方法为基本框架的发展经济学。在20世纪50年代到70年代,发展经济学主要沿二元经济方法、增长阶段或主导部门方法、结构主义与依附论观点三个方面发展，这三者“已成为第三世界经济学、政治科学和社会学等广泛领域的主要研究主题”。

(3)逐步揭示了农业与工业协调发展在转型增长中的重要性。尽管刘易斯的模型被认为是不重视农业发展的一个典型例子，这是有道理的，但是这个缺陷被费景汉和拉尼斯、乔根森进行了修正和补充。费景汉-拉尼斯模型揭示了工业和农业平衡发展的重要意义。如果农业不发达，能够被释放的农业劳动力有限，这时如果工业扩展过快，就会出现粮食短缺。如果存在农业释放的劳动力，工业不发展，就会出现失业。乔根森模型更是揭示了农业剩余对经济发展的制约，“乔根森的整个分析从刘易斯的剩余劳动力下的经济发展，转变为农业剩余产品下的经济发展”。

(4)揭示了工业化是实现现代化的必然途径。二元经济理论最终强调农业与工业协调发展和农业的重要性，但是农业仍然是一个国家实现现代化的工具，即农业的作用是保证工业的持续扩展不受阻碍。一个国家要实现现代化必须走工业化道路，农业比重不断下降，农业人口不断下降。乔根森模型虽然没有强调最初大量工业资本的重要性，但是他指出如果资本量很少，资本积累很慢，一个国家的转型增长会是一个漫长的过程。让资本自然地积累来推动经济发展，是所有国家都不会接受的发展战略。费景汉-拉尼斯模型与刘易斯一样，认为工业增长是二元经济增长的主要动力。其实，他们都强调在转型阶段，农民和工人获得维持最低的生活水平的收入，让资本获得尽可能多的利润，以便形成最大的资本积累。加快资本积累，推进工业化，是二元经济理论要求采取的发展战略。

2.二元经济理论的主要缺陷

(1)基本假设方面的缺陷：一是中性和外生农业技术进步以及对资本投入没有任何需求的假设，是不正确的。因为农业技术进步产生是一个资本集约的活动，常常要求有相当长的准备期和具有高度不确定性的报酬。二是忽视了部门间商品市场的资源使用问题，认为需要一个很大的销售部门来实现资源和商品在现代部门和传统部门之间转移，销售部门存在农业剩余的大量“漏损”。也就是说农业剩余不是全部用于工业扩张。这些评论进一步强调了农业投资和农业剩余对经济发展的重要性，也是正确的。

(2)研究方法方面的不足。二元经济理论是一个两部门分析方法，忽视了要素在空间上的转移是多维度的。即农业国家如何实现工业化，它揭示了发展中国家经济发展的一个本质；但是发展实践表明，发展中国家的发展不仅伴随着经济结构的变动，还伴随着更为显著的空间变动。经济发展是经济产业结构和经济空间结构相互作用、不断演变的动态过程。从经济结构上讲，是一个从传统农业经济向现代产业经济转型的过程；但从空间上讲，是一个人口、要素、企业、产业、市场、技术设施等，不断在地理上集中的过程，也即从分散经济向集聚经济转变的过程。二元经济理论重部门结构轻空间结构的分析方法，使其很难对发展中国家发展做出理论和实践相统一的解释，这是其不可忽视的缺陷。

二元经济理论在研究发展中国家由农业向工业转变的过程中，也看到经济从农村向城市转移的空间变动过程。由于它没有重视聚集经济对发展的作用，城乡空间变动是被动的，不是主动的，或者说是对发展现象的一种简单描述，没有研究这种发展机制。城乡二元经济结构是发展中国家最突出的特点。城乡空间结构转变是其经济增长最重要的空间变动过程，但是一个国家或者地区经济发展的空间变动绝不是单一维度的，它是一个多维的变动过程。要素在空间上的转移，不仅包括从农村转移到城市，而且还有各种要素在城市之间、区域之间、农村之间的空间转移模式。同时，发展到一定阶段后，城市与城市之间对生产要素的竞争，要超过农村与城市对生产要素的竞争。毕竟劳动力的丰缺只是影响经济增长的一个方面，除此之外，还有以下五种因素会影响要素在空间上的转移。一是地理位置、资源禀赋、交通等条件差异引致生产要素在空间上转移；二是地区发展差距会引致生产要素从不发达地区向次发达地区、发达地区转移；三是地区传统产业衰退后，低收益逼迫该地区的生产要素向其他地区转移；四是要素价格差距会引起生产因素从要素高价格的地区向要素低价格地区转移；五是环保标准也会成为要素在不同地区转移的重要原因。二元结构理论没有重视上述因素对生产要素在空间上转移的影响，只重视劳动力在这一方面的作用。这样，一些发展中国家没有抓住机遇，发挥比较优势，促进要素实现合理的空间转移，相反，制定一些政策，违背了要素转移的规律，出现逆要素转移的现象。

(3)政策含义的不足。二元经济理论包含增长最重要、增长能够解决一切的政策主张，带来最明显的结果是“就业滞后的增长”。

经济理论认为发展中国家发展头等大事是工业化，刘易斯重工轻农思想备受广泛的批评，后两个模型对此进行了修正。但是农业的作用为工业化顺利进行提供保障，从刘易斯提供劳动力到后两个模型的提供农产品和劳动力，经济发展的中心任务仍然是尽量积累资本，推进工业化。就业和改善群众生活都从属于经济增长，是不重要的。实施快速资本积累和大推进的工业化，通过发展现代工业部门来服务于国内市场和吸收城市经济中的剩余劳动力，有成功之处，确实推动了经济增长，但是“现代城市工业没有能够生产可观数目的就业机会是过去几十年发展过程最明显的失败”。许多发展中国家，即使在制造业迅速增长的 20 世纪 60 年代中，产业增长也以 3 或 4 比 1 的速度超过就业的增长，这种趋势还在继续延续。

第三节　经济发展启动和发展序列理论

一、平衡增长理论与不平衡增长理论

(一)平衡增长理论

由于强调同时在许多部门中进行协调的投资,所以,罗森斯坦-罗丹的思想被称之为平衡增长理论。罗森斯坦-罗丹的大推进理论只做了理论上的阐述,没有建立具体的模型。到 1989 年,墨菲、施莱佛和维什尼(Murphy,Shleifer and Vishny,1989)对大推进理论做了正式的模型表述。

平衡增长理论认为在各个部门和产业应当同时投资推进经济发展的经济学主张。平衡增长理论为发展中国家迅速摆脱贫穷落后的困境、实现工业化和经济增长提供了一种发展模式,对一些发展中国家的实际经济发展产生了一定的影响。平衡增长模型的实质如下。

(1)平衡增长模型告诉我们,部门间互补的重要意义。工业化中的各部门互补性可以通过市场规模效应发生作用;一个部门的工业化直接提高了其他工业化部门的需求,并使其他工业化部门的大规模生产更富有吸引力。

(2)现代部门中规模经济或规模报酬递增的重要性。只有现代部门的规模经济,才会对其他部门产生外部作用,同时,现代部门的规模经济也预示着现代部门的市场结构是不完全竞争的。

(3)平衡增长模型可以看作是主要由产品之间的后向关联驱动的。在该模型中,现代部门生产的每一种产品都扩大了所有其他产品的市场。

平衡增长思想的实现面临的困难:比投资规模更大的问题是实施这项政策的信息需求问题,政府获得如何在各部门之间合理配置投资的信息,也很难获得这些足够的信息去运营这些部门。除了以上考虑之外,对这项政策还有一个反对意见,即这项政策并未充分揭示这样一个事实:合意的结果本身也是一种均衡。换句话说,如果能有选择地提高激励,我们可以部分依靠市场来校正协作失灵的情况,这也是产业间关联概念的重要性所在。在此基础上,赫希曼提出了不平衡增长的思想。

(二)不平衡增长理论

不平衡增长理论是非均衡增长论的理论之一,是美国经济学家赫希曼 1958 年在《经济发展战略》一书提出的,核心内容包括三大部分,即“引致投资最大化”原

理、“联系效应”理论和优先发展“进口替代工业”原则。不平衡增长理论主张发展中国家应有选择地在某些部门进行投资，通过其外部经济使其他部门逐步得到发展的经济学说。赫希曼从主要稀缺资源应得到充分利用的认识出发，提出了不平衡增长。

不平衡增长理论提出了著名的连锁效应概念，对区域产业结构的分析提供了理论基础。连锁效应包括：前向关联反应、后向关联反应、旁侧关联反应。

赫希曼指出，不用寻求与“平衡增长”相似的推进政策，政府可以有意寻求一个不平衡增长的政策。也就是说，政府有选择地促进经济中某些关键部门的发展，而一旦这些关键部门所创造的产业联系出现以后，市场就将会对这种不平衡状况做出反应，其他的投资就会同时跟进。所以说，如何识别和选择这样关键的部门将十分重要，这样的关键部门也称之为主导部门或主导产业（赫希曼，1991）。

赫希曼认为，发展道路是一条“不均衡的链条”，从主导部门通向其他部门。首先选择具有战略意义的产业部门投资，可以带动整个经济发展。对于社会基础设施或直接生产部门的投资，具有不同的作用。前者为后者创造了外部经济。在决策时，社会成本低、外部经济好的投资项目，应该优先选择；一般地说，政府应主动担负投资额大、建设周期长、对私人资本缺乏吸引力的社会基础设施的投资。不平衡增长论主张，集中有限的资金，扶持具有较强产业关联度的产业部门。例如，钢铁工业就是一个具有较大综合关联效应的应重点发展的产业，通过加快钢铁工业的发展，不仅可以带动与之前向关联的机械、电子产业，而且可以推动与之后向关联的矿山、交通、能源等产业的发展。

不平衡增长理论认为：从发展中国家现有资源的稀缺和企业家的缺乏等方面来看，平衡增长理论是不可行的，发展中国家不能将有限的资源同时投放到所有经济部门和所有地区，而应当集中有限的资本和资源首先发展联系效应大的产业，以此为动力逐步扩大对其他产业的投资，带动其他产业的发展；同时，地区发展也必须有一定的次序，不同的地区按不同的速度不平衡增长，某些主导部门和有创新能力的行业集中于一些地区和大城市，并以较快的速度优先得到发展，以形成一种资本与技术高度集中、具有规模经济效益、自身增长迅速并能对其他地区产生强大辐射作用的“发展极”。发展极地区的优先发展，最终将通过技术的创新与扩散、资本的集中与输出等方式带动其他部门和地区的发展。

不平衡增长模式在实践中表现为：在经济发展初期，某些部门和某些地区会得到优先发展，而这种优先发展在产生扩散效应的同时，又会产生回波效应，即当劳动力、资金、技术、资源等生产要素由于收益差异吸引而发生由落后地区向发达地区流动时，落后地区与发达地区的经济发展差距将不断扩大，从而两类地区的收入差距也将不断扩大。

二、"发展极"理论[①]

"发展极"理论是在20世纪50年代由法国经济学家佩鲁(F. Perrous)于1955年在《略论"发展极"的概念》一文中提出的,这是一种无时间变量的不平衡增长理论。该理论的核心思想是:在经济增长中,由于某些主导部门或有创新能力的企业或行业在一些地区或大城市的聚集,形成一种资本与技术高度集中、具有规模经济效益、自身增长迅速并能对邻近地区产生强大辐射作用的"发展极",通过具有"发展极"的地区的优先增长,可以带动相邻地区的共同发展。

(一)"发展极"理论的基本内容

1."发展极"概念的提出

佩鲁从作为"势力范围"的经济空间阐述了发展极理论。他认为一国经济是由各种"经济空间"构成的,它并不是指"几何空间"或"地理空间",而是指社会经济中各种分子之间的经济关系。经济增长并不是在每个部门、行业或地区按同一速度平衡增长的,相反,是在不同部门、行业或地区按不同速度不平衡增长的。经济中某些主导部门和有创新能力的行业集中于一些地区或大城市,即形成一定的势力范围"经济空间"(即某些经济单位具有向心力与离心力,形成各种经济中心,每一中心都能发挥吸引力与扩散力,并形成特定的作用范围,从而构成其特定的经济空间。每个中心的作用范围互相交叉,不受地区和国界的限制),以较快速度优先得到发展,从而形成所谓的"发展极",然后,再通过其吸引力和扩散力不断地增大自身的规模并对所在部门和地区发生支配影响,从而不仅使所在部门和地区迅速壮大发展,而且带动其他部门和地区的发展。

佩鲁指出,所谓"发展极"指的是:由主导部门和有创新能力的企业在某些地区或大城市的聚集发展而形成的经济活动中心,这些中心具有生产中心、贸易中心、金融中心、信息中心、交通运输中心、服务中心、决策中心等多种功能,恰似一个"磁场极",能够产生吸引力或辐射作用,从而促进自身并推动其他部门和地区的经济增长。

因此,"发展极"具有吸引作用和扩散作用,这一般表现在四个方面:其一,技术的创新和扩散。其二,资本的集中和输出。其三,产生规模经济效益。其四,形成"凝聚经济效果",即产生城市趋向或经济区域。发展极最本质的特征是通过创新

①参考:谭崇台,薛进军,郭熙保,冯金华.发展经济学.上海:上海人民出版社,1989:375-378.

型企业而产生的对它的经济的支配作用。

如果一个区域要产生增长，那么在这个区域中至少有一个增长极或一个推进型子区域。以自然资源为基础的增长将由推进型子区域产生，同时伴随着农村地区向城市的过渡。一个以人力资源为基础的增长将由一个增长极产生。历史经验表明，通过以人力资源为基础的增长比通过以自然资源为基础的增长将获得更高的、更持久的增长趋势。同时也表明，任何一个经济区，无论是国家还是区域，如果要保证持续增长，迟早会从以自然资源为基础的增长转移到以人力资源为基础的增长。然而，几个城市也可以同时作为同一个区域的增长极，增长极或推进型区域的财富水平并不一定是最高的。

2."发展极"形成的条件

佩鲁指出"发展极"形成所需的条件：其一，必须存在有创新能力的企业和企业家群体。原因是，具有创新精神的企业家和具有创新能力的企业是经济增长的主体动力，由于他们的作用，能够影响一批模仿创新的新企业，即增长企业，这些增长企业在"发展极"的影响和作用下，又可以形成一种增长中心。其二，必须具有规模经济效益。其三，需要适宜的周边环境。即"发展极"的建立需要又一个良好的投资和生产环境。

(二)"发展极"理论的评价

"发展极"理论提出了明确的政策建议，即发展中国家要实现工业化和经济发展，就必须建立"发展极"，并通过"发展极"自身的发展和对其他地区或部门的影响，带动整个经济的发展。而且，"发展极"的形成需要两种途径：由市场机制的自发调节引导企业和行业在某些大城市与发达地区聚集发展而自动产生"发展极"；或者由政府通过经济计划和重点投资来主动建立"发展极"。因此，该理论的政策主张为发展中国家产生了很大的影响力和吸引力，事实上，不少发展中国家都依据此理论制订了经济发展规划、安排投资布局和工业分布、建立经济区域等。但是，佩鲁的"发展极"理论仅从正面论述了"发展极"对自身和其他地区经济发展的带动作用，而忽视了"发展极"对其他地区发展的不利影响。

在"发展极"理论提出之后，其他经济学家又对该理论进行了补充和发展，这些理论被命名为"增长极"或"增长点"理论。该理论的主要思想是：厂商和行业之间的亲和力将产生外部经济效应，它使厂商和行业在地理上聚集发展，从而出现增长点，增长点的出现有利于厂商之间、行业之间在工业化中形成网络关系，进而扩大外部经济效益、促进经济增长。

经济发展启动和发展序列理论，还包括贫困恶性循环理论、"低水平均衡陷阱"理论、大推进理论和"临界最小努力"理论，这些将在后面论述。

第四节 经济起飞理论

在经济学说史上，最先系统分析和阐述经济增长阶段理论的是美国经济学家罗斯托他所提出的“起飞”概念，对发展中国家产生了深远的影响。

一、经济起飞的含义

美国经济学家罗斯托于 1960 年出版了《经济成长阶段》一书。在书中，罗斯托吸收了德国历史学派的经济发展阶段划分、熊彼得的创新学说和凯恩斯的宏观经济分析理论，依据现代经济理论，从经济史、产业组织等多角度提出了所有国家都必须经历的一系列经济发展阶段及其特征。在该书中罗斯托提出每一个国家的经济发展都需要经历传统社会阶段、为起飞创造条件阶段、起飞阶段、成熟阶段和高额群众消费阶段。1971 年，他在另一部著作《政治和成长阶段》中，又在上面五个阶段之后，加进了第六个成长阶段，即追求生活质量阶段。

“起飞”是罗斯托理论的核心概念，起飞阶段是一国经济发展六个阶段中的关键和核心。按照罗斯托的经济增长阶段理论，一个国家从不发达转向发达的转折点是“起飞”。欠发达国家只有通过经济起飞阶段，才能取得真正的发展，“起飞”是罗斯托理论的核心概念，经济起飞理论因此而得名。

关于这六个阶段的划分和各阶段的特征分析如下。

（一）传统社会阶段

传统社会，指生产结构是在有限的生产函数内发展起来的社会，以前牛顿时代的科学技术和世界观为基础。此阶段的人均国民收入增长极其缓慢。本阶段的特征：缺乏现代技术，生产主要依靠劳动力、生产力低下，大部分资源用于农业生产，农业是主导部门，人均国民收入水平极低，消费水平很低，社会实行等级制度，经济增长极其缓慢。罗斯托列举了几个实例：古代埃及、王朝时代的中国、中世纪的欧洲等。

（二）为起飞创造条件的阶段

此阶段是个过渡阶段，是为人均国民收入持续增长打基础的阶段。本阶段的特征：农业生产技术得到局部改良，但仍然属于勉强抵消人口增长的“固有技术进步”。社会对科学技术、对风险、对工作条件和工资方法的态度都有较大的改变。农业部门和社会技术资本部门发生革命性变化，为此政府必须实行适当的政策。传统的等级制度由于资本和劳动的转移也变得不那么森严了。

(三)起飞阶段

起飞阶段相当于一国工业化的初期,虽然只有短短的20～30年,但却是一个具有决定性意义的历史阶段。在这一阶段,生产性经济活动的规模大大扩张,开始工业化。基本经济结构和生产方法发生剧烈变革,经济增长速度跃上一个台阶。此后的发展就会较为顺利和平稳。这个过程就好像飞机摆脱地球引力和空气阻力的起飞。在起飞阶段,人均国民收入开始迅速地持续增长。此阶段是指在较短的时间内实现基本经济结构和生产方法的剧烈变革,开始工业化,并逐步进入经济持续稳定增长的阶段。本阶段的特征:生产力得到迅猛发展,从农业转移到工业的资本和劳动力进一步支援了工业化。农业技术得到改良、农产品的商品化、农村生活的变化、工厂数量增加、工资提高等因素促进了劳动力的加速流动。人均国民收入持续稳定增长。

(四)成熟阶段

成熟阶段是指一个社会已经把(当时的)现代技术有效地应用于大部分资源的时期。本阶段的特征:国民收入各部门基本上已经实现了现代化的装备,固有的主导产业有很大的发展,各产业之间对中间产品的需要迅速增加,重化学工业崛起。伴随着工农业间的劳动力转移,发生了人口向城市集中,生产不断提高,人均国民收入不断增加,但是收入分配是不平等的。

(五)高额群众消费阶段

高额群众消费阶段是指国民收入水平有明显提高,产生了超过衣食住行等必要生活用品的消费需求,随着消费倾向较大的城市劳动者和工资收入者的大量增加,引起消费结构发生巨大变化,耐用消费品和劳动服务的爆发性需求的阶段。本阶段的特征:社会的主导部门转到耐用消费品和服务方面,企业间的竞争极其激烈,产生了明显的垄断倾向,国民收入水平明显提高。到了这个阶段后社会有三个可能的发展方向:国家追求国际势力;用国家力量实现个人和社会目标;提高消费水平。

(六)追求生活质量阶段

追求生活质量阶段是指人们向往生活在空气新鲜的优美环境中,追求生活的舒适和精神的享受。是人类社会发展的最高阶段。本阶段的特征:人类社会不再以生产有形产品为主,转而生产无形产品。主导部门是提供生活质量的部门。人们追求各种艺术和自身的精神发展,人们更希望追求高质量的生活而不是拼命地去赚钱。

二、经济起飞的“临界水平”和条件

罗斯托不仅指出经济增长的决定性时期是起飞阶段，阐明了经济起飞的“临界水平”，而且详细分析了实现经济起飞必须具备的三个条件。这是罗斯托经济起飞理论的核心。

（一）起飞的“临界水平”

这个“临界水平”是指以下两种情况：一是摆脱了纳克斯所说的“贫困的恶性循环”。二是摆脱了莱宾斯坦所说的“低水平均衡陷阱”。

什么是贫困的恶性循环？纳克斯认为，发展中国家由于经济落后，资本稀缺，收入低下，形成了两个“恶性循环”。从供给方面看：收入低—储蓄率低—资本缺乏—劳动生产率低—收入低下。从需求方面看：收入低—居民购买力低—市场需求不旺—投资引诱小—投入生产的资本少—劳动生产率低—收入低。他认为，穷国之所以穷，就是因为穷，过去的穷导致了现在的穷，现在的穷将造成将来的穷，使贫困成为恶性循环。要打破这种恶性循环，必须重视资本积累的作用，并认为它是摆脱贫困的唯一途径。

什么是低水平均衡陷阱？莱宾斯坦认为，在发展中国家，即使收入有所增加，但任何导致人均收入上升的刺激都会使人口增长，人口的过快增长又最终使人均收入降低到仅能勉强糊口的水平，即“低水平均衡”。要促使一个经济落后的国家走上发展的道路，一定要取得某种推动力量，并且这种推动力量必须足够大，方能冲破“低水平均衡”。这种足够大的的最初推动力量就是“最小临界努力”。

罗斯托认为，一旦发展中国家以“最小临界努力”超越了“贫困的恶性循环”和“低水平均衡陷阱”这个“临界水平”，发展中国家的经济就可以像飞机一样因推力加大，摆脱地球引力，冲破空气阻力而突然腾空起飞，突破长期的经济停滞和徘徊状态，实现经济的起飞，进入了经济大规模持续增长阶段。

（二）起飞的条件

罗斯托认为，一国经济要起飞，必须具备以下三个条件。

第一，要有较高的资本积累率。经济要起飞需要大量的资本投资，必须大规模地增加储蓄，提高资本积累率和生产性投资率，使资本积累率要达到 10%以上，以便为经济增长创造必要的物质基础。这是经济起飞和增长的必要条件。

大多数发展中国家经济发展过程中的主要障碍是资本形成不足。罗斯托接受了哈罗德-多马模型的基本思想，认为提高投资率是促进资本形成的必要条件。罗斯托指出，如果资本和生产量的比率大致为 3∶1，投资率达到国民收入的 10%，经济增长率就会达到3.3%，将超过任何可能的人口增长速度，按人口平均计算的生产量就会有经常的提高。罗斯托认为增加积累可以有多种途径，如政府通过征税或通货膨胀来进行强制储蓄，或者通过银行组织和资本市场的扩大来增加私人储蓄，或者依靠出口部门发展和外国资本输入来开辟国外来源。

第二，要有能带动整个经济增长的主导部门。经济的起飞由于需要投资的产业很多，而资金又十分有限，要实现经济起飞，就要将有限的资金用于发展具有联系效应的产业，建立起主导产业部门。主导部门本身不仅要有较高的增长率，而且还应该能带动其他部门的增长，同时又能赚取外汇，以便引进技术、购买国外产品和偿还外债。主导部门的迅速发展对于保持经济的全面发展起到了重要的直接和间接作用。主导部门不是一成不变的，而是随着经济发展的不同阶段不断演变的。经济增长阶段的部分技术基础就在于主导部门的更替。

从历史上看，起飞准备阶段的主导部门主要是饮食、烟草、水泥等工业部门；起飞阶段的主导部门主要是纺织工业、铁路等；成熟阶段的主导部门主要是重型工业和制造业；高额群众消费阶段的主导部门是汽车工业；追求生活质量阶段的主导部门主要是服务业。但是，各国在经济发展中对主导部门的选择要从本国国情出发，不能强求一律，例如，英国经济的起飞是从纺织工业开始，瑞典是从木材工业开始，丹麦则是从发展肉类乳类生产开始。由于这些经济部门的发达，积累了资本，创造了国民经济其他部门现代化的条件，从而带动了整个国民经济的发展。

第三，要建立与经济起飞相适应的经济制度(体制)、社会结构、政治法律制度及意识形态，为“起飞”提供保证，并使现代部门的增长扩散到整个经济。因此，社会必须进行这方面的变革，使之能适应经济起飞的要求并促进起飞顺利实现，并使现代部门的增长扩散到整个经济。

例如，要建立使私有财产有保障的制度，更准确地说是私有制及相应的规则，资本家才愿意投资；要建立专利制度，才能鼓励科技发明，促进新技术的不断发现和传播，为经济增长奠定有效的基础；要有政府机构进行一系列大规模社会投资，如运输基础设施的建设等。这些投资的回收期长、投资量大，不能直接得到利润，因而私人资本不能或不愿意经营。制度条件的创造也要因各国的具体情况而定。在英国，国家占领殖民地，帮助私人企业去开辟国外市场和原料产地；在德国和日本，国家直接建立国有企业直接从事投资，给私人企业以津贴、技术支持、订货、扶助私人投资，同时也通过占领殖民地，帮助私人企业去开辟海外市场和原料产地。

罗斯托认为，具备了上述三个条件，一国经济就可以“起飞”，并在适当的努力下进入“自动持续增长”。

三、罗斯托经济增长阶段论的评价

(一)罗斯托经济增长阶段论的意义

罗斯托的经济增长阶段理论中影响最大的还是他的“起飞”概念。这个概念包含两个基本要素:一是资本积累率由5%上升到10%以上,这要求储蓄部门的现代化;二是把创新的习惯广泛传播于各个重要部门,这要求社会的结构、制度和观念发生重大改变。第一个要素实际上并不是经济增长的原因,而是经济增长的一个必要条件,第二个要素才是经济增长的原因和实质。在1970年为《经济增长的阶段》一书增补的附录中,罗斯托强调:“增长是经济渐进地、有效率地吸收新技术的结果”;[①]“起飞的本质在于部门扩张及其扩散效应”;“投资率提高不是起飞的充分标准”。但是,人们往往对资本积累率给予过多的重视。对那些力图通过援助和贷款来帮助落后国家实现工业化的人而言,这个理论对资本投资的强调,仿佛意味着大量的外国援助可以在很短的时间内,如10年左右,给予落后国家足够的加速度,帮助它们起飞。或者,这个理论仿佛暗示现在多投入一些资本,就会使一个国家从今以后越来越快地不停地发展下去。

罗斯托经济增长阶段论有不少可借鉴之处。如罗斯托认为经济的主导部门并不是固定不变的,其序列会发生变化,罗斯托这种主导部门序列进行变化的观点很重要。对于我们进行四化建设是有启发的。再如,罗斯托认为发展中国家隐蔽失业最明显的是农业,因此,解决发展中国家失业问题的重点是农村。这对我们也有借鉴意义。另外,罗斯托关于重视基础设施建设、积极引进外资、大力推广新技术等观点,对于我们也有借鉴价值。

(二)罗斯托经济增长阶段论的缺陷

罗斯托的经济增长阶段论也有明显的缺陷。其一,罗斯托对社会经济的划分单纯以技术标准来划分,割裂了生产关系与生产力。其二,罗斯托把人类社会发展的动力归功于企业家,从而否定了人民群众的创造性。其三,罗斯托忽略了资本主义条件下生产与消费之间的对抗性矛盾。

四、发展中国家经济起飞的困难

罗斯托为发展中国家描绘了经济增长阶段序列的诱人前景,也阐述了怎样创造条件以实现经济起飞。如果发展中国家都照此办理,能实现经济起飞当然是一

---

①罗斯托.经济增长的阶段.北京:中国社会科学出版社,2001:192.

件好事，可是，实际情况与起飞理论相差甚远。

自第二次世界大战以来，全世界150多个发展中国家中，真正实现经济起飞的国家或地区只有20多个，如韩国、新加坡、中国台湾、中国香港、巴西等，其他大多数发展中国家的经济举步维艰，还有大约1/3的发展中国家至今仍然极端落后、贫穷。世界上最贫困的国家大多集中在撒哈拉沙漠以南的非洲以及南亚地区，那里的经济发展长期停滞不前，仍然处于"低水平均衡陷阱"之中。

值得注意的是，当今世界的绝大多数发展中国家的资本积累率都在20%以上，我国的资本积累率长期以来都保持在35%～40%，大大超过罗斯托所说的资本积累率为10%的要求。目前在世界上最贫困的13个国家中，非洲占10个，那里的资本积累率近年也达到了15%，这虽然是全世界最低的积累率，但也超过了10%。可是这些国家的经济仍没有实现起飞，原因何在?

为了解释这个问题，美国经济学家钱纳里等人提出了"两缺口模型"理论，提倡利用外资以弥补国内储蓄不足。

发展中国家要提高国民经济增长率，就必须处理好投资与储蓄、进口与出口的关系。如果储蓄小于投资，就会出现"储蓄缺口"；如果出口小于进口，就会出现"外汇缺口"。其解决办法是引进外资，以刺激出口，提高储蓄水平，达到促进国民经济增长的目的。

第五节 改造传统农业理论

一、传统农业的基本特征

人们经常用"传统农业"这一概念来描述发展中国家的农业状况。发展中国家的农业状况大致可以用"传统农业"来概括。舒尔茨(Schultz)认为，发展中国家的传统农业处于一种低水平均衡状态。原因在于：一是农业经济活动中技术水平长期不变；二是生产者对各种投入要素的偏好和动机保持稳定。传统农业是与现代农业相对的一个概念，具有以下基本特征。

(一)技术长期停滞

舒尔茨认为："完全以农民世代使用的种种生产要素为基础的农业可称之为传统农业。"几千年来，农民世代相传的各种生产要素和耕作方式，基本上没有发生根本性的变化和突破性的发展。这是传统农业最基本的特征，也是传统农业落后和贫困的主要原因。技术停滞即生产以农民世代相传使用的同样的生产要素和技术为基础，以人力和畜力为主要动力，这种耕作方式具有高度稳定性。

印度发展经济学家加塔克对传统农业的技术停滞问题作了深入的探讨，将其原因归结为六个方面：①缺乏适宜的替代技术。传统农业是以劳动力充裕、资本稀缺、生产规模小、农民文化和技术水平低下为特点的，这就决定了在西方发达国家可以适用的现代农业技术很难直接运用到发展中国家的传统农业上。②农民对技术缺乏认识和了解。农民的文化水平低和信息传播不畅是造成这一现象的主要原因。③承担风险的能力低。与经过祖祖辈辈使用和改进过的传统技术相比，使用新技术的初期产量波动性大，新产品市场需求也存在更大的不确定性，缺乏经验和资本的农民难以承担这些风险。④农业投资资金缺乏。传统农业中的农民十分贫穷，资金匮乏，开始采用部分生产效率较高、以现代科学为基础的农业生产技术，但是由于普遍存在难以获得贷款，因此，即使存在没有风险的新技术，农民也没有足够的资金购买良种和化肥之类的新技术要素。⑤现代投入品供应"瓶颈"。种子、化肥、农药及灌溉设施等的供给限制，制约着农业的发展。⑥传统制度障碍。农民的贫穷也决定了农民几乎没有政治权力来影响国家的方针政策，因此在社会和政治制度僵化的发展中国家，农民利益和农业的发展在制度上缺少保障。

（二）制度因素对农业发展的束缚

首先是土地制度。土地所有制是生产制度的重要组成部分，也是农村生活中全部政治、经济和社会组织的基本特征。在许多发展中国家，由于历史的原因，土地往往集中于少数有权有势的地主手中，使得大土地所有者不断壮大，小农土地丧失和转移，无地农民数量不断增加。这种两极分化严重的土地制度实际上剥夺了许多农民的生存机会，造成农民生产积极性不高，生产效率低下，农业生产的停滞和社会贫困化加深，并且影响到发展中国家政治上的团结和稳定。同时，土地制度还影响了农民对改善土地设施进行投资的积极性。

其次是市场制度、价格制度和信贷制度。许多发展中国家市场制度不完善甚至还没有建立，农民很少能直接进入商品市场，往往还要受中间商和经纪人很重的盘剥。大多数发展中国家都存在着倾向工业化和城市化，重视发展工业，轻视农业和农村的情况，例如许多发展中国家存在工农业"剪刀差"的现象。

再次是教育和科研的目标、层次与实际需要有较大距离，教育的结果是使农村的人口脱离农业，甚至连科研成果也无法在农村推广。

最后是收入分配制度有严重的城市化"偏好"：造成农村人口大量流向城市，而脱离农村流向城市的人口大多是农业所必需的具有一定文化水平的青壮年劳动力。

(三)以自然经济为主,农产品商品率低

传统农业是封闭型的、自给自足的农业。农民几乎生产自己所需要的一切东西,自我完成再生产的全过程。由于其再生产所需要的生产资料和生活资料全部或基本上都是直接从自身的生产物中得到补偿,因而各个生产单位与外界不发生或很少发生联系。自给自足的小规模生产决定了生产过程缺乏专业化分工,无法获得规模收益。农业产品商品化率低,农民只有少量的剩余产品用于交换其他消费品和生产投入品,市场交易落后。

(四)传统农业的生产单位是小型的家庭农场

作为生产单位,这些家庭农场的特征不仅是规模小,而且还是高度自给自足的。生产要素主要是劳动和土地,很少使用购买的投入。劳动主要由家庭成员提供。产量中有很大一部分属于家庭成员的消费。在纯粹生存性农业中,家庭农场只为满足其自身消费而生产。在半生存农业中,生产半为消费,半为市场。

在传统部门的家庭企业中,人们分担工作、分享收入。分担工作可以解释为什么在传统农业中的没有公开失业。由于收入是分享的,单个个人的"工资"因此决定于家庭的平均生产率而不是他本人劳动的边际生产率。

二、改造传统农业的大思路

农业发展是一个漫长而艰难的过程。要实现农业现代化,首先要对传统农业进行改造。舒尔茨的研究表明传统农业中的资源配置既然是有效的,那么传统农业为什么停滞落后,不能成为经济增长的源泉呢?舒尔茨认为,原因在于传统农业中对原有生产要素增加投资的收益率低,对储蓄和投资缺乏足够的经济刺激。要打破这种长期停滞的均衡状态,需要引入新的现代农业生产要素。这实际上就是进行制度创新和技术创新。舒尔茨认为,一种新技术总是体现在某些特定的生产要素当中,因此没有对技术创新进行单独研究,而是着重论述以下几个问题。

(一)制度建设

制度建设包括建立适合传统农业改造的土地占有制度、生产组织制度和激励制度。

土地占有制度对农业生产率有重大影响,而是关系到一国的政治稳定程度,是影响一国经济发展的重要因素。舒尔茨认为,农业中的"不在所有制"是低效率的,在这种土地占有形式中,土地的所有者并不住在自己的土地上,也不亲自进行经营。农业中的当前经营决策和投资决策不仅要服从于许多无法按常规处理的微小变化,而且还始终需要采用由于技术进步而形成的新的、优越的生产要素。在不在

所有制下,由于不在的一方不能获得充分的信息,往往就不能有效地处理这些细节,尤其是利用技术进步的决策。不在所有者一般也不能成功地提出必要的刺激并委派负责的决策者。提高农业生产率的关键在于要使农业生产决策者得到充分的经济信息和有效的经济刺激。为此,应该实行"居住所有制"形式,即土地所有者住在自己的土地上亲自进行经营。

舒尔茨批驳了那种认为只有建立大规模农场才能有效率的观点。这种观点的理论基础是现代农业中生产要素的不可分性。例如一部大型拖拉机,只有在大农场上才能充分发挥效能。但在舒尔茨看来,这种不可分性是假不可分性。因为可以按各种不同规格和型号的订货来制造拖拉机,而且可以各种方式把需要耕作的土地组合在一起。如果硬要用大型农业机械并以此为基础建立大规模农场来组织农业生产,就会像前苏联那样出现一种不合理的二元结构,即非常大的国营和集体农场与小块土地的农户并存,大型拖拉机与许多锄头并存,资源配置效率很低。相反,日本、丹麦和美国的家庭规模农场则是高效率的。

在改造传统农业时应该让市场机制发挥作用,让产品和要素的价格变动来刺激农民,而不应试图压抑农业中的产品和要素的价格。因为首先,农民对价格信号的反应是正常的,灵敏的;其次,通过降低或提高某些农产品价格而使收入流出或流入农业,结果都会对资源配置的效率带来损害。正确的做法是提高市场在农业中的作用,例如,把地方市场并入更大的市场,扩散有关产品和要素的经济信息,减少资本市场的不完全性,按边际成本确定公共设施和服务的价格,减少农产品的价格波动等。

(二)扩大对新的生产要素的供给和需求

农业中新生产要素的供给是重要的,当供给者在廉价地生产和分配这些要素方面获得成功时,向农业投资就变得有利了。虽然许多现代物质投入品可以进口,但不能以其现有的形式引入到一个典型贫穷社会的耕作中。适合于一个贫穷社会的现代农业要素首先应该依靠现有的科学与技术知识来进行"生产"。由于科技知识具有公共品特征和投资的不可分性,盈利的私人企业一般不愿或无力进行研究和开发活动。这就需要政府或其他非营利组织研究出适于本国条件的生产要素,并通过农业技术推广机构将其分发出去。

从需求来看,要使农民乐意接受新的生产要素,就必须使这些要素真正有利可图。有利性的关键在于新要素在贫穷社会里的价格及其产量。由于贫穷社会的农民对付额外风险和不确定性的能力较低,在衡量新要素的有利性应考虑到这种不确定性。农业租佃制度也会影响新要素的有利性。此外,还要向农民提供有关新生产要素的信息,并使农民学会使用这些新生产要素。

(三)向农民进行人力资本投资

引进新生产要素,不仅要引进现代物质投入品,还要引进具有现代科学知识、能运用新生产要素的人。各种历史资料都表明,农民的技能和知识水平与其耕作的生产率之间存在着很强的正相关关系。因此要对农民进行人力资本投资。人力资本投资的形式包括教育、在职培训以及保健设施和服务等,其中教育最为重要。

舒尔茨认为,初等教育是最有利的,因为初等教育的成本低,孩子们年龄小,因上学失去的收入也很少。而掌握一些有用的文化也就需要5年左右。从文化中得到的好处是很多的,其中某些好处还会扩散。许多低收入国家忽视中小学教育,提供经济援助的国家也把大多数技术援助集中在公共卫生、农业、工业、工业生产力、公共和企业管理以及某些商业学校与在职培训上,这是目光短浅的。

(四)农业生产技术的变革

传统农业转变为现代农业的关键在于技术进步,发展中国家走什么技术进步的道路有利于农业发展,有两种代表性的观点:梅勒的投入资源互补理论和速水-拉坦的诱导型创新与资源替代理论。农业的技术变革有两个方向:一是机械化代替劳动;二是用生物、化学方法提高产量和劳动生产率,对发展中国家,后一种更重要。所有技术都必须适合当地的自然条件和社会条件,不存在普遍适用的最好技术,所有农业技术都必须针对当地土壤、气候条件和要素禀赋状况进行调整。

大致说来,在地多人少的国家和地少人多的国家,技术发展的道路有明显不同。前者要解决的问题是如何用有限的劳动力生产出最大的产量,后者虽然也要提高劳动生产率,但土地生产率的提高是更重要的因素。例如,美国和日本实行的农业发展战略有实质性的不同。在美国,劳动生产率非常高,但每公顷土地的产量却远比许多国家要低,甚至还低于一些发展中国家。日本农业的劳动生产率仅仅是美国的1/10,但每公顷土地产量却接近美国的10倍。

不同的发展战略要求采用不同的技术。这些不同的技术可分成两个系列,即机械系列和生物系列。机械系列是指用拖拉机、联合收割机和其他形式的机器替代劳动。生物系列是指使用杂交玉米或由建于菲律宾的“国际水稻研究所”所培育的新型稻种等改良的作物品种而提高产量。由于采用了这些新品种,产量有了大幅度提高,这些现象经常被称为“绿色革命”。

参考文献

[1] 张培刚.新发展经济学.2版.郑州:河南人民出版社,2001.

[2] 张培刚.发展经济学教程.北京:经济科学出版社,2001.

[3] 陶文达.发展经济学.成都:四川人民出版社,1997.

[4] 谭崇台,薛进军,郭熙保,等.发展经济学.上海:上海人民出版社,1989.

[5] 谭崇台,邹微,庄子银.发展经济学的新发展.武汉:武汉大学出版社,2000.

[6] 谭崇台.发展经济学概论.武汉:武汉大学出版社,2001.

[7] 周天勇.高级发展经济学.北京:中国人民大学出版社,2006.

[8] 方齐云,王皓,李卫兵,等.增长经济学.武汉:湖北人民出版社,2002.

[9] 沈佳斌,现代经济增长理论与发展经济学.北京:中国财政经济出版社,2004.

[10] 于同申.发展经济学——新世纪经济发展的理论与政策.2版.北京:中国人民大学出版社,2006.

[11] 毕世杰.发展经济学.北京:高等教育出版社,2003.

[12] 齐良书.发展经济学.北京:中国发展出版社,2002.

[13] 邢占军.国民幸福:执政理念与评价指标.新华文摘,2007(18).

[14] [英]A·P·瑟尔沃.增长与发展.6版.郭熙保译.北京:中国财政经济出版社,2001.

[15] [美]德怀特·H·波金斯,斯蒂芬·拉德勒,唐纳德·R·斯诺德格拉斯,等.发展经济学.黄卫平,彭刚,刘春生,等译.北京:中国人民大学出版社,2005.

[16] [美]托达罗(Todaro M.P.),史密斯(Smith S.C.).发展经济学.9版.余向华,陈雪娟译.北京:机械工业出版社,2009.

思 考 题

1.基于二元经济结构的相关经济发展理论主要内容有哪些?

2.各种经济发展理论是如何逐步演进的?你对此有什么看法和体会?

第六章 发展与人类福利

发展中国家和发达国家的经济差距可以用人均 GNP 或者 GDP 近似地表示出来，但人均 GNP 或者 GDP 远远无法描述一国居民的实际福利状况，因为国民收入在居民之间的分配并不是均等的。一部分人的实际收入可以数倍、甚至数十倍、数百倍于平均收入水平，但也有一部分人挣扎在生存死亡线上（齐良书，2002）。因此，经济增长是改善发展中国家人民生活水平的必要条件，而非充分条件。收入分配状况极大地影响着人们的福利水平，构成了发展的一个重要方面。

发达国家和发展中国家的现实都表明，收入分配不均等和贫困问题不能通过经济增长得到解决，必须给予特别的关注，并为之制定专门的政策和战略。本章研究的是增长的发生或者消失对于发展中国家的人民物质福利生活的影响，尤其对于不同组别的人（不平等）和穷人（贫困）的福利的影响。

第一节 概念与衡量工具

一、收入分配的类型

收入分配有两种重要类型：功能性收入分配（functional distribution of income）和规模性收入分配（size distribution of income）。功能性收入分配是指国民收入在生产要素间的分配，即收入在传统上划分的不同生产要素，如土地、资本、劳动等要素之间的分配，它可以用来测度不同生产要素对于生产的贡献；规模性收入分配是指个人或者家庭通过功能性分配而得到的收入，它通常是度量福利的直接指标。

功能性收入分配和规模性收入分配既有区别、又有联系。两者的区别在于：功能性收入分配是从收入来源的角度研究收入分配，其目的在于解释资本、土地和劳动等生产要素价格的形成及其所得收入在国民收入中所占的比重，由此建立的分配原则是经济效率原则。规模性收入分配则是根据社会经济特征（如收入水平高低）将个人或家庭进行分类，然后从每类经济群体所得收入规模与其人口规模或家庭规模之间的关系来研究收入分配，其目的在于说明个人收入分配的均等程度和社会成员从经济发展中所获得的福利，由此建立的分配原则是经济公平原则。两者的联系表现为：在短期内，由于个人和家庭的收入来源于生产要素的报酬，规模分配由功能分配和生产要素的分布情况所决定。在长期内，规模分配会影响对产品的需求，进而影响对生产要素的需求，引起各种生产要素相对价格的变化，最终改变功能分配（齐良书，2002）。

功能性收入分配和规模性收入分配之间相互关联，相互影响。由于规模分配依赖于生产要素的所有制形式（包括个人"拥有"的劳动服务的价值）以及在生产过程中每种要素所起的作用，因此，收入功能性的分配对于福利便有了重要的影响。若土地和资本的所有是高度集中的，则任何加强这些要素收益的情况都将使收入的规模分配更加不平均。相反，非熟练工这种在生产中分布最为广泛的要素若得到更高的工资，将会产生更为平等的规模分配。相反，规模分配会影响对产品的需求，进而影响对生产要素的需求（图 6-1）。

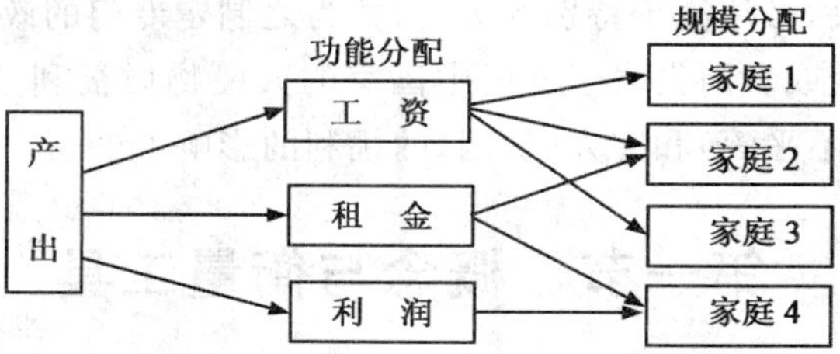

图 6-1　功能分配和规模分配（齐良书，2002）

二、收入分配不平等的度量

通常使用的度量收入不平的指标如下。

1. 收入范围系数

把最富的个体和最穷的个体的收入差，除以收入均值就得到了收入范围系数，它与度量收入的单位无关。因此，收入范围系数 R 的计算公式如下：

$$R = \frac{1}{\mu}(y_m - y_1) \qquad (6\text{-}1)$$

式中：μ——全社会平均收入，y_m——全社会最高收入，y_1——全社会最低收入。这个指标比较粗略，只反映全社会中最穷的人和最富的人的情况，没有反映出次穷或者次富的人之间发生转移支付之后的情况，适用于缺乏收入分配的详细信息时的一个粗略估计。

2. 库兹涅茨比率

西蒙·史密斯·库兹涅茨(Simon Smith Kuznets)[①]在他关于发展中国家和发达国家收入分配的研究中引入此概念。这个比率表示最穷的20%或者40%的人口,或者最富的10%的人口,所获得的收入在总收入中的比重。更一般来讲,表示最富的 x%的部分人的收入与最穷的 y%部分人的收入比例,其中 x、y 表示诸如10、20或40这样的数字。这些比率实际上是洛伦兹曲线的一部分信息,就如同值域一样,它在我们缺乏关于收入分配的详细信息时是比较方便和有用的指标(德布拉吉·瑞著,陶然等译,2002)。

3. 平均绝对离差

计算公式:

$$M=\frac{1}{\mu n}\sum_{j=1}^{m}n_j\left|y_j-\mu\right| \tag{6-2}$$

式中:n——总人口,μ——全社会平均收入,全社会共有 m 个收入组,y_j——第 j 个收入组的平均收入,n_j——第 j 个收入组的人数。该指标表示,将所有收入与平均收入的距离都计算出来加总,然后再除以总收入,把不平等表达为作为总收入一部分的平均离差。它考虑了全部范围的收入分配信息,但当收入分配发生累退变化时,在这个指标里反映不出来。

4. 变异系数

计算公式:

$$C=\frac{1}{\mu n}\sqrt{\sum_{j=1}^{m}n_j(y_j-\mu)^2} \tag{6-3}$$

该指标可以避免平均绝对离差的缺点,当收入分配发生累退变化,也就是不平等程度提高时,变异系数会增大。

5. 洛伦兹曲线和基尼系数

最常用度量收入分配不平等的指标:是从洛伦兹曲线中推导出来的基尼系数。

(1)洛伦兹曲线

1907年,洛伦兹[②]为研究收入分配不平等问题,提出了洛伦兹曲线。该曲线作

---

①西蒙·史密斯·库兹涅茨(Simon Smith Kuznets,1901—1985):俄裔美国著名经济学家,"美国的G.N.P.之父"、1971年诺贝尔经济学奖金获得者。历任纽约国民经济研究所研究员、宾夕法尼亚大学教授、约翰·霍布金斯大学教授。

②M·O·洛伦兹(Max Otto Lorenz):生卒年限不详,奥地利统计学家(或者说美国统计学家),为研究收入分配不平等问题,提出了洛伦兹曲线。

为收入和财富分配信息的一个便利图形方法而得到广泛应用。图 6-2 的曲线直观地显示了收入分配不平等程度。横轴表示收入者的累计百分比，收入者按收入从低到高排序；纵轴表示收入的累计百分比，即与横轴相对应的人口比例所占有的收入占总收入的比例。因此，洛伦兹曲线的两端一定位于 45°线上，因为 0%的累积收入者占总收入的比例一定为 0%，同理，100%的累积收入者占总收入的比例一定为 100%。如果一个社会的收入分配完全平等，即每个人都获得完全相等的收入，则洛伦兹曲线就会与 45°线重合，否则，洛伦兹曲线就会位于 45°线下方。偏离得越远，说明收入分配的不平等程度越高。如果分配完全不平等，即全部财富都集中在 1 个人手里，洛伦兹曲线将呈折线型，与横轴和 100%人口所对应的竖线重合。

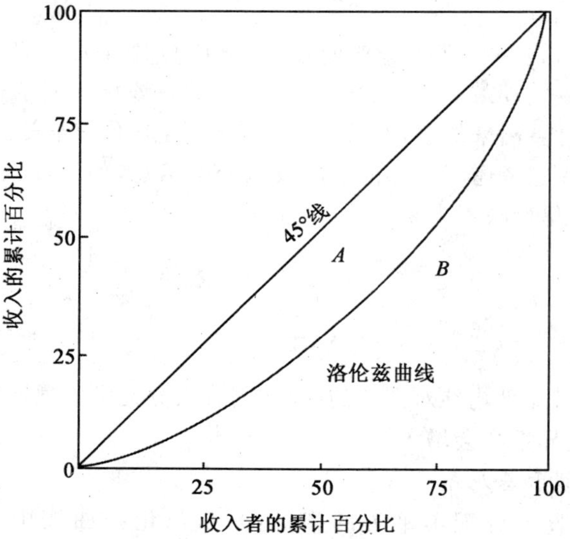

图 6-2　洛伦兹曲线(吉利斯，波金斯等著，黄卫平总译校，1998)

(2)基尼系数

科拉多·基尼①在洛伦兹曲线的基础上进一步提出用于精确反映收入分配

①科拉多·基尼(Corrado Gini，1884—1965)：意大利统计学家、经济学家和社会学家，在 1922 年提出关于收入分配不平均的一种衡量办法——基尼系数。

不公平程度的基尼系数。这一比率直观，易于理解。它是图 6-2 中 A 区面积除以 $A+B$ 区面积的值。这样，A 区面积比重越大，基尼系数就越高。在完全平等的收入分配状况下，基尼系数为 0；在完全不平等的收入分配状况下，基尼系数为 1。理论上，基尼系数的值应介于 0 与 1 之间，但在实践中根据国民收入的测度，基尼系数的变动范围狭窄得多，一般是 0.25～0.6。目前国际公认的警戒线是 0.4。

(3)基尼系数的缺陷

与其他测度收入分配不均等的指标一样，基尼系数也存在自身的问题。其一是不同的洛伦兹曲线可能相交，甚至不同形状的曲线可能产生出同样的基尼系数。另一个问题是基尼系数的参考标准即完全均等的绝对性，这使得这种度量对于分配变化一般来说并不敏感。尤其是对于低收入组别的收入变化，这种不敏感最为明显。相对于总收入而言，这种收入变化可能很小，但对于贫困家庭自身收入而言，却很重要。

表 6-1 对上述这两方面作了解释和说明，它比较了两组假设的收入分配情况。在一个国家中，收入在高收入分配组和低收入分配组的两个组之内是平均分配的，但两个组之间的平均收入差距极大。在另一个国家中，3/4 的低收入分配组的人们之间得到的收入是一样的，1/4 的高收入组的人们的收入高很多。这两种分配的结果，是有着相同的基尼系数(0.35)，但它们的洛伦兹曲线形态不同且相交(见图 6-3)。从图 6-3 可以看出，尽管这两种收入分配差别很大，但洛伦兹曲线的交叉产生了相同的相对不平等的测度，基尼系数都为 0.35(吉利斯，波金斯等著，黄卫平总译校，1998)。

表 6-1 两组假设的收入分配的比较

收入组别	第一种收入分配	第二种收入分配
最低的 25%	7.5	13.3
下一组 25%	7.5	13.3
下一组 25%	42.5	13.3
最高的 25%	42.5	60
基尼系数	0.35	0.35

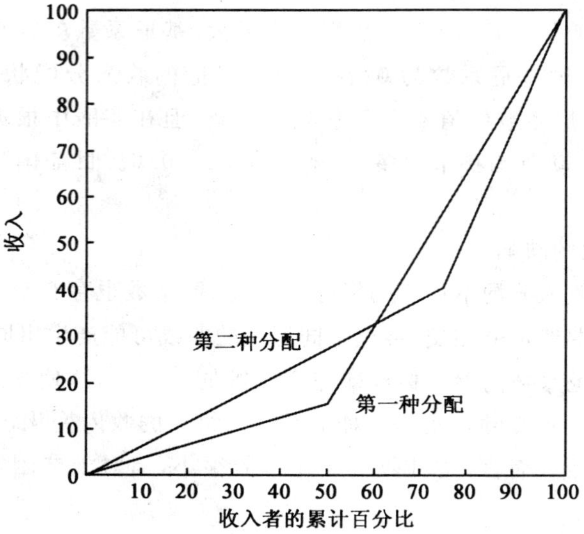

图 6-3 两种假设的洛伦兹曲线(吉利斯,波金斯等著,黄卫平总译校,1998)

三、综合性发展指标

一些学者反对从收入方面来定义贫困,当然,他们也认为较高的收入可能有助于人们提高生活水平,延长寿命,降低死亡率等。因为,他们提倡直接考察这些与贫困有直接关联的指标的变化。如人类的基本需要,如起码水平的营养、健康、穿着、住房以及个人自由和取得进步的机会等,是否得到了满足。

世界银行定期的出版物,从不同出处获得社会指标数据。表 6-2 总结了一些这方面的情况。这些指标中的初生儿死亡率、预期寿命、儿童营养不良以及成人文盲率等,反映了在不同人均国民生产总值的国家中基本需要得到满足的程度。能源消费和报纸发行量,表明整个经济和社会的成熟状况。表 6-2 的另一些指标,如内科医生和病床数,反映的是有助于基本需要满足的服务水平(吉利斯,波金斯等著,黄卫平总译校,1998)。

联合国发展计划署(UNDP)从 1990 年以来出版了"人类发展报告",这个报告的目的是将社会、经济因素等各个方面结合在一起建立一个指数,即所谓的人类发展指数(HDI)。HDI 由三部分构成:一是出生时的预期寿命(这也可以间接反映婴幼儿死亡率),二是对社会教育水平的度量,这个度量指标本身就由多项组成:它是成人识字率(权重为 2/3)和初等、中等、高等教育入学率的综合指标(权重为 1/3)的加权平均。最后一个组成部分是人均收入,在高于一个门槛值(以 1992 年购买力平价计算,大约为 5 000 美元)之后进行一些调整。超过这个门槛值,收入越高,权重就越小,这是因为高收入的人边际效用递减,HDI 是通过计算一些国家在这三方面的成功程度,然后进行简单平均计算出来的(德布拉吉·瑞著,陶然等译,2002)。

表 6-2　1990 年社会指标的说明

指　标	人均国内生产总值(购买力平价,美元)				
	1 000	1 000～2 000	2 000～5 000	5 000～10 000	>10 000
婴儿死亡/每千存活婴儿	115	80	42	22	9
	(21.00)	(32.00)	(22.00)	(14.00)	(5.00)
出生时的预期寿命(年)	49	57	67	70	76
	(5.00)	(7.00)	(5.00)	(3.00)	(2.00)
内科医生/每千居民	7	31	165	201	230
	(4.00)	(31.00)	(152.00)	(149.00)	(95.00)
医院床位/每千居民	96	156	506	1 587	718
	(72.00)	(86.00)	(432.00)	(3 590.00)	(345.00)
卫生保健获得(人口的%)	48	56	88	94	100
	(21.00)	(30.00)	(13.00)	(10.00)	(2.00)
安全用水的获得(人口的%)	44	53	71	87	98
	(17.00)	(18.00)	(21.00)	(10.00)	(3.00)
5 岁以下儿童营养不良(全部的%)	35	25	20	12	na
	(14.00)	(13.00)	(13.00)	(7.00)	
成人识字率(全部的%)	44	56	76	87	94
	(18.00)	(19.00)	(15.00)	(10.00)	(9.00)
报纸发行量(每千居民)	5	28	79	125	328
	(4)	(35)	(91)	(83)	(170)
人均能源消费(每千克石油当量)	46	189	977	2 029	4 857
	(33)	(159)	(955)	(1 469)	(2 472)

数据说明:数据点的变化,大多为 1987—1992 年的序列。括号为标准差。

资料来源:吉利斯,波金斯等著,黄卫平总译校,1998。

若干社会指标很难结合成一个全面衡量一国社会发展的指标。1979 年，由设在华盛顿的海外发展理事会(ODC)尝试建立了物质生活质量指标(physical quality of life index，PQLI)。该指标基于三个广泛又易于取得的人类基本需要指标综合而成：1 岁时的预期寿命、婴儿死亡率、识字率。每个指标从 0 到 100 的等分值，用已知的最好和最坏的情况赋予确定等分值的范围，然后求出 3 个指标未进行加权的平均值，即 PQLI。推广这一指标的人认为，它可以表明最富的国家并不能总享受最高的生活质量，而至少某些国家(如斯里兰卡、古巴和韩国)虽然人均收入远低于那些工业化国家，却取得了相对较高的生活质量(德布拉吉 · 瑞著，陶然等译，2002)。

第二节　收入分配相关理论

收入分配是经济学家关注的一个重要问题，古典经济学家曾把分配理论视为经济理论的核心部分。新古典经济学家继承了古典经济学家从生产要素角度研究分配规律的传统，发展了现在已经成为经济学教科书基本组成部分的生产要素分配理论。在 20 世纪 50 年代，收入分配研究的重心转向个人收入分配理论，即从国民收入在工资、利润间的分配转向由基尼系数描述的个体之间收入分配的不平等，并重点研究这种不平等与经济增长间的关系，收入分配问题成为经济理论研究的一个热点。

一、李嘉图的三阶级理论

古典学派以亚当 · 斯密为代表。他根据人们占有生产条件和取得收入的形式，把国民划分为三个阶级：工人阶级、资本家阶级和地主阶级。这三大阶级的收入是社会的三种基本收入，其他收入都是由这三种收入派生出来的。李嘉图的分配理论继承了斯密分配理论的合理成分，他也认为社会产品是在工人、资本家和地主之间进行分配的，工资、利润和地租分别是工人、资本家和地主的基本收入。因此，李嘉图分配理论的核心实际上是剩余价值产生及其分割问题，其分配理论主要由工资理论，利润理论和地租理论构成，承认劳动者在生产中创造财富的作用。与斯密相比，他对三大基本阶级的收入更注重考察各种收入的决定因素及其数量比例关系如何确定。

按照李嘉图的理论，工资、利润和地租都是按照市场供求关系决定的。工资一旦增加，人口就会增加，工资就会降低，所以工人只能得到维持最低水平的“生存工资”。利润一旦增长，资本就会增多，相应的利润也会低下来，所以利润在长期中有下降的趋势。地租增加，但是土地在短期内不会增加，所以地租总会一直增加。为了发展经济，只要想办法通过自由贸易，刺激国外的粮食进口，把国内的粮价和地租压下来，让利润增加就可以了，较低水平的“生存工资”对经济发展无害而且有利(朱春燕，2005)。

虽然他的理论具有创建性和内在一致性，但李嘉图关于收入分配和经济增长的全部遇见被证明是错误的。在实行工业化的国家中，地租(地主的收入)占国民收入的比重并没有不断上升，利润的比重(资本家的收入)并未被挤掉，工资也没有仅仅维持在最低水平上，至少在工业发展的后期阶段是上升的(吉利斯，波金斯等著，黄卫平总译校，1998)。

二、马克思的两阶级理论

与上述理论相比，马克思的理论明显地突出了劳动的作用。它继承和发展了斯密、李嘉图等承认人类财富主要来源于劳动的理论，既表明了劳动与物的共性，又表明了劳动与物的区别。马克思在《资本论》中从分析商品开始，提出了劳动二重性、社会必要劳动时间、价值、使用价值、劳动力、可变资本、不变资本、剩余价值等一系列基本范畴，并在这些范畴的基础上创立了他的收入分配学说。这种学说虽然是以早期自由放任的资本主义为研究对象的，但同时也是对一种不存在社会不同利益集团之间的平等协商和政府干预等机制的纯市场交换机制的市场经济——单一市场交换机制的市场经济的科学抽象分析。

马克思在科学的劳动价值论的基础上提出了按劳分配的理论。马克思认为未来社会个人消费品的分配方式应当是“等量劳动领取等量产品”。马克思指出，每一个生产者，在作了各项扣除之后，从社会方面正好领回他所给予社会的一切。他所给予社会的，就是他个人的劳动量。……他以一种形式给予社会的劳动量，又以另一种形式全部领回来(马克思恩格斯选集(第3卷)，1972)。马克思为未来社会设计了一种理想的分配模式：除劳动力以外，所有的其他生产要素为整个社会所占有，“个人的劳动不再经过迂回曲折的道路，而是直接地作为总劳动的组成部分存在着”。马克思对未来社会实行按劳分配设想的详尽阐述集中体现在1875年他所写的《哥达纲领批判》中(朱春燕，2005)。尽管马克思作为资本主义的批判家和革命的预言家有着巨大的影响，但他关于收入分配长期变化的预见，与李嘉图一样地不准确。

三、库兹涅茨倒U型假说

1955年，库兹涅茨提出了著名的收入分配差距“倒U型假说”描述了收入分配中人均国民生产总值和不均等之间的统计关系。即当人均收入增长时，不均等在最初会加重；在中等收入水平时，不均等达到顶峰，最为严重；当收入水平具有了工业化国家的特点时，不均等开始下降。

库兹涅茨对倒U型轨迹的成因进行了分析，他认为在经济发展中使收入不平等扩大的因素有：①增长的源泉在于储蓄和积累，而储蓄和积累集中在少数高收入阶层中。②经济增长与工业化和城市化密不可分，而工业化和城市化使农村与城市收入分配差距拉大，使经济中不平等的范围扩大。库兹涅茨认为，随着不平等的加剧，会出现一些抑制因素使不平等趋于缓和，这些因素是：①法律和行政干预。如累进税制，遗产税以及其他转移支付额方式来缓和收入分配差别扩大的趋势。②人口变动因素。高收入阶层的人口增长率存在下降趋势，但高收入人口在总人口中的比例是相对固定的，因此一些中等收入甚至低收入的人进入高收入阶层，以维持其固定的比例。这样，导致高收入阶层整体收入水平下降，一定程度上抑制了收入分配不平等的扩大。③产业结构的调整。随着科学技术迅速发展，新兴产业不断出现并高速增长，旧产业逐渐衰落，使收入分配呈动态变化。库兹涅茨认为，在动态经济社会中，由于存在这上述因素，社会收入分配不平等先扩大，后缓和，呈现倒"U"型轨迹（毕世杰，马春文，2002）。

四、对倒U型理论的不同看法

1.刘易斯的二元经济结构理论

库兹涅茨提出的倒U型理论，最大的支持者，尤其是理论上的支持者，来自刘易斯的二元经济结构理论。

刘易斯的二元经济结构理论假定：①存在两个经济部门，传统农业和现代工业部门；②传统部门劳动无限供给；③传统部门工资处于维持生计水平，传统部门工资决定了现代部门的最低工资。

据此，刘易斯形成了这些著名的推论：①经济增长来源于现代部门的扩张；扩张源于在维计水平或稍高的工资下使用剩余劳动力，使资本积累上升。所以，经济增长是资本积累的函数。②积累则是劳动者绝对、相对收入份额不断下降，资本的绝对、相对收入不断上升的结果。经济增长是收入差别扩大的函数。

与这些著名的推论相关，还有被经济学家津津乐道的以下名言：①"经济发展的核心事实是迅速的资本积累"；"是一个由先前储蓄和投资占国民收入4%或5%的社会，转变为自觉地使储蓄达到国民收入12%～13%甚至更高的国家的过程。"②由于工人储蓄很少，中产阶级只储蓄一点，所以，"经济发展的核心事实"就变为如何使"收入分配变得有利于储蓄阶级"。解决的方法就是"使资本积累和技术进步的全部收益都归于剩余。”因为实际工资不变:工人得到的好处就是就业,好的能以高于维生工资就业。

这两个名言以及前面的推论结合起来,实质就是在强调:资本家与工人、现代工人与传统农民收入差别扩大是必须的,在经济发展的早期阶段也是合理的。

总结起来,二元经济结构理论认为在经济发展的早期阶段收入分配差距扩大的原因主要是资本家和工人之间的差距,因为资本家储蓄的原因,难免地会扩大;而传统和现代部门的劳动者,工人和农民的收入差距也明显存在,表现为维持生计的工资和现代部门的工资之间的差距。刘易斯认为后者总的来说要高于前者30%左右。

进一步,刘易斯解释了以后的收入分配格局。指出当现代部门吸收的劳动力越来越多,以至有可能减少农业部门的总产量时,经济发展就进入转折时期:农产品的减少会带来农产品价格上升,势必导致工人工资上升,劳动阶级内部工人和农民的收入差别就会加大;劳动阶级与资本家阶级的收入差别就有可能缩小或保持不变;但如果国家采取压低农产品价格的政策转移更多的农业剩余,劳动阶级内部工人和农民的收入差别就会进一步加大。

当经济继续发展到较高阶段,当农业劳动者工资等于工人工资水平时,劳动就变为稀缺要素不再无限供给,工业部门要增加劳动必须付出更高的工资;同时资本相对变为较充裕的要素,资本的收入份额则有可能下降。这样,整体上,收入不平等得到改进。(波金斯等,中译本,2005)

这样,刘易斯的二元经济结构理论就从两个经济部门的角度,验证和支持了库兹涅茨的倒U型收入分配理论。

2. 其他争论

库兹涅茨提出这一观点的依据,是对于若干富国和穷国中的收入分配的估算以及一些欧洲国家历史上的走向,是当时所能获得的有限数据。后人根据对大量数据的研究,对其见解或支持或质疑。例如,阿德尔曼(I. AdeLman)和莫利斯(C. T. Morris)利用他们所收集的43个国家的资料,运用统计回归分析所得结果支持了“倒U型假说”(Aelman,Morris,1973)。1973年,泡克特(F. Paukert)将样本扩充到53个国家;1976年,阿鲁瓦利亚(M. Ahluwalia)分析了60个国家的数据,都得出了与“倒U型假说”一致的结论:发达国家的收入分配较发展中国家平等;在发展中国家内部,较富裕的发展中国家收入分配最不平等,最贫穷的发展中国家收入分配较为平等。但上述研究结果也受到数据来源、选择和估算方法可靠性、不同国家的统计数据是否具有足够可比性等方面的质疑(齐良书,2002)。

表6-3给出了20世纪80年代到90年代期间65个国家的不太令人满意的估

测数值，收入分配不平等在这张表中可以用基尼系数或者库兹涅茨比率来计算。采用这两种方法，都是不平等首先上升，达到顶点后，最终又降下来，符合库兹涅茨“倒U型假说”。这种结果往往得自对于跨部门数据的研究。但人们很少注意到的是，这些数据主要来自拉美国家，它们大多属于中等收入国家，一般处于收入分配不均状态。如果把这些国家从数据资料中剔除的话，U型关系可能就会消失了。

最近的一个调查表明，发展中国家在所调查的期间内，不均等趋势在加强，这一变化可以被度量出来，而在发达国家几乎同样存在着这种趋势(Gary S. Field)。而且在表6-3中给出的跨部门数据中，假设的曲线关系也只能说明各国间基尼系数差异的一个小部分原因。从表6-3的65个国家数据中得出计算公式为：

$$G=1.072+0.395\log Y-0.026\log Y^2 \tag{6-4}$$

这里，G=基尼系数，Log$Y$=以购买力平价计算的1985年人均国内生产总值的自然对数。本公式的Y^2(即可以解释的变化所占的百分比)只有0.15(Robert Summers and Alan Heston，1991)。

总之，库兹涅茨倒U关系，得到了某些支持(尤其是在跨部门的分析中)，但仍存在着争议。

表6-3　不均等和贫困与人均国内生产总值关系的估计(购买力平价)*

国家组别**	包括的国家数目	占收入的%		基尼集中比率	40%最低收入者的平均收入(购买力平价，美元)	人均国内生产总值(购买力平价，美元)
		最高的40%	最低的40%			
低收入国家	8	17.7	46.4	0.379	300	690
中低收入国家	25	14.9	50.6	0.43	830	2 270
中高收入国家	9	12.9	54.3	0.46	2 170	6 570
高收入国家	20	18.1	40.6	0.34	7 940	17 340
东欧国家(地区)	3	24.3	24.3	0.236	3 090	5 040

注：* 组内未经加权的平均数；** 为了本表的目的，表中低收入国家指1990年人均GDP低于1 000美元(购买力平价)，中低收入国家为1 000～5 000美元，中高收入国家为5 000～10 000美元，高收入国家为10 000美元以上者；资料来源：吉利斯，波金斯等著，黄卫平总译校，1998。

第三节　贫困问题

贫困问题与收入分配不平等有一定联系，因为一个社会的贫困状况不仅仅取决于总产出，而且取决于总产出的分配，因此，研究贫困问题是理解收入分配状况的一个重要视角。但贫困与收入不平等又是两个不同的问题，后者是一个相对概念，前者既有相对性又有绝对性（齐良书，2002）。从不同的时空来看，贫困的定义是不断发展变化的，从特定时期的特定地区来看，贫困的定义又是固定的。尽管关于贫困的研究可以追溯到亚当·斯密、马尔萨斯等，不过仍然没有一个统一、明确的定义，没有哪一个定义能够说服所有的人。

不少学者和权威机构从不同的研究角度对贫困的内涵做了界定。阿马蒂亚·森（1981）认为贫困不仅仅是贫困人口收入低的问题，贫困意味着贫困人口缺少获取和享有正常生活的能力，或者说贫困的真正含义是贫困人口创造收入的能力和机会的贫困。世界银行《2000—2001 世界发展报告》中认为：贫困不仅仅指收入低微和人力发展不足，它还包括人对外部冲击的脆弱性，包括缺少发言权、权力和被社会排斥在外。联合国开发计划署《人类发展报告》和《贫困报告》中有关贫困和发展的定义更具广泛性和多元性。认为人类贫困指的是缺乏人类发展最基本的机会和选择——长寿、健康、体面的生活、自由、社会地位、自尊和他人的尊重。

一、贫困的识别

贫困的定义从定性角度说明了什么是贫困，但是究竟怎样的个体、家庭或者生活状态才是贫困的？收入多少算是低收入，怎样的消费水平算是基本的消费（生活）水平。贫困线是描述贫困的一个量化标准，它是衡量个人或家庭是否处于贫困状态的数量界限。因此，也有不少学者把确定贫困线的问题称为贫困的识别问题。

确定贫困线有两大类最基本的方法：一类是“直接法”，即简单地考察人们的消费组合是否满足对食品、服装、住房交通等的基本需要，不涉及收入的概念。另一类是“收入法”，这种方法首先要计算满足指定最低需要的最低收入水平，然后再考察人们的实际收入是否低于这个水平。目前计算贫困线的方法大多属于收入法。收入法的一个明显优点是可以衡量偏离贫困线的程度，而直接方法则不行。在研究实际问题时，我们通常要分析贫困群体的收入，所以收入法应用要广泛些。世界上许多国家都规定了“贫困线”，代表在一定社会，一定时间，可以接受的最低经济享受水平。

二、贫困的度量

为了把握一个国家或者地区贫困的广度、深度和贫困的变化趋势，或者对不同地区的贫困进行比较，需要对贫困进行度量。常用的度量贫困的指标有以下几种。

（1）贫困人口数（head count，简写为 HC），即收入低于贫困线的人口的数量。

这是一个绝对数,并不能说明一个地区贫困的广度。

(2)贫困人口比率(head count ratio,简写为 HCR),也称贫困发生率。即贫困人口数除以总人口数。这个指标的缺陷只能说明贫困的广度,不能说明贫困的深度。

(3)贫困缺口比率(poverty gap ratio,简写为 PGR),计算公式为:

$$PGR = \frac{\sum_{y_i < p}(p - y_i)}{mn} \tag{6-5}$$

式中:y_i——每个人的收入,p——贫困线,n——总人口,m——平均收入。

这个指标表示贫困者的收入距贫困线之间的总体差距与全社会总收入之间的比率,能够在一定程度上说明贫困的程度。但在收入分配高度不平等的情况下容易偏小,给人以误导。

(4)收入缺口比例(income gap ratio,简写为 IGR),计算公式为:

$$IGR = \frac{\sum_{y_i < p}(p - y_i)}{PHC} \tag{6-6}$$

这个指标对 PGR 做了改进,但仍有缺陷,不能反映贫困的范围。

(5)早在 20 世纪 70 年代,阿马蒂亚·森已经提出在度量贫困程度时应该考虑穷人之间的收入分配。他认为,贫困人口比率和收入缺口比率均不能反映穷人之间贫困程度的差异,即不能反映穷人之间收入转移效应。因此尽管以上两种指数分别揭示了贫困的广度和贫困的深度,但在应用它们作为政策指引时仍然要格外小心。理想的贫困指数应能包含和反映贫困的三个维度,即贫困的广度、深度和强度,其中贫困的强度揭示的是收入在贫困个体间的分配(反映穷人之间的相对贫困程度)。为此,森采用公理化方法,结合贫困的三个维度,给出了一种著名的贫困指数,我们称之为森指数或 S 指数。

$$P = H\{I + (1 - I)G\} \tag{6-7}$$

式中:H——贫困人数,I——收入缺口比率,G——贫困者之间收入分配的基尼系数。这一指标克服了以上各指标的缺点,能够比较全面地反映贫困状况。

三、贫困的成因分析

贫困问题由来已久,消除贫困成为各国经济发展的根本目标之一。要消除贫困,首先需要分析贫困产生的原因。目前贫困成因的解释又有下面几种主要理论。

一是贫困的恶性循环理论。这是从经济的投入-产出角度分析贫困成因的。1953年,罗格纳·纳克斯(Ragnar Nurkse)①在《不发达国家的资本形成》一书中提出了贫困恶性循环理论,他认为,由于发展中国家的人均收入水平低,投资的资金供给(储蓄)和产品需求(消费)都不足,这就限制了资本形成,使发展中国家长期陷于贫困之中。

二是人力资本投资理论。这是由美国学者西奥多·威廉·舒尔茨(Thodore W. Schults)②提出来的。舒尔茨认为,人力资本可以使经济增长,增加个人收入,从而使个人收入社会分配的不平等现象趋于减少。他把个人和社会为了获得收益而在劳动力的教育、培训等方面所做的各种投入,统称为人力资本投资。根据这一理论,个人之间、群体之间的收入差距,很大程度上是由于在人力资本投资上的差异造成的,贫困的主要根源就在于人力资本投资的不足。因此,解决贫困问题的关键在于提高贫困者的人力资本投入水平。

三是社会不平等理论。这一理论把贫困归咎于社会原因,即对权力和资源占有上的不平等。贫困者之所以陷入贫困,主要是因为他们在社会的经济过程、政治过程和社会生活中很少占有资源造成的。他们在经济上缺乏竞争力,在政治上没有权力,在利益分配上没有有效表达自己利益诉求的机会,因而陷入贫困之中。

四是贫困文化理论。该理论从社会文化的角度解释了贫困现象。这一理论认为,在社会中,穷人因为贫困而在居住等方面具有独特性,并形成独特的生活方式。穷人独特的居住方式促进了穷人间的集体互动,从而使得与其他人在社会生活中相对隔离,这样就产生出一种脱离社会主流文化的贫困亚文化。这种亚文化通过"圈内"交往而得到加强,并且被制度化,发生世代传递。贫困文化塑造着在贫困中长大的人的基本特点和人格,使得他们即使遇到摆脱贫困的机会也难以利用它走出贫困。

齐良书(2002)将贫困产生的直接原因归结为以下五个方面。

政策因素:二元经济结构是许多发展中国家普遍存在的一种状态,也是这些国家相对贫困和落后的重要原因。许多发展中国家采纳了偏重城市发展的政策,阻碍了农业部门生产率的提高和收入水平的上升,在很大程度上进一步拉大了发展中国家农村与城市之间的差距。此外,还有不恰当鼓励资本密集型工业的发展,导

---

①罗格纳·纳克斯(1907—1959):出生于爱沙尼亚。在20世纪30年代早期他全家移居加拿大。纳克斯重新强调了外部经济的重要性,并提出了"贫困恶性循环论"。

②西奥多·威廉·舒尔茨(1902—1998):美国经济学家。在经济发展方面做出了开创性研究,深入研究了发展中国家在发展经济中应特别考虑的问题,从而获得1979年诺贝尔经济学奖。

致对劳动的需求减少,失业问题严重;压低本国农产品价格政策和高估本币的汇率政策等,导致价格体系朝着不利于农业发展的方向扭曲,使农村贫困加剧。

环境与自然因素:有些国家自然地理条件十分恶劣,加重了贫困。如孟加拉国经常遭受热带风暴的袭击。人口迅速增长也是造成贫困的原因,贫困家庭倾向于生育更多的孩子,来作为社会保险的一种替代方式,但无法为孩子提供足够的人力资本投资,结果陷入贫困的恶性循环中。人口膨胀还导致对自然资源的过度消耗,降低了可持续增长所需的承载能力。

文化与制度因素:一是种族问题,许多发展中国家的贫困人口带有鲜明的种族特征,例如拉丁美洲国家的贫困人口大多数是土著印第安人,南非的贫困人口大多是黑人。二是性别问题。在贫困人口中,妇女处于最底层,就业机会少于男子,平均工资低,家庭中的地位也较低。妇女贫困对下一代造成的影响不容忽视。

政治因素:贫困者是弱势群体,对政治的影响力弱,政治权利得不到充分保障。此外,当一国发展政治动荡甚至内战时,生产活动会受到严重破坏,加剧贫困。国内和国际组织的救援活动也会受阻。

国际因素:对于初级产品出口国,当国际市场发生不利的价格波动时,许多人的收入水平会显著下降,贫困人口会增加。主要贸易伙伴国如果对某些商品实行贸易保护,出口国的生产者的收入水平将会下降。另外,世界金融市场上利率的变化对那些负有大量债务的国家也有影响。

森将贫困与权利联系在一起,回答了贫困产生的根本原因,对贫困问题提出了自己独到的见解。他指出,一个人可以运用自己的禀赋,通过各种交换权力的实现来满足自己的需要。通过自己生产或为别人劳动可获得收入;通过贸易,可用收入换来商品;此外还可以通过社会保障体系和其他途径获得救济。贫困的产生,归根结底是由于交换权利的恶化。就业机会的变化,商品价格的变动,都会影响交换权利。政策、环境、文化、政治、国际因素等都是通过影响交换权利而对贫困产生影响。可见,虽然贫困表现为人与物的关系,但其根源却在于人与人的关系。

第四节　收入分配政策和战略

经济增长与收入分配这两个目标从长远看是一致的,但在经济发展的一定阶段则呈现替代关系。收入分配战略实际上就是在这两者之间做出取舍。一国采取什么样的收入分配战略,不仅直接决定了收入分配状况,也会对长期经济增长产生影响(齐良书,2002)。

一、先增长后分配战略

早期的经济发展理论认为，发展就是增长，只要经济总量增长了，其他一系列社会问题，如就业问题、分配问题、社会福利、人民生活问题等，都能迎刃而解。这种理论认为，虽然经济增长不可避免地会出现贫富分化和不平等，但是，富有阶层的积累是克服贫穷的物质基础，富有阶层的财富可借助于政府的调节实现重新分配。所以，“先增长，后分配”战略是20世纪五六十年代发展经济学主流派的观点。在当时的理论指导下，发展中国家把追求国民生产总值增长作为经济发展的唯一目标，期望通过国民生产总值的增长实现国家繁荣、富强和人民大众富裕。

实行这种战略的理论依据是：①经济增长是发展中国家摆脱贫困的唯一途径，而资本积累是制约经济增长的根本原因。由于假定储蓄是收入的递增函数，在封闭经济的条件下，只能通过将有限的国内收入集中在少数人手里，才会提高社会的储蓄倾向，加快资本的积累。②经济增长会导致收入分配的改善。一方面，经济增长达到一定阶段后，各种动态因素会通过纵向的“滴流效应”和横向的“扩散效应”使收入差距逐渐变小；另一方面，在经济增长之前就进行再分配是非常困难的，当经济增长到一定水平，政府的财力和国民的承受能力增强了，此时实行各种再分配政策就有了各种物质基础。③发达国家的经济发展历程也为这种分配战略提供了经验支持。发达国家在发展早期的相当长一段时间内，收入差距都呈扩大趋势。第二次世界大战后，各国陆续推行“福利国家”政策，通过再分配手段，使收入两极分化的态势有所缓解（齐良书，2002）。

但是，当今发展中国家面临的国内和国际环境，都不同于当时的发达国家。实践证明，发展中国家推行这种战略不仅不利于收入分配的公平，而且不利于经济持续和稳定增长，原因主要有以下几个方面（毕世杰，马春文，2002）。

(1)发展中国家的储蓄和投资活动不再是在一个封闭经济中进行，在经济全球化的国际社会，资本流动的空间早已超出了国界，高收入者未必有高的边际储蓄倾向，而是受国际消费示范作用的影响，追求高消费。即便是高收入阶层确实具有较高的边际储蓄倾向，这些很可能受高利率诱惑投向国外，或为避免发展中国家常出现的政治动荡和经济风险而将资金存入相对安全的发达国家。

(2)假设实现了资本的大规模投入，由于缺乏互补性生产要素配合，也难以有效带动产出和就业的扩大。在发展中国家，资本并不是决定经济增长的唯一条件，如管理经验、制度健全程度和劳动力素质等，都会制约经济的高速增长。因此，即使有大量资本投入，也并不能一定保证经济实现高速增长。

(3)巨大的收入差距和大多数人的低收入不利于经济的增长。首先，收入差距过大会引起社会的不稳定,其次,劳动者收入低,会使他们失去接受教育和训练等机会,导致人力资本素质低下,影响生产效率。最后,大多数居民收入长期得不到提高,势必会影响其消费水平,需求增长缓慢或者严重滞后,必然导致供求失衡,经济增长由于缺乏需求拉动而难以加快。

二、先分配后增长战略

与早期发展经济学所倡导的先增长后分配战略相反,第二次世界大战后一些发展中国家和地区实施的是先分配再增长战略。

采用这种模式的典型是亚洲的社会主义国家,中国在实行市场经济为基础的政策变化之前采取的就是该政策。即将资本家和地主的财产没收,在小生产者之间再分配,或者将这些财产归集体所有制下管理。没收财产,对收入分配有两个方面影响:一是消灭了先前所有者们的财产收入,这一收入或者转而归国家所有,或者进了重新分配后的财产所有者手中,这样有可能在很大程度上改变收入分配状况。二是从长远来看,没收的资产在新的管理之下的生产率是否体现出来,如果在新的管理之下,这些资产的生产率至少与过去一致,那么再分配的作用将会维持下去,如果在新的管理之下,资产的生产率低于过去,则再分配的部分或者全部作用就会消失。因此,对于被没收的资产的管理就成为决定再分配作用的重要因素了(吉利斯,波金斯等著,黄卫平总译校,1998)。

先分配后增长战略是把平等分配作为经济增长的必要条件,其主要理论依据是:首先,收入分配平等有利于人力资本积累。发展中国家不仅缺少物质资本,更缺少人力资本,收入分配均等化可以提高绝大多数人的收入水平。有利于人力资本投资,提高劳动力素质,促使劳动生产率上升。其次,收入均等比收入不均等更有利于增加储蓄,在收入分配均等化的前提下,低收入阶层随着收入的提高也会有储蓄,这比财富集中在少数人手里更能促进经济增长。再次,低收入阶层收入水平的提高有利于生活必需品需求的增长,有利于促进消费品产业扩展并带动相关产业的发展。最后,先分配后增长政策使人们拥有的资源均等化,为市场竞争奠定一个公平的基础(齐良书,2002;毕世杰,马春文,2002)。

如果先分配后增长战略既能保证收入分配平等,又能保证经济效率提高,使经济快速增长,无疑是一个非常有吸引力的发展战略。但是,政府的干预和市场机制的协调难度很大,市场机制在促进效率方面是有效的,但不能兼顾公平。政府在收入分配上实施干预,并不一定能保证其目标函数永远符合公众利益,而且还会有寻租行为的可能。

三、边增长边分配战略

“边增长边分配”或“在增长中再分配”战略是钱纳里等人在1974年提供的一项研究报告中提出来的。该政策提出的背景是当时世界银行对发展中国家的贫困问题给予了越来越多的关注，增加了消除贫困，特别是农村发展的贷款项目，并资助了一系列有关研究。

边增长边分配战略试图把增长和分配目标有机地结合起来。因此，实行这种战略首先要制定一种既能反映经济增长，又能反映分配状况的社会福利指标，钱纳里等设计了一个复合指标。其表达式如下：

$$G = w_1 g_1 + w_2 g_2 + \cdots + w_i g_i \tag{6-8}$$

式中：g——某一阶层 i 的收入增长率，w——阶层 i 的福利权重，G——各阶层收入增长率之和。该指标的含义是把社会成员根据其资产、收入水平和经济职能划分成若干个社会经济阶层，每个阶层的收入增长率被视为衡量该阶层在某一特定时期内社会福利增长的指标，那么，整个社会福利的增长率就可定义为所有阶层收入增长的总和。如把全体居民分成5组，分别是全社会收入最低的20%、收入次低的20%、……收入最高的20%，各组的收入增长率分别为 g_1、g_2、g_3、g_4、g_5。假如决策者不关心收入分配状况，规定权数 $w_1 = w_2 = \cdots = w_5 = 0.2$，那么 G 等于经济增长率。但在关心收入分配的前提下，应该给较低收入组规定较高的权重，例如规定 $g_1 = 0.4$，$g_2 = 0.2$，$g_4 = g_5 = 0.1$。这样，最低收入组收入增长10%与最高收入组收入增长40%对 G 值产生的影响是同等的。若收入分配状况不变，各组收入增长率相等，G 值将等于经济增长率；若收入分配状况改善，低收入组比高收入组增长得快，G 值将高于经济增长率；若收入分配状况恶化，G 值将低于经济增长率。可见，要提高 G 值，须在加速整体经济增长的同时，设法促进低收入阶层的收入更快增长。这就体现出了对低收入阶层收入增长的重视（齐书良，2002）。

从世界银行课题组的研究显示，为促进低收入阶层收入的增长，政府应通过政策规划发展模式，使资源更多地向低收入阶层流动，低收入阶层可以看到增进获利的机会。具体来说，有7类政策工具可以采用（吉利斯，波金斯等著，黄卫平总译校，1998）：

(1)干预要素相对价格的形成，鼓励使用非熟练劳动力，使劳动力相对于资本进一步低廉。

(2)增加政府对低收入阶层投资领域（如家庭小农场和小型零售业）的财政支出。

(3)进一步加强教育和培训,促使低收入阶层的人力资本累积。

(4)采用累进税制,缩小贫富差距。

(5)增加公共消费品供给和转移支付。

(6)对商品市场进行干预,以帮助贫困的生产者和消费者。

(7)开发有助于低收入工人提高劳动生产率的新技术。

在上述这些措施中,增加贫困者收入最直接的方式是财政转移支付。但发展中国家的财政状况不佳,累进税制操作难度大,税源有限,政府职能把很少的财力用于收入再分配。因此,最为实际可行的方法是通过财政支出影响收入分配,比如在贫困地区兴建生产性基础设施。这种公共工程既能促进发展,又有再分配的效果。

在实践中,边增长边分配战略为大多数发展中国家所采用,它们把减贫作为一个非常重要的政策目标,认真地加以对待。然而,人们必须接受的是,发展几乎从来都是渐进的,因而这一战略带来的变化,在大多数国家中都是缓慢出现的。即便是世界银行课题组研究所规划的平等和贫困的改进,也非常缓慢、非常小,使一些读者或者政策受益者感到些许的失望。

四、满足基本需要战略

基于对发展(甚至是扶贫为主的发展)能否很快提高生活水平所持的悲观态度,推动了人们对于满足基本需要战略的重视。该战略虽然与边增长边分配战略具有相同的目标,但各自的侧重点不同。前者强调公共服务的提供,保证穷人能够得到所提供的服务权利;后者则强调提高生产率和穷人购买力。

国际劳工组织在1976年召开的就业大会上,将“基本需要”定义为:“首先它包括一个家庭在个人消费上的基本最低要求,如充足的食物、居所、服装、家庭设施和服务。其次包括由社会提供并使社会受益的基本服务,如安全饮用水、环境卫生、公共交通、健康与教育设施”。此外,还有人权、就业、人民对决策的参与等。大会还提出了相应的战略措施:①经济增长要加快。②增加贫困者获得生产性资源的机会,为此必须重视资产再分配等制度变革。③人们参与过程和妇女在发展中的地位应得到加强。④建立国际经济新秩序。

满足基本战略主要通过公共服务部门提供物品或服务来实施。为此,必须有足够的财政支出来补贴满足基本需要的商品和服务的价格,使穷人能够买得起。为保证足够的财力必须改进税收制度。但许多发展中国家实行累进税和增加公共服务投资十分困难。再加上政府发展目标变动和社会不安定因素等,无法保证满足基本需要战略的长期实施。(齐良书,2002)

参考文献

[1] Adelman, Morris, 1973: *Economic Growth and Social Equity In Developing Countries*, Stanford University Press, P. 118.

[2] Gary s. Field, 1989: *Changes in Poverty and Inequality in Developing Countries*, World Bank Research Observer, 4, no. 2, 176.

[3] Robert Summers and Alan Heston, 1991: *The Penn World Trade* (*Mark* 5): *An Expanded Set of International Comparisons*, 1950-1988, Quarterly Journal of Economics, 106, no. 2, 327-368.

[4] 阿马蒂亚·森. 贫困与饥荒. 北京：商务印书馆，2001.

[5] 毕世杰，马春文. 发展经济学. 北京：高等教育出版社，2002.

[6] 陈文汉. 增长与分配. 武汉：武汉大学出版社，1995.

[7] 德布拉吉·瑞瑞. 发展经济学. 陶然，等译. 北京：北京大学出版社，2002.

[8] 吉利斯，波金斯，罗默，等. 黄卫平总译校. 发展经济学. 北京：中国人民大学出版社，1998.

[9] 马克思，恩格斯. 马克思恩格斯选集(第3卷). 北京：人民出版社，1972.

[10] 齐良书. 发展经济学. 北京：中国发展出版社，2002.

[11] 世界银行. 2000/2001世界发展报告. 北京：中国财政经济出版社，2001.

[12] 朱春燕. 西方主流收入分配理论与马克思收入分配理论比较. 济南：山东社会科学，2005.

思考题

1. 下面的观点是正确、错误还是不确定，简要说明理由。

(1)如果一个较穷的人收入下降，而一个较富的人收入等量上升，那么平均程度必然增加。

(2)洛伦兹曲线必然是在图中的下三角，其上部是45°线，而底部是横轴。

(3)如果每个人的收入都增加一个固定的数字，不平等程度必然下降。

2. 新中国成立到改革开放之前，中国采取了什么样的收入分配政策？改革开放以来，中国采取什么样的收入分配政策？试对这些收入政策做出评价。

第七章　开放、贸易与发展

第一节　发展与贸易

第二次世界大战后世界经济格局的一个重大变化是发展中国家经济的兴起和发展。发展中国家在取得政治独立之后，积极发展民族经济，在世界经济发展中具有重要的影响力。发展中国家经济力量的增长，推动了世界经济的发展，改变了世界经济力量的对比，也对国际经济关系的变革产生了深刻的影响。同时，这些国家和地区的发展历程，为人们提供了大量值得借鉴的经验和教训。

在世界上，除了北美、西欧等少数国家以外，世界上大多数的国家被划分到了发展中国家的行列。相对于发达国家来说，发展中国家的一般特点是低人均国民收入、在农业及其他初级产品生产部门中的劳动力比例较高，低寿命期、高文盲率、高人口出生率、低人均国民收入增长率成为其发展中的重要特征。在国际贸易中，发展中国家出口初级产品和原材料，从而换取发达国家的制成品。虽然发展中国家和发达国家之间没有截然的区别，但穷国和富国的差距在逐渐地扩大。

虽然发展中国家的经济发展水平和速度基本上依赖于自身的国内条件，但当今大多数经济学家仍然认为，国际贸易对于一国经济发展的进程有着重要的意义。直到 20 世纪 80 年代，一些影响力较小的经济学家坚信国际贸易和现今的国际经济制度，造成了发展中国家长期贸易条件的衰退和出口收入的起伏不定，从而阻碍了其国内经济的发展。这些经济学家认为，建立在比较优势基础上的国际贸易理论，根本就与发展中国家及其发展进程毫无关系。因而，他们主张通过进口替代来实现工业化和逐步减少对国际贸易的依赖，并倡议改革现有的国际经济制度以使其更加符合发展中国家的需要。

在全球经济一体化的背景下，发达国家和发展中国家都在努力寻求合作，以谋求经济的发展。西方七国集团、二十国集团、双边贸易及多边贸易体制的形成，是世界经济进一步发展的产物，也是国际贸易在其发展过程中的阶段性产物。但不同国家的经济发展条件、政治环境和发展目标各有差异，如何处理好国内经济发展和国际贸易的关系问题是每个国家面临的共同课题。

近年来，随着经济全球化的深入发展、科学技术的进步、产业结构的不断调整、跨国公司的快速发展和世界多边贸易体制的进一步完善，国际贸易的发展速度明显加快。过去10年中，除2001年受恐怖袭击和2007年金融危机的影响，世界贸易增速低于世界经济的增长外，其他年份世界贸易的增长都高于世界经济的增长。依据世界银行WDI数据库数据，2008年，世界GDP总额为605 870亿美元，而贸易占其1/4左右，规模在16万多亿美元，贸易依存度在27%左右。

20世纪90年代以来，发展中国家进出口增速快于全球平均水平，也高于自身的经济增长率。在80年代的债务危机中，发展中国家对外贸易曾急剧下降，商品出口额的年均增长率不到2%。90年代以来，发展中国家作为一个整体参与国际贸易的程度加深，进出口增速明显加快，自身的出口增速高于进口增速，其进出口增速均高于世界贸易的平均扩张速度，在世界货物贸易中所占份额明显提高。

据WTO统计，1990—2000年发展中国家货物出口量和出口额均增长9%，高于全球的6.5%，同期货物进口量和进口额均增长8.5%，高于全球6.5%的水平。2003年，发展中国家货物贸易出口年均增长率达到17%，高于其进口增长率(15%)和世界平均增长水平(16%)，贸易大大增强了发展中国家长期增长的基础。不过也要看到，这一时期发生的亚洲金融危机、俄罗斯和巴西危机等对发展中国家的贸易伤害极大，这表明发展中国家对外部环境影响的承受力还比较脆弱。

平均来看，发展中国家经济增长远没有它们的贸易增长得快。1990—2000年，发展中国家经济的平均增长率为5%，低于其出口9%和进口8.5%的增长率。通常，人们用贸易占GDP的比率作为融入世界贸易的标志之一。在20世纪90年代，发展中国家的出口占GDP的比重从不到15%提高到几乎25%，发展中国家在20世纪末融入世界贸易的程度比20年前要大得多。这既是长期趋势所带来的结果，也是经济全球化进程的重要表现。

第二节 发展中国家的国际贸易理论

对外贸易是“经济增长的引擎”，这条由古典经济学所阐述、并为发达国家的历史经验所证实了的真理，对于当今发展中国家的经济发展仍然具有适用性。这不仅是因为外贸可以扩大发展中国家的总产出和出口，而且因为外贸可以换回经济发展所需要的资本品及中间产品等，为发展中国家实行工业化、改变传统经济结构、提高产出与收入水平、实现经济发展提供必要的条件。但是，以比较成本学说为核心的自由贸易理论和现存的国际贸易格局对发展中国家是有不利之处的，突出表现在发展中国家在世界经济中处于不平等的地位。为了改变这种格局，发展经济学家批评了传统的国际贸易理论，提出了新的国际贸易理论和进口替代、出口替代、外贸平衡等发展战略,以及一些适合于发展中国家的外贸策略和政策。这些新的理论、战略和政策,对发展中国家扩大对外贸易、促进经济发展起到了重要的作用。

发展经济学自诞生之日起,就开始了对发展中国家的新国际贸易理论的探讨。几十年来,适用于发展中国家的国际贸易理论已经基本形成雏形,产生了一个包括基本理论、发展战略、政策策略、手段与机制在内的较为完整的体系。尽管这些理论还不很完善、系统和准确,有些对发展中国家也不尽适用,但毕竟对发展中国家的对外贸易起到了一定的指导作用,对国际贸易格局和贸易条件发生有利于发展中国家的转变产生了积极的影响。

一、贸易条件问题

从20世纪50年代到70年代,围绕发展中国家贸易条件恶化问题,出现了多种国际贸易发展理论。

贸易条件是指出口价格水平与进口价格水平之间的比率,表明一个单位的出口商品可以换回多少进口商品。其计算公式为:

$$\text{贸易条件}=\frac{\text{出口商品价格指数}}{\text{进口商品价格指数}}\times 100 \tag{7-1}$$

该贸易条件又称纯商品贸易条件。贸易条件提高或改善,意味着一国在国际贸易中的地位朝着有利于本国的方向发展;贸易条件降低或恶化,意味着一国在国际贸易中的地位朝着不利于本国的方向发展。

1980 年,普雷维什(Raul Prebisch)①在他的一篇著名的论文中,首次提出了“中心-外围”学说,并集中论述了“贸易条件恶化论”。同年 5 月,辛格(Singer H.)在《美国经济评论》第 5 期上发表了《论投资国和借贷国之间的收益分配》一文,提出了与普雷维什大致相同的理论,因而“贸易条件恶化论”被合称为“普雷维什-辛格假说”(Prebisch-Singer Hypothesis)。该理论认为发展中国家的贸易条件从长期看在不断地恶化,国际贸易的利益越来越多地转向发达国家。普雷维什考察了

①劳尔·普雷维什(Raul Prebisch,1901—1986),阿根廷著名的经济学家,是20世纪拉美历史上“最有影响的经济学家”,被公认为是“发展中国家的理论代表”,世界经济新秩序的积极倡导者。1981 年他荣获第三世界经济和社会研究基金会颁发的“第三世界基金奖”。他既是政策制定者又是经济理论家,1923 年获经济学博士学位后,他先是进入阿根廷统计局工作(1925),然后任阿根廷财政部副部长(1930—1932),阿根廷中央银行行长(1935—1943),拉美经委会执行秘书(1949—1963),联合国贸易和发展会议第一任秘书长(1964—1969),联合国特别顾问及经济和社会事务副秘书长(1973—1976),《拉美经委会评论》杂志主编(1976—1986)。

1876—1938年英国进出口产品的平均价格指数,由于英国进口的多是初级产品,出口的多是制成品,故可以分别近似地代表初级产品和制成品的世界价格。

研究结果表明,初级产品的世界价格一直呈递减趋势,如果1876—1880年的初级产品和制成品的价格比为100,到1936—1938年这一比值已经降到64,说明贸易条件对初级产品出口国越来越不利了。

普雷维什和辛格以中心-外围理论解释了发展中国家贸易条件恶化的现象。他们认为,世界经济体系呈现出一种"中心-外围"格局,少数发达国家处于中心,大多数经济落后的发展中国家处于外围。中心国家使用现代化的生产技术,已经形成多元化的生产结构,生产覆盖了资本品、中间产品和最终消费品等相对广泛的领域。外围国家技术水平和生产效率高低不一,既有传统农业,也有现代化的制造业,但生产结构单一,很少有不同行业间的多元化经营,也几乎没有行业内的垂直一体化和部门之间的相互补充。

中心国家和外围国家在生产结构上的差异构成了传统国际分工的基础。中心国家出口制成品、进口初级产品;外围国家出口初级产品、进口制成品。当实际收入增加时,对制成品的需求会有较大幅度的增加,而对初级产品的需求增加的幅度比较小。因此,发达国家对原材料等初级产品的需求从长期来看不会有较大增加,相反有可能随着技术进步和资源利用效率的提高而下降。所以,世界市场上初级产品的价格长期趋于下降,发展中国家的贸易条件不断恶化。

中心国家生产技术领先且技术进步较快,在国际贸易中处于有利地位,是国际贸易中的获利者。外围国家现代生产技术渗透缓慢,非均质和单一化的生产结构长期得不到改变,其平均收入水平与发达国家的差距不断扩大。初级产品出口的增长很难吸纳落后领域的剩余劳动力,因此结构性失业长期存在。贸易条件的恶化,使对外贸易赤字成为发展中国家的痼疾。

1969年,威尔逊(Wilson)、辛哈(Shiha)、卡斯特里(Castree)提出了收入贸易条件的概念。收入贸易条件是指纯商品贸易条件乘以出口量。比较而言,纯商品贸易条件表明出口对进口的单位购买力,是从绝对意义上反映一国的贸易状况;收入贸易条件则表明出口对进口的总购买力,是从相对意义上反映一国的贸易状况。纯商品贸易条件恶化了,如果出口量能够扩大,收入贸易条件也有可能得到改善,从而有利于经济发展。

1969年,希腊经济学家埃曼纽尔(Emmanuel)提出了不平等交换理论。这一理论以劳动价值论为基础,认为发达国家和发展中国家之间的贸易交换是不平等的。由于资本可以在国际间自由流动,中心和外围国家的利润率将趋于平等。但劳动力不能在国际间自由流动,因而工资水平的国际差异是持久的。发达国家的出口商品含有较高的工资成本，而发展中国家的出口商品含有较低的工资成本。这就使得标价相同的商品中，发展中国家的出口商品含有更多的价值(劳动)，发达国家与发展中国家按照市场经济的等价交换原则进行贸易，但实际上交换的价值是不等的，发展中国家的剩余价值被发达国家所榨取。这就解释了外围国家经济停滞不前的原因：即使假定有完全的竞争，即使发展中国家出口制成品，也一样会处于不利的贸易条件，而发达国家也一样从贸易条件中获利。

20 世纪 70 年代，埃及经济学家阿明在中心-外围理论和不平等交换理论的基础上，进一步论述了发展中国家的不发达问题和对发达国家的“依附”。阿明认为，不平等交换理论忽视了国际间的生产率差异，但伊曼纽尔提出的不平等交换情况还是存在的，因为在许多部门中，发展中国家与发达国家的工资率差异远大于劳动生产率的差异。阿明认为，建立在不平等交换基础上的国际贸易使发展中国家的经济依附于发达国家，这种依附包括贸易、金融、技术等多方面的依附。

发展中国家在垄断资本主义的全球积累中以廉价劳动力为基础发挥着双重功能：提供廉价出口商品，并保证发达国家的资本输出获得高利润率。发展中国家现代部门生产率的提高伴随着非现代部门的贫困化，导致经济的高度二元化。也就是说，发展中国家非现代部门的贫困大众承担着全球不平衡发展的社会代价。

但是，贸易条件恶化论遭到一些新古典经济学家的批判。反驳分为三个层次：

第一个层次是否定初级产品贸易条件的下降趋势。新古典经济学家认为，由于出口产品千差万别，统计检验有很大的偏差。虽然大多数研究利用出口商品价格资料得出初级产品贸易条件长期下降的结论，但也有些研究利用另一些资料或不同的处理方法，发现初级产品的贸易条件没有显示出下降的趋势。

第二个层次是承认初级产品贸易条件呈长期下降的趋势，但认为这是表面上的下降，而实际上并没有下降。初级产品相对于工业制成品的价格下降是对这两类产品质量改进的反映。由于工业制成品质量改进较初级产品要快，工业部门新产品的不断涌现，运输成本的大幅度下降，因此，工业制成品的价格相对于初级产品就要高一些。如果考虑这些因素，根据这些因素对初级产品价格作出适当调整，初级产品的相对价格可能没有趋于下降。美国经济学家哈伯勒就曾经指出，贸易条件恶化论者没能适当地考虑现有商品质量的变化以及许多新商品在市场上的出现。“由于主要是工业品在质量上有所改进而同时初级产品在质量方面或多或少都是一样的；由于成百上千种新产品经过逐年加到新工业制成品之中，这种偏离就使初级产品出口国(工业制成品出口国)的贸易条件的变动表面上显得比实际情况更不利了”，由于这个原因，“贸易条件恶化是否真正发生过是非常令人怀疑的”。

第三个层次是承认发展中国家贸易条件呈下降的趋势，但并不认为这对发展中国家的经济发展构成重大障碍。贸易条件恶化论者所说的贸易条件是指商品的贸易条件即净易货贸易条件。有的学者认为，商品贸易条件的恶化不等于就是单要素贸易条件和收入贸易条件的恶化。所谓单要素贸易条件是指参与出口生产的某一要素生产率，它等于商品贸易条件与该要素生产率的乘积。即使商品贸易条件下降了，但如果生产率增长比贸易条件下降幅度更大，则单要素贸易条件得到改善。所谓收入贸易条件是指出口商品的购买力，它等于商品贸易条件与出口量的乘积。如果商品贸易条件下降导致出口收入更大幅度地增加，则收入贸易条件就是上升的。

贸易条件恶化论的提出是对传统的贸易理论的巨大挑战。如果国际贸易只是对发达国家有利，对发展中国家不利，比较优势论对发展中国家就毫无用处，必须抛弃。因此，这个新贸易理论受到经济学家尤其是发展经济学家高度的和持续的重视。许多学者对普雷维什-辛格假说进行了多次验证，大多数研究得出的结论基本上是一致的，即初级产品贸易条件和发展中国家的贸易条件在长期呈下降趋势。因此，普雷维什-辛格假说至今仍然有它的意义。的确，发展中国家应该实行某种程度的进口替代和贸易保护，不过，用普雷维什-辛格假说来反对发展中国家积极地参与国际贸易和实行进口替代政策是不妥当的。

贸易条件恶化论的支持者虽然反对传统贸易理论的静态性质，但他们自己并没有看到国际贸易的动态利益，或者说他们只看到了发展中国家在国际贸易中遭受的动态损失。其实，国际贸易可以带来很多动态的利益，如专业化、规模经济、技术和知识的扩散、外商投资等可以促进发展中国家的资源优化配置、技术进步和生产率的持续增长。这些利益有可能使发展中国家在国际贸易中获得的利益大大超过因贸易条件下降所造成的损失。那些积极地走外向型发展战略的新兴工业化国家和地区的发展实绩从正面证明了这一点。

二、贸易保护理论

许多发展经济学家认为，自由贸易的理论和政策，不切合发展中国家的情况，相反，为了顺利地发展民族经济，实现工业化，必须实行贸易保护。实行贸易保护的原因或必要性主要是：第一，保护幼稚工业的发展，使这些新生的工业在生产成本最小化的条件下逐步成熟，形成适度的生产规模。第二，发展进口替代工业，通过保护主义措施（如减免原材料、资本品的进口税）来减少制成品的进口，增加进口替代工业需要的资本品和原材料等的进口。第三，在社会生产成本低于个别生产成本时，通过保护措施形成外部经济。第四，调整国内劳动市场的价格，使劳动的社会成本低于个别成本。第五，调整国内产品价格与国际产品价格的扭曲。贸易保护的主要目标是改善贸易条件和平衡国际收支。

19 世纪三四十年代，德国经济学家弗里德里希·李斯特(Friedrich List)①根据当时德国国情和国际环境，论述了相对落后于英、法两国的德国应如何发展成为工业强国的问题，提出了贸易保护主义的主张。他认为，工业，特别是制造业的进步是经济发展的核心。一国在制造业发展初期，来自工业强国的竞争有可能妨碍本国制造业的成长，这种情况下应当采取贸易保护政策扶植新兴工业，直到建立起制造业部门和工商业的竞争优势。李斯特并不完全排斥自由贸易。那些未开化或处于畜牧业阶段或农业发展初期阶段的国家，实行自由贸易能促进经济繁荣和文化进步；已经具备了发达的制造业和强大的经济实力的国家，实行自由贸易可以获得廉价工业原料和消费品。在经济发展的一定阶段实行贸易保护政策，主要目的是为了促进制造业成长。因此，贸易保护政策不能一刀切，应视不同部门的特点而有所差异。保护的重点应放在国民经济中必不可少的关键部门，如棉、麻、毛等纺织部门。对农业、高档奢侈品生产行业则应该不保护，或只征收最低限度的关税。对复杂机器的进口则应免税，或征收极轻微的进口税。

一些现代发展经济学家的观点同李斯特颇为相近，可以统称为幼稚工业论，即认为自由贸易理论与政策不符合发展中国家的利益，为了保护本国新建的工业部门，发展中国家应当对进口品征收高关税，或实行进口限额等措施，直到新兴工业成熟起来再撤销。

幼稚工业论得到了当代经济理论中“学习效应”理论的支持。所谓学习效应(learing effect)，又称“干中学”(learing by doing)，是指生产一个单位产出所要求的资源数量随着累积产量的增加而递减的现象，这是因为随着生产的持续进行，工人和管理人员对工作任务的熟悉程度提高，工作方法和工作流程得到改进，废品和重复工作数量减少，随着工作重复次数的增多对技术工人的需要也将减少等。学习效应包含两方面内容：第一，一个企业或一个行业生产一种产品的时间越长，其

①弗里德里希·李斯特(Friedrich List，1789—1846)，德国经济学家，李斯特派，保护贸易论倡导者。生于南德符腾堡州卢林根据镇的一个鞋匠家庭。高中毕业参加文官考试被录取，任下级官吏。后提升为该州(当时称邦)会计监察官。曾任蒂宾根(Tubingen)大学行政学教授。因鼓吹德国统一，废除多邦关卡，不融于当局，被迫辞职。后主持德国工商同盟工作，被选为符腾堡州议会议员。因提出改革方案受迫害，被判处 10 个月监禁。1825 年赴美，任当地德文报纸主笔，常在宾夕法尼亚工业促进协会会刊汇集成书出版，即《美国政治经济学大纲》(Outline of American Political Economy，1827)。1830 年入美籍，曾任美驻莱比锡、汉堡领事。后移居德国继续致力于振兴国家的事业。1834 年以普鲁士为中心的关税同盟成立，在封建势力控制下，依然实行自由贸易政策，李斯特已无法进行政策活动，特赴巴黎从事写作，1841 年其代表作《政治经济学的国民体系》(The National System of Political Economy)问世，数月之内发行 3 版。1846 年赴英，鼓吹保护贸易。

生产率就越高,单位成本就越低;第二,一种产品的生产历史越长,其成本继续下降的空间越小。图 7-1 描述了发展中国家某工业部门的成长过程。

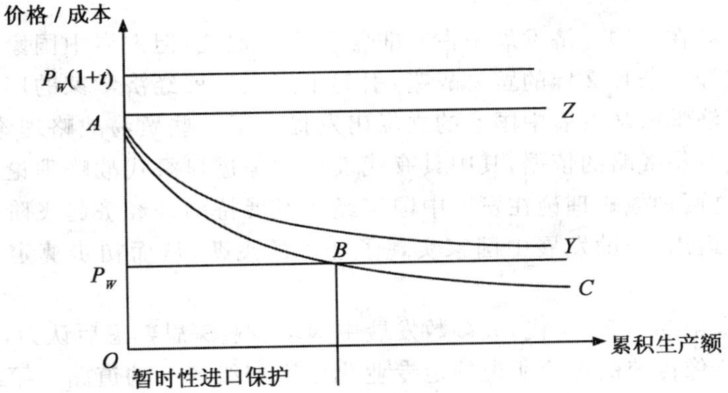

图 7-1 幼稚工业与学习效应

图 7-1 中 ABC、AY 均为学习曲线,表示平均成本与累积生产额之间的关系。随着累积生产额的增加,单位产品的平均成本逐渐下降,但下降幅度逐渐减少。P_W 表示产品在世界市场上的价格。$P_W(1+t)$是征收关税后的价格。关税对国内产业起到了保护作用。在产业发展初期,生产率低下,平均成本为 OA,高于世界市场价格水平。如果实行自由贸易,按 P_W 的世界价格出售产品,行业在一段时间内将亏损。理论上可以通过金融体系筹集资本来度过这段时期。但发展中国家的实际情况是金融体系不发达,新兴工业若要靠自己的力量与发达国家的同类产品竞争,难逃夭折的命运。因此,由政府来实行贸易保护政策是必不可少的。假如政府对进口同类商品征收的关税税率为 t,就把该类商品的价格提高到了国内该行业的平均成本以上,这样一来,新兴工业就可以继续发展下去了。如果学习曲线为 ABC,国内平均成本将随着累积产量的增加而逐渐下降。到达 B 点以后,平均成本下降到世界市场的真实价格以下。到这时,发展中国家的新兴产业就成熟了,保护关税也就可以撤销了,否则就会造成比较利益的损失。

但是,幼稚工业论的反对者指出,现实中学习曲线往往不是 ABC,而是 AY 甚至 AZ,保护关税将永远完不成它的历史任务。这是因为国内企业在关税保护下无须提高生产率就能获得利润,没有动力去努力降低成本。在许多发展中国家,由于国外竞争者被拒之门外,国内企业生产率长期低下,不得不继续依赖贸易保护政策。因此,要使幼稚工业顺利地成长起来,贸易保护应该是暂时的,同时还应实行适当的配套政策,促使学习效应顺利地发挥作用。

第三节　发展中国家的贸易战略

对外贸易在一国经济发展中占有非常重要的地位，但发展中国家在经济起飞阶段应当选择一条什么样的贸易战略，引起了广大发展经济学家的广泛关注与研究。一些经济学家从发展中国家的立场出发提出了一些贸易战略理论，成为发展中国家制定贸易战略的依据，其中具有代表性的是进口替代战略理论和出口导向战略理论，这两种战略理论在发展中国家经济发展特别是经济起飞阶段得到了很好的实践与运用，帮助发展中国家实现了经济的飞跃，从而初步奠定了工业化的基础。

在20世纪50～70年代，大多数发展中国家经过深思熟虑后认为，必须实现工业化，而不能像传统的理论所说的走专业化生产初级产品的道路。第二次世界大战以前，在殖民地和半殖民地的统治下，除了阿根廷等少数国家外，亚、非、拉广大地区的经济基本处于落后和停滞状态，而此时的欧洲和北美则先后进入了发达的工业化国家行列。第二次世界大战以后，亚、非、拉地区的各个国家纷纷独立，建立了自己的民族国家，从此走上独立自主的发展道路。当时新独立的发展中国家普遍面临着这样的状况：多数国家是典型的农业国，几乎不存在像欧洲和北美那样的现代工业部门，整个国民经济处于非常落后的状态。这些国家虽然在政治上独立了，但是在经济上仍然处于依附和边缘地位。

工业化的实现要依赖于更快的技术进步、创造高薪工作岗位，解决失业和不充分就业、使关联生产过程前后的加速作用得到更大程度的发挥、改善贸易条件，稳定出口价格和收入以及实现国际收支平衡。所有经济发达的国家都是工业化国家，而大多数贫穷国家和经济落后国家主要是农业国家，从这一事实出发，发展中国家实现工业化的愿望是合乎情理的。

确定了工业化的目标，发展中国家就必须在通过进口替代还是出口导向来实现自己的工业化这两条道路中做出选择。

一、进口替代战略

进口替代是20世纪五六十年代依据两位来自发展中国家的经济学家普雷维什(Prebisch)和辛格(Singer)提出的，之后亚、非、拉许多发展中国家都在不同程度上实行了进口替代战略。

(一)进口替代战略的含义

进口替代，又称进口替代工业化政策，是指一国采取各种措施，限制某些外国工业品进口，促进国内有关工业品的生产，逐渐在国内市场上以本国产品替代进口品，为本国工业发展创造有利条件，实现工业化。

进口替代战略是指用本国产品来替代进口品，或者说，通过限制工业制成品的进口来促进本国工业化的战略。

一般做法是国家通过给予税收、投资和销售等方面的优惠待遇，鼓励外国私人资本在国内设立合资或合作方式的企业；或通过来料和来件等加工贸易方式，提高工业化的水平。为使国内替代产业得以发展，就要使用提高关税、实行数量限制、外汇管制等手段，限制外国工业品进口，以使国内受进口竞争的工业在少竞争、无竞争的条件下发育成长。

进口替代战略就是从经济上独立自主的目的出发，减少或完全消除该种商品的进口，国内完全由本国生产者供应的政策。狭义的进口替代局限于以本国生产的产品，替代一种特定产品的进口。但从广义的方面看，一个领域的进口替代，其目的是通过减少或禁止某些产品的进口，引起国内经济结构的变化，或者创造向国内非传统领域进行投资的推动力，使资源有机会进入这个新的工业部门，导致生产活动的产生和扩大，从而使得总体经济结构得到改善。

在国际市场上，发展中国家生产的农、矿初级产品价格不断下跌，而发达国家生产的消费品价格不断上升，不平等贸易关系日益突出。为了克服发达国家与发展中国家之间的不平等贸易，发展本国的民族工业，因而广大发展中国家努力发展一些原来依靠进口的货物的生产以供国内少数富裕阶层的消费从而实现进口替代。

进口替代战略是以发展经济学以及贸易保护理论为其理论基础的。发展经济学理论认为，工业和农业最大的差别在于工业有更大的规模经济效应；工业化还能够有效解决发展中国家普遍存在的“二元经济”结构问题。此外，发展现代工业能够促进劳动分工和专业化生产，从而使国民收入水平有更快的增长。当时发展中国家具有比较优势产业的是劳动密集型产业和农业，如果按照比较优势的原则参与国际分工，就只能生产和出口农产品或经济作物，或者是一些简单的加工产品。随着人工合成制品的逐渐增多，世界市场对发展中国家出口产品的需求逐步下降，并导致发展中国家出口商品价格的不断降低，发展中国家的贸易条件不断恶化(Singer，1958；Prebisch，1962)。虽然发展中国家的出口数量可能会有很大的增长，但出口收入却可能会增长较慢甚至是负增长。因此，当时经济学界的主流看法是，经济发展的基础和前提就是实现工业化。

实现工业化的首要任务就是要建立自己的工业企业。当时的发展中国家国内工业基础极其薄弱，企业很小，技术落后，也没有充足的资金来源。相反，发达国家的工业基础相当雄厚，相对于正在建立中的发展中国家的企业而言，无论是在资金、技术还是规模方面都具有相当大的优势。而这一切都体现在成本上。如果发展中国家在建立自己的工业体系之初就任由发达国家企业进入本国市场，那么发展中国家的企业无疑要面临毁灭性的竞争。因此，发展中国家要想通过建立自己的工业体系实现工业化，就必须在一定程度上封闭国内市场，用国内生产来代替进口。这就是采取进口替代战略的根本原因。

(二)进口替代战略的两个阶段

进口替代一般需要经历两个阶段。

第一阶段，主要通过高关税与限制甚至是排斥进口品竞争的措施，先建立和发展一批最终消费品工业以替代进口品。这个阶段主要替代服装、鞋、家电以及投入品，如纺织纤维、皮革和木材等，原因是这些商品适合发展中国家在工业化初期的条件，比如它们是非熟练劳动密集型的，其产出的效益规模相对较小，生产不需使用复杂的技术与零部件供给等。同时，由于这些商品的国内生产带来了劳动力培训、企业家精神培养与技术扩散等外部经济，这个阶段也为幼稚产业发展提供了适当的保护。但是一般地，这种高保护政策通过对出口活动明显或暗含的税收抑制了出口发展。

第二阶段，当最终消费品的进口替代工业发展到基本满足国内市场需求时，进口替代就应升级换代，由最终消费品生产转向国内需要的资本品、中间品的生产。这些产业多为高资本密集型的，它们遵从规模经济，而有效的企业规模通常大于发展中国家的国内需求，其经营边际相对较小，且组织与技术的非效益还会加剧高成本。因此，发展这些产业以满足狭窄的国内市场需求必定要求高保护主义，并且随着从事于越来越缺乏比较优势的产业，保护率也要求提高；反过来，高保护一般不利于制造品和初级品出口。

(三)发展中国家进口替代战略的实施效果及其经验总结

要使进口替代战略得以实施，发展中国家则需要实行贸易保护政策，主要包括3个方面：第一，关税保护，即对最终消费品的进口征收高关税，对生产最终消费品所需的资本品和中间产品征收低关税或免征关税。第二，进口配额，即限制各类商品的进口数量，以减少非必需品的进口，并保证国家扶植的工业企业能够得到进口的资本品和中间产品，降低它们的生产成本。第三，使本国货币升值，以降低进口商品的成本，减轻外汇不足的压力。其中关税和配额是进口替代战略中最重要的保护措施。

通过进口替代实现工业化通常只取得了有限的成功或遭遇失败。20世纪中期，在印度、巴基斯坦、阿根廷、尼日利亚等国家，采取 100%～200%甚至更高的有效保护率是很常见的。这导致国内工业生产的极低效率和国内消费的极高价格。有时，进口投入的国外通货价格甚至高于所生产的国外通货价值。

高度的保护和补贴导致工业吸收过量的资本但只能吸收极少的劳动。例如，在资本相对匮乏的印度，钢铁行业的密度几乎和美国一样，这就很快耗尽了发展中国家贫乏的资金，同时仅仅创造出少量的就业机会。而且，发展中国家最大的优先权由于建新工厂、购置新设备，结果导致生产能力普遍因缺乏资金购买生产资料和燃料而停产。

进口替代工业化政策也导致发展中国家忽视了农业和其他初级产品部门，引起传统出口部门收入的下降，一些国家（比如巴西）甚至被迫进口以前出口的实物产品。进一步说，进口替代由于需要进口更多的机器、原材料、燃料甚至食品，使发展中国家国际收支平衡问题日趋严重。

对于进口替代战略失败的原因，许多学者进行了总结。普雷维什（Prebisch，1959）认为，进口替代存在两个严重的问题：一是在单个国家中进行进口替代面临着市场狭小的限制；二是过度的保护导致了经济的低效率。

普雷维什又在 1964 年总结了进口替代战略存在的五个方面的问题：①由于中间产品的进口压力增加，进口替代的高级阶段通常会恶化国际收支。②国内市场狭小往往会使得工业成本过高，导致寻求过高的保护，削弱了引进现代技术的刺激，延缓了生产率的提高。③工业化往往是由不利的外部条件导致的，因此通常不考虑其经济性。④进口替代工业化对初级产品出口存在很大的依赖性，而且随着进口层次的提高，其依赖性越大。⑤过分的保护主义使国内市场脱离了外部竞争，削弱了提高产品质量和降低生产成本所必需的刺激。克鲁格（1995）利用国内资源成本的概念揭示进口替代体制下资源配置的无效性。John H. Power（1966）指出，进口替代战略存在以下缺陷：①经济上的低效率，即进口替代导致资源配置失调。②技术上的低效率，进口替代难以降低生产成本。③储蓄缺口的形成，即进口替代难以充分增加国内储蓄。而国际贸易的主流理论也证明，关税和配额等贸易政策工具常常不是达到保护贸易所声称目标的最优工具，甚至也不是次优工具。

从以上进口替代战略的负面效果以及学者的批评来看，进口替代战略的弊端主要在于资源配置的效率低下、中间产品进口增加导致的国际收支恶化、过度保护导致的经济的低效率等，这些原因同时也被认为是后来各个国家放弃进口替代战略的原因。

纵观进口替代战略实施的历史，既有成功的先例，也有失败的教训。现在的发达资本主义国家如英、美、德等国都曾因实施进口替代战略而成功地实现了工业化;但第二次世界大战以后的拉丁美洲的进口替代战略却多以失败而告终。这说明对于进口替代战略利弊的分析要基于各国具体的经济形势,而不能笼统地做出结论。一般而言,大国的进口替代战略更有可能成功。历史上实施该战略成功的国家基本上都是大国,而像中国这样的发展中大国,更应该在一些资本和技术密集型产业实行进口替代工业化战略。当然,在当今存在多边和区域贸易安排的情形下,实施进口替代战略的难度比过去增加了许多。

二、出口导向战略

(一)出口导向战略的含义

出口导向贸易战略又称出口促进贸易战略,是指发展中国家政府实施鼓励加工业产品出口,以替代原来以初级产品出口为主,改善产业结构,增加外汇收入,从而推动国内经济发展的战略。

这是发展中国家的工业化有了一定程度后采取的战略,这些国家的经济一般具有的特征是二元经济,即一部分是传统的、落后的经济,而另一部分却具有现代化的经济特征。它们以本地廉价的劳动力与发达国家的资金、技术相结合,发展出口产品的生产,从而加速外向型经济的发展。

出口导向战略的主要特征有:运用出口补贴、税收优惠等措施鼓励出口;对贸易控制程度轻微,不采用或很少采用对进口的直接控制和许可证颁发;对本国市场的实际保护率很低;名义汇率接近实际汇率。尽管出口导向战略下贸易自由化程度很高,尤其是限制进口的关税被大幅削减和数量型非关税措施基本被取消,但它并不是完全自由放任的战略,是逐步向均衡汇率靠拢,有的还实行低估汇率,鼓励出口,取消数量限制措施。

出口导向战略着眼于出口对经济发展的积极作用,通过对初级产品的深加工,然后组织产品出口,以替代原先的初级产品的出口。20 世纪 60 年代以来,发展制成品出口的工业化战略逐渐成为流行趋势,以国际市场为目标,充分利用本国的比较优势,优化资源配置,通过工业支撑品的出口拉动产业发展,增加就业和收入,本质上是一种自由贸易主义政策。

(二)出口导向战略的两个阶段

出口导向战略一般也要经历以下两个阶段。

第一个阶段,以轻工业产品出口替代初级产品出口,主要发展劳动密集型工业,如食品、服装、纺织品、一般家电制造业等,随着生产规模的扩大和国际市场环境的变化就进入了第二个阶段。

第二个阶段，以重化工业产品出口替代轻工业产品的出口，致力于发展资本密集型和技术密集型工业，如机械电子、石化等行业。此后，极少数发展中国家和地区开始着手建立知识和信息密集型等高科技产业，力图在高科技产业产品的世界出口贸易中占有一席之地。

(三)发展中国家出口导向战略的实施效果及其经验总结

“出口导向型”外贸发展模式的核心思想是使本国的工业生产面向世界市场，并以制成品的出口代替初级产品的出口。该战略是根据国际比较利益的原则，通过扩大其有比较利益的产品的出口，以改善本国资源的配置，从中获得贸易利益和推动本国经济的发展。这种模式将本国产品置于国际竞争的环境中，其优点是比较显著的。以这种方式发展的国家，大多取得了实绩优良的高速经济增长，这一事实成功地推翻了传统的工业发展只能通过进口替代来实施的观点。

在一个资金、技术缺乏，市场狭小和大部分人从事农业的不发达经济中，选择出口导向型战略：①可以充分利用国外的资源，并与本国具有绝对优势的劳动力资源相结合，生产并出口本国具有比较优势的产品，以缓解一国的外汇压力；②可以在国际分工中节约劳动，充分发挥自身的比较优势，在全球性的产业结构调整中，促进本国产业结构的优化升级，获取因分工而产生的规模经济效益；③可以通过对外贸易，互通有无，使本国居民享受到更多的经济福利，提高其生活水平，等等。

但同时应该看到，出口导向战略也存在以下三个弊端。

(1)出口导向型发展模式对于大国和小国的作用是不同的。一般而言，小国因地域狭小，人口总量不大，市场容量较小，如采取出口导向型经济发展模式，积极扩大外贸出口，就可以使其产品生产达到规模经济的要求，取得较大的规模经济效益。

(2)会增加本国经济的对外依赖性，从而丧失经济发展的主动权，更易受到外部市场的摆布，这对一国经济的长远发展是非常不利的。发展中国家对外开放的水平受制于其国内的经济发展水平，这决定了即使一个经济落后的国家实行了全面的对外开放，其水平和层次也不会很高，这必然会降低其在开放中所能获取的比较利益。

(3)其作用受到市场发展的制约。亚洲一些国家所奉行的出口导向型是以国外市场的需求，主要又是发达国家的市场需求为重点的。在20世纪70年代，正值西方产业结构调整的高峰期，西方产业结构的高级化，使得一些传统产业逐步退出其市场，这时实施出口导向型战略，将大量传统产业打入发达国家市场，正好适应了其市场上传统产品不足，需要填补的要求。进入20世纪90年代以后，实施出口导向型战略的国家增多，并加入传统产品的生产行列，这时，所有实施该战略的国家就不仅要面临来自发达国家具有更高生产效率对手的竞争，还面临来自发展中国家之间的竞争，这就使得其出口增长下降成为必然。

通过对这两种贸易发展战略的比较，我们可以看出，这两种战略各有优、缺点，并没有绝对的优、劣之分，在发展中国家的经济发展中都不同程度地发挥了应有的作用。今后，各个发展中国家关键是要选择一种适合本国国情的贸易战略，并根据国际环境和世界市场的变化适时调整自己的发展战略，这样才能更好地发展本国经济。

第四节　发展中国家利用外部资源的理论

发展中国家国内资源不足，因此，通过引进外资、利用外国援助等途径从外部获取资源是必要的。国外资源的流入，可以解决一国储蓄不足、外汇短缺、资本品稀缺等问题，并引进先进的技术和管理方法，从而促进经济发展。

现代经济发展理论考察的是一个经济的持续转变过程，这一转变包括：人的技能的增加，投资与储蓄水平的提高，生产性技术的采用，产出与就业结构的变化，以及新制度的发展等。发展中国家在促成这些转变时面临严重的资源瓶颈，而通过利用外援可以解决这些约束，促进国内资源更充分地利用，从而加速经济增长。因此，外部资源的流入已经成为一个独立的生产要素，它的生产率和配置方式成为现代经济发展理论的中心问题之一。

关于发展中国家利用外部资源的必要性，有许多学者从理论上做出了分析。例如，早在 1948 年，哈罗德在阐述其经济增长模式时，就曾提出过：当国内储蓄不足以支持理想的经济增长率时，应当利用引进外资来提高储蓄率；1960 年罗斯托在论述其“经济起飞”理论时，也提出过用引进外资来增加不发达国家的投资，使其净投资率达到 10%以上，并认为这是发展中国家实现经济起飞的必要条件之一。

但是，第一个关于发展中国家利用外资的较为系统的的理论是 1966 年由钱纳里(Chenery H. B.)[①]和斯特劳特(Strout A. M.)在一篇名为《外援与经济发展》的论文中提出的“两缺口”模式。这一模式的核心在于阐明，发展中国家在储蓄、技能和组织管理能力、进口商品和服务等方面的国内有效供给与实现经济发展目标所

---

①钱纳里(Chenery H. B.，1918—)，生于美国弗吉尼亚。1950 年在哈佛大学获经济学博士学位。1952 年开始在斯坦福大学执教。1960—1965 年任美国国际开发署助理署长，1965—1970 年在哈佛大学国际事务中心任经济学教授，1970—1972 年任世界银行行长麦克纳马拉的经济顾问。1972—1982 年任世界银行负责发展政策的副行长。主要著作有：《产业部门间经济学》、《发展模式，1950—1970》、《发展计划研究》、《增长中的再分配：政策探讨》等。

必须的资源计划需求量间存在着缺口，即储蓄缺口和外汇缺口，而利用外资是填补这些缺口的有效手段。

一、两缺口模型

钱纳里指出，一般而言，发展中国家都会遇到储蓄的约束、外汇的约束和技术的约束，这些约束依次出现在储蓄限制的发展阶段、外汇限制的发展阶段和吸收能力限制的发展阶段这三个经济发展阶段。钱纳里和斯特劳斯重点考察的是储蓄约束和外汇约束。

所谓储蓄约束是指在国民收入核算中，投资超过了储蓄；所谓外汇约束是指进口支出超过了出口收入，利用均衡的方法进行分析，储蓄约束与外汇约束在量上相等，用总量公式表示就是：

$$Y=C+I+X-M \tag{7-2}$$

式中：Y 是国民收入，C 是消费，I 是投资，X 代表出口额，M 代表进口额。上式换项后变为：

$$Y-C=I+X-M \tag{7-3}$$

因为国民收入恒等式，有：

$$Y=C+S \tag{7-4}$$

式中：S 为储蓄

代入上式得：

$$S=I+X-M \tag{7-5}$$

调整以后得出：

$$I-S=M-X \tag{7-6}$$

式(7-6)左端($I-S$)是投资与储蓄之差，称为“储蓄缺口”，右端($M-X$)是进口与出口之差，称为外汇缺口。从均衡的观点来看，左、右两式必须相等，表示出国内出现储蓄缺口即投资大于储蓄时，必须用外汇缺口即进口大于出口(表示从国外获得储蓄)来平衡。

“两缺口”模式的基本含义是：

(1)该模式把收入增长与储蓄、投资、出口和进口四个要素联系起来，所以这不是一个凯恩斯模式，而是一个开放模式。

(2)该模式强调储蓄和外汇是经济增长的两个约束条件。国内储蓄的短缺表现为投资大于储蓄,限制了资本的形成;外汇短缺意味着出口小于进口,限制了进口的能力;如果经济增长要依靠国内不能生产的资源,则外汇储备就成为重大的约束。

(3)若需要储蓄小于可以获得的储蓄,以及需要的外汇小于可以获得的外汇,则可以用国外借款或外援来解决。

钱纳里等继承了哈罗德-多马的经济增长思想,认为要加快经济增长,必须加大投资,而发展中国家的国内储蓄不能满足投资的需求,就会出现储蓄缺口。与此同时,经济发展过程中需要各种资本品的中间产品,发展中国家不能生产,必须从国外进口,进口支出超过出口收入,就会出现外汇缺口。两个缺口,一方面反映了一国所使用的资源超过了它实际拥有的资源,另一方面反映了发展中国家经济发展的主要障碍。

对于两个缺口的调节,有消极的调节和积极的调节两种方式。

消极的调节方式就是,如果储蓄缺口大于外汇缺口,就需要削减投资或增加储蓄,反之,则需要减少进口或增加出口,然而,增加储蓄或出口在经济实践中在短期内是难以做到的,而减少投资或减少进口又会降低经济增长率,不利于一国经济的发展。

积极的调节方式是,通过引入外部资源促进经济的增长,让两缺口在更高的经济增长率水平下达到平衡。钱纳里等考察了 50 多个国家的近代经济发展史,认为,大部分不发达国家都是主要依赖外部资源来提高他们的人均收入的,外资已经成为经济发展的独立因素。外资流入可以同时平衡两个缺口。

例如,某发展中国家从国外借款,缓解了国内储蓄不足,缩小了储蓄缺口;同时增加了可支配的外汇,缩小了外汇出口。又如某发达国家向发展中国家捐赠机器设备,增大了该国的物质资本存量,而不需要动用国内储蓄,缩小了储蓄缺口;同时该国得到了资本品,而不需要相应的出口换取外汇来支付,缩小了外汇缺口。不仅如此,利用外资还能增强出口能力,提高经济增长率。用外资建成的项目还可以直接增加出口产品的产量,或者通过引进技术、修建港口和公路等降低出口产品的成本,间接地增加出口,进而带动经济的增长。与此同时,利用外资可以通过多种途径提高投资率,促进经济增长和收入水平的提高,收入提高又可以增加国内储蓄,推动资本形成和经济的进一步增长。

两缺口模型抓住了发展中国家国内储蓄率低导致资本不足以及工业和技术落后,从而必须从国外进口投入品的两个基本特征,并进一步说明了经济发展中实施经济计划的必要性,为了使宏观经济保持平衡,进口的资源量必须等于国内需要追加的资源量，对外汇的分配、管理、控制，对外汇的调整，也离不开计划和政府的干预。

从以上的分析中我们可以看出两缺口模式的政策含义：第一，应积极地利用国外资源；第二，国家应该调节引进外资的活动，制定相应的引进外资的计划；第三，国家应该采取适当的措施来调节外资的流向、结构、有效适应，并控制注入跨国公司之类机构在本国的活动；第四，应当尽快进行经济改革，改变现存的经济结构。

二、三缺口和四缺口模型

两缺口模型实际上指出发展中国家的经济增长存在三个主要的约束：储蓄、外贸和技术。钱纳里和斯特劳特认为这三项因素对经济发展的影响是先后相继出现的，后来，一些发展经济学家指出，这些“缺口”常常是同时并存的。赫希曼等人认为，资本稀缺固然制约了发展中国家的经济增长，但这还不是最重要的约束，最重要的约束是投资能力的缺乏，也就是缺少必要的生产技术、管理技能和企业家才能。为此，他提出，在经济发展中，除了储蓄和外汇这两个缺口，还存在第三个缺口，即技术、管理和企业家才能缺口。发展中国家的资源不足还不足以填补这第三个缺口，因而也必须引进国外资源来填补它。具体的策略应该是，在引进外资中实行“一揽子”资源进口计划，即在引进外资的同时，注重对国外的适宜技术、管理知识和人才等的配套改进，使进口的资源能得到有效的利用。

在三缺口模式的基础上，有些发展经济学家又提出了“四缺口”模式，即增加一个“税收缺口”。他们认为，发展中国家的经济发展需要国家进行干预，表现为实行经济计划，而经济计划的实施主要靠政府的财政支出来推动。但对比较贫穷的发展中国家政府来说，现有的政府税收计划目标与实际税收之间存在着差距，即“税收缺口”。因此，政府要顺利实现经济发展计划，必须向跨国公司等外资企业的利润征税，并在金融上积极参与外资企业在当地的生产经营活动，通过征税、入股经营、财政参与等形式，为政府筹集公共金融资源，填补税收缺口，支持政府在发展计划方面的投入。

第五节 发展中国家利用外部资源的实践和战略

对外援助起源于第二次世界大战后世界经济的瓦解。最早的援助计划是美国实施的欧洲复兴计划，这一计划取得了很大的成功。此后，国际复兴开发银行、国际开发协会以及相继建立的拉丁美洲、亚洲和非洲的地区性开发银行，构建了一个向发展中国家转移资源的框架。到了 20 世纪 60 年代，希腊、以色列和中国台湾等地区因有效地利用外援而取得了经济的持续发展。但是,绝大多数发展中国家的经济状况并没有明显的好转,贫困问题更加严重。

20 世纪 70 年代爆发石油危机后,石油价格大幅上升,石油出口国的国际收支经常出现巨额顺差,大量"石油美元"流入发达国家的私人商业银行。而非产油的发展中国家出现了长期、巨额的贸易赤字,不得不大量举借外债,资金需求快速上升,发展中国家掀起了"负债增长"的热潮。然而,80 年代初的债务危机使许多发展中国家经济倒退,并引发了严重的政治和社会危机。

20 世纪 80 年代末期到 90 年代以来,经济全球化的趋势不断加强。国际资本流动获得前所未有的发展,流动速度空前加快。发达国家由于产业结构调整而加大了对外直接投资的规模,跨国公司对世界经济的影响力日益加强。在新的国际经济环境下,发展中国家有了利用外部资源的更多的机会,同时也面临着更大的风险。

发展中国家获取外部资源主要有三个途径:外援、外债和国外直接投资。

一、外援

(一)外援的含义

外援即国外援助,它是指为了促进经济发展和改善收入分配,通过货币或实物的形式,把资源从发达国家转移到发展中国家的一切官方的发展援助和优惠贷款。

外援必须满足两个条件:①援助者的目的是非商业性的;②它具有较大的让与成分(至少应该包含 25%以上的让与成分)。发展援助除了无偿赠与以外,通常在利率和偿还年限上,较之于商业贷款具有更优惠的条件:一是援助性贷款的利息率低于国际金融市场的利息率,两者的差额越大,让与的成分越大;二是援助贷款偿还期限长于一般商业贷款,往往长达 20～30 年,有时可以达 50 年。很显然,偿还期限越长,让与的成分越大;三是援助性贷款多数具有"宽限期",援助国通常认可发展中国家的援建项目的创始阶段为宽限期,在此期间,受援国只需付息不还本金。可见,宽限期越长,让与成分越大。

(二)外援的分类

从援助的主体来分,国外援助包括双边援助、多边援助等多种形式。

双边援助是指以两个国家之间的直接协议为基础的援助。援助国通常设置一个专门的援助机构来计划并发放贷款和赠款。多数这样的发展机构采取广泛的援助方式,如资本援助和技术援助。多边援助是指一组国家共同的通过一个国际机构用货币或实物援助另一组国家。如经济合作与发展组织的发展援助委员会、国际货币基金组织、世界银行、联合国开发计划署、国际开发协会都属于多边援助机构。

从援助的使用去向来分，可以分为项目援助、计划援助和附加条件援助。

项目援助即用于支付某一特定项目的贷款与赠予，如某国政府或国际机构提供一笔贷款，指定受援国必须用于兴建水电站或修筑港口码头。项目援助的特点是债权国可以严密地控制援助资金的使用，限定其用于某一特定的投资项目。例如，世界银行对中国的一些大型国家项目进行了贷款援助，如二滩水电站、小浪底枢纽工程、铁路、公路、电厂项目等。

计划援助即用于某一整体部门或活动的广泛性的贷款或赠予，如一国际机构为某发展中国家提供一笔教育贷款，它并不限定必须用于某一特定的项目，受援国可以根据实际需要进行选择。计划援助的特点是受援国使用自由度较大，选择范围广泛，不受援助国的具体控制，因此，受到发展中国家的普遍欢迎。例如，比利时政府对中国陕西贫困地区的援助，用于促进安塞、志丹、吴旗、延边、靖边、三原等县的扶贫和社会经济发展。

附带条件的援助，即援助国在向受援国提供贷款或赠与时，提出某些附加条件，如限定受援国家必须以援款或援款的一部分购买援助国的货物和劳务等。这种援助方式带有明显的强迫性，一般不受发展中国家的欢迎。

关于外援对经济发展的作用，发展经济学界的看法并不一致。有些学者认为，外援对于发展中国家改善经济结构和促进经济增长具有重要的作用。也有学者认为，外援对国内储蓄具有“挤出效应”，因而不能加快经济增长，甚至有些外援加剧了发展中国家的二元结构和国际收支失衡。从外援的效果来看，这些观点都有一定的道理，如果把外援的最终目标定为增强发展中国家开发和利用本国资源的能力，那么总的说来过去几十年对发展中国家的外援没有达到这个目标。对于外援作用较为客观的结论应当介于两个极端之间，一方面援助对于促进发展中国家经济发展确实起到了一定的作用，另一方面援助的成效还取决于受援国的政策结构和组织结构的能力。

二、外债

随着发展中国家的经济恢复和进一步发展，发展中国家利用外部资源的结构发生了变化，从官方援助为主向有偿投资为主的资金融通形式转变。

(一)外债的定义

根据国际清算银行、国际货币基金组织、经济合作与发展组织和世界银行等4家国际机构的定义，外债是指在任何特定的时间，一国居民对非居民承担的具有契约性偿还责任的负债。国外援助中需要还本付息的部分严格的来讲也属于外债。外债的偿还期限有长有短，通常把偿还期在一年以下的外债称为短期外债，外债可以是由政府借贷形成的，也可以是由私人借贷形成的，但私人借贷形成的债务在破产或不能偿还时，往往由所在国政府主动或被迫予以承担、偿还，使私人外债变成公共外债。

（二）发展中国家的债务问题

从表 7-1 可以看出，从 1980 年到 2001 年，发展中国家的外债总额呈现的是一种总体上升的态势，外债占 GNP 得比重也是逐年上升，且上升幅度较大，尤以东亚和太平洋地区、欧洲和中亚为甚。

表 7-1　发展中国家 1980 年、1990 年和 2001 年的外债指数

项目	外债总额（10 亿美元）			外债占 GNP 的百分比			外债还本付息占出口的百分比		
	1980年	1990年	2001年	1980年	1990年	2001年	1980年	1990年	2001年
所有发展中国家	609	1 458	2 442	21	34	38	14	18	18
撒哈拉以南的非洲国家	61	177	209	24	63	71	7	13	12
东亚和太平洋地区	94	274	664	21	30	29	13	16	12
南亚	38	130	159	16	32	25	12	29	12
欧洲和中亚	76	220	486	9	18	49	7	14	18
中东和北非	84	184	197	22	46	33	6	15	10
拉丁美洲和加勒比地区	257	475	787	35	45	43	36	24	33
高债务国家	84	253	343	32	88	100	11	26	19

资料来源：World Bank，Global Development Finance，2002.

发展中国家债务危机最典型的代表是 20 世纪 80 年代发生在拉美的债务危机，其最早起始于墨西哥。最初，墨西哥由于不能按照原计划偿付外债，进而向外国政府和中央银行寻求贷款援助，向有关的商业银行请求延展偿还本金和利息的期限，并且要求对近期将要到期的债务进行重新安排，不久巴西也出现类似情况。债务危机爆发了。

实际上当墨西哥提出债务问题时，其他拉丁美洲国家，乃至其他地区的发展中国家几乎面临同样的偿债困难。此外，一些非洲国家、东亚国家以及东欧的一些国家也面临着严重的偿债问题。结果墨西哥的偿债危机充当了这种严重局面爆发的导火线。

毋庸置疑，外债对于一个发展中国家而言是一把“双刃剑”，资本的国际流动能够促进全球经济效益的提高，能够促进发展中国家经济增长，能够弥补发展中国家国内资本的不足，弥补国际收支的不平衡。但是，举借外债也有潜在的不利之处，国际资本内大量流入会使一国的宏观经济变得更加的不稳定，出现通货膨胀加剧、实际汇率升值等。如果债务资金的使用效率不高，不仅不能起到加快经济增长的作用，还有可能加重债务负担，导致国际收支恶化，外汇短缺，甚至经济危机，对经济发展造成很大的损害。因此，发展中国家应对外债加以严格的监督和管理。

三、外国直接投资

(一)外国直接投资的定义

外国直接投资又称私人直接投资，是指以直接投资建立企业的方式进行的国与国之间的资源转移。更确切地说，外国直接投资是外国资本为了获得长期利润，以控制企业经营管理权为核心，对另一国家的产业部门所进行的投资。

国际货币基金组织规定，拥有表决权的股份不少于25%的既可以视为直接投资。外国直接投资的资本结构可以是股份资金、设备等有形资产，也可以是专利权、专有技术或其他权利投资等无形资产。外国直接投资可以采取多种形式，例如我国引入外国直接投资的主要形式有：合资经营、合作经营、独资经营、合作开发、外资金融机构、建设-经营-移交投资方式、跨国公司投资等。

对外直接投资通常用于描述具有海外业务的公司的行为。目前，许多公司进行的都是全球范围内的一体化经营，它们的总部虽然位于某个国家，但全球利润最大化要求它们在不同的国家进行不同的工作流程，或是将一些业务分包给一些小的公司，也即全球化的配置资源，因此，本国不再成为唯一的经营地点。

(二)发展中国家利用外国直接投资的实践

国际直接投资的迅速增加是全球经济一体化趋势加强的表现，意味着生产活动日益跨越国界，生产要素在世界范围内得到重新配置，这样有利于国际分工水平的提高。第二次世界大战前发达国家和发展中国家的国际分工主要以自然资源为基础，对外投资多投资于欠发达国家，投资行业也一般是农业、采掘业以及公用事业行业；第二次世界大战后转向以劳动力资源为基础，对外投资的接受国变为发达国家，投资行业的重点也转向制造业与金融业。随着生产技术的不断进步，部门间与部门内的国际分工水平不断进步和提高，现在发达国家对发展中国家直接投资的部门和结构日趋多样化和复杂化。

1980年发展中国家接受的投资额占全年总投资470亿美元的24%，1989年占总投资1 960亿美元的14%。但是随着人们对拉丁美洲兴趣的再度兴起以及中国改革开放战略的实施，使得发展中国家的比例在1993年得到提高，占全年1 940

亿美元的42%。但金融危机使得其于1999年下降到26%。在20世纪80年代，发展中国家所接受的投资大约有3/4流向拉丁美洲和东亚，尤其是巴西、墨西哥、中国和马来西亚。1999年，流向发展中国家以及转型经济国家的投资中有81%投向了南亚、东南亚、东亚和拉丁美洲。其中，中国内地和中国香港占了亚洲总额的2/3，巴西和阿根廷占到拉丁美洲的60%。

外国直接投资对发展中国家的经济发展能够产生积极作用。首先，可以促进发展中国家的资本形成和经济增长。外国直接投资已经日益成为发展中国家获取国际资金的主要来源，资金额超过了官方援助资金和国际金融机构贷款。外国直接投资企业的生产经营活动还能增加东道国的税收和出口收入。其次，有利于引进先进的科学技术、管理经验和生产技能。外国直接投资企业为了提高生产效率，常常会向东道国转移技术，而且在生产经营过程中能为东道国培养一批管理人员和熟练劳动者。再次，能为发展中国家增加就业机会。最后，外国直接投资强化了国内市场的竞争，因为能提高资源配置效率。

外国直接投资对发展中国家的经济发展也有消极的影响。首先，外国直接投资的成本通常比较高。与外债相比，汇出的直接投资利润平均而言要高于贷款利率。不仅如此，外国投资者主要关心的是利用东道国的自然资源和廉价劳动力来获得更多的利润，因而投资以垂直型为主。东道国在国际分工中处于产业链的最低端，如果不能用政策加以正确的引导，外国直接投资的大规模进入还有可能延缓产业结构和出口结构升级的进程，甚至损害发展中国家经济发展的自主权；其次，发达国家已经制订了较为完整的环境保护法规，一些在本国无法继续经营下去的污染严重的产业会以直接投资的形式转移到发展中国家，对东道国的生态环境造成破坏。再次，外国投资者一般会选择东道国地理位置优越、基础设施完备、劳动力素质较高、经济基础好的地区进行投资，避开那些经济较为落后的地区，这会加剧发展中国家的区域不平衡。

四、利用国外资源的规模和标准

利用国外资源可以解决国内资源的缺口，促进经济的发展。但是，若引进的国外资源过少，则不能填满这些缺口；若引进的过多，会超过国内经济所能承受的能力。那么引进多少资源才是适度的呢？这就涉及一国引进外资的能力、规模和标准问题，这也是进入20世纪80年代以来发展经济学关注的一个重大问题。

发展经济学认为，一国引进外资的能力和规模，主要取决于以下几个因素：

（一）债务负担

债务负担是判定一个国家借债与还债能力、外债规模是否适当的重要指标，通常用一国在一定时期的外债总额与国民生产总值的比例来衡量。根据定义，除无偿赠予的国际援助外，一切从国外借入的资本都必须到期还本付息，也就是说债务国每年必须拿出一定的国民生产总值来支付到期的外债。这就是在客观上为债务国规定了一个引进外资的限制额度，要求它必须根据国民生产总值的大小来确定引进外资的适度规模。如果引进外资的规模过大，外债在 GNP 中所占的比重过高，表明借债的数量超过了国内经济的承受能力，就需要做出调整。至于外债在 GNP 中所占比例多大适宜，因涉及的因素太多，无法具体的规定。但有一个基本的原则应当遵循，即到期的债务量应该小于 GNP 增长后提供的国内储蓄量。只有 GNP 增加了并提供了足够的追加储蓄，才能在偿还到期债务后有较过去多的储蓄来支持投资和经济增长，否则就会减慢经济增长。

（二）外资的利用效率

引进外资能否带动经济的增长，关键在于这笔外资是否能够得到有效的、充分的利用。如果一国能够高效益地使用外资，则外资不仅可以促进经济的增长，而且可以增强其偿债能力。关于外资利用效率，通常用债务在 GNP 中比重的变化来衡量。在一定时期内，如果债务在 GNP 中的比重逐步变小，说明外资利用效率高，偿债能力增强了。反之，如果这一比重上升了，表明外资利用效率不高，偿债能力减弱了，经济增长是靠更多的外资来推动的，外资的规模已偏大，因此，外资在 GNP 中比重的变化，也是决定引进外资规模的因素。

（三）偿债比率

偿债比率即到期还本付息的债务在债务总额中的比率。这也是衡量一国的偿债能力与债务规模的指标。一般认为这一比率保持在 15%～20%为宜。25%是其“警戒线”，如果超过这一额度，就被认为是外债规模过大，债务负担过多，会影响一国经济增长的速度。

（四）偿债能力

一般用当年还本付息的债务额与出口收入的比率来衡量。因为外债通常需要用外汇来偿付，而外汇收入的主要来源是出口。因此，出口量和出口收入的大小就成为一国借债规模、决定一国偿债能力的主要因素。实践证明，当年还本付息的债务与出口收入的比率保持在 20%为宜。超过这一比例，将会产生债务偿还上的困难，影响一国国际收支的平衡，并进而引起外汇更加短缺、经济增长依赖于更多的外债来推动等不良情况。

发展经济学家认为，一国的借债能力不仅取决于现有的国内产出、出口水平和引进外资量，而且还要考虑未来的外资流入以及为新增外债所支付的债务，即对新的资本流入的偿付能力。发展经济学家指出，在这种情况下，外资的偿还率还必须低于投资的增长率，如果前者高于后者，就会产生偿还贷款量超过新流入的贷款量的不利情况。同时，如果新的资本流入不能弥补因偿还债务而造成的国内储蓄减少，产出增长率就会下降。这一分析的政策含义是：发展中国家要减轻债务偿还负担，不应财务削减投资的方法，而应该尽量设法降低外债利息额，或者选择用本国货币来支付外债的办法。

参考文献

[1] [美]斯图亚特·R.林恩.发展经济学.王乃辉，倪凤佳，范静译.上海：格致出版社，上海人民出版社，2009.

[2] [美]德怀特·H·波金斯，斯蒂芬·拉德勒，唐纳德·R·斯诺的格拉斯，等.发展经济学.北京：中国人民大学出版社，2005.

[3] [美] 吉利斯，波金斯，罗默，等.发展经济学.4 版.黄卫平，等译.北京：中国人民大学出版社，1998.

[4] 谭崇台.发展经济学.太原：山西经济出版社，2001.

[5] 齐良书.发展经济学.北京：中国发展出版社，2002.

[6] 苏雪串，冯薇.发展经济学.北京：经济出版社，2001.

[7] 隆武华.外债两重性：引擎？桎梏.北京：中国财政经济出版社，2001.

[8] 秦宪文.发展经济学.北京：经济科学出版社，2006.

[9] 韩纪江，胡星.发展经济学.北京：中国农业大学出版社，2003.

[10] 张培刚.发展经济学教程.北京：经济科学出版社，2001.

思 考 题

1. 何为进口替代？何为出口导向？

2. 发展中国家在其经济发展过程中，引入外部资源作用何在？

3. 外部资源主要有哪几种形式？在发展中国家的应用过程中，这几种形式有何利弊？

4. 试论述发展中国家利用外部资源的主要策略。

第八章　可持续发展

可持续发展的概念最早由环境经济学家和生态经济学家提出，目前在经济学界对于可持续发展的含义存在不同的理解，有学者将其归纳为四种观点。第一种观点将可持续发展的含义确定为“在保证自然资源的质量和其所提供的服务的前提下，使经济发展的净利益增加到最大程度”；第二种观点认为可持续发展是“今天的资源使用不应减少未来的实际收入”；第三种观点强调可持续发展是“不降低环境质量和不破坏世界自然资源基础上的经济发展”；第四种观点将可持续发展定义为“当发展能够保证当代人福利增加时，也不会使后代人的福利减少。”（高煜，2006）

可持续发展的概念强调了发展和环境保护的一致性，意味着先进的发展不应该以减少自然资本为代价。保持包括自然资本和人造资本在内的全部资本存量至少不会减少，即消耗的自然资本必须由人造资本的净投资来弥补。在实际操作中，它是指自然资源不应该被耗尽，自然吸收肥料的能力不应该被降低，必须通过改善或者创造其他资源来弥补对某些资源的消耗。（斯图加特·R·林恩，2009）[①]

在自然资源的使用方面有两种选择：一是为后代保存自然资源，必须寻求另外的能力实现当代的快速增长，而这会大大提高增长的难度；二是现在就使用自然资源，在发展的初期创造收入，并通过储蓄转化为人造资本，但是，这样做会面对自然资源被耗尽的危险。可持续发展在实际中往往表现为，在发展初期，更多地依靠自然资源，并把取得的收入用于第二、第三产业的发展，同时向新技术研究与开发投资，以提高效率，弥补自然资源消耗后发展能力的不足。

图 8-1 描绘了两种不同的发展路径：路径 A 通过大量的耗费资源在起初带来了较快的增长，但由于过快的耗费资源增长会减慢甚至完全停止；路径 B 是一种谨慎的资源使用方式，由于大量的投资被用于能确保未来发展但没有当期收入的

---

①斯图亚特·R·林恩(Stuart R. Lynn)教授是马萨诸塞州沃塞斯特市(Worcester)圣母学院的经济学和全球研究专业的副教授。他在查普希尔(Chapel Hill)的北卡罗来纳大学获得博士学位(1971 年)并从事经济发展的教学工作 16 年：起初任教在韦恩堡(Fort Wayner)的印第安纳-普渡(Indiana-Purdue)大学，1987 年起开始执教于圣母学院。除教学以外，林恩教授在美国外事服务处工作了 11 年。

领域，其开始的发展速度较慢，但通过保护资源和对使用的可再生资源进行投资和重置而实现了可持续增长。

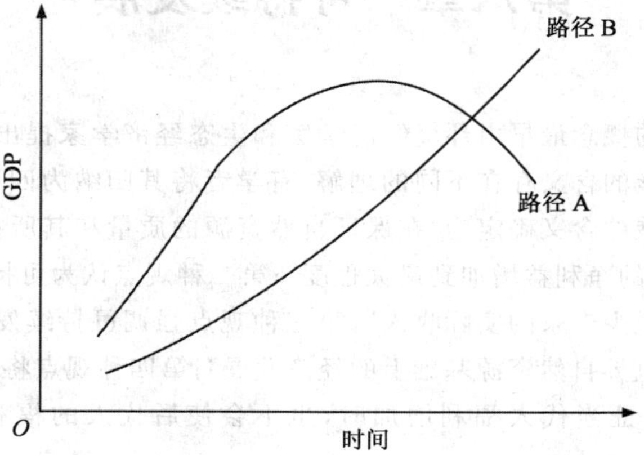

图 8-1　可持续与不可持续发展路径

达斯古普塔①借助一个简单模型说明用财富解释可持续发展（达斯古普塔，2005）。模型假定在一个简单经济体中没有人口的增长。任意时刻，人们会对未来消费有一个预期，所有未来消费的效用贴现后的总和就是"社会福利"，社会福利的增减则可以看作发展的可持续性。未来消费的预期取决于"制度"和"资本资产"两个方面。其中，制度包括市场经济、集权经济或者其他类型，制度和制度的变迁可以用政治理论进行研究。资本资产包括制造业资本、人力资本、自然资产，虽然这些资本资产可能是内生的，但是并没有合适的理论能够将它们内生化。如果将资本资产不能解释的部分看作残差（其中包括制度和技术等因素），社会福利就仅取决于资本资产。资本资产对社会福利的影响可以看作资本资产的影子价格，直接用他们的会计价格衡量。达斯古普塔把"财富"定义为所有资本资产用影子价格衡量的会计价值的总和。因此，社会福利的变化就包含残差部分的变化和资本资产价格不变时财富的变化。简而言之，财富可以看作是可操作的可持续发展的定义。

①帕萨·达斯古普塔（Partha Dasgupta）：1942 年出生于原英属印度（现孟加拉）的达卡，后移居现印度境内。曾在印度德里大学学习物理学，1962 年获（物理学）理学士学位。后就读于剑桥大学，先后学习数学和经济学，于 1965 年、1968 年获剑桥大学数学学士学位和（经济学）哲学博士学位。1975—1984 年任伦敦经济学院副教授、教授，1985 年起任剑桥大学圣约翰学院研究员，1993 年起任剑桥大学弗兰克·拉姆齐讲座经济学教授。

第一节 概念与原理

一、外部性与公共物品

在经济学家们分析资源、环境、可持续发展等问题时经常会提到“外部性(externalities)”的概念。斯图亚特·R·林恩认为,外部性是指未能计入单个生产者或消费者的正常价格的成本和收益,即由社会来承担本该由生产者承担的生产成本,或消费者无需付费就能得到的收益。他认为,外部性会导致市场失灵,引起资源配置不当,是贯穿经济发展中多种环境问题的一根主线。(斯图亚特·R·林恩,2009)

有学者将对外部性内涵的理解归纳为三个方面:第一,当一个行为人的行动不是通过影响价格而影响另一个行为人的环境时,便有外部性存在;第二,外部性是这样一种事件,它将可察觉的利益或损失加于某些人,而这些人并没有完全赞同或间接导致该事件的决策;第三,当某个人的行为所引起的个人成本不等于社会成本,个人收益不等于社会收益时就存在外部性。外部性的存在是配置公共物品资源市场机制调节不足的必然结果。(常晓素,2006)

外部性是某一经济主体的活动对另一个或另一些行为主体产生的一种未能由市场交易或价格体系反映出来的影响,由于这种影响是由对经济活动之外的主体产生的,并且这种影响是处于市场交易或价格体系之外的,故称为外部性。(赵红,2007)

外部性可以被分为正的外部性(positive externalities)和负的外部性(externalities)。正的外部性是指某个经济主体由于其他经济主体的活动而无偿获得的收益;负的外部性是指经济主体在进行经济活动时施加在其他经济主体上的成本。产生正的外部性的活动被称为公共物品(public goods),例如环境的改善、国防力量的增强等。

公共物品是具有正的外部性的物品和服务,它具有不可分割性和非排他性。不可分割性是指生产者无法将该产品分割成小份给消费者,非排他性是指无法阻止单个消费者对公共物品的消费。例如,政府通过环境保护措施改善空气和水的质量,既不会将其进行分割,也不能阻止任何人对于优质环境的享受。

图 8-2 反映公共物品的生产。由于外部性的原因,私人的边际收益低于社会的边际收益,如果由私人提供供给,生产将停止在 Q_1,从全社会的福利来看 Q_2 是

最优的，公共物品由私人提供会出现产出不足，应该由政府提供。

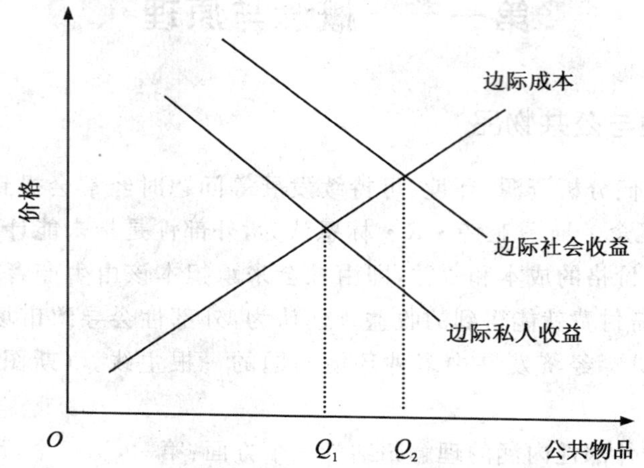

图 8-2　公共物品的供给

二、公共资源与环境的外部性问题

20 世纪八九十年代，北京这样的大城市的交通还是比较畅通的，城市道路是一种公共资源，人们可以免费地使用。然而虽然道路的建设一直在继续，但是其增加的速度远远赶不上汽车保有量的增加速度。更多的司机开车上路，道路资源变得逐渐不足，堵车的现象慢慢出现，人们在路上拥堵的时间可以被看作是提升的成本。每一个后来的司机都会使得道路拥堵问题更加严重，从而增加了所有司机的平均成本，然而没有一个后来者会为先来者成本的上升而付款，道路的过度使用已经超过了符合社会利益应有的量。有限的公共资源的无限使用如果不加以节制，最终会将这种有用的资源毁掉。

人们赖以生存的地球环境本身是由很多的公共资源组成的，包括但不限于空气、水、土壤和矿藏以及生活在其中的动植物等。人们对环境的利用是无偿的。当炼铜厂向空气中排出废气、造纸厂向水中倾倒废水的时候，它们污染了环境，给周边的人们造成了健康问题，降低了土壤肥力。环境也是一种公共资源，造成外部成本和市场失灵的私人活动使得这种公共资源的可持续利用面临严峻的挑战。

外部成本和外部收益是公共资源问题的核心。环境污染的外部性尤其突出。由于造成环境污染的厂商无需支付环境污染所形成的社会成本，那么此时其生产的产品产量就会超过包含所有成本在内时的产量。在存在外部成本时，厂商是典型的搭便车者，其获得了收益，而成本却由别的人来承担。例如在某地的一个炼铜厂，向空气中排放包含大量二氧化硫的废气，使得周边数千米内农民的树木受到污染而死亡，却不会因此支付任何补偿。由于厂商无需负担外部成本，这就使其产量超过了包含所有成本在内的社会所接受的应有的均衡产量。

如图 8-3 所示，由于外部成本的存在，污染制造者的边际私人成本低于边际社会成本，因此生产持续到了 Q_2，此时边际收益等于边际私人成本，对于生产者（污染制造者）而言是最优的经济选择，但是对于全社会而言却不是最优的。Q_1 才是社会最优的均衡点，此时边际收益等于边际社会成本，生产不应该继续增加。

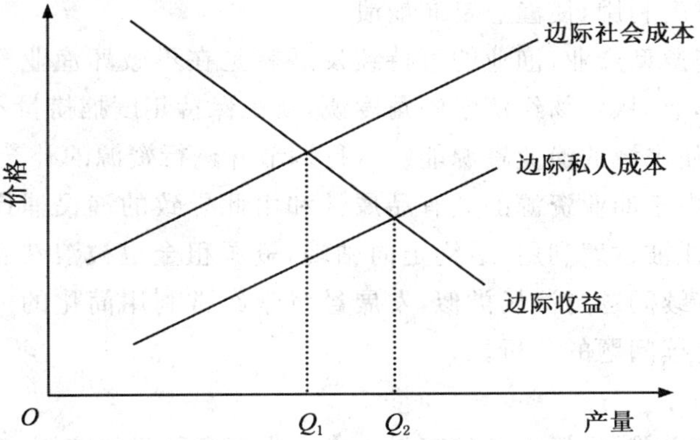

图 8-3　外部成本存在下的私人最优与社会最优

哈丁教授[①]（哈丁，1968）在著名的《公地的悲剧》一文中提出，共有财产资源的最终毁灭是理性人自由选择的必然结果。他在书中描叙，中世纪英格兰宣布公共牧地为一般公众自由使用，是导致公地毁损悲剧的根本原因，即“公地悲剧”。如果一个牧民在他的畜牧群中增加一头牲畜，在公地上放牧，他所得到的全部直接利益要减去由于公地必须负担多一个牲口所造成整个放牧质量的损失。但是这个牧民不会感到这种损失，因为这一项负担被使用公地的每一个牧民分担了。因此他受到极大的鼓励一再增加牲畜，公地上的其他牧民也效仿。结果公地由于过度放牧，缺乏保护和水土流失而毁损。

①加勒特·哈丁(Garrett Hardin)：世界著名生态经济学家，加利福尼亚大学圣巴巴拉分校的人类生态学荣誉退休教授。他撰写了大量生态学、生物学和伦理学方面的著作，其中包括《普罗米修斯伦理学》、《利他主义的度》、《追寻原始禁忌》和《人口、进化和节育》。

三、渔场的可持续分析

哈丁通过讲述一个对所有人开放的公共牧场必然会遭到过度放牧的故事来阐述他的观点。和公共牧场一样，渔业资源也是一种典型的“共有财产资源”。由于私有产权缺位，对于渔民来说，渔业资源更类似于一种公共财产。正如加拿大渔业经济学家所描绘的，“海里的鱼对渔民来说是没有价值的，因为无人保证今天被他留下的鱼明天还在那儿等他”。因此，理性的渔民总是想方设法尽快地捕到更多的鱼，这将不可避免地导致过度投资。捕捞能力的膨胀，最终将导致资源租金的浪费和渔业资源的过度利用，使渔业走向崩溃。

作为一种资源型产业，渔业的可持续发展就是在不破坏渔业资源的情况下有效地进行生产作业，从生物经济学的角度说，就是保持年度捕捞量不超过渔业的最大可持续产量，使水域的渔业资源能够自行调节并进行资源的补充、更新。在实际的捕捞作业中，由于渔业资源的共有品属性和由此导致的渔民捕捞作业的负外部性，渔业资源往往被过度利用，最终走向枯竭，资源租金也被浪费殆尽。由于很多资源环境的可持续问题与渔场类似，发展经济学经常利用简化的渔场模型展开对可再生资源可持续问题的分析。

渔场模型①②：

在捕鱼开始之前，渔场中鱼的存量很大。由于食物供给有限，鱼的存量增长速度不会很快。刚开始捕鱼时，食物变得相对更加丰富，鱼类的数量会得到快速的补充。此时，可持续的捕鱼量呈上升的趋势。随着捕鱼量的增加，可持续的捕鱼量达到最高点。如果捕鱼量继续增加，鱼存量的增长率会下降，可持续的捕鱼量随之下降。如果继续增加捕鱼量，鱼的存量会变得很小，通过自然繁衍无法弥补捕鱼量，直至鱼被捕光。

如图 8-4 所示，横轴代表捕鱼工作量，纵轴代表渔场的总收益。假定鱼的价格不变，总收益曲线 *TR* 最初随捕鱼量的增加而增加，达到最高点之后开始下降。在某一点，过度捕鱼消耗了鱼的存量，以至于鱼不能以等同于捕捞的速度再生，鱼就开始灭绝。捕鱼的总成本 *TC* 假定以线性增长（每艘船的单位成本相同，总成本等

---

①模型来自德怀特·H·波金斯，等著. 发展经济学. 5 版. 黄卫平等译. 有改动。

②怀特·H·波金斯(Dwight H. Perkins)：哈佛大学政治经济学 H. H. Burbank 教授，哈佛国际发展学院前任院长。他也是哈佛大学经济系前任主席。他本人在哈佛大学获得了硕士学位和博士学位，之前他在康奈尔大学获得了学士学位。他是中国与韩国经济方面的杰出学者，拥有这两国与马来西亚、越南、日本等的实地经验。

于单位成本与渔船数目的乘积)。

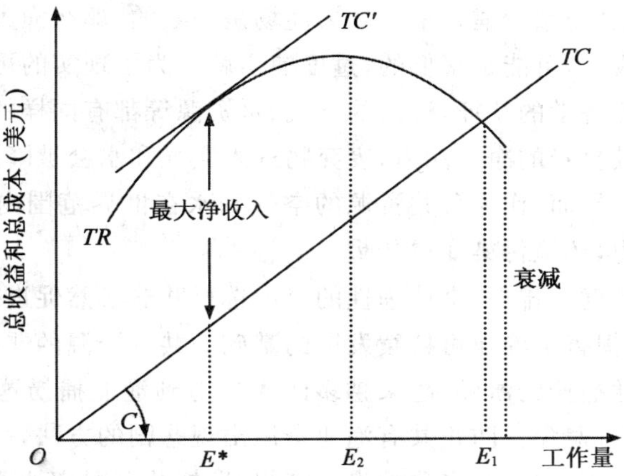

图 8-4 渔场经济学

如果由可以自由进入的小规模的、互相独立的渔民捕鱼,只要后加入者在扣除成本(包括正常利润)后还能赚取净收益,捕鱼量就会上升。渔民赚取净收益直到 E_1 点,在这一点上,TC 与 TR 线相交,一旦最后的一艘渔船进入渔场,则任何捕鱼船都没有净收益,利用公共渔场的外部成本导致该结果的发生。

边际成本是总成本的斜率(不变的单位成本、边际成本),边际收益是 TR 上任意一点切线的斜率。在捕鱼量为 E^* 点时,TR 的斜率与 TC 的斜率相等,边际收益等于边际成本,捕鱼的净收益达到最大。对渔场具有所有权的企业或者政府通过限制渔民(渔船)的进入,可以使得捕鱼量控制在最优的 E^* 点。

将 TR 与 TC 之间的差额称之为资源租金(resource rent),资源的最优利用可以表述为使得资源租金最大。

最优的捕鱼量 E^* 比渔民可以自由进入开放渔场时所能达到的捕鱼量 E_1 要小得多。经济上最优的捕鱼量也小于自然界可容忍的最大捕鱼量 E_2。只要捕鱼工作存在一定的成本,经济上最优的捕鱼量就会在 E_2 的左边,并且在这点上 TR 曲线具有正的斜率。这一点告诉我们:对于一个社会经济而言,从任何可再生资源中获取最大可再生产量不是经济上最优的,获得最大社会福利的产量小于最大产量。

对于一个开放的渔场来说,如果单位成本低得使 TC 线与 TR 虚线部分相交(在交点处鱼的存量很小,无法补充捕捞量),追求利润最大化的渔民就会引起鱼的灭绝。原先可持续的捕鱼活动变成了不可持续的。一旦过量捕捞变得明显，渔民就可能进行调整，自动减少捕鱼量。如果渔场是公共的，那么渔民捕鱼的成本仅仅是其时间的机会成本，可能是很低的，过度捕捞就成为了现实的可能。

类似于渔场经济学的特征，清洁的空气、水资源等都有同样的性质。只要对他们的利用不超过其自身的净化能力，废弃物进入空气和水会被降解，从而不会引起持久的环境损害。然而，作为公共资源的空气和水在世界范围内的超量过度使用超过了其自洁能力，环境污染变得严重。

在共有产权制度安排下，个体理性的自由选择并非必然促进公共利益，反而造成了资源的枯竭，损害了渔业可持续发展的基础。共有资源的非排他性，客观上导致了对渔民竞争性捕捞的激励，越来越多的人参与到渔业捕捞这一有利可图的过程，悲剧的发生不可避免。防止共有渔业资源出现悲剧的方法，一是政府对渔业捕捞能力实施有效控制，二是私有化的渔业产权，即把共有财产性质的渔业资源转变成私人财产。关于有关政策方案将放在后续内容讨论。

四、时间的影响

我们知道，由于货币的时间价值问题，未来1元钱的收益与现在1元钱的收益不可同日而语。如果想对二者进行比较，就需要利用贴现率将未来的收益还原为现值。由于贴现率的不同，同样的未来收益还原成的现值也不同。

较高的贴现率减少了未来年份收入的现值并会降低长期投资的吸引力。在分析环境的可持续问题时使用不同程度的贴现率可能得出不同的结论。贴现率越高，资源与环境未来可能带来收益的现值就越低，促使人们更加喜好对资源环境的当期消费；而贴现率越低(甚至为负数时)，资源与环境未来可能带来收益的现值就相对越高，将有限的资源放到未来消费也许更为值得。

基于时间价值的考虑，一些经济学家认为诸如全球变暖，全球生态系统恶化，多样化降低等全球性的环境灾害并不需要现在处理。一方面，今天解决全球变暖、全球生态恶化等问题的成本非常高，因为机会成本是降低今天的产出；另一方面，收益是在未来发生的，可能是几十年、甚至几百年以后，因为自然的变化是非常缓慢的。如果使用常用贴现率进行贴现(例如3%或者更大)，那么那些收益在今天看来就会非常小，不如等到未来再来考虑补救措施。

贴现率(正的)的引入使得同等货币量的未来收益普遍低于现实收益，有人将此称为对后代的歧视。一般认为，对于“穷人”而言，由于其没有能力等待长期投资的回报而且对收入有直接需求，所以会选择较高的贴现率，贫困的国家为了现实的生存需要往往不得已放弃或者减弱对资源环境的保护。当然,从另一方面讲,如果较高的贴现率是市场利率的真实反映,那么其可以通过对投资的抑制来减少对资源的利用和对环境的损害。

下文利用不可再生资源(以矿藏为例)的开采决策模型来探讨时间的影响。以下模型来源于自然资本代际产权分配模型(毕秀水,2004)的一部分。

用下式表述不可再生的自然资本开采决策问题:

$$V_0=(P_0-C_0)+(P_1-C_1)/(1+r)+(P_2-C_2)/(1+r)^2+\cdots+(P_t-C_t)/(1+r)^t \tag{8-1}$$

式中:P_t、C_t为 t 时刻开采资源的价格与成本,t 为耗尽资源的时期,$P_t-C_t=R_t$ 为 t 期的单位矿区使用费。V_0 为各期开采的净现值总和。显然,最优开采率要保证 V_0 最大。作为矿主将面临以下几种决策:可以开采并出售这种资产,转变为当前收入以供消费;也可以靠储藏这种资产增值,还可以把这些资产变现转换成金融证券并以 r 的利率得到利息或同时运用上述几种选择达到收益最大化;还可以借贷支付当前消费而保留这些资产。V_0最大化的结果是:

$$R_0=R_1/(1+r)=R_2/(1+r)^2=\cdots=R_t/(1+r)^t \tag{8-2}$$

即每一时期单位矿区使用费的现值均相等。否则,矿主可以把开采从一个时期改到另一个时期,以便增加其矿藏现值。只有在 R_t 以 r 的速度增长,或者 R_t的现值在各个时期保持不变的情况下,在每一时期才会开采某一数量的矿藏。

r 是由当代人确立的市场利率,至于后代人能否接受取决于后代人对现在的资源评价(包括使用价值、经济价值、技术上的可替代性等),也许现在保留的资产到那时已经成为无用之物,也许其价值(存在价值、选择价值、经济价值等)会更高。这是不确定的未来所具有的现实不确定性。

一般的项目决策分析中,r 都被赋予正值。正的社会贴现率有两个原因:第一,如果一个社会急于享受利益,那么未来收益的价值就低于今天收益的价值,也就意味着正的贴现率;第二,如果人们预期他们在未来会变得更加富裕,能够进行更高的消费,那么他们对未来更多消费的需求就会低于今天的需求,同样意味着正的贴现率。然而,在讨论资源环境问题是,有经济学家提出了不同的观点。达斯古普塔认为,从哲学家的角度,社会缺乏耐心是不合逻辑的,因为这等同于我们因为后代人尚未到来而采用不利于他们的政策。即使接受社会缺乏耐心这一点,由此得到的正的贴现率也非常小。对于第二个原因,如果消费不断增加的社会采用正的贴现率,那么消费不断减少的社会就应该采用负的贴现率。进行全球社会福利分析的时候，应该考虑到消费下降的可能性，总的消费水平是不同地区消费水平的加权平均，而贫穷地区应该给予更高的权重，全球平均消费水平在几十年过程中有可能存在负增长的时期。在进行成本收益分析的时候，对于消费负增长的时期就应该使用负的贴现率。正的贴现率意味着未来的成本收益在今天会更小，负的贴现率恰恰相反(达斯古普塔，2005)。

也有观点认为，虽然对环境无害的项目更加强调未来收益的持久性，相对具有直接收益的项目而言吸引力较小，在评估环境项目时使用较低的贴现率水平是一些环境经济学家所倡导的。这样做可以使对环境有益的项目在评估时获得优势，但是存在的问题是可能会很难排除经济上不可行的政府项目或难以通过与私人部门相关的项目。因此，"经济学家一般都赞同具体问题具体分析，并且贴现率这个工具对环境保护或改善并没有太强的针对性。"(斯图亚特·R·林恩，2009)

五、林场的消失

林场模型(波金斯等，2005)：

假定有一大片森林为一家私人木材公司所有，所有权可保证至长久的将来不受侵犯，为简化模型，假定不考虑森林的非木材产品。

私人木材公司有三种选择：①在当前，砍掉所有可以出售的木材获得利润，然后将获得的收入投资于另一行业；②在未来某一时间，砍掉所有可以出售的木材获得利润，然后将获得的收入投资于另一行业；③在长时间内持续采伐树木。如图8-5所示。

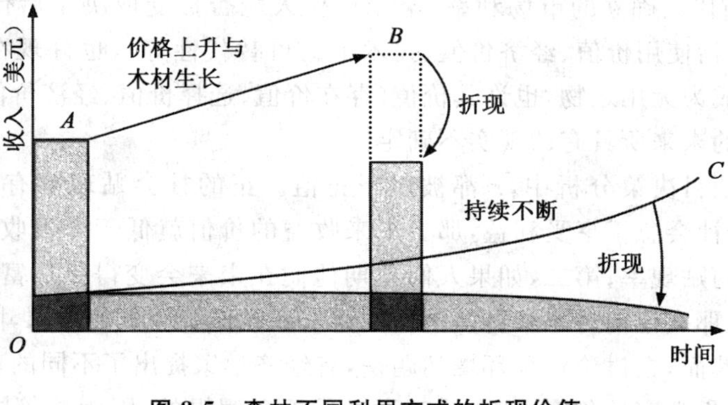

图 8-5 森林不同利用方式的折现价值

选择 A 是现在砍掉所有树木；选择 B 是未来某一时间砍掉所有树木(此时木材会因为得到一定时间的自然生长而增加，价格也可能上升，但折现会使得收益折成现值以后下降)；选择 C 是连续采伐，树木生长速度、树木价格增长幅度与折现率的高低均会对收益产生影响。

矩形 A 表示现在砍掉树木的净收益，此时折现率为 1(即不需要折现)；B 表示未来某一时刻砍掉树木出售的净收益，由于树木的自然生长与价格的上升，未来砍掉树木的收益 $B>A$，假定折现率为 r，木材公司未来某一时刻净收益的现值为 $B/(1+r)$，B 上部的虚线部分表示 $B-B/(1+r)$，即折现减少的净收益；C 表示连续砍伐的收益，其随着树木的自然生长和价格的增加而不断上升，其下方的阴影部分表示 C 的现值。

如果折现的影响超过木材自然生长与价格上升影响之和，选择 A 的价值会超过选择 B 或者 C 的价值(这里指现值，下同)，已经成材的林木应该属于这种情况，对于这种林木，立刻砍伐是比较好的选择。如果林木不是成材林，未来的生长潜力很大，或者林木未来的价格上升速度很快，亦或是折现率比较低，则选择 B(将来砍伐)或者 C(持续采伐)获得的净收益的现值可能超过 A。

对于具有比较高的贴现率的发展中国家，由于林木(尤其是热带雨林)的生长速度是比较缓慢的，往往要 20 世纪 60～70 年甚至更长，在没有预期其价格可能飞速上升的情况下，选择当期砍伐对于当事国可能是经济上合理的，这也就解释了为什么某些发展中国家以非持续的高速度来砍伐其拥有的热带雨林了。林场例子的思路可以更广阔的扩展到环境保护和资源利用的其他领域。

第二节　政策方案

市场机制实现资源有效配置是有条件的。这些条件包括市场的完全竞争性、完善的产权制度，以及完全信息、体现价值的市场价格体系等。现实中，许多环境和资源的市场根本不存在，不能通过市场行为进行交易，也没有价格。有些资源、环境的产权不可能明确界定，有些资源的产权可以界定，但要维护产权需要很大的交易成本。此外，环境与资源价格的定价因素极为复杂，要做到合理体现其价值非常困难。在这种情况下，市场"失灵"难以避免。它表现为企业对环境污染等外部性的漠视、企业追求自身利润最大化导致"公地的悲剧"、公共产品的供给不足等。外部成本不由厂商承担，其造成的市场失灵使得自然资源被过度的利用。很多学者认为，政府干预可以在很大的程度上减少或者避免外部性造成的麻烦，维持市场的效率。本节将分别几个方面探讨重要的政策方案。

一、产权

“对某些资源来说，一种简单的办法就是将其所有权授予个人或者企业，经济学家称之为产权（property rights）”（波金斯，2005）。利用赋予私人使用者产权的方法来解决资源过度利用的市场失灵问题需要注意几个重要的问题。

首先，产权必须是明确界定和排他的。排他性在确立产权利益主体的同时给资源带来了保护者，防止了“公海效应”（在公海，由于没有产权主体会导致滥捕而资源枯竭）的发生。排他性确立了资源保护的主体。

其次，资源所有者不一定是能够最佳使用资源的生产者。如果所有者将资源出租给那些原先能够免费使用公共资源的生产者，他会通过收取租金限制生产和使用，使资源在最佳水平下被利用，达到利润最大化。

第三，产权要具有长期性（有学者将其归为继承性，继承性使人们的利用趋向长期性），包括长期有效性和长期有利性。这样才可以促使所有者关心资源长期的和持续的利用，促使所有者为获得收益而对资源进行投资。

最后，产权还必须是可转让的。可转让性促进了资源的合理流动，把资源流转到最能发挥资源效益的人手里，使资源效益得以充分发挥，同时因为有继承性，产权主体会把一个好的产权传给后代。当然，一些公共资源的产权界定与转让是困难的。

产权的功能主要表现在对产权主体的激励、约束和对资源配置的优化方面。由于产权关系实质上是一种利益关系，在物质利益的驱动下，产权的所有者必然尽其所能发挥产权的作用，在实现产权主体物质利益的同时避免了资源的浪费。尽管产权主体不一定能最高质量、最好地利用资源，但充分发挥人们利用资源的积极性、主动性却是可持续发展战略所需要的。在物质利益的驱动下，产权关系同时又演变成一种责任关系，即约束产权主体对自己产权的保护和关心。物质利益的驱动还会导致产权的流动，资源通过市场配置到最善于利用资源的人手里。（郑小贤，2002）

在交易成本为零的世界里，科斯定理证明了资源的初始配置不会影响最终福利的大小。换句话说，无论产权界定给谁，交易双方都会在既定约束条件下实现个人效用最大化，使资源配置在效率最高的地方。但是现实的世界中交易成本无处不在，此时产权的界定就显得至关重要。不同的产权安排会产生不同的交易结果，产权制度的重要性存在于资源的可持续利用过程中。合理的产权安排使有限的资源不仅能够“满足当代人的需求，而且又不对后代人满足其自身需求的能力构成危害”。（李刚、王礼平、张晓仑，2002）

有学者还提出从长期来看，有效率的产权应该具有延续性和稳定性。从产权的延续性和稳定性与社会经济可持续发展的关系看，产权的延续性和稳定性可以减少社会经济发展的大起大落，从而保持社会经济的平稳发展；可以为社会经济发展提供激励机制；可以鼓励社会财富的积累和创新。（卢现祥，2006）

二、政府干预

政府可以作为公共资源的所有者，直接管理资源的使用，以便保证资源不被过度使用。例如，政府可以直接限制渔民的捕鱼量、工业生产者的污水排放量等。

私人对公共资源的利用可能由于使用者缺乏远见和自私自利而不利于社会整体，政府干预可以在一定程度上避免资源的过度利用。假设政府拥有关于资源的充分信息，那么他会依据这些信息在生态利他原则的指导下制定相应的资源利用政策，使资源的利用“既能满足当代人的需求，而且又不对后代人满足其自身需求的能力构成危害”。资源的使用以国家政策为依据，由政府确定资源的利用方式，个人不能随意处置。政府要想保护自己的产权，就要不断地搜寻信息来完善政策和加强政策的监督执行。现实生活中，资源在许多地区都是以国家所有的形式来管理的，并以宪法的形式来确定政府的这种权利，私人不能自由地利用资源，必须按照相应的国家规定行事。

三、税收

税收可以抑制生产者使用公共资源的欲望，从而获得最优的资源利用程度。以产量为征税对象可以减少会造成外部成本的产品的产量；以外部性本身作为征税对象则可以刺激对减少外部成本项目的投资。

在将外部成本内部化的过程中，税收的优势在于其允许厂商选择减少使用公共资源的方式，避免了政府干预造成的资源租金净损失的现象。此外税收是政府获得的大量收入也可以通过政府投资或者转移支付用于环境保护项目或者弥补环境污染给人们带来的损害。当然，征税的方法同样需要政府获得诸如污染与产量的关系、减低污染的成本以及污染的外部成本等重要的信息，在这一点上，征税与政府干预没有本质上的区别。

四、许可证

许可制度赋予许可证持有者利用一定限额的某种公共资源的权利，其实质是在没有产权的地方创造产权，在市场缺失从而造成外部性的地方，创造出市场，纠正外部性。

如图 8-6 所示，MAC 曲线表示的是随着污染程度变化的边际降污成本，在 MAC 曲线上的任意一点，都表明采用的降污手段的成本是最低的，沿着 MAC 曲线从右向左移动，边际降污成本会上升。MEC 曲线表示污染的边际外部成本，污染的外部成本是其给别人造成的一系列福利损失，例如对于健康、环境、舒适度、生产率等的影响，这里假定这些成本可以衡量。

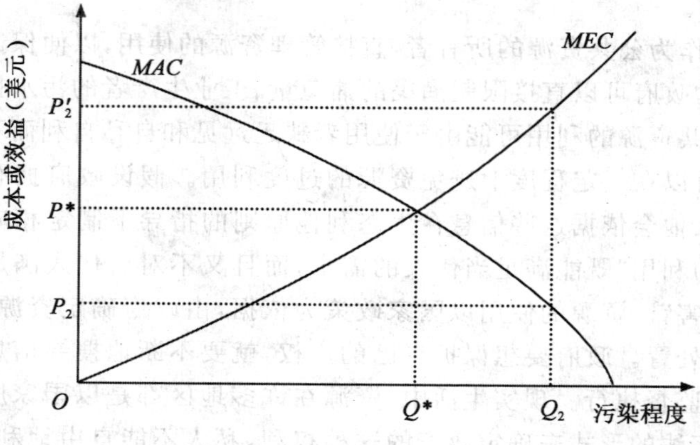

图 8-6　允许污染的可交易许可证

假定政府知道污染的最佳水平，并拍卖价值为 Q^* 的排污许可证。没有排污许可证的企业如果被发现排污将受到其不可承担的处罚。许可证具有与政府管制和税收相同的强制性效果。如果 MAC 代表市场中所有企业降低污染的成本，企业会通过竞争，使得排污许可证的价格达到 P^*。MAC 曲线表明，企业能够以小于 P^* 的成本将污染减少到 Q^*，但是如果没有许可证，它们就必须以大于 P^* 的成本将污染减少到 Q^*，因此，MAC 曲线是排污许可证的需求曲线。

政府可以用两种方式出售许可证，一是确定许可证的数量，按照市场拍卖的价格出售，二是确定许可证的价格，按照市场的需求数量出售。如图 8-6 所示，如果政府将许可证的出售数量定在 Q_2 或者将其出售价格定在 P_2，那么污染程度会高于公众所愿意接受的水平（MEC 曲线所示）。在 Q_2 的许可证水平下，由于污染为 Q_2，污染所造成的公众的边际成本为 P'_2，如果存在着一个有效率的许可证市场，污染的受害者就会向制造者购买许可证。当公众的收益（MEC）等于污染制造者的成本（MAC）时，许可证的市场价格为 P^*。此时的污染水平 Q^* 为最优污染水平。

五、政策失败

虽然一些政府干预措施可以解决自然资源与环境方面的市场失灵问题，但是政府政策造成资源浪费与环境恶化的现实也表明在世界范围内存在“政策失败”的情况。当生产具有外部成本时，通过征收产量税和给予可以买卖的产权是一种常用的促使外部成本内部化的政策措施，但是，政府的限价政策和生产补贴有可能损害产权的明晰并助长对有限资源的无限开发。波金斯提出了三种常见的政策失败的情况，主要包括林业政策（forestry policy）、能源定价（energy pricing）和基础设施投资（investment in infrastructure）。

当企业以利润最大化为目标，而政府强调社会利益时，两者目标的差异可能导致行为冲突，引发“政府管制博弈”。政府的经济政策是以税收和收费等手段，把外部成本纳入排污方的成本与收益中，从而实现外部成本的内部化，这需要准确掌握排污方的排污量和边际污染控制成本来制定出合理政策。经济政策在决策和实施时存在时滞及寻租行为，也会导致政策的失效。因此，现实中虽然可持续发展要求某种政府干预，但提供这种干预的成本太高，以至造成效率的损失。政府干预不能完全解决市场“失灵”所遗留的所有问题。（金乐琴，2005）

现实情况是，一些政府干预的国家仍然出现资源的破坏性开采和生态环境的恶化。一方面，信息不完全是生活中的普遍现象。要获得完全的信息几乎是不可能的或者将会因为巨大的成本而被迫放弃。不完全信息条件下的资源政策不能充分满足可持续利用的要求。在不完全信息和有限理性的现实中，政府对资源的管理需要付出昂贵的成本。当这些成本得不到充分补偿时，付出成本就是不经济的。

例如：政府取代市场直接对公共资源进行管理，为确定资源的最佳利用量，政府就必须获得厂商有关资源利用成本和消费者对资源需求的信息，政府如果想要替代市场确定合理的排污量，就需要对于成本有清楚而准确的信息，信息的不完全使得政府难以确定资源开发利用和产出的最佳水平。

政府可以通过统一的规定限制资源的利用量，但对于污染制造者而言，可能并不在其最佳的减少污染量上，因而其成本不是最深低的。政府管制本身加重了厂商和消费者的成本负担，降低了经济效率，较高的成本会使在最佳资源利用量上获得的租金不再存在，而且这些租金也不能被任何人获得，造成社会福利净损失。

此外，当个人认识到存在政策缺陷时，他的行为会表现为一种短期化。通过寻找政策的漏洞使自己的预算约束软化，并且为了在政府弥补漏洞之前获得最大的收益就尽可能地开采资源，而不顾未来的后果。

第三节 可持续性的衡量

一、人与自然资源关系的悲观与乐观的判断

19 世纪早期,著名的英国人口学家托马斯·马尔萨斯(Thomas Multhus)预言,除非不断上升的死亡率和下降的出生率急剧地将人口抑制住,否则不断增长的人口会使地球生产食物的能力耗尽。虽然到了 20 世纪后半期,问题的焦点由土地和农业转向了所有的资源和全球环境,但马尔萨斯的观点仍然具有影响力。

马尔萨斯的观点认为:对自然资源的需求,是以人口和收入的幂指数形式增长为基础的,而资源的供给是绝对有限或者线性增长的。如图 8-7 所示,无论人口和收入的增长率多低,任何以幂指数形式扩张的需求最终都会超过固定的或者线性增长的供给,我们将其称为"马尔萨斯陷阱"。马尔萨斯认为,如果对人口增长缺乏足够的道德约束,人口过量最终会带来战争和饥饿。

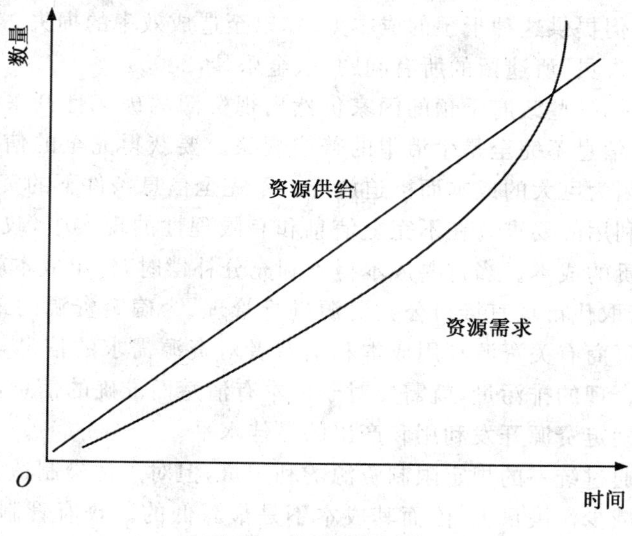

图 8-7 全球资源均衡

马尔萨斯的预言似乎没有变成现实,人类并没有落入"马尔萨斯陷阱"。以粮食为例,一个世纪以来,随着科学技术的不断进步,世界粮食产量迅速增长,人口规模虽然不断膨胀,但增长速度似乎得到一定的控制。虽然世界个别地区严重缺粮,但从世界的整体来看,粮食的供给仍然有大量剩余。粮食的短缺只是局部性的,不

会产生全球性的影响。

乐观的学者认为，尽管快速的人口增长确实会对经济发展造成压力，会对环境造成一定程度的破坏，也会导致一定的社会压力，但是经济增长也有使得人口增长缓和的可能，两者并不一定永远是矛盾的。技术变革，教育、经济和社会机会的改善，以及同时关注市场和市场的外部性，打开了持续经济增长的大门，使一国无须面临人口过量造成的不可逆转的威胁。（转引自林恩，2009）

人类社会进步的过程中已经并正在通过三种方式避免马尔萨斯陷阱的发生：一是通过技术进步提高包括土地在内的资源利用效率；二是某种资源稀缺时（或之前）寻找并使用替代资源；三是减少人口增长率。

有学者的研究表明：在信息时代，以互联网技术为基础，经济全球化为前提，使得各国的资金、资源、劳动力、信息、技术、管理等经济发展的一切基本要素，以最快的速度进行流通，人类资源在全球金融资本市场上统一配置，从根本上提高了人类资源的使用效率。资源供给按斐波那契级数增长，需求按算术级数增长，供给大于需求。"后信息时代"人类资源供给按几何级数增长，需求按斐波那契级数增长，供给仍然大于需求（龚臣，2008）。按照这种说法，人类不会落入"马尔萨斯陷阱"。

马尔萨斯陷阱的立论依据是没有技术进步。如果有足够的技术进步，或者说，如果技术进步能够完全弥补资源不足，那么人类就不可能陷入"马尔萨斯陷阱"。然而，有两个问题值得注意：第一，技术进步能够完全弥补资源不足吗？第二，技术进步的速度足够快吗？或者说，在技术进步能够完全弥补资源不足之前，人类是否有可能已经落入"马尔萨斯陷阱"？

悲观的观点认为虽然全世界的人口增长率正在放缓，但仍然很高，到21世纪中叶可能会达到100亿。随着人口密集的亚洲和拉丁美洲的持续发展，消费水平的增加将带来更多的资源耗费和环境污染。随着不可再生资源的耗竭和废弃物对环境的占用，技术创新速度无法弥补人口增长造成的资源消耗速度，替代成本与新技术的成本会大幅度地提高，增长放缓直至停止。

新古典学派认为不断增加的资源稀缺性本身不仅可以改变人们的行为习惯，也是导致技术进步的诱因。资源的稀缺导致其价格上升或者外部成本增加，可预见的高成本和高价格引导缓解资源稀缺性的行为和技术。某些资源价格的上升使得原来高成本的替代方式变得经济，稀缺资源促使技术得到快速发展。

例如，原油资源的不断耗用导致其稀缺程度的提高，价格不断上升。较高的价格使得研究新技术来提高原油产量或者寻找原油的新储量会得到更高的回报，而是替代原油的新能源的研发变得更加经济。即使这种替代能源的价格无法下降，只要原油的价格上升到一定程度，原先虽然技术上可行而经济上不可行的新能源便是经济可行的，并且也会有更大的投入使其技术不断地完善，成本不断地下降。

对于环境污染的情况是类似的，尽管大多数环境舒适程度没有交易的市场，但是无论生产者还是消费者都能够感觉到污染带来的成本。随着这些成本被感知，包括经济学本身在内的知识、制度、技术乃至行为方式等一系列的需求会随之上升，从而缓解直至解决环境污染带来的问题。

二、可持续性的衡量

自然资本（natural capital）是一国现存自然资源的价值，与后天资本（made capital）相对应，包括渔场、森林、矿藏、水和环境。提出自然资本的概念是为了在分析经济增长时加入自然资源因素。与其他资本类似，自然资本也会在生产过程中被耗用，同时产出商品和服务，可以通过投资（用以发现新的自然资源）和自然增长（指可再生资源）而增加。

自然资本的计算方法采用净现值的概念，等于商品或者服务的收益减去其他成本（包括机会成本）之后剩余部分的现值之和。这种估价方法直接用于森林、渔场、矿藏、水源等自然资本的价值计算。当然，自然资本的价值确定问题并没有完全地解决，例如“环境”所涉及的因素非常广泛而复杂，这种自然资本的价值在目前就很难确定。

述及可持续性衡量的问题必须首先对可持续性的概念有所界定。波金斯等将可持续性的标准定义为包括自然资本和后天资本在内的全部资本存量不变，即消耗的自然资本必须由后天资本的净投资来补充（波金斯，2005）。

考虑自然资本年消耗量对于国民生产净值的影响，可以得到“调整后的国民生产净值（adjusted net national product，ANNP）”的概念。

$$ANNP = GNP - D_m - D_n = C + S - D_m - D_n \qquad (8\text{-}3)$$

式中：GNP——国民生产总值；D_m——后天资本的折旧；D_n——自然资本的年消耗量；C——消费；S——国民储蓄。

如果每年的储蓄足以补偿后天资本的折旧和自然资本的年消耗，那么国家就可以维持其消费，即达到基本的可持续标准。如果将 $NS = S - D_m - D_n$ 称为净储蓄，那么 $NS > 0$ 是基本的可持续标准。

近年来，人们已经逐步认识到使用 GDP 作为福利量度的局限，尤其是在考虑环境保护与可持续性的时候。GDP 仅是货币量的加总，它无法区分开能够增加福利的经济行为（如在休闲、食物或者在衣着上的花费）和其他行为（如环境污染）等不同形式的经济行为。同样常用但更宽泛的概念是联合国的人类发展指数

(*HDI*),其中包括人均 *GDP*、平均寿命和识字率三个方面,通常是三者的加权平均。

因为 *GDP* 和 *HDI* 都没有充分地考虑到未来的因素,两者都不适于作为可持续发展的衡量标准;而财富可以解释经济的生产基础,布伦特兰报告用经济生产基础解释可持续发展。因此,只要一个经济体的人均财富没有减少,发展就是可持续的。达斯古普塔等经济学家提出用"财富"作为衡量跨代或跨时期福利的指标。财富不仅包括制造业资本(如建筑、机器和道路),同时也包括知识和人力资本(如技能和健康),自然资产(如生态系统、矿产和森林)以及制度(如政府、公民社会、法律规则、合同规则)的价值。

我国的一些学者采用可持续经济福利指数(index of sustainable economic welfare,ISEW),从社会政治角度来衡量城市可持续性。设计了城市 *ISEW* 的计算方法开展了各项计算因子的方法学研究。研究以苏州、宁波、广州和扬州为案例城市,计算了 1991—2001 年各城市的 *ISEW* 值及各项因子对 *ISEW* 的贡献率,分析了案例城市的可持续发展水平(杜斌,2004)。

三、穷人与富人的可持续问题

贫富差距在世界范围内都是巨大的。有研究显示,1998 年,加拿大人的平均预期寿命是 79 岁,但在世界最低水平的塞拉利昂却只有 37 岁;在美国,人们的受教育年限通常为 16 年,但在尼日尔却只有 2～3 年;高收入国家每万人拥有的医生为 25～40 个,而在低收入国家则不到 2 个。(林恩,2009)

穷人需要通过经济的快速增长使自己变得更加幸福,与现在的富人的父辈们曾经做过的一样,在这个过程中可能会大量地耗费资源和污染环境,而这种资源的耗费与环境的污染会对于现在的富人们产生负的外部性。

一些人认为,减轻贫困不应该以破坏环境为代价,另一些人则认为,保护环境不应该以放弃人们为追求幸福的发展为代价。贫困的人们在经济发展的过程中如果对资源无节制地耗费和对环境无节制的污染,最终会破坏经济的发展,使得贫困进一步地加剧,陷入恶性循环。有研究认为,贫困在多大程度上引起环境的恶化,取决于贫困人口的特点以及他们生存的环境在多大程度上为他们提供基本需求。

单纯片面地强调环境保护是幼稚的,也是不具有可操作性的。极端的例子是当一个人快要被饿死的时候,他首先想到并付诸行动的是吃东西,而不论吃掉的是普通的牛肉还是濒临灭绝的珍稀动物。迫使穷人为保护环境而牺牲其日常需求有悖于人类公平的基本理念。那么,如何在资源利用、环境保护与经济发展中权衡就尤为重要了,这也正是资源环境经济学家存在的必要性。

有学者认为，环境与经济增长之间存在着库兹涅茨曲线形状的倒U型曲线关系，并将其称为环境库兹涅茨曲线。也就是说，早期的经济增长会大量地耗费资源、污染环境，随着收入水平的提高，人们越来越关心环境问题，在经济发展到一定阶段之后，人们愿意为环境的改善进行消费与投资，从而促成环境的改善。而质疑者则认为，环境的改善受包括政治、经济、技术等多种因素的共同影响，其机理是非常复杂的，并没有足够的证据能够证明环境的改善与经济增长具有普遍的显著的关系。

现在，很多发达国家在全球范围内向发展中国家施加越来越大的压力，以期待能够得到可持续的资源利用和环境保护。例如：通过有效的保护热带雨林不被砍伐来维持舒适的生活环境，通过减少石油和煤炭的消费量来防止全球变暖。然而，通过单方面牺牲发展中国家的利益来为发达国家曾经的快速发展和现在的美好生活"埋单"似乎有失公允。木材是热带国家极具价值的可出口资源，将林地改为农用可能是其发展农业简便而有效的方法。随着经济的快速增长，发展中国家对于石油、煤炭等能源的用量会显著地增加，这里的人们只是在为自己能够幸福地生活奋斗，正像发达国家人们的父辈在几百年前所做的一样。

发达国家曾经的快速发展和现在的幸福生活是建立在付出高昂的资源耗费和环境污染的代价上的。发展中国家的人们追求幸福生活的愿望应该得到应有的尊重，而资源的高耗费与环境被污染的老路不应该重走。毕竟世界只有一个地球，没有谁想毁掉自己生存和繁衍的家园。

"新路"应当是建设环境友好型的社会，在资源的合理利用与环境不被污染的状态下实现经济社会高速的、可持续的发展。当然，这种"新路"是需要付出成本的，但是相比资源的枯竭与环境的恶化这种成本可以很小。发达国家拥有比发展中国家明显强大的人力资源优势和技术优势、资金优势，同样地提高能源使用效率、防止环境污染的技术与人才由发达国家提供的成本可能会大大低于发展中国家自己的研发与培养。从某种意义上讲，发达国家为了环境保护和资源可持续利用的"无私援助"本应成为一种应尽的义务。

全球的可持续发展，要求发达国家的资金、技术、人才等向发展中国家的流动，在资源与环境利用方面提高效率不仅是发达国家愿意看到的，也是发展中国家追求的目标。

目前的状况是，发达国家非常重视资源利用与环境保护，但其重视的资源和环境往往不在或者不全在其国家可控的范围之内。发展中国家人们的生活水平还相当落后，追求幸福生活、加快发展速度当然是他们的渴求，然而这种快速的发展可能带来超出其国家范围之外的外部成本。也正因为上述的原因，各国之间才会出现各种基于资源利用与环境保护的矛盾，而谈判也在继续。

参考文献

[1] 高煜. 产权、资源利用与中国的可持续发展. 西北大学学报(哲学社会科学版)，2006(1).

[2] 斯图亚特·R·林恩. 发展经济学. 王乃辉，等译. 上海：格致出版社、上海三联书店、上海人民出版社，2009.

[3] Garrett Hardin. The Tragedy of the Commons，Science：162(1968)：1243-1248.

[4] 常晓素. 外部性与环境保护. 合作经济与科技，2006(4).

[5] 赵红. 外部性、交易成本与环境管制——环境管制政策工具的演变与发展. 商情，2007(4).

[6] 怀特·H·波金斯，等. 发展经济学. 5 版. 黄卫平等译. 北京：中国人民大学出版社，2005.

[7] 毕秀水. 自然资本代际配置研究——可持续发展的产权制度设计. 中国工业经济，2004(8).

[8] 授帕萨·达斯古普塔(Partha Dasgupta). 自然与经济发展：如何思考两者关系. 北京大学中国经济研究中心第三届“严复经济学纪念讲座”，2005-9-28.

[9] 郑小贤. 林业产权制度与森林可持续经营. 北京林业大学学报(社会科学版)，2002(1).

[10] 李刚，王礼平，张晓仑. 资源可持续利用的产权安排. 财经科学，2002(1).

[11] 卢现祥. 产权的延续性和稳定性与社会经济可持续发展. 中南财经政法大学学报，2006(2).

[12] 金乐琴. 非政府组织：可持续发展制度创新的亮点. 山西财经大学学报，2005(1).

[13] 龚臣. 如何破解“马尔萨斯陷阱”. 当代财经，2008(2).

[14] 杜斌，等. 可持续经济福利指数衡量城市可持续性的应用研究. 环境保护，2004(8).

思考题

1. 阐述“渔场经济学”，并指明其主要用于说明“可持续发展”中的什么问题。

2. 举例说明贴现率 r 在分析“可持续发展”中的作用。

3. 为了经济发展放弃资源环境的保护可能影响人类社会的未来，然而为了资源环境的保护剥夺贫困国家为了追求幸福而发展经济的权利有悖于人类“公平”的理念。谈谈你对这一问题的看法。

第九章　经济革命与经济奇迹

第一节　经 济 革 命

“经济革命”的概念源于英国工业革命，指的是由生产力低下、经济增长速度停滞不前的、传统的、工业化前经济，向人均产量和生活水平相对提高、经济保持持续增长的现代工业化发展的转变过程（卡洛·M·奇波拉，1989）。这一过程是复杂的经济变革，包括经济组织的变革、技术变革和工业结构的变革。从宏观的层面讲，“经济革命”指一个社会经济成长方式的重大变化，即经济成长方式由只有“量的扩大”而无“质的改进”的“增长”，向既有“量的扩大”又有“质的增长”的“发展”转变。“增长”和“发展”两种成长方式的主要差别在于技术有无重大进步以及劳动生产率是否大幅度提高（李伯重，2002）。

人类迄今已经历了三次经济革命，始于16世纪中期的英国农业革命①、随之而来的工业革命以及近现代的信息革命，这三次经济革命，并不是孤立的没有联系的偶发事件，而是按照一定历史逻辑演化的必然结果。相同之处是都以技术进步以及劳动生产率的提高为重要标志，但同时又各有内在特点，造就了不同时代的发展，影响了全世界的发展趋势。

一、农业革命

农业革命历时300多年，从16世纪50年代到19世纪70年代，在农业制度领域及农业生产技术领域发生变革，在此基础上孕育了工业文明。

首先，农业革命是场制度性革命，它涉及私人土地产权的确立、土地的出租经营及其对封建地产的替代、农场规模的变化、人们在土地上进行劳动的雇用方式的

①农业革命的另一种定义，是指从狩猎游牧业向定居农业的转变（见道格拉斯·诺斯《经济史上的结构与变迁》，上海三联书店、上海人民出版社1994年版）。本章不采纳此定义的理由是诺斯研究的狩猎游牧业距今久远，与发展经济学的研究对象有较大距离。

变更，因此，许多经济学家称之为制度性变革（Mark Overton[①]，1996）。农业制度的变革是英国农业革命的一大内容。

圈地运动实现了产权关系由排他性公有产权向私有产权转变，这是农业制度变革的主要途径。16世纪从东方世界带入的大量黄金引起了价格革命，消费品价格疯涨，其中以羊毛和粮食价格上涨最快，而同期劳动力价格上涨相对缓慢。这种情况导致地主生产偏好发生变化，物价大幅度上升促使人们放弃低效的敞地制而采用高效的圈地制，以便生产出更多的农牧产品去出售，获得更大的利润。同时雇工工资的低廉也驱使一些贵族、乡绅收回本应由公簿持有农租种的世袭"份地"，使用各种手段强迫他们退佃，将土地围圈起来，使用雇工劳动，以获重利。这时的圈地运动导致了一系列社会问题，于是，16世纪50～60年代国会颁布了一系列反圈地法令，但是圈地运动已成为土地集中和规模化使用的经济变革方式，具有不可抗拒的趋势。从18世纪开始，为引导和约束圈地，英国政府转而采取一系列迎合措施，因势利导，制定了一些配套制度，对圈地运动进行一定程度的限制和规范，缓和了矛盾，使土地所有权变革进程相对顺利而平和。因此，英国圈地运动过程体现了渐进性和规范性，经历了一个从自发性的诱致性制度变迁到政府主导的强制性制度变迁的转变过程。

通过圈地运动，自耕农作为一个阶级整个被消灭，意味着直接生产者与生产资料的脱离，为大工业发展提供了必需的自由劳动力和市场，成为英国工业革命的重要前提之一。英国农村的资本主义化以及大租地农场的经营方式，鼓励了对农业的投资，为农业技术的革新和机器的应用扫除了障碍。而且圈地运动是18世纪英国有史以来最为深刻的土地所有权变革，这种变革是中世纪以来地权变革的继续：它从农村公社时期公社成员的自主地，经过封建庄园时期的有条件的领主私有和农奴占有，到通过剥夺小土地所有制（包括世袭使用权）和村社土地，最终完成了建立资本主义土地私有制的过程（徐浩，1999）。私权的建立使租地农场的土地经营方式日趋流行，农场主成了最大的受益者，为追求更大的利益，地主和农场主都热衷于农业技术的使用，因此，土地产权的变革也促使了劳动生产率的提高。

其次，农业革命的重要表现是农业生产技术的变革。土地产权的变革虽然提供了良好的制度环境，在一定程度上促进农业生产率的提高，但劳动生产率更需要

①Mark Overton，英国埃克塞特大学（University of Exeter）教授，1972年进入剑桥大学攻读历史地理博士，1995年埃克塞特大学经济和社会历史学教授，2004年被授予社会科学学院院士。编写由剑桥大学出版社出版的《通往经济和社会历史的新道路》系列书籍，负责农业历史评论，农业史学家等。研究领域为中世纪到20世纪的英国农业历史，中世纪早期的英国经济与社会；利用的主要研究工具是遗嘱认证文件。

依赖农业生产技术的变革，包括农业耕种体制的变革、新作物的引进、畜牧的改良以及新式农具的使用。

在农业革命中，一系列新作物“涌现”，如萝卜、马铃薯、三叶草、苜蓿、芜菁等。在16世纪早期的英格兰，萝卜还只是一种花园作物，到了16世纪晚期，人们才把萝卜用作食物。17世纪二三十年代，在少数庄园里，人们开始把萝卜用作饲料。萝卜种植于8月份(即收完谷物后开始种萝卜)，具有生长快的特点，由于叶子宽大，在生长过程中还可以起到斩除杂草的作用。在成排种植的情况下，人们可以用锄头对萝卜进行田间管理，既锄了草，又保了墒(湿)。三圃制下，在休耕田里种萝卜，可减少因雨水渗漏而造成氮的流失，而且通过叶面的蒸发作用，更多的氮可以被截留在土壤中，增加了土地肥力。若用萝卜作为牲口的饲料，萝卜以牲口粪肥的形式还田，无形之中增加了土壤中氮的循环。由于以上种种优势，萝卜在休耕田里种植的比重呈现上升趋势，休耕田的面积则呈现下降趋势。马铃薯原产美洲，大约16世纪末由西班牙传入英格兰，被人们奉为上品。17世纪末，马铃薯在英格兰得以广泛推广，一个重要的原因是因其高产，能提供更多的能量。以千卡热量为标准，每100克小麦和土豆提供的热量分别为340千卡、83千卡。按19世纪的产量，小麦为500千克/英亩，土豆为5 000千克/英亩，每英亩土豆产生的热量是同等面积小麦产生的热量的2.5倍(Mark Overton，1996)。在多种作物引进的同时，有些作物的种植面积急剧下降，甚至在局部地区被淘汰。

多种作物的引进，丰富了作物品种，并提高了地力，在此基础上实现了代表先进农业耕种制度的诺福克四茬轮作制，此项发明为提高农业产量、推进农业技术变革提供了途径。英国传统农耕业一直遵循一套固定的耕作制度，但从12世纪开始，由于英国人口迅速增加，为提高单位面积产量，高效的三圃制逐渐取代二圃制。到14世纪中期，三圃制在英国各地盛行，但是敞地农业地区流行传统的两轮或三轮耕作制，休耕必然导致1/3的土地没有粮食收成，这就成为英国传统农业耕作制度的最大缺陷，造成粮食产量增长缓慢。在变换式轮作制下，永久性草场和可耕地之间的界线被打破了，人们把永久性草地进行犁耕，种几年庄稼，然后退耕还牧。1590—1660年，这种轮作制在英格兰得以广泛的推广。在实践的过程中，英格兰人把可转换式农业、三圃制、革命性作物、畜牧业与可耕地结合起来，发明了诺福克轮作制。著名的诺福克轮种制分为两种类型：一种是四茬轮种，种谷物、芜菁、大麦与三叶草；另一种是六茬轮种，种大麦、小麦、芜菁、燕麦及三叶草等。这种新的轮作方法具有积累的效果，饲料通过牲口转化为大量的粪肥，改变了肥源稀少的状况，不仅肥了牲口，而且提高了地力，增加了谷物产量。与三圃制相比，诺福克轮作制的优越性在于它解决了三圃制下扩大种植面积与地力衰竭的矛盾。在三圃制下，人们主要种植两三种作物，利用休耕的方法恢复地力，牲口的粪肥只是提高地力的一种补充方法。在这种情况之下，如果耕作面积固定，任何想增加粮食总产的办法都意味着饲料的减少、地力的衰竭和单产的下降。诺福克轮作制则打破了三圃制下的封闭状态，萝卜和三叶草的种植使饲料的来源充足，既为畜牧的发展创造了前提，也为粪肥的来源提供了保障。三叶草和豆类作物可以把大气中的氮转化为氮盐，促进作物根部通过土壤对氮盐的吸收，从而起到施肥作用。在三圃制下，休耕为人们斩除杂草提供了机会，而在轮作制下，通过在休耕田里种萝卜，同样可以达到除草的目的，这是因为萝卜茂盛的叶子可以阻止杂草生长，还可以把萝卜种得纵横成行，以便除草。作为轮种作物的芜菁，是牲口的饲料，芜菁的种植使牲口增多，牲口的粪便扩大了作物肥料的来源，增加了施肥量。因此，诺福克轮作制的推广打破了三圃之下的恶性循环，建立了一套农牧相得益彰的新的良性循环机制，最终导致休耕地的消灭。另外，圈地后的契约租地形式给农场主一种自由的土地使用权，为他们摆脱传统轮作制的约束，自由地采纳各种能产生高效益的新耕作方法提供了前提条件。

新式工具的发明和进步也是农业革命的一部分。16 世纪之前，英格兰人一直使用重犁，需要 6～8 头公牛或 4 匹马作为引力，两人作业，浪费畜力人力。从 16 世纪开始，在东部英格兰的部分地区，引进了“荷兰犁”，这种犁较为轻便，由两匹马挽犁，可以除掉两行作物间的杂草。17 世纪末发明出能使土壤碎化的马拉锄和播种机，但到 18 世纪末经改造后才得以流传开来。打谷机在 18 世纪末发明，改变了中世纪时期人们用皮带连接起来的两根链子打谷这种费时、费力且效率低的状态，它最大的优点是可以利用各种动力，如人力、马力、水力、蒸汽动力，因此生产效率很高。但是，拿破仑战争之后，由于劳动力人数增多，打谷机的使用一度出现了降温的现象，一直到 19 世纪四五十年代才再度升温，这时的打谷机，靠蒸汽机驱动，便于移动，适应性强，价格也有所下降。其他一些农机包括收割机、切草机等是到 19 世纪 20 年代才得以流行。这些新型农具都起到节约劳力的作用，因此这些新型农具的使用和推广就与劳动力市场密切相关，当劳动力市场上劳力充足，价格便宜时，农场主就会减少或放弃对农业机械化的投资，因此，农业劳动力是否过剩也成为影响农业革命时期农业机械化发展的因素之一。另外，新技术使用范围的扩大也与 19 世纪中后期资本主义农场主的增加有关，在这一农业革命终结阶段，以资本主义租地农场为主的英国土地经营方式进入了成熟运作阶段，英国绝大多数土地由农场主经营。这些农场主由为维持生计而耕作的农民，转化为面向市场展开竞争并自主决定生产经营状况的农业资本家，为了最大限度地获得利润，农场主千方百计地引进新的农业生产技术。

通过农业革命，英国的土地生产率得以提高。侯建新(1999)以家庭为单位，计算出 13—14 世纪一个典型的英国农户一年内生产的粮食为 103 蒲式耳(或 2 369 千克)，到了 15—16 世纪，劳动生产率提高到 240 蒲式耳(或 5 520 千克)。马克·欧维顿(Mark Overton，1996)通过计量每个农业人口生产农产品价值的方法，得出了农业革命使英国农业劳动生产率增长 106%的结论。

二、工业革命

第二次经济革命是工业革命，农业革命中农业劳动生产效率的提高使工业和城市人口的增长成为可能，并扩大了英国农村市场，促进了工业革命的发生。工业革命首先发生于 18 世纪 60 年代的英国，法国和美国于 19 世纪初发生，德国则在 19 世纪 30 年代发生，英国经历时间最长，至 19 世纪 40 年代才结束，其他国家随后在 1950 年左右就已完成工业革命。美、德两国后来者居上，分别于 19 世纪 80 年代、20 世纪初超过了英国的工业总产值。

在工业革命过程中，机器生产代替手工劳动，机器工业代替手工业，从而产生了工厂制度，形成了工业资产阶级和工业无产阶级。工业革命深刻而且不可逆转地影响它的诞生地——欧洲，虽然发展中国家是某种主动，更多情况下是被动地受发达国家工业化影响而产生转变，但是，工业革命的扩展的确影响了整个世界的命运，它推动了现代世界体系的渗透和扩展。经济史学家哈特维尔(Hartwell)评价工业革命时说："工业革命明显的和本质的特征是：总产值和人均产值增长率的持续增长，这种增长和以前的增长相比是革命性的"。工业革命的革命性主要表现在以下几个方面。

首先，工业革命是一次生产力的全面革命，促进了生产力的巨大发展和社会财富的巨大增长。第一次工业革命的基本特征是传统手工业生产的蒸汽化、机械化，其主要标志是纺织机、蒸汽机的发明和普遍使用，这些发明促进了以手工技术为基础的工厂手工业向机械化生产为基础的工厂制度的转变。人类社会得以由手工技术时代进入机械化时代，社会生产才由长期依靠人力、畜力、水力、风力转向蒸汽动力，由手工生产转向机器大生产，大大提高了劳动生产率。1848 年，当英国工业革命基本完成之际，马克思和恩格斯在《共产党宣言》中高度地概括了第一次工业革命在社会生产力方面的巨大成就："资产阶级争得自己的统治地位还不到 100 年，它所造成的生产力比过去世世代代总造成的生产力还要多，还要大。自然力的征服，机器的采用，化学在工农业中的应用，轮船的行驶，铁路的通行，电报的往返，大陆一洲一洲的垦殖，河川的通航，仿佛用法术从地下呼唤出来的大量人口——过去哪一个世纪能够料想到竟有这样大的生产力潜伏在社会劳动里呢？"工业革命使英国各主要工业部门的劳动生产率和生产量迅猛增长，社会产品极大丰富。棉织品产量1785年为4 000万码，1850年增至20亿码，增长49倍；煤产量从1770年的600万吨增至1861年的5 700万吨，增长8倍多；生铁产量从1740年的1 700多吨增至1850年的225万吨，增长1 300倍。工业革命前，英国的国民生产总值不到1亿英镑，1850年则达到了5亿多英镑。随着工业革命的完成，英国经济得到了无与伦比的动力。1870年，英国成为世界头号机器出口大国，其国民生产总值也从1850年的3 600万英镑增加到了95 300万英镑，增幅达78%以上，工业总产值则翻了将近1番，达98%。英国成了世界上第一个工业化强国。

其次，在工业革命中，英国的产业结构逐渐工业化。生产力上的巨大进步源于工业技术的发明和由此而来的工业体系各组成部分的相继建立，工业革命以轻纺工业为核心展开，通过纺织业机械化带动机械制造业的形成和发展，再拉动冶铁业和煤炭业，同时推进蒸汽轮船和铁路交通运输业的发展，最终形成以轻纺工业为主体，以冶金、煤炭、机器制造和交通运输为基本部门的工业体系，工业总产值大大超过农业总产值，农业人口在全国的比例小于工业人口，英国从一个农业国变成了工业国。同时，经济增长带来的人口增加，导致社会生产消费和生活消费在数量上的激增，也使社会消费结构逐步向以工业品为主的方向转变，这就进一步推动了产业结构向以工业部门为核心的方向转变。英国生产资料与消费品工业净产值比，1740年为16∶84，1851年为40∶60，1924年为54∶47，可以看出，英国工业大约从1850年起，基本上完成了从轻工业（棉纺织为主）向重工业、从劳动密集型产业向技术密集型产业的转变。从工业和农业在国民产值及就业结构中所占比例来看，从1801年到1841年，英国国民产值中的农业比重由32%下降到了22%，工业比重则从23%上升到了34%；从就业人口结构看，农业比重由35%下降到了23%，而工业比重则从29%上升到了39%。也就是说，以农为本的传统经济形式在迅速发展的商业和航海业的刺激下，向以工业为基础的现代经济形式转变。

第三，工业革命改变了英国社会经济结构，推进了城市化进程。工业革命前，以伦敦为中心的东南部地区，不仅经济发展，人口密集，而且是高等学校、大教堂的聚集地，是全国的政治、经济中心。工业革命后，随着工业化特别是交通运输业的发达，英国社会的流动性大大加强了，出现了工业经济中心扩散和城市化的浪潮。物产丰富的西北部蓬勃发展起来，盛产煤、铁的曼彻斯特、伯明翰等新兴工业城市成为英国的工业中心。工业革命带来了人类自身生产——人口的巨大增长。第一个实现工业化的英国，也第一个经历了人口爆炸。据统计，英格兰和爱尔兰的人口，在1600—1750年150年间，从500万人增至650万人，仅增加了150万人。但在1750年以后的50年间，就增加了250万人，其增长率是前一时期的4倍。另据统计数字表明:1750—1850年的100年间，英国人口从770万猛增到2 750万。在人口增加的同时，英国的人口重心发生转移，总的流向是由东南部流向西北部，由农村转向城市。工业革命创造了大批产业工人，使之成为市民，另一方面，工业生产的集聚效益和规模效益驱使企业向城市集中，这两种倾向共同促成了城市化的趋势。不断增加的巨大人口融汇在工业化及城市化之中，使人类的生活方式发生巨大变化，工业文明和城市文明逐步在全世界普及。

第四，工业革命促进了资本的集中和企业组织的形成。技术发明为资本集中提供了条件，但是决定资本集中的力量不是技术，而是企业家们对利润的追求。所以，资本集中在本质上是商业性质的现象。工业革命之前，欧洲已经发生了商业革命，商业贸易成为人们追求财富的一种有效手段，地理大发现带来的世界市场为商人追求利润提供了空间，商业贸易初期，商人们可以通过利用绝对比较优势进行贸易而获利，但是，随着商人队伍的扩大以及商业竞争的加剧，这种利润不断被稀释，为了获得更多利润，商业资本就转化为工业资本，通过控制工业领域而取得竞争优势。因此，工业革命也是商业资本转化为工业资本的历史进程。商人主宰的手工工场，有大量的雇佣工人，有非常完善的分工，有许多与近代工厂相似的特点，在此基础上逐渐演化成企业。在工业革命发展过程中，企业不再是一个特例，而是变成工业生产中一种正常的资源配置方式。同时，由于工业和城市的发展增大了对农产品的需求，农业资本主义也获得很大发展，农业生产被进一步卷入商品经济，工农业产品之间的交换规模急剧扩大，农业资本也逐渐集中。

第五，工业革命推进社会生产关系的彻底变革，创造了资产阶级和无产阶级两大对立阶级。从十五六世纪资本主义生产关系的初步出现，到十七八世纪通过英国资产阶级革命占据英国政治舞台，直到十八九世纪工业革命开始并完成，资本主义生产关系才最终确立起了自己的各种社会组织、社会制度。其中，工厂制度的建立，以高度的劳动生产率，排挤行业手工工场，掌握了众多产业部门，同时以极为迅猛的膨胀速度，重新组织和控制社会的各种经济资源，以满足资本家本性上对最大剩余价值的追求。从前的大商人、手工工场主变成了工厂主，而手工工场的工人、包买商控制的手工工人、独立的手工业者、失去土地的农民及大量的新增人口都变成了大工厂的工人。封建地主和一切中间阶级也受到了大机器生产的排挤。于是，以近代无产阶级和资产阶级为主体、以资产阶级为统治阶级的社会建立起来，从根本上改变了西方乃至整个世界的面貌，资本主义生产关系和西方近代文明最终确立。

三、信息革命

第三次经济革命是信息革命，肇始于20世纪中期，兴起于70年代微电子技术革命，发展于90年代后的网络革命和数字化革命。1971年，美国英特尔公司在大规模集成电路的基础上，率先发明了微处理机，使计算机走出了科研机构的狭小天地，开始广泛应用于社会生产、人类生活和军事领域，人类社会呈现出了新的发展态势。微电子技术日新月异的发展和电子计算机的广泛应用，揭开了人类社会知识革命的序幕，使人类在脑力解放的道路上实现了历史性的跨越。电子计算机革命连同接踵而至的网络革命和数字化革命共同把信息革命推向一个发展高潮，催生了信息产业并迅速崛起。电子计算机的广泛应用以及互联网的出现，革命性地改变了人们对信息的使用方式，唤起了信息知识经济时代的到来。

信息革命广泛深入发展的过程正伴随着资本主义社会经济的整体转型，信息技术和信息产业的迅猛发展引起了经济增长方式、产业结构和就业需求的变化，世界各国综合国力的增长获得了新的推进器。卡斯特(2001)认为，20世纪70年代可能是信息科技革命的诞生时期，同时也是资本主义演进的分水岭。发达资本主义社会又经历了一次整体性的历史转型，进入了一个新阶段。西方国家在此时开始从工业经济时代向信息经济时代快步迈进。

与农业革命和工业革命相比，信息革命作为一种新技术及经济发展路径来说，有其特殊的发展个性:农业革命及工业革命注重的都是机械工业的发展，并以此来解放人的体力劳动，而信息革命则注重信息处理技术的发展，并以此来解放人的脑力劳动。因此，信息革命给人类带来的不仅仅是一种技术上的进步，而且更带来了生产结构、生活方式、认识方式上的变革。

首先，就生产结构来说，信息革命导致了信息工业的出现和发展，并逐渐占主导地位。在整个社会经济和生活中，从事信息工作的将成为劳动力的主体。信息产业迅速发展，世界就业人口中从事信息生产、分配、流通、交换活动及相关活动的信息工作者人数迅速增长。这就是说，在信息、知识社会中，起主导作用的劳动力中将是信息工作者。利用信息资源创造的劳动价值在国民生产总值中的比重逐步上升直至占主导地位，信息产业在经济和社会发展中的地位越来越突出，以信息技术为核心的高新技术的迅速发展，渗透于国民经济各个领域的信息产业，并逐步在社会产业结构中占据主导地位。在经济革命的发展过程中，占主导地位的经济部类从以农业生产为主，到以工业生产为主，发展为信息革命时期的以信息服务业为主。

其次，就生活方式来说，信息革命导致人们在日常生活中更多地注重对信息产品的利用，使一般社会生活、家庭生活计算机化、自动化。物质、能量和信息是人类可资利用的三项战略资源，在现代生产中，高度发达的信息技术使信息的投入可以在某种程度上替代物质材料和能源的投入，经济价值的增长可以通过知识和信息的投入而实现。因此，在资源构成中，信息正逐渐成为比物质和能量更重要的资源。"信息社会来到后，我们第一次才有一种建立在不仅可以再生而且可以自生的重要资源上的经济"，使得在生产力要素上，"新的力量的源泉不是少数人手中的金钱，而是多数人手中的信息"（约翰·奈斯比特，1984）。

再次，就认识方式来说，由于信息工业与以往的生产目的不同，它并不直接生产物质性产品，而是生产各类知识。这种转变是随着人类社会步入智力型社会，科学技术成为第一生产力，社会经济结构变化的必然结果。信息革命将推动人们的观念从以物质为中心的价值观向以知识为中心的价值观转变，人们认识到信息是比物质和能量更重要的资源，将更多地注重知识和智慧的创造和积累，更为积极地关注和创造未来。

因此，信息革命也带来知识经济的发展。在信息革命中，知识已不是经济增长的"外生变量"，而是经济增长的内在的核心因素。当知识成为主要经济要素后，经济的增长方式会发生根本变化，长期高速增长成为可能。知识经济最主要的特点是在资源配置上以智力资源、无形资产为第一要素，对自然资源通过知识和智力进行科学、合理、综合和集约的配置。其中，智力资源包括人才、信息、知识、技术、决策和管理方法等，其最高的投入形式是创新活动。知识产品是指知识含量高、技术含量高、附加值高的高技术产品和高技能服务，其扩大再生产不依赖于自然资源消耗的增加和环境污染的加剧。

与过去利用传统技术、依靠稀缺自然资源创造物质财富不同，知识经济时代由于知识的开发利用，人们可以凭借知识和智力提高生产和创造的能力，因而可以从自然资源中创造出更多的物质财富。例如，在能源的使用中，人们可以更多地使用太阳能、受控热核聚变能等，减少传统的煤和石油等的使用。以信息技术为支柱的知识经济，可以使原材料和能源的消耗减少、产出增加，是一种可持续发展的经济模式。当今世界上出现的知识经济大潮，是人类的经济活动发展到一定复杂阶段的实际表现，也是继上一次产业升级后的又一次世界性的产业升级现象。知识经济依靠的是人类最复杂的功能——人的智慧，也可以说是创新。思考使人的智慧抽象化，高科技使抽象的智慧实在化，再利用信息技术传播人的智慧，这样就构成了知识经济——这种人脑主导的经济形式，所独有的生产传播链。

知识经济将改变传统经济的特点，呈现信息革命独有的发展趋势：①网络化。知识经济构筑在因特网和未来的信息高速公路上，实现经济网络化。因特网自

1993 年向公众开放以来，其发展速度之快超过了以往任何一项技术。基于更加完备的知识、信息和网络手段，市场上供、需双方的关系以及交易的方式、渠道都将发生新的变革。②全球化。随着因特网的普及，时空的界限被打破，人类生活的地球越来越像一座“地球村”。随着全球化趋势的加强，作为知识经济的一大特点，以商品、服务、技术和资本日益扩大的跨国交流为主要特征的全球化浪潮汹涌而来，经济的全球化将使市场规模和容量达到一个前所未有的水平。③知识产权化。在农业和工业时代，资产的主要形态是土地和工厂，而在知识经济时代，资产的主要形态则是知识。对尖端知识的控制状态使企业间的关系、竞争或联合的方式以及市场结构发生变化，并不断推进对知识产权方面的重视和完善。因此，在信息社会，知识产权商品具有特别重要的意义。

物质、能量和信息，是支撑现代社会文明发展和进步的三大支柱。在这三大支柱中，信息尤其显得重要，堪称“现代社会之魂”。因为在物质、能量和信息的关系中，无不取决于信息的畅通；只有在正确的时间和空间中，提供正确的信息，物质和能量才能转化为生产力；如果信息不畅，没有新知识的获取，即使有众多的物质和强大的能量，社会生产力也不能发挥出应有的效能。这也是信息时代之所以为“信息时代”的主要原因。

第二节 工 业 化

一、英国工业革命进程

(一)工业革命前的经济制度创新

这种制度准备不是一蹴而就的，他经历了若干个世纪的风雨洗礼，甚至是浴火而生。而这些制度的集中形成，正是在英、法、德、俄、美、日等国资产阶级革命的大潮中。而这一制度创新过程以英国最为典型。

在资产阶级革命以前，英国同样处在漫长的封建社会。同东方封建社会不同的是，西方的封建制，具有更明显的分封制＋兵役制＋庄园制的特征，贵族制而不是地主制成了封建社会最主要的制度特征。国王会把自己的土地分封给公、侯、伯、子、男等各级贵族和平民，由他们役使农奴耕种或者自己耕种；作为回馈，贵族和平民要为国王承担兵役，或者直接提供国王需要的骑士；由农奴对庄园主高度人身依附关系为基本特征的庄园，而不是地主与佃户较为松散的联系，成了基本的社会经济单位。据记载，来自法国诺曼底的英国国王威廉一世在 1069 年和 1071 年两次镇压当地反抗后，对英国贵族的土地实行了一次大没收，并把全国 1/7 的土地留给自己，1/4 分封给教会，其余分封给贵族，并由贵族向他提供的 5 000 名骑士组成一支强大的军队，确保了自己对国家的统治。

在城市，虽然出现了一些自治度很高的城市，形成了商业的繁荣，但由于城市中国王、贵族和僧侣拥有较多的财产权，城市商业基本上处于被压制、排挤的地位；加之商业中盛行的行会制度规定，行会有对原料数量和质量、作坊的规模和劳动时间、生产工具以及劳动工具、产品的质量和数量的绝对垄断权；行会中还执行严格的等级制度，在师傅、帮工和学徒之间形成了权利和地位差距明显、难以逾越的等级，并且劳动阶级越来越受到歧视，被称为“黑指甲”，他们与贵族等级之间的对立现象日趋明显；更可怕的是，师傅拥有对学徒产品的完全所有权，学徒的产品都是师傅的，行会贵族侵吞帮工、学徒劳动成果的现象比比皆是，学徒实际上是师傅的无报酬劳动力；而学徒的时间越来越长，只有完成一件“杰作”才有可能成为师傅，而“杰作”的难度越来越大，学徒的出头之日也就越来越漫长。14 世纪后，行会已经成了一个剥削和垄断团体。这就对科技发明创造和经济发展，尤其是对知识产权、专利发明的创新产生了严重的阻碍作用。

但是这种封建制度的禁锢，在英国资产阶级革命前就已经开始松动了。在英国，这种对于封建制度的冲击来得更早也更全面。加上最早进行的资产阶级革命，新的政治经济制度体系，就为英国率先实施工业化奠定了良好的制度基础。

这些制度变革首先是圈地运动与土地私有权制度的建立。

受人口增长、商业兴盛、疫病盛行、市场扩张等因素的影响，英国的庄园经济在 14 世纪已经逐渐瓦解，农奴制的土地制度演变为混乱复杂的土地制度，往往一块土地，国王、领主、承租人、次承租人、农民都拥有部分所有权，也都能够分享这块土地的收入。当时主要有这样一些土地占有状况：①份地。归领主所有，但佃册持有农依据庄园法庭发给的佃册副本，可以世袭自己承租的份地，领主无权加租、夺佃和驱逐他们。②自由持有农地。农奴制时代的自由人，通过斗争获得了无须通过领主就可以自己所有和转让土地的权利，不过他们的土地只占很少一部分。③公有地。属于庄园中所有居民的土地。虽然领主一直想圈占，但农民的反抗也一直没有停止。

15 世纪末以后，海外殖民和贸易导致英国的财富剧增，价格革命发生。1430—1540 年，羊毛的价格上涨了 2 倍，英国也从羊毛出口国变成了进口国。面对旺盛的需求，在商业革命中不断崛起的资产阶级和新贵族，纷纷积极要求土地的明晰私有权以及通过排他私有实现更多土地收益的权益。于是，圈地运动兴起了。他们用栅栏、篱笆、壕沟将公有土地、农民世袭耕种的份地圈占起来，变成私有的大农场和大牧场，失去土地的农民或成为雇工、或迁往城市。这场绵延几个世纪的圈地运动，大约经过了两个阶段：15 世纪末到 17 世纪 40 年代，主要是自主圈占公有地和份地。1455—1607 年，英格兰东、中部 24 郡共圈地 516 676 英亩，占当地土地面积的 2.76%，驱逐农民 5 万人左右。17 世纪 40 年代到 19 世纪中叶，进入了议会圈地时代。这时发生的英国资产阶级革命，使新兴的新贵族和资产阶级掌握了政权，他们不仅将国王和保皇党人的土地按照 20 年地租收入的价格大块售出，另一方面颁布法律，规定申请圈地者只要得到本地 4/5 的土地所有者同意就可以向国王提出申请(实际上只要一两个大地主同意即可)。因此，后一时期，圈地的成效远远大于前期。据记载，1760—1844 年共圈地 631 万英亩，是前期的 13 倍。结果，英国的公有地和份地都变成了私有土地，私有土地制度成为英国唯一的土地制度。

私有土地制度的建立，不仅通过明晰产权，是新贵族和资产阶级能够排他性地享有土地带来的收益，这些收益就成了资本原始积累的重要源泉；而且，失去份地和耕种公有地的农民也转变为农村雇工和城市工人，为资本主义准备了必须的劳动力——他们也是为资本主义创造财富的源泉；还有，由于土地的规模经济收益不断累积，农业取得了显著的发展，1700 年后，英国谷物和面粉的出口大幅增长，1750 年达到 200 000 吨，人均出口 30 千克，成了“欧洲的粮仓”。同时，1700—1750 年，人口增加 5%～7%，而人均消耗量也显著增加。农业技术也在迅速升级，由休耕转向连续轮种，新作物和新品种不断推广，农具也不断改进，用马耕种不断扩大。所有的这些，就为工业革命准备了条件，并起到了一定的示范作用。

其次是，市场的扩张。

市场的扩张体现在两个方面，一是国际市场的扩张。自从地理大发现之后，美洲、亚洲和欧洲越来越紧密地联结在一起，一个国际市场也在逐渐形成。长期以来，西方国家对东方的香料、丝绸、茶叶等一直非常羡慕和渴求，地理大发现和新航道的开辟，不仅解决了陆路贸易受阻于奥斯曼帝国的问题，也大大拉进了东西方世界的距离。东方、美洲的财富得以源源不断地运送到欧洲，掠夺和不公平的贸易成为资本原始积累的源泉。而英国、荷兰正处在航道的枢纽位置，处于国际市场的中心。国际市场的扩大，还催生了现代企业组织，1601 年的荷兰东印度公司、1604 年的英国东印度公司，就是最早的股份有限责任公司。

国内市场的发展，英国也占尽了先机。在英国的经济发展过程中，很早就出现了地区之间的劳动分工。16 世纪各地的经济发展已经显出不同的特色，各地市场逐渐通过贸易相统一的民族市场发展。到了十七八世纪，在工商业和国际贸易的推动下，市场进一步发展，其中一个表现就是城市的发展。17 世纪末，城市人口已占全国人口的 1/4，伦敦的人口也已达到 50 万人，其他的中小城市以及围绕它的小城镇，形成了一个个繁荣的工商业中心。另外，与其他欧洲国家更突出的是，英国“由于水运的方便，对各种工业就开辟了一个比单靠陆运所能开辟的更为广大的市场，所以各种工业都在海滨和通航河流沿岸开始专业的进一步划分和得到改进”。亚当·斯密实际上在说，工业革命的发生与这种市场的扩张之间有着不可分割的联系，因为正是由于市场扩张，“近代工业的大都市才会增大起来”。（保尔·芒图，1983，中译本）

第三，新型企业等经济组织的创新。

著名的经济史学家诺斯说过，有效率的经济组织是经济增长的关键（道格拉斯·诺斯、罗伯斯·托马斯，1999，中译本）。同理，市场的扩大，工商业和城市的发展，也要求有效率经济组织的创新，来进一步实现潜在的利润。因此，在工业革命之前，尤其是在十六七世纪，经济组织的创新主要表现在以下几个方面。

（1）合伙制的盛行和推广。合伙制是意大利商人为了保护和增加商业资本，方便和确保长途间的联系，分摊贸易风险而发明的。后来流行于商业发达的荷兰，特别是 flute 大船被建造出来之后，船舶的所有权被分成几份，由几位商人或者商人和船主共同拥有。航运、贸易、租借船只等环节也都纷纷采用了这种新的组织形式。在陆路航运中，为了减少风险，成帮结伙或者分段护送货物的合伙制也开始盛行起来。一次合伙、多次合伙的形式都不断出现了。当然这种制度也很快传到了英国，同样起到了分散风险、聚集资金、明晰权利等作用。

（2）特权公司。也就是国家将特权出卖给私人企业的制度形式。也成为代理行。主要是本国与东道国之间协商而建立的拥有特权的经济组织形式。一般地，代理行都拥有自己的房地产，既是货栈又是市场，还是军事基地和关卡，以保证本国在新地区的商业活动顺畅进行。它起初是葡萄牙商业组织的主要形式，后来西班牙、荷兰、英国与法国在海外扩张中都采用了这种制度。后来，商人之间、政府与商人、甚至国王的国内外有关事物都交给商人代理，并不少代理行采用合伙制。

（3）特许公司。这是16—17世纪英国和荷兰对外扩张中最重要的组织形式。政府授予特许公司对外贸易垄断权，有的还给予自治权、军事力量和自行铸币权，政府则按约定分享公司的利润。特许公司包括契约公司和早期的股份公司两种。契约公司由一些自有资金、独立经营、自担风险的商人组成，这些商人在公司的严格规定下进行经营，接受公司的支持和保护。北欧的汉萨同盟就是最早的契约公司。最有名的契约公司就是1564年获得特许权的英国的商人冒险家公司，它拥有垄断英国与尼德兰和汉堡进行布匹贸易的特权。到17世纪中叶，该公司已经拥有7 200个成员。

（4）股份公司。作为特许公司的一种，股份公司与契约公司的主要区别在于它以股份制的形式筹集到更多的资金，股东可以是包括商人在内的任何人，公司的规模也更加巨大。1550 年以后，第一批股份公司在英国成立起来，此后，入股集资的股份公司在英国和尼德兰迅速发展起来，英国和荷兰的东印度公司就是其中的典型。英国东印度公司 1600 年得到国王的特许，共有 100 名商人入股，原始资本 68 373 英镑，每年可以运出价值 3 万英镑的白银、黄金和外国货币，垄断了英国与印度、中国及亚洲区其他国家的贸易。公司在垄断贸易中获得了巨大的利润，如胡椒在印度的收购价为 2 便士/英镑，在欧洲出售时就达到 20 便士/英镑。因此，仅仅 17 年后，股东达到了 594 人，股金达到了 162 万英镑。1708 年更达到初创时的 50 倍，316.3 万英镑。

这些组织形式大大提高了贸易的绩效，也为其他行业的组织制度创新提供了范例，从而为工业革命的全面爆发准备了重要的制度条件。

第四，行会制度的废除与专利制度的建立。

如前所述，行会制度是一个不利于激励的非良性制度安排，相当不公平的收益分配是其最主要的特征。到 14 世纪末，劳动者群起反对，行会制度逐渐走向解体。到 1700 年后，行会的权利已经大为下降。这就使手工业甚至商业中的收益分配得到改善，从而促进了手工业的发展。此后，手工业中出现了包买商组织生产销售的分料到户制，并出现了集中的工场手工业，大大带动了手工业发展和技术进步，为工业革命的发生准备了经济、组织和技术条件。

如果行会制度的废除是对不良制度的“删除”，那么专利制度则是旨在增强激励、改善收益分配的制度建设的代表。历史证明，西方在中世纪时期发明数量很少，而工业革命时期发明创造厚积薄发，一个个新的科技成果成为工业和经济发展的一次次强劲推动力。这充分说明了专利制度的重要。从经济学的角度看，专利制度的建立，就使外部性得到很大程度的化解，原先的专利发明收益被其他人和社会、国家随意侵占的现象，也被专利制度大大减少，而为科学技术发明创造的发明者，则可以获得应有的报酬并且使自己的这些收益得到有效的保护。一句话，专利制度通过化解外部性，对发明者形成了正向激励，有力地促进了科学技术的飞跃。英国是最早建立专利制度的国家，1642 年，第一部专利法《独占法》颁布。法律规定，科学技术发明创新的收益和报偿，不再受王室的偏爱左右；专利发明者可以依据习惯法获得发明物的所有权；由此获得的报偿也可以依据习惯法获得保护。正是因为专利制度的建立和法制化，英国的工业革命才能率先发生。正如诺斯所说：“改进技术的持续努力只有通过提高私人收益率才会出现。”（道格拉斯·诺斯、罗伯斯·托马斯，1999，中译本）

还有，新式银行等金融制度的建立。

金融制度就是包括银行制度、结算制度和证券交易市场制度的资金融通制度。经过 14 世纪以来的长期积淀，17 世纪末至 18 世纪初，这些制度逐渐建立起来，成为资金融通的重要保障。

随着市场和贸易的扩张，人们对货币的需求、对金融业务的需求都在迅速增长。商业银行逐渐发展起来。但直到 1685 年荷兰国会下令取消对银行家及其雇员参加圣餐礼的限制之后，银行业才不被歧视，银行贷款才大大增加，以至于导致了利率全面下调的“利率革命”。银行业的市场化和业务的增加，导致各种银行制度规则纷纷建立健全起来。

12 世纪起源于热那亚的汇票制度，14 世纪在欧洲广泛使用和流行，16 世纪 70 年代后，已经出现了可转让的背书汇票。

16 世纪 70 年代转让支票在意大利已很普遍，但 17 世纪以前在其他地方还不多见，17 世纪 60 年代后支票在英国开始出现，但因商业银行总难摆脱破产风险，英国的法律在 1704 年以前，只允许阿姆斯特丹银行的支票和汇票完全转让。

结算制度在 16 世纪前，主要表现为国际集市的票据交换。在香槟集市、贝桑松集市中，银行家为交易者提供票据，将商人所有的承付款项都记录在簿，在集市结束后汇总借款和贷款，差额部分才用现金结算。这就为商人大大提供了便利。16 世纪以后，由于贸易中心逐渐由地中海以及陆路转向了海岸港口，集市的金融作用逐渐淡化，大型的、信用良好的、管理高效的银行就成了新的结算中心。国家开始创建“公共银行”，而真正成为世界贸易结算中心的就是 1609 年成立的阿姆斯特丹银行。1721 该银行共有 2 918 个账户，价值 28 886 000 佛罗林，成了世界上第一个多边支付体系的中心。1713 年以后，该银行的地位受到来自英格兰银行的有力挑战，后者并逐渐取代了前者的国际结算中心地位。

1694 年以股份公司形式成立的英格兰银行，也是世界上第一家典型的中央银行。早期它只是威廉三世为了筹措英法战争的经费，特许政府债权人们，以 120 万英镑股本组建的一个私人股份银行。银行早期的业务主要是向政府贷款、接受政府存款、发行银行卷、代理国库等，但不久就承担起了接受存款、进行金银贸易、发行货币、代理税收、为政府转移海外财富等业务，初步具备了中央银行的性质。

此外，伴随着银行制度体系的建立，股票市场和债券市场也逐渐建立起来。在股份公司不断建立、公司股票不断转让的基础上，17 世纪 30 年代，英国伦敦出现了专门的股票交易所。差不多同时，阿姆斯特丹也出现了正式的股票市场。虽然早期股票市场充斥着投机和欺诈，但对资金的大量流转起到了相当重要的作用。当时，公司债券和国家债券都以多种形式发行和回收。

总体来看，虽然金融制度存在这样那样的缺陷，例如股市中曾经出现“南海泡沫事件”，但这些制度一个个地克服了资金融通的难题，为经济的持续增长以及工业革命的发生发挥了应有的“通经活络”、“充电注血”作用。英国在这些方面的长足进展，也是工业革命得以在英国率先发生的重要原因。

最后，资产阶级革命。

17 世纪以后在英、法、德、日、俄等国掀起的资产阶级革命，是上述经济制度建立健全的关键。这一场场波澜壮阔的政治制度变革，对这些经济制度的发生、演变、实施等，都起着重要的决定作用。具体表现在：①对经济制度的地位和合法性进行法律硬化。把经济制度上升到法律，是国家的政要职能，也是新的资产阶级政权对工业革命作出的重要贡献。英国的《独占法》就是这方面的代表。②直接参与和主导经济制度变革。国家也是制度的重要供给者，而且国家在提供制度时存在规模经济。所以，国家推行的制度，如果符合时代和经济发展的需要，成效会更显著。这方面，英国资产阶级夺取政权后主动推动实施的圈地运动，就是典型。在圈地运动的后期，由于政府的直接实施，圈地的规模和转移劳动力的数量，全都远远超过前期。国家力量的强大可见一斑。③放弃权利与调节社会分配。革命本身就是一个权利重新分配的过程，是一个剥夺和获取交错的过程。英国王室虽然是被动地被卷入革命，但他们放弃了的那些权利，客观上改善了整个社会的收益分配格局，这在专利法和经济组织的发展中都能得到体现。专利法本身还是一个社会收益分配改善的例证。提高个人收益率，是个人收益接近社会收益的制度结构，正是工业革命首先在英国发生的关键因素。

正是由于上述制度因素的综合作用，在资产阶级革命之后不久，一场前所未有的经济革命在英国展开了。这不是巧合，而是水到渠成的必然。

（二）英国的工业革命

在工业革命的制度都已经准备好了之后，工业革命就主要表现为技术的突发式进步、经济的飞跃式增长和由此带来的社会经济变革。

技术进步集中体现为一系列的发明创造。因为纺织业的率先发展，发明创造也首先出现在这一行业中。1733 年，约翰·凯伊发明了飞梭，使织布效率提高了 1 倍。1764 年 J·哈格里夫斯发明了后来以他的名字命名的“珍妮”纺纱机，又称多轴纺纱机。一人手摇可带动 8 枚纱锭，后来改进到 16 枚、80 枚、130 枚，再一次提高了纺纱的效率。1769 年，R·阿克莱特发明了水力纺纱机，一机可带动几十枚纱锭，而且纱线质量大大提高。但这种机器体积较大，而且只能安装在水流有落差的地方，有一定局限性。此后，S·克朗普顿在 1774—1779 年发明了走锭精纺机，又称“螺机”，可带动 300～400 枚纱锭，而且纱线精致。此后，棉布价格大幅下降。

伴随纺纱机的不断发明改进，对纺织的要求也随之提高。1787 年和 1792 年，

E·卡特莱特发明了两种织布机，此后，织布机很快实现了机械化和自动化。

纺织行业的飞速发展，对动力提出了越来越高的要求，人力、自然力、畜力越来越有局限，1782 年瓦特在前人的基础上，对以前仅仅用作抽水的蒸汽机进行了再发明，研制成了复动式蒸汽机，并在 1785 年用于纺织业的动力来源。此后，蒸汽机还形成了包括工具机、转动机和动力机的机械体系。瓦特蒸汽机的发明，是技术史上的革命性标志。此后，工厂不再受自然条件的限制，蒸汽机成了经济增长的巨大推动力；机器的发明带动了更高程度的分工和专业化，对经济组织的创新也提出新的要求，进一步带动了经济和社会的革命性变革。仅就技术发明对经济增长的作用来看，1771—1775 年英国年进口皮棉 500 万镑，1841 年进口 5.28 亿磅；1760—1827 年，英国棉纺织业生产增长了 20 倍，1834 年出口的棉布达到 5.56 亿磅、棉纱 7 650 万镑、棉织刺绣品 120 万镑，成了世界上最大的棉纺织品出口国。

此后，技术发明创新在冶金业、采矿业、制造业、交通运输业等领域全面展开。全方位的技术创新，势必带来经济的飞跃式增长。18 世纪 10～80 年代，世界工业指数(以 1913 年为 100)从 0.55 上升到 1.8，而 1802—1812 年到 1870 年间提高更快，从 3.18 上升到 19.5。在英国，1850—1870 年的工业增长速度也高得惊人：采煤量从 5 000 万吨增加到 1.12 亿吨，生铁产量从 200 万吨增加到 600 万吨，棉花消费量从 26 万吨增加到 48 万吨，铁路从 1 万多千米增加到 2 万多千米。难怪革命导师马克思、恩格斯对此也大加赞扬：“过去哪一个世纪料想到社会劳动中蕴藏着这样的生产力呢?”(马克思、恩格斯，1972，中译本)

二、西方世界的崛起

英国的工业革命，为西方各国提供了良好的榜样和示范作用。法、德、俄、美等国纷纷把自己绑架上了工业革命的战车，并通过完成工业化而崛起于世界。

法国在国王时期就开始通过中商主义政策、财政改革等手段推进工业化，但工业化步履真正得到加快是在拿破仑时代(1799—1815)。当时拿破仑凭借军事威势实施了大陆封锁政策，避免了与英国的竞争，使法国的技术发明不断涌现，工业增长不断加快，尤其是棉纺织业，1806—1812 年，棉纺织机就从 13 000 台增加到 25 000 台(刘军大、刘湘予，2001)。拿破仑帝国之后，法国的工业化历程同法国的政局一样跌宕起伏，在渐进的工业化进程中，铁路、机械制造业、电力和汽车业得到大力发展。1913 年法国的汽车产量仅次于美国，出口量位居世界第一。不过，由于政治制度和经济制度的变革不够全面彻底、资源的限制、错误的大陆战略、追求“属灵”精神境界而非“属世”现实成就的天主教占据主流等因素的综合作用，法国的工业化不仅进程迟缓，而且成效也因为“迟到”而大打折扣，使法国虽然得以借助工业化而且崛起于西方世界，但却没能拥有超过英国的基础和实力。

在四分五裂的德国，工业化一开始就有税收政策明显的推动作用。1818年的比洛改革，对普鲁士规定：废除国内关税；免除进口原料税；进口工业品平均征税10%等。目的显然是为了降低税率，营造自由贸易的环境。此后，北部、中部、南部关税同盟的建立，同样是为了减免关税、打击走私、保护当地工商业和自由贸易。1834年还形成了全国性的关税同盟。在此背景下，被保护的德国工业化不断地向前推进。1871年德国统一、"铁血宰相"俾斯麦上台后，统一了度量衡和货币，消除国内的贸易障碍，促进了统一市场的形成，进一步改革了关税制度，保护和刺激工农业发展，德国工业化的进程进一步加快，工业出现了跳跃式发展。不仅赶上了英、法，成了欧洲大陆上最发达的国家，而且，在一些领域处于领先地位。19世纪的后25年，德国在钢铁、化学、电气、内燃机等方面都走在世界前列，成了开拓者。

俄国在1861年的农奴制改革之后，工业化也在商品生产进一步发展、出现了资本主义工场手工业的基础上，一步步展开。一些资本主义大工业开始建立起来。19世纪90年代，俄国工业进入了一个高速增长的高潮期。1890—1900年，企业数由32 254个增加到38 141个，工人数由1 424 700人增加到2 373 400人，工业总产值由15亿卢布增加到30亿卢布左右。纺织业、制造业、铁路都得到较快发展。到20世纪初，俄国已经以大机器生产的方式建立起自己的工业体系，初步实现了工业化。由于大量依赖外国资本、国家干预、农奴制残余大量存在并施加影响等问题，加之起步晚进程快使一些问题累计了下来，俄国的工业化远不如其他国家成功。苏维埃建立后，特别是第二次世界大战后，前苏联通过新一轮工业化，才真正跻身世界强国。

美国的工业化也被看成是英国模式在美洲的延伸。除了大张旗鼓地对外扩张，美国的工业化同样是一个内生的过程。在1860年以前，美国已经为工业化准备了一系列的制度安排，包括崇尚自由主义的宪法、鼓励技术创新的制度、关税等保护制度、鼓励移民和发展教育的政策等。工业化也在逐渐推进中，纺织业同样得到率先发展，钢铁业、机器制造业、通信业、交通运输业都取得了一些重大进展。南北战争结束后，美国的工业化进入了新的快速发展阶段，农业得到充分发展，为工业准备了原料和劳动力以及很有实力的农村市场；铁路的铺展导致大规模西进，不仅促进了平衡发展，而且极大地降低了经济运行的成本；电力、通讯和汽车业，在美国的大规模工业化中发展突出，成为重要的产业特点；资本市场的发达，也是美国工业化中呈现出的显著特征；工业化和城市化的互动互进，也是美国工业化的政要成就和特色。显然，创新是美国工业化较之英国更鲜明的特征，这些新特征还表现在大型企业组织的出现和发展、管理者等拥有的人力资本作用的不断增强、标准化生产的采用和普及等。总之，凭借富有创新的工业化，美国很快震撼了世界。到1880年，美国的工业产值超过英、德，成为世界第一工业强国。1894年美国的制造业总产值达到了英国的2倍、欧洲的1/2。截至1913年，美国的工业生产产量相当于英、法、德、日四国的总和，占全世界的1/3（赫伯特·C·菲特、吉姆·E·里斯，1981，中译本）。

总之，世界各国都通过工业化崛起于世界。而对英国的集中分析表明，工业化的关键在于为之扫清障碍的制度体系的建立健全，在此基础上发生的英国工业革命，就不能不说是一个"水到渠成"的必然。这些结论，同样可以通过对世界各国工业化进程及其成败得失的分析而轻易得出。比如，俄国的工业化成效不足就与其制度建设不充分直接相关；而美国在短期就以骄人的成绩完成工业化，很明显源于贯彻始终的创新。

统一的世界市场早已形成，一个个西方国家已经通过工业化崛起于世界民族之林。等待中国的将会是怎样的局面？中国准备好了吗？中国该怎样应对列强的挑战？可惜的是，中国并不是亚洲国家中率先完成工业化的。

三、东亚奇迹

东亚，从地理上讲是指欧亚大陆太平洋沿岸的边缘和半边缘地带，包括亚洲大陆东部的大陆、半岛和海岛。一般而言，广义的东亚包括中国、日本列岛、朝鲜半岛，加上东南亚即中南半岛和马来群岛诸国。就东亚"奇迹"或东亚经济的崛起而言，主要是指自20世纪60年代以来的30多年间日本、亚洲"四小龙"、东盟以及中国大陆的经济高速增长和工业化发展。

20世纪初，马克斯·韦伯通过对世界上各大宗教的比较研究，提出了新教伦理说，认为东西方宗教各有其特有的理性，因而"无论现代科学、现代工业还是现代资本主义和现代民主，只要与现代相连的，一切都产生于西方"。但在不到1个世纪的时间里，日本、特别是亚洲"四小龙"成功地实现现代化，打破了马克斯·韦伯关于"东方世界命中注定不得现代化"的神话。20世纪60年代以来，东亚大体上出现了四次经济发展的高潮。第一次是60年代的日本，第二次是70年代的"四小龙"，第三次是80年代的东盟国家，第四次就是90年代的中国。

东亚经济的崛起是从日本开始的，日本是个比德国更典型的"后起工业化国家"，也是第一个有效地推动了工业化的非基督教国家。作为一个后发展国家，日本走了一条同欧美先进国家不同的工业化道路，即它不是一种市场自发的过程，而是一种政府主导的自觉的过程，具有明显的后发展的政治经济特征。1853年西方列强打开日本大门后,日本仅仅用了15年时间就做出了强有力的反应和选择,于1868年开始进行明治维新,结束了封建制度,将一个传统国家变为一个现代民族国家,大量引进西方的制度和技术,迅速走上通过工业化实现富国强兵的道路。民族主义和忧患意识在日本经济发展中的作用比任何一个西方国家都更加突出。日本明治维新中,施行教育先行并大规模向外国学习的政策。从1872年起,明治政府就对学龄儿童强制实施义务教育,同年设立了东京技术工业学院,该学院当时是世界上最大的技术大学,1877年又设立东京大学,该校与早稻田大学成为培养日本精英的摇篮。在明治时期的头十年里,日本加速引进西方的技术和制度(如表9-1)。

表9-1 明治维新时期日本引进的各种体制

来源	机构	年份
英国	海军	1869
	电报系统	1869
	邮政系统	1872
	邮政储蓄	1875
法国	陆军	1869
	小学系统	1872
	警察系统	1874
	司法系统	1872
美国	小学系统	1879
	国家银行系统	1872
德国	陆军	1878
比利时	银行	1882

资料来源:转引自托马斯·K·麦格劳,2000年。

从19世纪80年代开始,日本工业进入高速发展时期,从纺织业到重工业的迅速扩张,都与日本的军国主义密不可分。到19世纪90年代后期至20世纪,重工业占据了日本产业结构的重要地位,其中的机械制造业部门发展迅猛。可以看出,日本的工业化有自己的特点(萧国亮、隋福民,2007),首先,日本经济是在政府的推动和对外军事侵略过程中发展起来的,明治政府在工业化中提供了大量公共产品,并兴建了有利于军事工业的社会基础设施;其次,日本的工业化过程比较复杂,消费资料生产部门和生产资料生产部门现代化是相互交错进行的;再次,日本的工业化得以迅速发展,主要依赖移植西方近代产业和外国的技术设备,引进当时最先进的技术设备、工业的经营管理思想、组织形式和各种制度安排；最后，日本工业蕴含了日本的民族精神。

1946—1955 年，日本实际国民生产总值增长 1.16 倍，年均增长率为 8.9%，社会经济全面复兴，从 1956 年开始经济起飞。1955—1968 年，日本实际国民生产总值增加了 2.5 倍，实际经济增长率年平均为 10.1%，远远高于美国和西德。1969 年以后，日本的绝对经济增长速度虽有所下降，但仍远远高于其他西方发达国家的增长速度。1973 年，日本的实际国民生产总值比 1955 年增长了 4.2 倍。日本经济高速增长使日本成为资本主义世界第二大经济强国，并引起人们对其经济发展战略的关注。总之，日本 19 世纪末“维新”的成功和 20 世纪后半期创造的经济奇迹都是有深刻的社会经济原因，如上述独特的经济体制，优良的文化特性，特有的外部条件以及国家对经济的导向、扶持等，都是日本经济得以飞速发展并创造出经济“奇迹”的重要原因。

继日本经济崛起之后，东亚发展中国家和地区出现了经济持续高速增长的亚洲“四小龙”：韩国、中国台湾、中国香港、新加坡，相继创造了持续 20 多年高速增长的经济奇迹，被誉为“东亚奇迹”。东亚大多数发展中国家和地区曾长期遭受殖民主义和帝国主义的侵略、掠夺和统治，经济结构单一、畸形，以发展初级产品的生产为主，片面依赖早期的工业化国家，实现工业化则是改变这种经济状况的唯一出路。第二次世界大战后，发达市场经济国家在第三次技术革命的推动下，出现了产业重心的转移。一些劳动密集型的产业和污染较大、技术含量不高的工业面临转产，发展中国家是这些产业最理想的再生地。同时，随着生产和资本国际化的加强，一些跨国公司从全球经营战略出发，竞相在发展中国家寻找生产基地，以利用当地廉价劳动力，降低生产成本，增强产品的竞争力。一般是把部分技术性较低的产品或零部件转到发展中国家生产，或是把零部件运输到发展中国家进行技术性不高的装配，然后销往国内或国际市场。西方发达国家转移到发展中国家的传统产业对于发展中国家来说是“先进”的，会带动整个工业和技术水平的提高。西方国家经济全球化战略的实施，更为发展中国家直接获得资金、技术和管理知识提供了大好机会。亚洲“四小龙”抓住有利的国际机会，通过出口与进口的相互促进，利用进口—加工—出口机制来推动工业结构的不断提高。形成了特有的“东亚模式”即出口导向型的工业化战略或外向型的经济发展战略，积极促进贸易、投资和金融自由化，努力发展外向型经济。

从 1974 年到 1993 年，东亚发展中国家和地区经济年均增长率达到 7.5%，大大高于同期发达国家年均 2.9%和发展中国家经济年均 3.0%的增长水平。东亚经济实力大大增强，成为世界上经济最有活力的地区，世界上最大贸易和投资市场之一。世界银行在 1993 年出版的《东亚奇迹:经济增长与公共政策》的研究报告中指出,在 1960 年到 1985 年之间,日本和“四小龙”的实际人均收入增加了 4 倍多,东南亚新兴工业化国家增加了 1 倍多,称东亚所发生的巨大变化为“东亚奇迹”。

在与其他早期工业化国家比较方面,据麦迪森①(2003)的计算,英国工业化时期的年经济增长速度在 1820—1870 年 GDP 的平均增长率为 2.05%,根据《赖尔格雷夫世界历史统计》(2002)数据计算,1830—1870 年 GNP 的平均增长率为 2.32%,美国工业化时期的年经济增长速度达到了 4.43%;日本 1950—1973 年 GDP 的平均增长率为 9.29%;而东亚“四小龙”在 1960—1990 年工业化发展期间的经济增长率,韩国为 9.17%,中国台湾地区为 8.82%,香港特区 8.36%,新加坡 8.78%。在工业化发展的历史道路上,比英国晚起的美国,其发展速度比英国快了 1 倍;而比美国晚起的日本与东亚“四小龙”其发展速度又比美国快了将近 1 倍。以韩国为例,直到 1961 年还处于经济恢复和重建时期,1962 年人均国民生产总值只有 87 美元,但从 1965 年开始出现“汉江奇迹”,1965—1996 年,韩国国民生产总值从 30 亿美元增加到 4 846 亿美元,人均国民生产总值从 150 美元增加到 10 548 美元,韩国经济实力大为加强,跃居为世界第 11 位的新兴工业化国家。

尽管保罗·克鲁格曼教授在 1994 年做出分析,并在美国颇有影响的《外交事务》季刊撰文指出,所谓东亚奇迹不过是一种现代神话,东亚的经济增长靠的是努力工作和加大投入量,由于人们的工作时间和投入的数量都有限度,故这种增长不会持续很长的时间,而西方内涵型的增长模式将比东方创造出更高的和更持久的生产力增长,但“东亚奇迹”确实引起全世界瞩目,且具有自身的发展原因和特点。对“东亚奇迹”的成因,学术界看法不一。日本社会学家富永健一(1992)认为“只有西方现代化和产业化才是内部自发产生的,这是毋庸置疑的历史事实。所以所有非西方社会都不是能靠自己的力量从内部产生现代化和产业化的后发展社会。”这等于含蓄地认为,非西方国家主要是通过对西方文明的学习和接受来达到现代化。杉原熏(乔万尼,2006)认为,有两条经济发展道路,一条是起源于西欧的工业革命,另一条是东亚所开创的辛勤革命的道路。西欧工业化有其独特的发展轨迹和模式,而东亚则开创了一种全新的发展模式:发展劳动密集型技术和劳动吸纳型组

---

①安格斯·麦迪森(Angus Maddison,1926—2010):荷兰格罗宁根大学荣誉退休教授,剑桥大学赛尔温学院荣誉院士。早年先后在剑桥大学、麦吉尔大学和约翰·霍普金斯大学求学,之后曾短暂执教于苏格兰的圣安德鲁斯大学。1953 年,麦迪森加入了欧洲经济合作组织,后来成为了欧洲经济合作组织经济部主管。曾经担任过很多国家政府的经济顾问,到访过很多发展中国家,研究兴趣是影响各国长期经济发展的因素,焦点是经济史的计量分析和国际比较。最具影响力的《世界经济千年史》及《中国经济的长期表现》都有中译本出版。

织，这种模式强调采用劳动密集型技术和用工制度，更充分地利用人力资源，成功解决了自然资源约束的问题，通过建立一系列技术和制度方面的机制，充分吸纳家庭劳动力，实现了劳动密集型工业化，从而解决了土地狭小的难题，开创了一条充满希望的、通向更加平等和生态可持续的全球经济发展之路。林毅夫、蔡昉(1999)提出，日本和亚洲"四小龙"实现经济成功的核心不仅是在经济发展的战略选择上选择了立足于赶超型重工业优先发展战略或进口替代战略，更是由于比较优势战略使经济发展在每个阶段上都能发挥当时资源禀赋的比较优势，从而维持经济的持续增长并提升资源禀赋的结构。另有观点(沈华嵩，1992)认为，东亚经济奇迹的发生是因为采取一系列综合的现代化模式，包括出口导向型经济发展战略、不断升级和调整的产业政策、温和极权主义与市场原则相结合的经济体制、强有力的政府、公营经济与民营经济相互合作以及政府同企业界的密切联系与协调、技术引进及其"内化"、特有的企业文化、较高的国民教育水平、倡导文化多元和民族文化的复兴等。

东亚奇迹的原因是各种力量综合而成的，除了上述东亚本身内部制度与战略选择的优势，以及背景环境的有利条件外，还有外界因素的作用。比如，东亚依附于以美国为首的世界体系，得到美国等发达国家大量的直接和间接的援助，从而为工业化发展储备了大量资本。美苏对立与冷战爆发使得国际环境发生了剧烈的变化，使得东亚在美国的全球战略和霸权争夺的地缘政治中占据突出地位，美国因此而对东亚进行援助，使得东亚在依附于美国为首的世界体系时获得了发展所必需的资本、市场和技术等要素。布热津斯基(2007)指出，当意识形态之争笼罩着全球时，在欧亚大陆这个全球最重要的竞赛场上，美国制定地缘战略的出发点必须是确定具有地缘政治重要性的欧亚国家是哪些……有选择地吸收它们加入联盟，抑或控制它们，以便维护和促进美国的重要利益，同时形成更全面的地缘战略概念，在全球范围把较为具体的美国政策互相联结起来。正是这一独特的国际环境使得东亚能够获得发展的要素，从而能够创造"东亚奇迹"。

第三节　中国的历次工业化

一、晚清的工业化试验

(一)晚清的经世派与洋务派

在西方国家已经通过工业化崛起于世界之际，中国依然沉浸在"老大帝国"的残梦之中，保持着长久以来"中央帝国"的优越感。一些显然应该引起警惕的事件却没被给予足够的重视，更没能唤醒国人。1637 年，英军到达广东占领虎门炮台，被赶走。1793 年英国使团前来为乾隆庆祝八十大寿，团长马嘎尔尼却坚持只行鞠躬礼，不按中国礼节行跪拜礼，惹得龙颜大怒；加上该使团提出开放商埠、割让土地、减轻税率等要求，导致被驱逐出境。这些并没有让中国人得出英国军队强大、贸易观念浓厚、文化制度自成体系、不惧怕中国等认识。到了 19 世纪英国人再度前来时，一些中国人还在固执地认为，洋人的膝盖不能打弯，如果能以长钩钩倒他们，他们就再也站不起来了。所以，直到 1840 年鸦片战争爆发，对西方略有所知的，只是极少数"睁眼看世界"的人们，林则徐、魏源、龚自珍就是这些人的代表。他们提出的"民心可用"、"师夷之长技以制夷"、"不拘一格降人才"等主张，开启了中国人学习西方的新时代。可惜，他们的主张未能被当局采纳，相应的实践也没能实施下去。

直到 1860 年第二次鸦片战争结束后，北京失守、大量领土被迫割让、大量商埠被迫开放、被迫允许邪恶的鸦片贸易等残酷的败局，以及在剿灭太平天国（1851—1864）中对西方坚船利炮卓著功效的耳闻目睹，进一步深化了清政府中精英人士的危机感，也使他们认识到：要挽救"数千年未有之变局"，唯有"师夷之长技以制夷"。曾国藩最早提出的购买西方船炮，进而自行仿造，使轮船枪炮成为"中外官民通行之物"的主张，很快得到了奕䜣等中央权贵的支持。以奕䜣等中央权臣和曾国藩、左宗棠、李鸿章等地方大员为核心组成的洋务派，就成了中国历史上第一次工业化试验——洋务运动（1861—1895）的实施者。

洋务派的观点可以简单地概括为：学习西方的坚船利炮等军事技术，以求自强；学习西方的投资设厂等经济发展战略、政策、办法等，以求富民，并"稍分洋人之利"。自强和求富，也是洋务运动最基本的目标。1861 年，冯桂芬在他的《校邠庐抗议》中较为系统地总结来洋务派的主张。他指出，中国"人无弃才不如夷，地无遗利不如夷，君民不隔不如夷，名实必符不如夷"，问题来自政治、经济、文化、制度等方面。中国只有"采西学"、"制洋器"，全面开展洋务运动，才有可能对西方国家"始则师而法之，继则比而肩之，终则驾而上之。"他同时指出，洋务运动的指导思想应该是"以中国之伦常名教为原本，辅以诸国富强之术"，后来这一思想被张之洞概括为"中学为体，西学为用"。

洋务派的观点是在与倭仁等顽固派的论战中逐渐深入人心的。顽固派认为，洋务派的主张，虽然是为了维护清朝的统治，但是他们的做法却明显违背"祖宗成法"和"圣人古训"，甚至是难以理解的荒谬之举。在他们看来，中国的封建制度已经尽善尽美，无须任何变革；自然也就对洋务派提出的学习西方先进科学技术、采用机器生产、训练组建新式军队等主张，深恶痛绝。双方第一场论争，发生于同文馆添设天文算学馆之中，也就是要不要招收科甲正途人员研习天文算学？顽固派视西方科学技术为“奇计淫巧”，只能有伤“明体达用”的根本；况且即便要学，也只需要“内寻”，大可不必“师事夷人”。争论的结果是，天文算学得以添设，但报名的学子却大为减少，一个两败俱伤的结局。此后，在是否修建铁路等事件中，争论还在继续。整体争论过程表明，顽固派的势力一点也不容忽视，而洋务派也没有失去清政府的重用，甚至后来所谓的“清流派”还有了与洋务派合流、交融的趋势。洋务派的主张得到了越来越多人的注意和支持，洋务运动也因此得以不断展开和深化。

(二)兴建军事工业

鉴于对“坚船利炮”的深刻认识，举办中国的近代军事工业，就成了洋务派认为最急的急务。还在镇压太平天国的过程中，曾国藩就于1861年在安庆设立了内军械所，次年，李鸿章就在上海设立了三所洋炮局。但这些场所规模都很小。真正开启近代军事工业的，是1865年曾国藩、李鸿章在丁日昌的积极建议下，在上海创办的江南制造总局。此后，直到1890年，洋务派主持兴建的大规模军事工业还有：金陵机器局、福州船政局、天津机器局、湖北枪炮厂等。中等规模的还有：广州机器局、山东机器局、四川机器局、兰州机器局、神机营机器局等。小规模的还有10所军事工业。

建于1865年的江南制造总局，前身是上海虹口一大的美商旗记铁厂，李鸿章将其购买，并与丁日昌、韩殿甲主持的两所炮局合并组成江南制造总局。主要生产枪支、大炮、弹药、钢铁和轮船。枪支中前膛枪、后膛枪以及新式快枪都制造过，产品不断更新。大炮也从旧式山炮升级到各种口径的新式大炮。轮船在1867—1885年制造了十余艘，此后则成为水师轮船的维修厂。江南制造局的创办经费，达54.3万两白银，常年经费每月1万两，后来还不断得到增加。由于前清政府的大力支持，不论生产设备和技术力量都是当时最大的兵工厂。

左宗棠创建的福州船政局，是当时最大的轮船修造厂。

后期的代表则是1893年在汉阳初步建成的湖北枪炮厂。该厂真正投入使用是在1894年甲午战争之后。是洋务派举办的军事工业中规模最大、设备最新的。

通过这些军事工业的创办，清军实现了装备从冷到热的转变，改变了大刀长矛、木船土炮的落后状态，也在一定程度上，增强了国防力量；这些军事工业中虽然仍然大量采用手工劳动，但已开始使用大机器生产，雇工劳动，付给工人工资，这些近代工业的生产方式也起到了很好的开通风气、先行示范等作用，后来的民用工业的创建和兴起，都是由此滥觞开来的。这是近代工业化的重要成就之一。官办的军事工业产品，虽然不通过出售获利，但也不能受到生产成本和国际市场价格的影响，在自然经济中进一步添加了市场的因素。

但这些近代工业都采用了官办的形式，经费主要来自关税、厘金和军饷，产品也不作为商品出卖，从投资到再生产各环节完全掌握在官僚及政府手中，生产的控制、命令特征明显；所有的厂局都是一个政府衙门，也按衙门运作，于是人浮于事、机构臃肿、腐败贪婪这些官场恶习盛行，极大地制约了军事工业的效率发挥。福州船政局每月的经费定额为 6 万两白银，而洋员薪酬、监工员绅薪水以及工人、杂役的伙食、口粮等，就占到 3.9 万两白银。

在创建军事工业的同时，洋务派还组建了新式的陆海军，尤其是海军，成了晚清工业化中又一个标志性成果。1874 年日本侵略台湾，清政府被迫赔款保地，海防之议顿起，筹建海军开始提上议事日程。丁日昌提出筹建北洋、东洋、南洋三支海军，屏卫海疆的建议受到重视。次年，清政府命令李鸿章、沈葆桢督办北、南海防，重点建设北洋水师。到 1894 年，通过购买、自建分别建成北洋水师、南洋水师和福建水师，拥有大小船舰六七十艘。其中，北洋水师的主力战舰主要购自德国，拥有大小 20 余艘战舰(不包括鱼雷艇和扶助船只)，先后在旅顺口、大连湾、威海卫设立炮台、修建船坞、建立军事基地，定编定员，经常训练，属于当时实力较强的近代海军。但自 1888 年海军军费被李鸿章捐给慈禧用作颐和园的筹建经费后，北洋海军船舰再无新添。1895 年，李鸿章最得意、用钱最多的北洋水师，更在对日甲午战争中全军覆没。福建水师也在 1884 年的中法战争中几乎灭顶。

(三)近代民用工业的创办

1. 民用工业兴办的原因

官办军事工业的创办，也刺激了民办的近代工商业的产生和发展。在洋务运动期间，这样的民用工商业主要包括官督商办和商办两种形式。

官督商办等民用企业的出现，首先，缘于洋务派在兴办近代军事工业中面临的财政困难。两次鸦片战争的赔款，镇压太平天国的巨大开支和战争带来的经济重建代价，以及兴办军事工业和近代海军所需要的巨额经费，都使清政府面临着前所未有的巨大财政困难，必须通过举办工商业来加以化解。其次，军事工业要求相应的上下游产业建设，以形成最基本的产业链；海军的运转，也需要近代的交通运输与电报通讯等项建设与之相配合。这就在技术上决定了兴办民用工商业的必要性。再次，随着洋务运动的深入，求富目标日益凸现和重要，洋务派也逐渐认识到西方除了坚船利炮之外，更有雄厚的经济实力作后盾。而“中国积弱，在于患贫。西洋方圆千里、数百里之国，岁入财赋以数万万计，无非取资于煤铁五金之矿，铁路、电报、信局、丁口等税。酌度时势，若不早图变计，择其至要者逐渐仿行，以贫交富，以弱敌强，未有不终受其弊者”(《李文忠公全书·朋僚函稿》)。最后，不仅洋务派，而且当时很多仁人志士都注意到西方资本主义对中国经济侵略的日趋严重性。

“稍分洋商之利”成了洋务运动追求富强目标的又一个重要的组成部分，一个不可或缺的经济爱国、发展御外目标。

在第二次鸦片战争之后，西方国家不仅通过控制中国海关，对清政府不断施加压力和影响，而且还通过引领使外团体，直接侵犯中国主权。英国人赫德曾在1863—1885年长期担任中国海关总税务司，曾向清政府递呈了《局外旁观论》，要求使海关成为改革国家内政的核心和各工业部门的核心。后来又要求任命他担任中国总海防司。1868年离任的美国驻华公使蒲安臣竟然使自己成了清政府访美代表团的团长，更在率团访美期间擅自代表清政府签订了允许美国人掠夺华工和在通商口岸建立学校的《中美续增条约》(《蒲安臣条约》)。蒲安臣就是千万华工像猪仔一样被贩卖到美洲、像奴隶一样开发美国西部的始作俑者。由此可见，当时外国人在华势力多么强大，抵御西方列强已经是一个不可回避的政治目标。

西方对中国的经济侵略更到了令人触目惊心的程度。西方国家继续向中国倾销商品，进口货值从1864年的4 600万海关两，增加到1871年的7 010万海关两，1881年的9 190万海关两(里默，1958，中译本)。自1876年以后，中国由自给自足的自然经济模式构筑的，以低需求、低购买力为主要特征的抗倾销围墙，已经很难发挥作用，入超成了此后中国对外贸易的一致结局。在各种进口商品中，鸦片最为重要，其次为棉纺织品、毛织品、金属制品等。1867年，外国对华进口鸦片价值3 199万海关两，棉纺织品1 461万海关两，毛织品739万海关两，金属制品163万海关两，其中鸦片占了46%。这种格局一直到1885年才有所改变，棉织品升居第一。其中棉纱又超过了棉布(严中平，1959)。这在一定程度上也反映了英国工业革命的进程，尤其印证了英国棉纺织业的发展历程。受棉纱大量进口的影响，中国自给自足的自然经济开始解体，通商口岸附近的许多地区大量出现了农民停止纺纱和用洋纱织布的现象。与此同时，中国的农产品原料大量出口西方，中国正在一步步地变成西方各国的原料供给地。出口产品中，茶叶占据第一位，生丝和丝织品居次，草帽缏、皮革等也大量出口。而出口贸易全程控制在外国洋行手中，中国商人直接受到外国商人和商行的盘剥。

外国人为了倾销商品和输出原料的便利，还在中国经营轮船航运。1862年以经营鸦片走私著称的美国旗昌洋行设立了第一家专业轮船公司——旗昌轮船公司，垄断中国长江中下游轮船航运近十年之久。19世纪七八十年代，英国太古、怡和两家轮船公司先后建立，实力雄厚，又受不平等条约的庇护，逐渐侵占了我国沿海和长江中下游的大部分航运权益。

外国资本还争相在华设厂，最早是在广州、香港、上海等地开设服务于贸易的轮船修造厂；19世纪70年代后逐渐扩展到服务于进出口的加工业和若干轻工业，主要有砖茶、缫丝、制糖、制革、轧花、打包厂等；19 世纪 80 年代后投资重点转向了公用事业；到 19 世纪 90 年代，外资设厂达到 192 家，资本额达到近 2 000 万元。外国工厂的设立、不断获利和迅速发展，给了中国民用工业最直接的刺激。

此外，外国人还在中国陆续设立了一些银行，经营国际汇兑，发行纸币，对清政府贷款，并操纵中国金融市场，成为经济控制中国的又一利器。1848 年，英国就在上海设立了东方银行（又称丽如银行、金宝银行），1854 年和 1857 年又先后设立了有利、麦加利银行的上海分行。19 世纪 60 年代，外国在华设立的银行剧增，1865 年在香港、上海两地同时开业的英国汇丰银行，1890 年资本已经增至港洋 1 000 万元，并在汉口、天津、北京设立分行，逐渐成了资本和实力最雄厚的金融机构。19 世纪 90 年代初，德国的德华银行、日本横滨银行、法国东方汇理银行纷纷在上海开设，成为一个个操控中国金融和经济命脉的巨奸大鳄。

中国历史上第一批民用工商业，正是本着致强、尤其是求富的宗旨，在外国资本步步深入，中国经济逐渐解体、走向半殖民地化的背景下兴起的。

2. 官督商办企业

官督商办工商业采用官僚机构总管、吸引商人投资、商人协助管理、商人自主经营的运作模式。洋务派在 19 世纪 70～90 年代共举办民用企业 20 多个，除了几个官办、个别一度商办外，大多数采用的都是官督商办的方式建立起来的资本主义性质的近代企业。其中最重要的是轮船招商局、开平矿务局、电报局和上海织布局。规模最大的民用企业轮船招商局，1872 年成立，次年唐廷枢接任总办后，规定股东不能是洋人，也不能转让给洋人；由股东推举各级商总和商董主持总局和各分局，但必须到海关道、北洋大臣处备案，更换也需要“禀请大宪”。1885 年盛宣怀接任督办后，章程规定专派大员一人督办，“用人理财息听调度”。官督的权重大大加强。轮船招商局兴办起来后，外国轮船公司利用低价运输等方式反复挤压他们，金融危机也导致他们资金紧张，清政府多次借款帮助他们度过难关。

轮船招商局的这种“习惯性动作”，显示出官督商办企业不能不始终与政府保持密切的联系，这成为其鲜明的性格特征之一。究其原因，就是在外资已经入主中国，封建经济逐渐解体的背景下，官督商办企业要追求“稍分洋人之利”的目的，就只能在官僚资本和外国资本的夹缝中求生存，更多时候只能倒向官僚资本。从轮船招商局的规则变革中可以看出，官督的权利加大，从另一个角度显示了企业中商人的软弱型和发挥作用的有限性。轮船招商局督办盛宣怀就自作主张，利用招商局资金，为自己建立了一个包括轮船、电报、纺织等行业的庞大的垄断集团。难以节制、不受约束的官权利，实际上主宰着官督商办企业的命运。

性格特征之二就是较为鲜明的资本主义企业性质。主要表现在：与官办军事工业不同，企业的产品不是被直接调拨，而是投入市场销售；生产的目的也不是为了满足官方的需要，而是为了满足市场的需求；资本采用股份制的方式筹集，按股份分配，官方不入股而是借款给企业，产权较为明晰；员工采用雇用制和工资制；实施大机器生产，至少近代大生产方式使用越来越多……这些特征及其重要性，在一个封建王国里，其实是怎么放大都不过分的。

但问题的关键在于，当这些"底气不足"的资本主义性质遭遇无节制的官权利时，就变得十分脆弱了，甚至成了相当缺乏可比性的两个主体。历史也证明，"在外国经济势力和洋务派的封建官僚势力双重制约之下，官督商办企业很难甚至不能按照资本主义市场经济的法则，获得自由发展和竞争的能力。这也就是经营了 20 余年，声势不小但收效不大的原因所在。"（李侃等，2009）

3. 商办企业

商办企业的出现，是洋务运动时期社会经济变化的另一个重要标志。商办企业主要是由一些官僚、地主、买办和商人投资兴建的，也有一些从手工业工场、作坊采用大机器生产转化而来的。由于实行商建、商管、商营，企业化而非官僚化运作，这种企业被看成是最早的近代资本主义企业。从 1869 年至 1894 年，商办企业只有 50 多个，资本 500 余万元，说明这还是一支较为弱小的社会新生力量。

商办企业中，比较有名的是 1869 年在上海设立的发昌机器厂。它由铁匠作坊主方举赞采用车床转变而成，主要为外商船厂制造修配零件。到 1877 年已能生产轮船机器和车床、汽锤等，还兼营进口五金，成了上海民族机器工业中最大的一家。

1872 年华侨商人陈启源在广东南海设立的继昌隆缫丝厂，以蒸汽机为动力，雇工 600～700 人，产丝精美，行销海外。到 19 世纪 90 年代，丝厂多达 35 家。

此外，1878 年轮船招商局会办朱其昂在天津设立的贻来牟机器磨房，1881 年黄佐卿在上海设立的公和永缫丝厂，1882 年徐鸿复、徐润在上海设立的同文书局，1886 年官绅杨宗濂、买办吴懋鼎、淮军将领周盛波在天津合资开设的"自来火公司"等，都是较为著名的商办企业。

虽然这些企业处于外资、官僚资本和封建经济的多重压力之中，投资和规模都很小，设备简陋，技术落后，并且主要生产日用轻化工产品，发展缓慢，但毕竟是第一批近代民族资本主义企业。中国的民族资产阶级就是由此诞生出来的。

（四）文化教育事业与社会变迁

兴办新式文化教育事业，是洋务运动不可缺少的重要内容。从 1862 年奕䜣请求创办北京同文馆和 1863 年李鸿章在上海创办广方言馆，到 1894 年在烟台创办烟台海军学堂，30 多年间，洋务派共创办新式学堂 24 所，其中培养外语人才的 7 所，培育工程、兵器、轮船人才的 11 所，电报、通讯方面的 3 所，培养陆军、矿务、军医人才的各1所。虽然存在师资、经费、制度、学员等多方面的问题，新式学校为新型人才的培养、为开通新风发挥了不可磨灭的作用。

派遣留学生就是当时的另一项壮举。耶鲁大学毕业生容闳，矢志“教育救国”，在中国因为《蒲安臣条约》有了派遣学子赴美留学的可能性之后，主动上书江苏巡抚丁日昌，提出了自己的幼童留美计划。经与李鸿章商议、曾国藩同意、清政府批准后，1872年陈兰彬、容闳率第一批幼童30人赴美留学。1873年、1874年、1875年又接连派出三批，共120人。这些学生在美国成绩优良、品行端正，深得美国各界称赞。但陈兰彬等以学生荒废中学、沾染外洋风俗、加入基督教等为由，1881年将学生撤回，其中只有2人获得学位，其中1人就是后来中国人首次自己设计制造的京张铁路总工程师——詹天佑。1873年，福州船政大臣沈葆桢也请求派船政学堂学生赴欧留学。1877年在李凤苞、日意格的率领下，35人踏上了赴欧的征途，其中12人留英，14人留法，均取得了骄人的成绩。其中就包括后来的启蒙思想家严复、海军将领刘步蟾、林泰曾等。后来，1881年和1886年又派出两批船政学生赴欧。留美和留欧的实现，不仅有助于国人实现从“万方来贺”的“中央帝国”到落后国家的转变，也为中国人学习西方开辟了一条重要路径。在当时条件下，这是相当艰难的，也实属难能可贵。

翻译西书和创办报刊，是洋务运动时期文化教育方面的又一建树。北京同文馆、上海广方言馆，特别是江南制造总局附设的翻译馆，就是洋务运动期间主要的翻译机构。北京同文馆1888年以前共译辑各种书籍22种，上海广方言馆也培养了一些翻译人才，而江南制造总局的翻译馆成绩最卓著。1871—1880年，该馆就刊印翻译书籍98种，235册，译成未印的45种，140余册，还有13种没有译完。这些书籍成了当时人们和后来维新派重要的理论武器。在自然科学的译介中，李善兰、华蘅芳、徐寿作出了很大贡献。

创办报刊也是在洋务运动时期蔚然成风的。1858年伍廷芳就在香港创办了《中外新报》。1872年广州的《羊城采新实录》、1873年汉口的《昭文新报》，1874年、1876年上海创办的《汇报》、《新报》，就是中国人最早的新闻事业。虽不足以与外国人办的《申报》、《新闻报》抗衡，但也为后来以解读时局、传达民意、发表政见、团结爱国为宗旨的新闻事业开了先河。

洋务运动带来的社会变迁，主要包括观念的变化：中国从“中央帝国”降落到世界大家庭中落后一员中；西方的制造品、科学技术文化等从“奇计淫巧”上升到“制造之精”。更重要的社会变迁是，商人的地位上升，不再位列“士农工商”之末，长期以来的“中农抑商”铁幕逐渐松动。最重要的是，近代社会的新阶级诞生了：在外国人开设的船坞、商行中，诞生了第一批中国无产阶级，后来在官办军事工业、官督商办和商办企业中，他们的队伍逐渐扩大；而在洋务运动中，官办企业中开始产生官僚资产阶级，官督商办企业尤其是商办企业，则是近代民主资产阶级的诞生地。

由此看来，作为工业化试验的洋务运动，带来的成果绝不仅仅是一些工业制成品。

（五）晚清工业化的结局

洋务运动时期，史称“同光中兴”。洋务运动后，民族工业发展的步伐一直没有停止，不断成长的民族工业还成了戊戌维新、辛亥革命的经济基础。清政府在谢幕前，甚至还想通过更大范围、更深刻的“新政”，挽救经济和政治各方面的颓势。但不少历史学家认为，1895 年中日甲午战争的失败，特别是北洋水师的全军覆没，似乎已经对这次工业化的成绩进行了总体否定性的检验。洋务运动就此失败、洋务运动不能拯救中国的观点一直处在主流地位。

但我坚持认为，洋务运动不应简单“盖棺论定”。从世界各国通过工业化崛起的轨迹来看，难道中国能够绕开工业化吗？历史学和经济学的答案都只能是否定的。在发展经济学关于工业化是否就是发展中国家必由之路的讨论中，虽然最后农业的发展受到了足够的重视，但工业化的重要性地位几乎无法撼动。如前所述，西方国家的兴起，实质上是在一系列制度铺垫上实现工业化的过程。中国后来的历史也证明，中华民族同样矢志不渝地通过工业化实现自己的伟大复兴，在洋务运动的试验之后，1927 年新建的国民政府、1949 年创建的新中国政府都把实现国家的工业化作为自己责无旁贷的使命。新中国的工业化还走过了重工业偏斜的工业化以及改革开放后新一轮工业化两个持续不断的发展阶段。这说明，从国际经验、中国的现实以及更长久的历史发展过程来看，工业化的道路是任何国家走向富强的必由之路。因此，追求“致强”和“求富”目标的洋务运动开启的道路，通过实现工业化实现民族富强的道路，绝对是中华民族振兴的必由之路。

洋务运动的“失败”，不在于它所代表的工业化大方向，而在于完成工业化所需的条件没有完全具备，在于工业化必备的内涵没有充分实现。在一个自我陶醉的“中央帝国”骤然沦为落后国家的特殊时期，完成工业化要具备的前提，不仅包括民族的独立（或者免除灭亡的危险）、封建势力的铲除、先进有效的政治经济制度以及大量资源、丰富的人才、良好的商业传统和市场经营基础等。这么众多、如此繁重的任务，怎么可能希望通过洋务运动一蹴而就？就是后面几项条件，当时也是百废待兴，从零开始。洋务派能够在猝不及防的情况下、在几乎所有条件都不具备的条件下，从军事工业、民用工业和文化教育等内涵丰富的众多方面，颇有建树地完成第一次工业化试验，不论如何是难能可贵的，是不论怎样褒扬都不过分的。

在后来漫长的探索过程中，中国人经过百日维新的君主立宪试验，辛亥革命的民主共和尝试，一直到 1949 年才选定了适合中国的政治制度；也直到新中国成立后，才初步全面废除了封建制度，才最终删除了落后的封建势力对中国前途命运的影响；也同样经过百余年的前赴后继，浴血牺牲，才解除了民族存亡的危机；而工业化，我们花费的时间和精力更长，经过新中国建立前的两次工业化尝试，以及新中国成立后以 1978 年为界标的两阶段工业化努力，直到 21 世纪，中国才进入了工业化的中期阶段，至今中国的工业化尚未完成。站在历史的背后，我们不能不深刻地感悟到，一个落后国家的工业化是多么的艰难？在一个骤然落后的“老大帝国”中实施工业化，还被附加上了自强以避免瓜分、改革革命以废除封建、建立新制度等无可辩驳的先决条件。在一个从领先转向落后的旧国家中，及时开启工业化的新路并毅然决然付诸实施，需要何等过人的胆魄？而在如此艰难险阻下，能够成就震慑当世、震惊后人的“多样化”成就，又需要何等超凡的才情和努力？我们怎能再忍心去指责那些勇开风气、艰难前行的先驱者？怎能不给予他们足够的尊敬和追慕呢？

二、民国时期的工业化实践

同洋务运动的首功相比，民国时期的工业化地位自然略逊；但成绩却绝对是有过之而无不及。当然，这种发展不是一蹴而就的。

1912 年，辞去临时大总统职务、专任铁路督办的孙中山就充满希望地说过，未来几十年，中国实业必定获得大发展，中国将会有几十个上海。同样，孙中山和他的同盟会(1905—1912)、国民党(1912 年—)，始终把通过发展实业振兴中华，作为自己的重要目标之一。孙中山首倡的同盟会的政治纲领“三民主义”，除民族独立(民族主义)、民主政治(民权主义)之外的一个重要内容就是民生主义。民生主义作为同盟会的经济纲领，就是主张通过平均地权(也就是平均化地占有和使用土地)、核定地价、涨价归公、土地私有者收租而不缴税的政策，避免西方因国贫民困引发巨大社会矛盾的困境。其实，民生主义的重要性，不仅仅在于通过改变土地等财富过度集中的状况，为东方式的公平兼顾效率的发展模式铺平道路；还在于土地“涨价归公”背后的国家工业化目的，即走一条借鉴德国、日本等国家通过税收实现资本积累并完成工业化的道路。从这个意义上讲，孙中山的主张，既有发展经济学家中重视工业化的特质，也有兼顾农业发展、通过农业发展帮助工业化更快实现的亮点。

只可惜，国民党 1927 年后才拥有了自己的全国政权。国民党政府大规模的工业化努力，实际上是此后正式全面展开的，并在 1936 年左右达到了高峰。

第二次工业化实践，是以一系列重大的改革为全基础的，同样为道格拉斯·诺斯的制度先决于经济发展理论提供了支持。

(一)经济改革

经济改革主要包括金融体系的建立和法币改革。

为了统一全国的货币金融，统制全国的财政经济，国民党政府建立了以四行二局为中心的金融体系。其中四行就是中央、中国、交通、中国农民四大银行，二局就是邮政储金汇业局和中央信托局。这些金融机构都是由中央政府控制的，也是官僚资本的核心组成部分。中央银行1927年筹建，次年被定位为国家银行，由政府设置经营；资本国币2 000万元，政府一次拨出；可召集商股，但不能超过49%；拥有发行兑换券、经理国库、募集或者整理公债事务、铸造和发行国币的特权；后来又被赋予了统一货币、调剂金融的职权。1928年11月中央银行在上海设立。组织结构实行理事会、监事会、总裁“三权分立”制，宋子文、孔祥熙等先后担任过中央银行总裁职务。中央银行建立后的业务迅速扩张。1933年底，钞票发行增加7倍，存款增加15倍，放款增加35倍，纯收益增加70倍以上。到抗日战争爆发前，已在全国设有26个分行、20个办事处，在纽约、伦敦也设立了分行。资本超过1亿元，成了全国银行之首。中国银行和交通银行原来是民族资本集团江浙财团设立的，国民党政府通过给予特许权力、增资控股、安置人员、发行公债等手段，逐渐把它们变成了国有银行。到1935年，官股分别占到了两行的50%和55%。农业银行则是在1932年“农村金融救济处”、1933年鄂豫皖赣四省农民银行的基础上，于1935年扩大改组而成。此外，通过兼并和控制包括“小四行”和“北四行”在内的其他中小银行，国民党政府建立起了一个自己占据绝对优势地位的银行体系。1937年全国164家银行4.343亿元资本、1 627处分支行、28 878位行员中，国民政府和地方政府占据了55%、59%和51%(魏宏运等，2007)。

法币改革则分两步走。首先针对1929—1931年世界经济危机导致银元大量涌入上海的契机，从1932年开始准备、1933年正式实施废两改元，停止白银流通，由政府统一铸造发行新银元。差不多同时，世界各国纷纷放弃金本位制，高价收购白银，导致1933—1934年银价腾贵，出现世界性的“白银风潮”。在此背景下，中国因为白银价格低廉出现大量白银外流的现象。1934年6～10月上海输出的白银高达2.229亿元，是整个1933年的3倍(魏宏运等，2007)。白银外流导致国内银根奇紧，通货紧缩，物价猛跌，商品滞销，银行、钱庄、商店、工厂纷纷倒闭，工人大量失业，外贸严重入超。为了切断世界银价对中国的影响，振兴经济，1935年，国民政府实施法币改革，规定全国统一使用有中央、中国和交通银行发行的钞票——法币；持有银本位币的，限期兑换为法币；以上三银行可以无限制地买卖外汇。经过改革,币制统一了,大量白银国有了,成了稳定法币的外汇准备金;通过买卖外汇,升降币值,也可以通过货币政策调节经济了;货币对经济的约束力、融通力都大大增强了,国家的经济垄断和控制也变得越发便利了。

此外,国民党政府还颁发了一些促进经济发展的政策,鼓励投资创办新型工业,政府给予税收、贷款等方面的优惠;通过建立之初的"改订新约",重新收回了关税自主权,可以通过提高关税,保护国内民族工商业的发展。抵制洋货、提倡国货的运动,也在强化着民族工业自主发展的环境保护。

(二)产业发展

交通运输业是这时期发展较快的产业之一。1932—1937 年,共建筑铁路 6 797 千米,全国的铁路总长度达到了 21 036 千米(严中平等,1955)。其中,粤汉路直到抗战前都是大动脉,陇海路也西延到了宝鸡。阎锡山在山西境内修建的 1 000 余千米的窄轨铁路也很有名。公路的修建在中央和地方都很受重视,京陕、京黔、汴粤、京川等主干线纷纷建成。水运中外资控制的局面逐渐在松动,民族资本投资的步伐在加快,1926 年成立时只有 50 万元资本、70 吨小船一艘的民生实业股份有限公司,10 年后资本达到 140 万元,资产 1 900 万元,轮船 46 艘、2.2 万吨。航空业也从无到有,中外合办的中国航空公司、欧亚航空公司,中国自办的西南航空公司都是一时之选。

民族工业的发展,集中在棉纺织、面粉、水泥、橡胶、火柴等行业中。1927 年全国民营纱厂 73 家,纱锭 209.9 万余枚,1931 年就增加到 84 家,纱锭 273 万枚(严中平等,1955)。荣家申新纺织系统企业就是当时最大的民营企业集团。

面粉业是仅次于棉纺织业的行业。当时 1930 年荣家福茂系统面粉厂的日产量达到了 2.9 万包。仅次于它的孙多森创办的上海阜新面粉厂,1932 年日产业达到了 2.6 万包。

1932—1935 年,受"白银风潮"、东北原料和产地的丢失以及战争和自然灾害的影响,民族工业和经济发展陷入了停滞。但到 1936 年,世界经济危机的影响消退,法币改革完成,工业生产也很快进入恢复和增长。同 1935 年相比,棉纱、棉布、火柴、卷烟产出的增长率分别为 65.63%、17.7%、300%、70.23%(严中平等,1955),形成了新中国建立前的经济增长高峰。

此后,不仅经济增长放缓,工业化的努力也受到越来越多的限制。1949 年更正式地从中国大陆谢幕。

两次工业化尝试,是中国现代工业一个从无到有的过程。新中国成立初期 10%左右的现代工业,就是它的成就之一。

两次工业化中累积的经验,尤其是第一次工业化试验中近乎壮美的全面展开,为新中国完成工业化使命提供了难能可贵的借鉴,并扫除了很多前进道路上的障碍。自主开放、引进外资、市场经济、国家示范、关税保护、学习国外、注重人才、改革先行等,都直接来自前人。

两次工业化的实践,更充分证明:在一个落后的国家中,尤其是在中国这样一个由领先骤然陷入落后的国度里实现工业化,不是仅仅建立一系列制度安排就可以使工业化水到渠成,还需要完成国家独立自强、废除封建旧势力等一系列先决任务,是一个兼具"自强"和"求富"内涵的更加任重道远的使命。因此,中国的工业化就是用浓墨重彩的历史书写的沉重的辉煌。

三、新中国的工业化

与以前清朝洋务派、民国时期国民党政府主导实施的两次工业化实验不同,中国共产党领导的新中国工业化,不仅规模远超以前、成就空前卓著,而且也是中国经济腾飞的关键成就,是新中国自主建设、追求富强的"代表作"。

新中国的工业化可以划分为两个历史阶段:1949—1978 年自主图强背景下的工业化(简称自主工业化)和 1978 年至今的市场经济下的工业化(简称为市场工业化)。

(一)自主工业化

新中国成立后,为什么要以工业化立国?为什么形成了以自主为特征、以计划经济体制为内核的工业化模式?高度关注改革开放三十年成就的人们,对此却产生了不应有的忽视。认真回答此问题,才能充分说明新中国工业化取得巨大成就的原因。这主要有(冯开文,2003):

一是,世界各工业化国的崛起表明,时代选择它们作为先驱是因为它们较早地选择了工业化。这一点已为中国共产党和政府所深深明了。

二是,这是多少代人的强国梦。历代仁人志士"图强图富"、"实业救国"、"振兴中华"的呼声,已成了新政权的时代使命。

三是,工业化与社会主义新国家密切相关联的内在逻辑,也为马列经典作家所锐觉到。因此,在他们的著作中,工业化成了社会主义一个相当重要的不可或缺的组成部分。这些,无疑为刚刚站立起来、力争洗雪百年耻辱,建立自由、民主、富强的社会主义新中国的中国共产党及其政府所遵从和实施。事实上,工业化战略这种抉择来得更早,在七届二中全会上,中国共产党就已提出夺取全国政权后的目标，是把中国由农业国转变为工业国。

而新中国成立后面对的现实，却一点也不乐观。根据毛泽东在《中国共产党第七届中央委员会上的报告》里所作的估计，中国仅有10%左右的"现代性的工业经济"，另外90%是"分散的个体的农业经济和手工业经济"，1952年底，即经济恢复时期已基本结束，第一个五年计划即将开始也即国家工业化即将起步之时，中国现代工业特别是重工业的底子仍然相当薄。1952年农业、工业和其他产业占国民收入的份额分别为57.72%，19.52%，22.76%，工业所占份额不到20%。现代工业在我国工农业中产值中的比重只有26.6%，重工业在工业产值中的比重仅35.5%；而前苏联在其第一个五年计划开始前的1928年已分别达到45.2%和39.5%。1952年我国主要工业产品的人均产量，不仅远远落后于工业发达国家，也落后于1950年的印度，如钢产量中国为2.37千克，印度为4千克，美国为538.3千克；发电量中国为2.76度，印度为10.9度，美国2 449度。所以，毛泽东当时说："现在我们能造什么？能造桌子椅子，能造茶碗茶壶，能种粮食，还能磨成面粉，还能造纸，但是，一辆汽车、一架飞机、一辆坦克、一辆拖拉机都不能造。"实现国家的工业化已与民族自尊心、自豪感联结了起来，成了民族强盛的希望。

四是，在以小农经济为主的国度里，工业化也肩负着改造各种经济形式、进而改变国家整个经济面貌的历史使命(包括改造小生产)。要实现"耕地不用挖、播种不用撒、楼上楼下、电灯电话"农村蓝图，不能不启动工业化。

五是，中国必须尽快启动工业化，还与新中国成立后面临的国际环境有关。1950年美国发动的朝鲜战争迅速把战火烧到中国边境，并侵犯中国领空，严重威胁中国的安全；与此同时，与台湾国民党政权的较量又趋激烈，为反击"反攻大陆"，台湾海峡严重的军事对峙状态丝毫没有缓解。新中国成立后外交上向苏联的一边倒，并没有赢得预期的经济援助，西方国家的经济封锁一直包围着新中国；后来的中印边界纠纷，美国出兵越南以及中苏反目以至在珍宝岛发生军事冲突，都使新成立的中华人民共和国把自立自强作为头等大事。这使我们没有更多时间去仔细研究、比较选择出最适合中国的经济发展战略；而前苏联的经验以及重工业所具有的自我服务、自我循环，从而可以缓解占人口大多数却极度贫困的农民有效需求不足地制约这样一些产业特征，加上我们前述的种种原因，促使新中国把工业化作为当务之急，并且使工业化程度体现为较高的重工业比重。

同样受国际环境等因素的影响，中国也不能走"亚洲四小龙"和巴西的外援工业化道路。

韩国(南朝鲜)和中国台湾的政治地位都同冷战格局中美国的对外政策直接相

关，美国为之提供了大量的资金。类似于“马歇尔计划”和对日援助，美国人在1954年为韩国提供了1.54亿美元的经济援助，1957年便又增加到3.83亿美元，停战后4年内(1954—1957)外援总数达11.1亿美元。韩国经济发展最快的1962—1972年，得到无偿和有偿的美国经济援助共达43.7亿美元，如按3 000万人口平均计算，每人得到经济援助达145美元。这样大的一笔援助，当然对经济起飞起了巨大的促进作用。

中国台湾的军事地位与韩国十分类似，因此美国的援助也十分慷慨。美国军事援助绝大部分用于军费，而经济援助则有相当大部分以美援相对基金形式投入台湾产业部门，转化为生产资本。20世纪五六十年代，正是由于美国大量军事、经济援助，才使台湾维持15%～20%的资本积累率。据统计，1949—1967年台湾共接受41亿多美元的援助，其中17亿美元是经济援助。这一时期除军援外台湾人均接受经援187美元(郝侠君等，1989)。美元同样对台湾的经济“起飞”起了巨大的作用。

中国香港和新加坡并没有得到这样的“恩惠”，但是这两个国家和地区另有独特条件，这就是可用来发展转口贸易的优越的地理条件。就像早期资本主义用商业带动产业、用商业积累的资本发展工业一样，这两地也是以贸易来促进工业发展的。而这样一个发展模式，对于香港、新加坡这样不过大点城市的地方来说，是可行的，却绝不适合于中国这样的大国。“亚洲四小龙”解决资金积累的条件，中国并不具备。

那么，曾在20世纪六七十年代经济较快增长的巴西的道路又如何呢？巴西是大国，但巴西的自然资源十分丰富，有大量的铁矿、森林，出产大量的咖啡、可可、蔗糖等出口换汇的经济作物；而且，巴西人均资源拥有量很大，巴西只比中国少100万平方千米，但人口却比中国少好几倍，这就使巴西可以通过出卖资源换汇外汇。到20世纪80年代，巴西所借外债已超过1 000亿美元，尽管今天还本付息已成为难以摆脱的经济负担，但这些外资毕竟成了巴西20世纪六七十年代快速发展的强动力。中国20世纪50年代有很多资源没有发现出来，连石油都自给不了，自然不能走上巴西之路。中国只有像前苏联那样，走靠自身积累来发展经济的社会主义工业化之路。

因此，1949—1978年的工业化，是自主的、计划的、偏重工业的工业化，自主工业化是其中最重要的特征。

经过30年的曲折发展，工业化取得了显著的成就，工业在整个经济中的地位大大提升。表9-2表明，1956年工业产值就超过了包括村办工业的农业产值，在民族经济振兴的过程中实现了前所未有的历史性突破。

表 9-2 新中国工农业总产值

（按当年价格计算） 单位：亿元

年代	工农业总产值	农业产值	工业产值
1949	466	326	140
1952	810	461	349
1956	1 252	610	642
1965	2 235	833	1 402
1978	5 634	1 567	4 067
1982	8 291	2 785	5 506

注：原表中农业产值包括村办工业。

资料来源：农业部《中国农村经济统计资料大全》，农业出版社，1989 年，第 52-53 页。

（二）市场工业化

与 1978 年以前的工业化相比，改革开放后的工业化首先是以改革创新为起点的。鉴于自主工业化的成效不尽理想，这时期的工业化呈现出以市场配置资源的鲜明特色。在自主的基础上引进外资，在计划经济体制的边际上建立市场机制（双轨制），在中央宏观布局的基础上重视地方和基层民众的积极性（于是有“地方工业化”一说），都是市场工业化的具体表现。

30 年的砥砺创新，中国经济总量已经超过日本仅次于美国。工业化的贡献功不可没。工业化带来了产业结构的升级和优化，带动了技术进步，带来了经济增长方式的转变，带动了城市化以及社会保障制度的创新，也使居民福利大幅改善，国家的国际地位显著提高。

这些有大量的统计数和研究成果可资佐证，不再赘述。

在新中国两次工业化凯歌高奏的同时，农业也经历了翻天覆地的变化。经过互助组、初级社、高级社和人民公社的创建，对小生产的社会主义改造在 1956 年基本完成，又在人民公社时期（1957—1984）得到了强化。1978 年后，集体生产的制度又迅速转变为集体所有、农户分散经营的家庭承包经营责任制，极大地激发了农民的积极性，也推动了农业、农村经济的发展。特别是 2003 年以后，延续了数千的农业税被取消，经济整体也从以农养工转向了以工补农的新阶段，这无疑是工业化带来的巨大惠泽，也将农业带向了蓬勃发展的新阶段。

反观中国的三次工业化进程，从中明显可见中国经济发展的主线，也可看出中国经济起伏的主要脉络。可以说，一部中国近现代经济史，其实主要就是一部工业化的历史；中华民族经济振兴的过程、民族复兴的历程，主要就是完成工业化的历史。当中国经济逐渐领先于世界之际，也就是中国借助工业化领先于世界经济之林的时候，不要忘记中国的工业化，更不能忽视它的重要地位。

第四节　中国的经济奇迹

一、中国30年高增长之谜及制度决定论

自改革开放以来，我国经济经历了长达30多年的高速增长，2009年的生产总值是1978年的90余倍，年增长率可达到10%，远远高于同时期欧洲、美国、日本等发达国家的经济增长率。因此中国经济的高速增长被国内外学者称为“中国奇迹”。

对于“中国奇迹”的产生原因，国内外学者做了许多研究，从不同的研究视角入手产生多种不同的理论，概括来说，主要有以下几种：①制度变迁与改革。“中国奇迹”的发生主要来自于制度的变迁，经济转型是沿着有利于经济效率的轨迹向前推进的，中国能发生有效的制度变迁，主要原因是制度创新的分散性、市场化改革的自我强化性以及中国共产党的泛利性（姚洋，2004）。俄罗斯学者A·伊拉里奥诺夫（1999）通过中国和俄罗斯的比较，说明始于20世纪70年代末的经济改革和各项经济政策是中国经济发展“奇迹”的动因。市场化的改革也是学者们研究的重点，海闻（2006）认为中国深入改革产生的制度变迁将进一步产生创造力和提高生产力，国内市场规模产生的巨大内需成为“中国奇迹”的主要动力，更加开放的国际环境有助于更好地利用全球市场与资源。另有学者（宋德勇，1999）进一步把工业化、市场化和国际化归结为中国奇迹的主要原因，认为中国奇迹是“工业化、市场化和国际化”推进的结果。任保平、刘丽（2008）建立双重制度变迁基础上多层经济转型动态框架解释中国经济增长奇迹，说明双重制度变迁表现为由落后向发达状态的结构变迁，由计划经济向市场经济的体制变迁，并在双重制度变迁基础上形成了多层次的经济转型，导致了中国30年“增长的奇迹”。②比较优势战略。林毅夫（1994）认为中国奇迹的发生关键在于采取了一套行之有效的发展战略，改革前推行的不符合中国比较优势的重工业优先发展战略使中国经济发展缓慢，作为外生变量的“赶超战略”是由政府主动选择的，作为内生变量的三位一体的经济体制，是适应于优先发展重工业的战略而逐渐形成的。而改革以来中国经济得以迅速发展的关键则在于改革传统经济体制，使中国所具有的资源比较优势能够得以发挥出来，比较优势战略是实行战略转型的方向和体制转轨的目标。已经出现的增长奇

迹，是由于在调整微观经营机制和放松资源的计划配置制度上取得了较大的进展，从而激发了劳动者的生产积极性，为过去受压抑的部门的增长创造了资源条件，改革的问题和困难以及改革周期的出现，是由于宏观政策环境改革的相对滞后。而后提出进一步的选择是要以改革被扭曲的宏观政策环境为中心，完全抛弃“赶超战略”，加快向比较优势战略的转变。③技术进步与创新。依据熊彼特(J. A. Schumpeter)《经济发展原论》中的创新思想，经济增长的源泉在于创新，包括引进新产品、采用新的生产方法、开辟新市场、控制原材料的新供应来源、实现工业的新的组织5个创新因素，王宏彬、刘明国(2006)指出中国奇迹的发生机制就在于此5个创新因素。另有学者通过运用新经济增长理论分析了中国“增长的奇迹”，得出技术进步和制度创新是经济增长的根本动力，技术进步使社会生产成本降低，制度创新使社会交易费用下降，从而总体上使经济实现持续、均衡的增长。沈波涛、李玉举(2001)认为新经济增长理论可以很好地解释中国奇迹的产生，并且借助这一分析，探讨了如何通过加速技术创新，完善、健全制度因素来使中国经济继续保持高速增长，使中国奇迹持续下去。

关于经济增长的理论，不管是“技术进步论”、“自由市场论”或“战略选择论”，对中国的经济快速增长都有其各自的解释力。诺思依托20世纪70年代发展起来的新制度经济学，对经济史上诸多罕见的经济增长事例用制度的因素加以解释，这就开拓了新古典经济学只把制度因素视为给定的外生变量的局面。比如对西方世界从10世纪相对落后到18世纪飞速增长、崛起并成为世界霸权的解释，在经典的经济增长模型里面，只有资本和劳动的投入或者技术的进步才被作为揭示经济增长的因素，但任何经济增长过程都是在一定的制度环境和制度安排下发生的，都不可能脱离大的制度背景而独立存在，因此制度因素贯穿经济增长的全过程。制度研究方法的提出，可以在各方面为经济增长提供解释，有关中国1978年以来工业化大发展及“经济奇迹”的解释也不可能脱离新制度经济学的制度分析框架。

诺思的“制度决定论”指出，资本积累、技术进步等因素与其说是经济增长的原因，倒不如说是经济增长本身，科学技术的进步虽然对经济增长起重要作用，但真正起关键作用的是有效率的经济组织，一种能够提供个人刺激的有效经济组织是使经济增长的根本原因，因此制度是经济发展的决定性因素(诺思，1999)。以诺思为代表的“制度决定论”伴随着改革开放给中国城乡经济带来的惊人巨变传入中国，人们在实际生活中感受到了制度变迁的“魔力”，正是在这种背景下，新制度经济学一经传入中国，便深刻地影响了中国的经济理论走向，“制度决定论”成为我国经济学界在考察经济增长决定因素时的重要认识工具。“制度决定论”的追随者在研究中国经济增长中认为，向市场经济转轨需要一个有效的市场经济的运行，这不仅包括经济自由化和所有权变革等内容，更需要足够的制度架构来支撑和推进，构建新的制度安排是一个国家成功转型的关键。

当然，中国经济奇迹的发生不仅仅是某一个因素作用的结果，更不可能用某一个理论就可以完全解释。诺思的"制度决定论"开拓了经济增长研究的新视野，但其把制度对经济增长的影响提升到绝对化的地步，成为此理论的最易惹人诟病之处。

二、"中国模式"及国际比较

中国经济三十年的高增长率，使中国经济发展道路成为一种发展模式被广泛关注。2004 年 5 月 11 日，英国外交政策中心发表了美国学者乔舒亚·库珀·雷默(Joshua Cooper Ramo)[①]的题为《北京共识》的研究报告，对中国 20 多年的经济改革成就作了全面理性的思考与分析，肯定了中国在改革开放后的经济发展道路，并指出，通过艰苦努力、主动创新和大胆实践，中国摸索出一个适合本国国情的发展模式，这种具有典型意义的发展模式称为"北京共识"或"中国模式"。自此"中国模式"概念得到国际主流媒体的认同，并引起广泛讨论。这一概念的提出反映出中国改革开放的成就对国外学者的深刻影响，一方面，西方学者已经意识到，自己原有的理论范式不能圆满解释中国近期经济飞速发展的原因，中国的经济发展道路是独特且史无前例的，因此，雷默描述"以前在西方用于讨论中国的语言已不再适用"，需要建立新的话语和理论来表达中国的经济发展实际。但无论是外国学者还是本土学者在讨论"中国模式"的内容及其普遍意义方面，都是存在疑问及争议的，至今也没有形成一种普遍的共识。

"中国模式"这个概念作为对中国发展经验的一种概括提出，相对于社会主义模式(苏联模式)、资本主义发展模式(新自由主义模式)、民主社会主义模式(北欧模式)等多种模式而言。这里"模式"是指一系列带有明显特征的发展战略、制度和理念。

苏联模式形成于 20 世纪 20 年代末到 50 年代中期，是以马克思主义经典社会主义理论为依据，由列宁开创，斯大林建立起来的第一个社会主义制度的实践。苏联模式是科学社会主义在苏联具体国情条件下的特定产物，这种模式因适应了 20

①乔舒亚·库珀·雷默(Joshua Cooper Ramo)是约翰·桑顿办公室主管合伙人、高盛公司高级顾问和清华大学教授。雷默的咨询工作集中于政治、经济和商业领域，重点放在中国。以前担任过美国时代公司编辑，于 1996 年加入《时代》杂志并成为该杂志最年轻的助理执行主编和外事版主编，负责《时代》杂志的国际报道。担任过 CNN 电视台国际问题分析家，是美国外交委员会成员、阿斯彭学会荣誉会员、美中年轻领导人论坛两位发起人之一，以及世界经济论坛明天的全球领导人会议成员。

世纪上半叶战争与革命特定的历史条件，曾一度显示出较强的生命力，在处于资本主义封锁包围的特殊环境中，将苏联从一个经济政治文化落后的国家建成相对强大的社会主义国家，不仅对苏联社会发展发挥了促进作用，而且对后来诞生的社会主义国家的建设起到了示范效应，被看作是社会主义的唯一模式。由于苏联是世界上第一个社会主义国家，没有任何经验可以借鉴，所以，苏联共产党人在探索苏联社会主义建设道路之初，便严格遵循马克思主义经典作家对社会主义的描述。斯大林更是僵化地认为社会主义就是计划经济、公有制和按劳分配，从而在实践中建立起以高度集中的计划经济体制为特征的发展模式。由于这一模式是建立在落后的生产方式基础之上且又处于资本主义包围之中，因此，它的主要历史使命就是既要改变落后面貌又要赶上甚至超过资本主义，这也就决定了该模式的主题是“赶超”。在这一历史背景下，斯大林创建的模式实际上是一种备战型模式，在反法西斯战争中起到了巨大的作用。但是，在苏联社会主义建设的整个历史进程中，当时代主题由战争与革命转变为和平与发展时，苏联模式没有顺应时代发展潮流，没有得到及时调整，其缺陷和弊端日趋凸显出来，极大地阻碍了苏联经济、政治和社会的继续发展，最终导致苏联解体。苏联模式的弊端也严重影响了包括中国在内的其他社会主义国家的建设和实践。中国特色社会主义道路正是在反思苏联模式的经验教训中逐步形成的，是对苏联模式的创新和发展。

20 世纪二三十年代，当资本主义处于经济“大萧条”时候，凯恩斯主义经济学代替古典自由主义经济学，成为西方社会的主流思想。20 世纪 70 年代以来，西方国家特别是美国陷入“滞胀”——即“经济停滞、通货膨胀”，当凯恩斯主义经济学面对“滞胀”束手无策的时候，新自由主义便取而代之并逐渐兴盛发展起来，主张私有化、自由化、市场化和多元化。即主张全面的私有制，认为资本主义私有制是最有效率的，最符合人性的，具有无可比拟的优越性的唯一合理的永恒的经济制度，反对一切政府干预和宏观调控，推行无政府主义经济模式。并崇尚多元化和个人主义，认为一切价值都应当以个人为中心。尽管新自由主义模式发挥了发达国家在科学技术和经济上的优势，推动了产业结构和经济结构升级，可以在资本主义生产方式和经济制度的框架内，对国内的生产关系和经济关系进行调整，使发达资本主义国家摆脱了 70 年代“滞胀”困境；并促进 20 世纪八九十年代以美国为首的发达资本主义国家经济不同程度的繁荣。但是新自由主义模式的施行也有其弊端，如导致消费需求不足以及泡沫经济，加剧社会结构的两极分化。另外，新自由主义理论与原则在部分发展中国家的推广使这些国家过分依赖外资，由于缺乏有效的公共政策而造成严重的贫富不均。而实际上，发达国家从未实行过彻底的新自由主义。

民主社会主义是由19世纪40年代末以来西方社会民主主义演变而来的一种资产阶级改良主义的社会思潮。它是西方国家社会民主党(包括社会党、工党、社会党国际)思想体系的总称,是由第二国际社会民主党右翼发展而来的。从历史发展来看,欧洲社会民主党也在美国新自由主义模式与苏联模式的激烈对抗下积极探索"第三条道路",并最终形成了具有特定内容和形式的民主社会主义模式。民主社会主义模式主要是指挪威、芬兰、丹麦、瑞典等北欧国家以高税收、高福利、不触动资本主义私有制为特征的发展模式。从民主社会主义的理论到实践,可以说"调和"和"渐变"是该模式的主题。"调和"即强调阶级合作和阶级妥协,而不再强调阶级斗争,"渐变"即试图在资本主义制度的框架内逐步增加社会主义因素,以期完成向社会主义的过渡。有一些共同的特征存在。首先,在思想上,均主张指导思想多元化,在世界观上是多元论和实用主义;其次,在政治上均赞同和支持资本主义政治制度,主张在资产阶级国体条件下的多党轮流执政;最后,在经济计划上均主张不改资本主义私有制。这三点可谓民主社会主义模式最重要的特征。

"中国模式"从世界主流发展模式中汲取了营养,既是对社会主义传统发展模式即苏联模式进行反思的结果,又是对西方资本主义发展模式借鉴的结果,对于像中国这样一个发展中大国,市场经济制度的形成特征及其路径,很难与任何西方发达国家市场经济的制度类同,这就使得中国形成了自己特有的经济发展模式。简单地说,"中国模式"实质上是中国作为一个发展中国家在全球化背景下实现社会现代化的一种战略选择,它是中国在改革开放过程中逐渐发展起来的一整套应对全球化挑战的发展战略和治理模式。"中国模式"颠覆了公有制企业没有效率的传统观点、新兴的大国必是好战和富有侵略性国家的论点以及经济发展必将导致西方式民主的定论。

由于社会发展内容的多样性,"中国模式"在实践上应涵盖经济、政治、文化、社会、外交、生态等诸多领域,在理论研究上也有与之相应的多种维度。俞可平(2009)曾作出以下概括:从基本的社会经济、政治和文化制度方面来看,"中国模式"的要素是:①在所有制方面,中国既不推行纯而又纯的公有制,也不实行全面私有化,而实行以公有经济为主导的混合所有制,公有经济仍然控制着国家的经济命脉,而且土地和森林、矿山等资源也不实行私有化。②在政治上,中国坚持共产党的一党领导没有推行多党制和议会政治,不搞立法、行政、司法的"三权分立",但又不是简单的一党政治,而是"一党领导、多党合作"的政治体制。③在意识形态上,中国仍然坚持马克思主义在政治意识形态领域中的主导地位,但又允许其他不同思想流派的存在,政治意识形态的一元与社会思潮的多元处于并存的局面。④在军队与政治的关系上,中国一直实行文官领导军队的制度,不允许军队干预政治,但又始终奉行党指挥枪的原则。⑤在国家与社会的关系上，一个相对独立的公民社会已经产生，并且正在对社会生活产生日益重大的影响，但正像中国的市场经济是政府引导的市场经济(government-led market economy)一样，中国的公民社会也带有政府引导的性质(government-led civil society)，多数民间组织并不具有西方国家的民间组织那样的自主性。

参考文献

[1] Mark Overton, Agricultural Revolution in England: The Transformation of the Agrarian Economy 1500—1850. Cambridge: Cambridge University Press, 1996.

[2] A·伊拉里奥诺夫，一丁. 中国"奇迹"的奥秘. 国外社会科学，1999(5).

[3] [英]安格斯·麦迪森. 世界经济千年史. 北京：北京大学出版社，2003.

[4] [英]B·R·米切尔. 帕尔格雷夫世界历史统计. 北京：经济科学出版社，2002.

[5] 冯开文. 合作制度变迁与创新研究. 北京：中国农业出版社，2003.

[6] 富永健一. 社会学原理. 北京：社会科学文献出版社，1992.

[7] 海闻. "中国奇迹"至少持续 20 年. 人民论坛，2006(12).

[8] 侯建新. 现代化第一基石. 天津：天津社会科学院出版社，1991.

[9] 卡洛·M·奇波拉. 欧洲经济史(第 4 卷)[M]. 北京：商务印书馆，1989.

[10] 李伯重. 理论、方法、发展趋势——中国经济史研究新探. 北京：清华大学出版社，2002.

[11] 李侃，等. 中国近代史. 北京：中华书局，2009.

[12] 林毅夫，蔡昉，李周. 比较优势与发展战略——对"东亚奇迹"的再解释. 中国社会科学，1999(5).

[13] 林毅夫，蔡昉，李周. 中国的奇迹：发展战略与经济改革. 上海：上海三联书店，1994.

[14] 诺思，托马斯. 西方世界的兴起. 北京：华夏出版社，1999.

[15] 曼纽尔·卡斯特. 网络社会的崛起(信息时代三部曲)(第 1 卷). 夏铸久，王志弘，等译. 北京：社会科学文献出版社，2001.

[16] 任保平，刘丽. 中国 30 年"经济增长奇迹"：描述、界定与理论解释. 西北大学学报(哲学社会科学版)，2008(1).

[17] 沈华嵩. 现代化——发展理论与东亚模式. 世界经济，1992(8).

[18] 沈波涛，李玉举. 中国奇迹的新经济增长理论分析. 经济师，2001(5).

[19] 宋德勇. 工业化、市场化、国际化与中国的经济增长——对"中国奇迹"的一种解释. 华中理工大学学报，1999(3).

[20] [美]乔万尼·阿里吉，[日]滨下武志. 东亚的复兴——以 500 年、150 年和 50 年为视角. 北京：社会科学文献出版社，2006.

[21] 徐浩. 地主与英国农村现代化的启动. 历史研究,1999(1).

[22] 托马斯·K·麦格劳. 现代资本主义:三次工业革命中的成功者. 南京:江苏人民出版社,2000.

[23] 王宏彬,刘明国. 中国经济增长奇迹的“秘密”. 当代经济,2006(3).

[24] 魏红运,等. 中国现代史. 北京:高等教育出版社,2007.

[25] 萧国亮,隋福民. 世界经济史. 北京:北京大学出版社,2007.

[26] 姚洋. 稳健转型:对中国奇迹的一个解释. 南风窗,2004-8-1.

[27] 约翰·奈斯比特. 大趋势——改变我们生活的十个新趋向. 北京:新华出版社,1984.

[28] 俞可平. 我对中国模式充满期待. 社会科学报,2009-12-30.

[29] 中国社会科学院世界经济与政治研究所. 苏联和主要资本主义国家经济历史统计集. 北京:人民出版社,1989.

[30] [美]兹比格纽·布热津斯基. 大棋局——美国的首要地位及其地缘战略. 中国国际问题研究所译. 上海:上海人民出版社,2007.

思考题

1. 论述经济革命的重要含义。

2. 影响西方工业化进程的重要因素是什么?后起的东亚国家从中借鉴了哪些?

3. 试比较西方国家与东亚国家的工业化进程。

4. 简述中国历次工业化进程,并论述其成果。

5. 结合中国发展现状,谈谈你对“中国模式”的看法。

第三部分

经济发展要素论

第十章 人口与劳动力

自从托马斯·罗伯特·马尔萨斯(Thomas Robert Malthus)①第一次敲响人口的警钟(1798年《人口原理》出版),到现在已经过去了200多年。生活在地球上的人口已从当时的不足10亿(1804年世界人口达到10亿),增长到1999年的60亿。如不出现诸如战争、疾病暴发等意外事件,增长的趋势还将持续很长一段时间。人口一方面作为财富的生产者,一方面作为财富的消耗者,一直困扰着各国政府人口政策的制定。现在也出现了两个极端,一些国家实行了非常严格的控制生育的措施,而另一些国家则要千方百计地鼓励每个家庭生育更多的子女。

其中,人口的增长主要来自于发展中国家,然而发展中国家如此高的人口增长率却没有带来劳动力市场的繁荣,而是大规模的劳动力闲置与非均衡发展的劳动力市场。另外,发展中国家不仅存在大量劳动力闲置,而且劳动力质量——也就是人力资源素质极其低下。教育被认为是提高劳动力人力资源的重要途径。

第一节 人 口

20世纪以来,尤其是第二次世界大战以后,人口数量急剧增加。现在,一直困扰人口发展的主要一个论题就是:人口的增长使得物质资源不足。尽管技术的发展可以得到更多可用的新的能源,但开发能源过快又引起了其他的问题。而这一串多米诺骨牌的第一块仍然是过多的人口。过多的人口已经超出了资源、技术甚至制度所能控制的范围。

一、人口现状与问题

目前,世界人口增长非常迅速,尤其是发展中国家,"人口爆炸"依然是人类面临的主要问题。人口的过快增长对人力资源数量的利用和质量的改进都形成了巨

①托马斯·罗伯特·马尔萨斯(1766—1834),英国人口学家和政治经济学家,庸俗经济学的代表人物。其著作《人口原理》到现在仍然备受争议。

大的压力，对经济发展产生极其不利的影响。

然而，高的增长率不是一成不变的，在人类社会发展的绝大多数时间里，人口增长是很缓慢的，如表 10-1 所示，在 1650 年以前，人口增长率很低，只有 0.04%左右，所以直到 1650 年，全世界仅有 5 亿人。之后，随着新大陆的发现以及殖民活动，人口增长率才明显提高。第二次世界大战结束以后，世界人口增长进入高峰时期。尤其是 20 世纪 60 年代，整个世界维持了 2%的人口增长率。近些年，人口增长率虽有所下降，但由于过大的人口基数，使得世界人口几乎每 12 年就增长 10 亿人。预计在 2011 年，世界人口将达到 70 亿。世界人口 80 亿也会在 2025 年左右到来。

表 10-1　世界人口增长态势

年代	估计的人口（百万人）	估计的人口增长率(%)
公元前 1 万年	5	
公元元年	250	0.04
1650	545	0.04
1750	728	0.29
1800	906	0.45
1900	1 608	0.65
1950	2 576	0.91
1970	3 968	2.09
1980	4 448	1.76
1990	5 292	1.64
2000	6 078	1.28
2008	6 692	1.17

资料来源：①托达罗. 经济发展. 中国经济出版社，1999；②2010 年国际统计年鉴. 中国统计出版社，2010。

而这些人口主要分布在发展中国家，而新增人口的比例则更高。如表 10-2 所示，2000 年发展中国家（包括低收入国家和中等收入国家）占到世界人口比例的 83.4%，而且仍然在快速增长。而 2000—2008 年全球新增的 6 亿多人口，只有不到 6 000 万来自高收入国家。而在发展中国家中，低收入国家的情况更加不容乐观，2008 年的人口增长率仍然高达 2.1%。如此低的收入如何养活如此多的人口，确实让人担忧。

表 10-2　世界人口的地区分布

国家和地区	人口				2008 年增长率(%)
	2000(万人)	所占比例(%)	2008(万人)	所占比例(%)	
世界	607 827	100.0	669 203	100.0	1.2
低收入国家	81 989	13.5	97 284	14.5	2.1
中等收入国家	424 817	69.9	465 067	69.5	1.1
高收入国家	101 021	16.6	106 853	16.0	0.7

资料来源：2010 年国际统计年鉴.中国统计出版社，2010。

二、马尔萨斯的人口理论

马尔萨斯始终是最为著名、最富影响的人口理论家。他以强调人类自身的繁衍对经济发展前景影响的悲观主义观点而著称于世。在马尔萨斯看来，"两性间的情欲"会导致人口在食物供应允许的范围内最大限度地扩张。人类自身的繁衍，在生物学所能承受的极限未达到之前，通常不会停止。尽管由于某种原因，工资会超过勉强维持生计的水平，从而导致工人婚龄的下降和生育更多的子女，然而这只不过是一种暂时的现象，其时，人口的加速增长就会使劳动力的供给增加，这将对既定的土地资源形成压力，并最终通过收益递减导致工资重新回落到勉强维持生计的水平。一旦这一过程趋于恶化，其结果只能是饥荒和死亡的增长。马尔萨斯认为，从长期看，食物供应的增长赶不上人口的增长。他以一个著名的例子论证说，食物供应是按算术级数(加法)增长，而人口则是以爆炸性的几何级数(乘法)增长的(图 10-1)。

可以看出，在马尔萨斯那个近乎残酷的世界里，主要靠增强死亡率各种因素的作用才能限制人口的增长。这也就是他所说的"积极抑制"。马尔萨斯就是利用这个暗藏杀机的措词，概括了所有足以大规模毁灭人类的灾难：饥荒、战争和瘟疫。马尔萨斯认为，就一般情况而言，正是这些现象有效地抑制了人口的增长。只有在他著名的《人口原理》后来的版本中，他才承认还存在着另一种不那么严酷的抑制措施的可能性，即通过出生率而发生作用的"预防性抑制"。对此，马尔萨斯所提出主要"抑制"措施是晚婚等办法。与后来的"马尔萨斯主义者"不同，他并不主张控制生育，作为牧师，他认为这是不道德的，虽然他也勉强承认人类有可能自愿地控制自身的增长数量。不过，马尔萨斯并不对此寄予多大的希望。

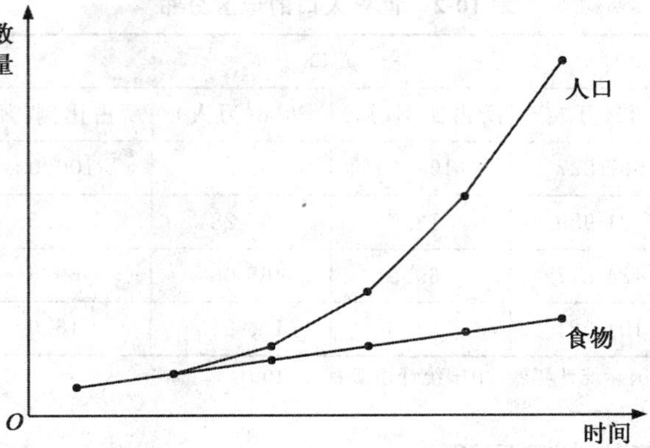

图 10-1 马尔萨斯的人口增长陷阱

三、人口转型理论

对于人口增长率一般要分为两个方面，就是人口出生率和人口死亡率。人口出生率减去人口死亡率等于人口增长率。

对于出生率和死亡率变动的分析就逐渐形成了人口转型理论。人口转型理论认为，人口的增长一般可以分为四个阶段(图 10-2)。

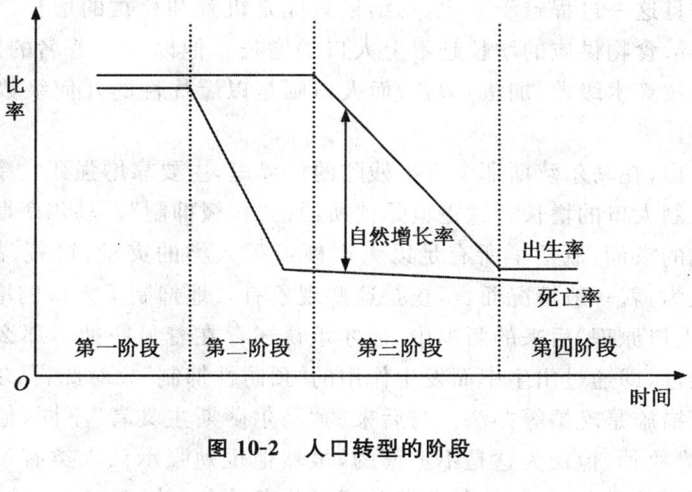

图 10-2 人口转型的阶段

第一阶段：出生率很高，死亡率也很高。这个时期自从人类诞生之日起，持续到现代文明出现之前。出于生物的本能以及维持生存的目的，人类一直是尽最大可能来生育子女，所以当时出生率非常高。同时医药技术低下以及战争的频繁，使得人类的死亡率也一直很高，几乎相当于出生率。于是世界人口在波动中缓慢增长。

第二阶段：出生率很高，死亡率下降。19世纪以后随着经济的发展，以及现代医药卫生技术的进步，尤其是食物的充足与抗生素的出现，使得死亡率迅速下降。而由于人类没有觉察到自然资源对于人口的限制，人类生育依然进行，出生率没有多少变化。因此人口增长率逐渐升高，人口的列车逐渐加速直到第二次世界大战以后。

第三阶段：出生率下降，死亡率很低。在第二次世界大战之后，由于社会的稳定以及医疗卫生的普及，人口增长进入了历史最快时期。人口数量过快的增长，带来了全社会的食物与能源恐慌以及环境的恶化。于是社会开始有意识地控制出生率，包括生物技术（避孕）、提高收入、增加女性就业、提供社会保障、制定政策等措施，使得人们不再需要通过生育子女来使自己的生活变好。在这个阶段，人口自然增长率开始慢慢下降。由于经济发展的不平衡与社会传统的惯性，出生率的下降并不像第二阶段中死亡率下降那么快。现在全球大部分的人口与国家处于这一阶段。

第四阶段：出生率很低，死亡率也很低。当社会发展到一定程度，主要是环境的限制以及观念的变化，人口也将会进入另一个稳定时期，即出生率与死亡率趋同。现在只有少数的几个国家已经进入这一阶段。

（一）人口增长的原因：高出生率和低死亡率

任何国家都对人口增长给予了足够的政策关注。只有真正认识到人口增长的基本原因，对与人口政策的讨论才是有意义的。

在缺乏普遍社会保障机制的社会，孩子才是最好的社会保障手段。一个家庭可以通过血缘关系来进行一代一代的生活，并由子女赡养老人。而且当时教育也没有被足够地重视，小孩也可以进行劳动。另外，当时的死亡率非常高，为了保证有足够的孩子成长下来，所以必须要生育更多的孩子。因此，父母会倾向于生育更多的孩子。久而久之，孩子也是家庭兴旺的标志之一，并且成为社会的传统。虽然在后来社会保障加强以及死亡率降低之后，人们并没有改变传统的观念，加之人口控制技术没有完全普及，出生率依然没有人们预想的那样很快地降低。

人类永远都渴望生存下来。当然卫生医疗基础设施是其中非常重要的组成部分。但是死亡率的下降并不仅仅只有这一个原因。死亡率的下降是经济发展和生活标准（包括更好的水供给、卫生设施、住房、医疗服务、教育和其他社会项目）中不可分割的部分。

(二)人口增长的原因:现代生育成本收益分析

在我们前面的描述中指出,一个国家的人均收入水平和人口增长率之间存在着负相关性。而且穷国的总和生育率也要高于富国,富裕国家的总和生育率一般都会在 2 以下(总和生育率是指一个妇女一生生育子女的个数),而贫困国家的妇女平均一生将会生育 4 个以上的子女。人均收入水平和人口增长率之间到底存在着何种联系,仅是统计方法无法解决这个问题。接下来我们要说明一个家庭如何进行生育决策,通过微观的经济学分析来解决生育决策问题。家庭生育率决策理论来源于贝克尔的“新家庭经济学”。包括贝克尔在内的经济学家们通过将子女视作是父母的商品,来分析生育所带来的成本与收益。

我们来研究家庭如何在子女数目、子女投资与当期消费之间做出选择。我们假设 x 为当期消费,n 为子女数目(在这里不讨论男女之间的区别),z 为对于每个孩子的投资,也就是孩子所能达到的人力资本水平。父母的效用函数即为 $U(x,n,z;\alpha)$,一般的 $U(\cdot)$ 为 x、n、z 的增函数。家庭中子女对于子女的投资则取决于子女自己的消费 c 与父母为之所花费的时间 t。因此,$z=Z(c,t;\beta)/n$,父母为子女所花费的时间的成本就是他们为此所丧失的工资。α,β 都是外生变量,它们决定了家庭偏好以及子女人力资本产生的技术。

于是生育决策的函数就是

$$\underset{x,n,c,t}{Max}U(x,n,z;\alpha) \tag{10-1}$$

其中我们将父母的所有可支配时间看作 1。这样,父母面临着子女数量、子女人力资本与当期消费之间的抉择。

对于人口转型中出现的问题,这个模型能够很好地做出解释。比如:当妇女的工资随经济增长而上升时,抚养孩子的机会成本就会增加,这就会使得子女数量、子女人力资本与当期消费之间的选择更加困难。而与此同时,α 也在变化。子女对于父母的效用主要是子女将来会向父母提供的预期收益,也就是说,有时子女也被看作是投资品。而且经济增长也会引起熟练劳动力相对于非熟练劳动力工资的上升。这个变化也会反映在父母在子女数目以及子女人力资本投资之间的决策上。当然,β 也会随着社会的变化而变化。比如:在给定的 c 和 t 投入情况下,免费的初等教育将会使子女得到更高的人力资本,于是父母将提高 z 和 n;但如果抚养孩子的成本提高,孩子数量得到控制。

(三)收入与出生率的其他讨论

加里·贝克尔(Garys Becker)[①]的观点与马尔萨斯的理论恰好形成了明显的对照,马尔萨斯认为人在生育上受情欲所驱使,而贝克尔则认为人在生育的问题上极其的理性。

一种观点认为,控制生育手段的动机取决于两个因素,第一是对孩子的需求,即如果生育控制无成本的话,一对夫妇所希望拥有的成活孩子数目。这基本属于偏好的范畴,而且这种偏好经常变化。第二是自然出生率。如果生育不受刻意限制的话,这便是潜在的孩子数目,这一比率受生物学和文化的限制。所以,要想限制生育,除了限制生育的动机,降低控制生育的费用也是一个可行的手段。

另一种观点认为,在人口转折的不同时期,始终贯穿着理性选择的一般观念。之所以在传统社会中大家庭是一种理性的选择,主要原因在于,在一个大家庭中,广泛的家庭关系可以形成一条连接几代人的纽带,使财富从年轻一辈人手中转移到他们的父辈与祖辈那里去。在现代化的进程中,随着核心家庭的日益普及,大家庭内部情感与经济的联系日渐淡薄,财富的流向也发生了变化。由于现在的父母必须给孩子们钱财而不是从孩子们那里获得钱财,因此,他们都选择少生育子女。

预期死亡率下降效应:在研究家庭的生育动机的时候我们会发现,每个家庭对于生多少个孩子并不关心,他们关心的是能有几个孩子能长大。所以在死亡率下降之后,子女长大成人的几率就更大,而父母不需要生育更多的子女来保证他们预期成长的子女数量。然而死亡率下降不会立刻导致出生率的下降。人们从认识到接受一个事实总是需要时间的,尤其是生育率下降的现象。所以,社会从死亡率的下降,到生育率的下降也经历了一个很长的过程,这个也符合人口增长的普遍规律。

我们用一个例子来解释一下为什么死亡率下降会引起出生率的降低。假设一个孩子能够长大成人的几率为50%,一对夫妻要有95%以上的把握保证有一个以上男孩能存活下来,那么他们必须生育至少5个以上的男孩。于是这对夫妻要生10个子女才能有95%以上的把握能保证1个以上男孩存活。然而10个子女将有5个能存活,于是总和生育率为5。

当一个孩子能够长大成人的几率为80%时,一对夫妻要想有95%以上的把握保证有1个以上男孩能存活下来,他们只需要生育2个男孩就能保证有95%以上

①加里·贝克尔(1930—):美国经济学家,1992年诺贝尔经济学奖获得者。主要论著有:《歧视经济学》、《生育力的经济分析》、《人力资本》、《人类行为的经济分析》、《家庭论》。贝克尔把经济理论从经济领域扩展到对人类行为的研究。

的把握保证至少有1个男孩存活下来。于是这对夫妻只要生育4个孩子就可以了，这样，总和生育率就是3.2。

(四)人口增长的影响

人口增长对经济发展和人类福利将会产生什么样的影响？人口的增长会产生有害的影响么？还是如中国俗语所说的“人多力量大”？我们转移到国家层面来考虑人口的数量问题。国家到底是应该如何控制它所管辖的人口数目。国家是应该鼓励还是限制人们的生育行为。我们主要通过考察一个国家人口数和人均收入之间的关系，来探讨国家应该具备怎样数量的人口数。如果人口数继续增长，人均收入是增长还是降低？

一般的观点认为边际要素收益递减，人口的增长会引起边际人口产出的减少。不过后来更多的观点形成了最优人口理论。他们认为，对于任何一个处于某一特定时期非劳动资源供应固定的国家，与人均收入最大化相适应的，只有一种人口规模。当人口低于最优数量时，人均收入会减少，因为缺少足够的劳动力来匹配其他资源。当人口高于最优数量时，人均收入也会减少，因为劳动力过剩，导致边际产出递减。在19世纪时，美国、加拿大和澳大利亚，由于接收了大量的移民，因此人均收入都有显著提高。而现在很多人口过剩的国家如果人口减少，毫无疑问将会引起人均收入的增长。当然，这一理论并没有考虑到其他的因素。如果我们将资本积累、技术变革和新资源利用纳入到这一模型，就形成了动态的最优人口理论模型(图10-3)。在技术水平P条件下，一个国家所拥有的最优人口数量为N，此时的人均收入是Y。当存在技术水平(比如资本积累、技术变革和新资源利用)提高到P'时，这个国家实现最优增长的人口数为N'，相应的人均收入也会提高到Y'。

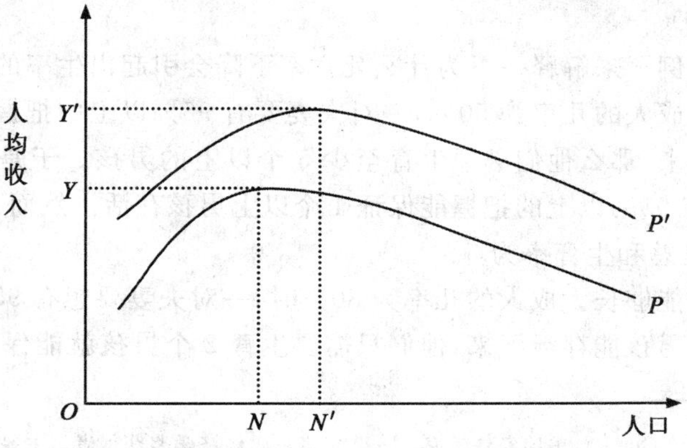

图10-3 人口与收入的关系示意图

第二节 劳 动 力

劳动力的供给包括数量和质量两个方面，我们先来讨论数量方面。人口增长对经济的最大贡献就是提供了足够的劳动力。但是过快的人口增长却也造成了劳动力的不充分利用，这个现象在发展中国家尤其严重。

一、发展中国家劳动力的特征与劳动力市场结构

（一）发展中国家劳动力特征

1. 劳动力供给迅速增长

发展中国家在其发展过程中面临的挑战之一就是劳动力供给的增长率上升极为迅速。大部分低收入国家的人口增长率在2%以上，进入劳动市场的人数增长率比这个速度还要高。即使这些国家意识到人口增长过快，开始控制人口的增长。但由于从出生到进入劳动力市场，通常存在15～20年的时滞，所以发展中国家劳动力供给的高速增长还将持续很长时间。

2. 大部分人口从事农业生产劳动

在发展中国家，工业部门通常都比较弱小，所以大部分的人口生活在农村，从事农业生产。而且在农村区域的人口增长率也要高于城市。随着经济的发展，会有越来越多的劳动力离开农业生产而转入其他部门。如今，发达国家的农业劳动力仅占劳动力总数的10%以下，而有一半以上的人口从事第三产业。

3. 工资水平通常都非常低

就工业国家的标准来衡量，发展中国工资水平普遍较低。在发展中国家，劳动力的供给总是远远大于需求，所以雇主并不需要支付很高的薪水就能雇佣到工人。雇主的主要花费要用来购买相对昂贵得多的其他生产要素（比如说土地、设备、技术等）。另一方面，发展中国家的劳动力普遍接受很少的教育，并且工作经验与培训经历也极其有限。加上恶劣的卫生与营养状况，这些人的产出也非常有限。所以发展中国家的工资水平非常低。

4. 不同的工人所得工资差别非常大

具有不同技能、受教育程度不同的工人所得工资的差别，远远大于发达国家。在发达国家，熟练劳动力的薪水一般要比非熟练劳动力高出20%～40%，而在亚洲，这个差距是40%～80%，非洲更是超过了100%。在发展中国家，虽然劳动力数量非常丰富，但是受过正规教育、具有技能的高水平人才却非常稀缺。此外，劳动力市场被分割也加剧了不同职业间的差别。

5. 失业与隐性失业

在发展中国家，由于劳动力数量丰富，所以对现有劳动力供给的利用极其不充分。虽然在官方的统计数据里，发展中国家的失业率并没有比发达国家高得太多。但是糟糕的统计数据掩盖了发展中国家真实的失业情况。在发展中国家的城市，随处可见无业游民以及一天到晚一些难得有几笔生意的自营职业者。在乡村，无事可做的人群则更多，尤其是农闲时节。隐性失业主要表现在以下几个方面：工作时间很短；从事家务劳动；提前退休；健康受损等。

(二)劳动力市场结构

经济学家认为劳动服务也像其他商品和服务一样可以在市场上进行买卖，价格可以实现产品的有效分配。然而，劳动力市场绝非是这样的完全市场。在发展中国家，完全开放的劳动市场简直就是天方夜谭。一个"典型"的发展中国家，可以由 3 个联系密切的就业层次结构来表示，这一结构由城市的正规部门、城市的非正规部门和农村的就业部门组成。

所谓城市正规部门，是指那些只要能够去、几乎所有的人都乐于去工作的部门。它包括政府和大型企业，诸如银行、保险公司、工厂和贸易商行等。人们都渴望进入现代部门工作，以博取稳定的就业机会、不错的薪水和体面的社会地位。然而，对某些既定行业的劳动力，他们也倾向于支付比小企业高得多的工资，实际上，这笔钱比他们为了吸引足够的所需劳动力而必须支付的数额还要高。为什么这些正规部门的企业去支付了如此高的工资呢？有时，正规部门的企业支付较高的工资是因为政府迫使他们这样做(例如最低工资法)，但在更多的时候，是他们自己情愿这样做。根据效率工资理论的要求，所支付的工资应该是工人生产率的一个正函数。由于某些原因，收入高的工人可能更具生产能力。所以总是有一支庞大的待业工人队伍(图 10-4A 中 L'-L 部分)等待城市正规部门的雇主为他们提供工作机会。通常，一个职位能够吸引成百上千的竞争者。

城市中，与正规部门的大企业并存的是城市非正规部门的小企业。这些商店和路边小厂，生产和提供种类繁多的产品和服务。有时，它们与那些大企业竞争，更多的时候，它们是去填补被正规部门的大企业认为无利可图的市场空缺。城市的非正规部门通常为那些从农村迁徙到城镇，试图在城市的正规部门谋得一份工作而未果的迁移者提供工作岗位。进入城市的非正规部门并不难，比如说在路边支一个卖水果的小摊或者给来往的客人擦皮鞋，也可以凭借少量本钱去从事各种其他职业。尽管非正规部门的企业家为他们的家庭，为他们众多的雇员和顾客带来了许多的利益，但他们仍然总是被市政当局所否定。他们的活动经常受到阻碍，他们所做的努力往往误入歧途(比如中国存在的城市管理困境)。更为明智的政策，不仅应当出于对那些为生存而拼搏的人们的同情，还应当了解他们的企业究竟为发展作出了哪些真正的贡献。由于进入容易，城市非正规部门的劳动力市场往往处于均衡状态。

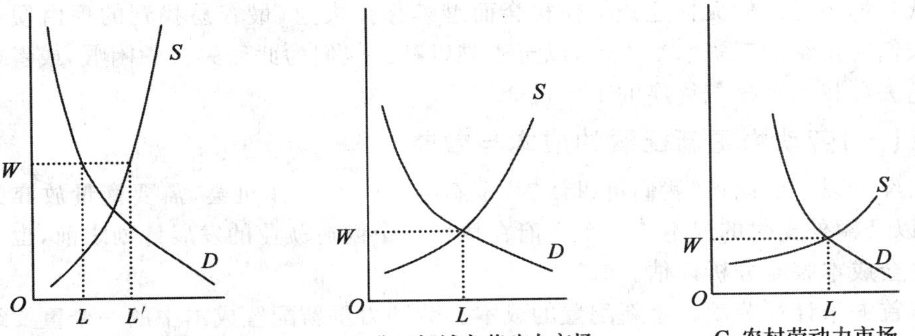

A.正规城市劳动力市场　B. 非正规城市劳动力市场　C. 农村劳动力市场

图 10-4　发展中国家劳动力的市场结构

城市非正规部门对于在城市工作的人情愿支付高于农村劳动力市场的工资。这种工资差异在某种程度上也是一种假象，因为城市居民必须为食品和住房支付的费用，远比农村居民要高得多，他们往往还要被迫购买许多在农村可以免费获得（这里的意思是无须货币成本，至于时间的耗费和各方面的努力还是必需的）的物品，如水、燃料、建筑材料等。然而，即便不计生活费用的差异，绝大多数城市居民，即使是刚从乡村迁来城市不久的移民，也比普通的农村居民生活的要好。

二元经济模型通常认为在城市之外，还有一个分割的农村劳动力市场。在农村，总是有一些人或者没有土地，或者需要在土地之外增加一些其他收入，所以在农村区域也存在着一个劳动力市场。这个市场在农忙时节尤其繁荣。农村劳动力市场中的劳动力得到的是这个国家最低的工资。

二、劳动力的重新配置问题

在发展中国家有数量巨大的劳动力群体，同时也存在巨大的劳动力利用不充分问题。如何选择发展方式，才能将这些闲置的资源利用起来。一般认为，主要的闲置劳动力集中于农业部门。一般认为，这些农村劳动力的边际产出为零，而且他们乐于转移到其他就业部门以谋取一份薪水。

但实际上，这些观点并不完全正确。后来的研究认为，这些额外劳动力的劳动增加了农业产量。劳动力的边际产出几乎总是为正，并不等于零。虽然在那些人口密集的国家，产出水平非常低。如果确实存在边际劳动生产率为零的情形，这种情况很可能也只是季节性的。即使放弃的产出为零或微不足道,也会有一些与劳动力从农业向工业或建筑业转移相联系的其他成本。几乎在所有的国家和时代,都会在某一既定正值的工资和边际产量水平上提供工作机会,尽管这一水平可能很低。如果工人们无视这一工作机会而继续保持失业,最容易找到的理由便是被工人们所拒绝的工资水平太低,以至于难以补偿他们为此而失去的闲暇,或者妨碍他们去寻找一个报酬优厚的工作机会。

(一)劳动力重新配置的成本与效益

经过以上的论述,我们可以认为,重新寻找一个工作机会,需要衡量放弃的收益,以及额外支付的成本。一个政府在执行一个创造就业的发展计划之前,也要进行社会成本收益分析评估。

首先来计算劳动力重新配置的成本。劳动力重新配置成本中的一个重要组成部分,便是它的机会成本。一个城市正规部门所雇用的劳动力,很可能来自城市的非正规部门。从城市非正规部门转移出去的工人,又可以由某个来自农村的人补充。在这个例子中,损失的产出是先前在农村工作的工人,即处于就业链条终端的工人的产出。出于这一原因,一些分析家认为,支付给那些临时农业劳动者的工资,便是正确计量非熟练劳动者社会成本。

尽管这一尺度是因劳动力重新配置所放弃的产出的恰当指标,然而很可能没有充分表明被雇用的劳动力的真实社会成本。劳动力真实社会成本还包含着其他组成部分。

这样的组成部分之一便是诱发迁移。从农村走出的工人,是争取碰运气获得城镇高报酬工作的主要参与者。当出现新的城市工作岗位时,进城碰运气获得便对那些潜在的移民更具吸引力。从这些潜在的迁移者对这种改善机遇的反应程度看,很可能每创造一个就业岗位,就会有一个以上的工人前来谋取这个职位。那么,为此所放弃的就绝不仅仅是一个农业工人的产出,而是两个或两个以上农业工人的产出。家庭纽带进一步强化了这一结果。如果一名男性工人携带他的家庭迁移,放弃的产出可能会更多,因为他的妻子和孩子在城市找到工作的机会比在农村更少,在农村,他们起码可以在自己的土地上种植粮食。

除了放弃的产出,在计算城市新就业机会的社会成本时,还应该包括一定的都市化成本。这些成本的一部分由工人本人担负,并且在其做出迁移决策时大概已经考虑过了:城市中价格较高的食品、住房以及其他生活开支。另一部分成本是外部的,必须由作为一个整体的社会来承担:仅向城市居民提供的社会服务,或者说,在城市中日益昂贵的社会服务、污染、拥挤不堪以及额外的安全措施。正是这些成本使得许多第三世界国家的政府在城市化面前望而却步,尽管他们是那样渴望着工业化进程。

然后,再来计算劳动力重新配置的收益。城市就业带来的第一个好处是能增加产出。一个生产率高的项目,要偿付上面提及的各项成本并不难,但是,低成本率的、只是为提供就业机会而在城市安排工作的项目,可能会导致更多成本的产生,并且很少能收支相抵。农村的劳动密集型项目,尤其是那些雇佣季节性的得不到充分利用的劳动力的项目,尽管同样会造成资源的消费,但由于并不要求工人迁移,所以从最终结果看,似乎利益更大。

城市就业创造的第二个好处是可以提供培训。在发展中国家,学习对现代经济有用的技艺的机会全都集中在城市。例如,能够操作和修理各种机械的人才相当短缺,来到城镇的工人可以学会这些技能。如果他能够作为技术工人找到工作,掌握了技术,这对工人是有利的,并能获得较高的工资。此外,他还可以为社会提供"外部利益",因为当公共汽车司机、汽车机械师、机械修理工以及其他利用机械工作的人学会更出色的工作时,社会上的每一个人都可以获益。受益者既包括那些能够从更为熟练的劳动力蓄水池中雇用劳动力的雇主,也包括能够支付较低价格却享受更好服务的消费者。

显然,通过重新配置低生产率的劳动力来谋求发展,是一件非常复杂的事情。不过,就业扩展依然是增加产出和收入再分配的重要手段。考虑到在此所讨论的各种因素,能够创造劳动力的边际产出超过其社会成本的工作岗位的经济,就能同时实现两个目标:产出增加和使更多的收入流向来自低收入家庭的非熟练工人手中。如果所期望的收入再分配以及实现这一目标的其他方法都不能奏效,那些生产性较低的就业形式,尽管其劳动的社会成本超过其边际产出,仍可作为收入再分配的措施发挥作用。然而,这只是以牺牲增长为代价来换取更大的公平。

(二)国内移民

在经济发展的过程中,国内劳动力迁移的绝大部分都是从农村流向城市。二元经济理论能够比较详细地解释这种迁徙的意义。

除此之外,从城镇向农村的反向移民,在许多国家具有重要的意义。许多发展中国家的年轻人,尤其是那些未婚男性,往往暂时迁往城镇,在矿区或种植园干上一段时间,积攒一笔钱,然后返回农村,购买土地,经营农场,婚配成家。这是因为在许多农事活动中,通常是由男人栽种与收获庄稼,然后由妇女进行田间管理。因此,除了种植季节与收获季节外,男子外出工作的机会成本相当低。

经济因素并非是影响迁移决策的唯一重要因素。空间距离与社会关系对迁移决策也具有重要意义。扩展着的城市地区的外来移民,往往来自附近的农村。被自然灾害所迫背井离乡的农民,往往迁入到最近的大城镇去。人们还经常迁往其亲属、乡亲及同族人先行定居的地方。

尽管发展中国家的国内迁移绝大多数都是从农村迁往城市，但是，地区间的经济机会差异也会引起从农村到农村的大量迁移。有幸拥有大片人烟稀少又可以耕种的土地的国家，往往试图作为一项公共政策来推行这种迁移。然而，除非遭遇到巨大的自然或法律障碍，影响着人们向这些相对空旷的地带迁居，这种地区间的迁移往往会自发地产生。例如，尼泊尔就发生过这种迁移，那里的农民从人口密集的加德满都山谷迁往南部的特雷地区。非洲和南美的许多地区也发生过同样的迁移。人们自愿地从一个国家的一个地区迁移到另一个地区，看来是有利于社会的。人们之所以要进行这样的迁移，主要是为了提高他们自己乃至家庭的生活水平。即使是住在圣保罗、拉各斯和雅加达等城市中那些拥挤不堪的贫民窟里，移民们也认为他们的生活要比在农村好，通常不愿意再返回农村。

社会似乎也能够从相对于其他资源来说劳动力空间配置的改善而获益。然而，有两个因素会使社会成本高于收益。首先，扭曲的刺激，例如，人为的高工资和带有补贴性的城市服务，可以扩展私人的收益。其次，外部成本，例如，拥挤、污染和犯罪等，都要由那些从迁移中获得利益的移民以及他们那些没有这种经历的前辈均等地承担。如果这些扭曲和外部效应十分严重，社会成本就有可能超过收益。

（三）国际移民

近年来继续保持着较高水平的国际移民，常常被看作是完全不同的事情。区分开什么是非熟练劳动力，什么是熟练劳动力或受过教育的劳动力，有助于对这个人们热切关注的问题增加几分冷静的理性认识。当我们从全球角度来看待这一问题时，这种区分并没有什么重大意义，因为事实已经证明，近些年，国际移民数量越来越庞大。这在全球范围的分工里起到了积极的作用，但是这种移民也不是尽善尽美，尤其是对于移民的迁出地。当每一个人都能够得到最高薪俸，从而假定其生产率也达到最高的岗位上工作时，整个世界的 GNP 水平便会达到最高。然而，一旦从发展中国家的角度来考虑这一问题，这一区分就变得很重要了，因为熟练劳动力与非熟练劳动力有着不同的机会成本。

大多数发展中国家之所以对那些受过教育、高度熟练的劳动力的跨国迁移深恶痛绝，并且指责这种迁移是“人才流失”，其原因有二。一是这类人是发展中国家最稀缺资源之一；二是在大多数场合，他们接受教育要花费时间，费用昂贵，并且需要国家给予大量的补贴。如果他们迁移到国外去，损失的不仅是他们所能提供的服务，而且必须为培训他们的替代者支付高昂的费用。既然他们具有如此高的生产率，为什么不给予足够高的工资，努力把他们留在国内呢？其答案可能在于影响薪金结构的非市场因素。例如，如果大多数医生和工程师在为政府工作，他们的工资就会被压得很低，以避免工资差异引起政治上的麻烦。既然如此，他们当中的许多人寻找机会迁移到国外，就没有什么可大惊小怪的了。在世界劳动力市场上招募劳动力的国际机构，对同等技能的劳动力多支付的工资，远比本国政府所支付的要高得多。例如，人们可以发现在埃及工作的巴基斯坦专家，而同时又发现受雇于巴基斯坦的埃及专家，其原因就在于此，尽管这两组人在各自的国家中工作可能会更有成效。

受过教育的劳动力的国际迁移，尽管可以提高世界 GNP 的总量，但是却会使富国和穷国之间的收入分配状况进一步恶化。反之，非熟练劳动力的国际迁移，则能给劳动力迁出的经济而言，由此所造成的损失，他们并不感到痛切，甚至还存在着足够的补偿利益。其一是汇款：非熟练移民很少携带家眷一道迁出，因此总是要汇款回国，这使得劳动力成为一项国家出口。像土耳其、阿尔及利亚和埃及等国家，一直把这些境外工人的汇款作为外汇收入的一个重要源泉。另一个潜在的收益是人才的培训。那些迁出国外的非熟练工人在国外工作几年后再回国时，也带回了在国外学到的有用的技术。

一些发展中国家的政府已开始更多地鼓励工人迁出。由于无力在国内创造更多的就业机会，政府已开始鼓励自己的国民去海外就业，至少短期是如此。例如，南亚诸国在 20 世纪 70 年代和 80 年代就在中东抓住了赚钱的就业机会。当教育费用特别低廉时，甚至连那些学有专长的人员也被鼓励迁往国外。菲律宾多年以来就一直在输出数量可观的医生和护士。

三、就业政策

发展中国家就业问题的主要症结就在于，相对于自然资源基础，人口和劳动力在迅速增长。然而，劳动力市场的需求方面也存在问题。即使在资本存量增长快于劳动力增长的场合，也需要通过各种途径使劳动力的吸收大大低于其潜在的供给。人们曾经认为，进口替代型工业化将使大多数发展中国家的就业问题得到迅速解决。例如，印度头两个五年计划就进行了这样的尝试。然而事实却表明，虽然进口替代型工业化给工业部门的就业带来了迅速的增长，却难以吸收不断增加的劳动力。这是为什么呢？我们用一个例子来证明。

（一）通过工业化吸收劳动力

发展中国家的工业部门在低基数的基础上迅速增长。低收入国家在 1965—1983 年间，工业（根据定义，包括制造业、公用事业和建筑业）附加价值以平均每年 7.1% 的速率增长。而该部门的就业增长却只是该速度的 60%，或者说，每年增长 4.3%。从一个既定的产出增长率推算的工业就业增长，可用公式表示如下：

$$\Delta E_i = \eta g(V_i) S_i \tag{10-2}$$

式中：ΔE_i——工业部门的就业增长，表示为劳动力增长的百分点；η——与附加价值增长有关的就业增长弹性；$g(V_i)$——工业附加价值的增长，用百分点表示；S_i——工业就业在总就业中所占的比重。在1965年，低收入国家工业部门吸收了劳动力的9%，因此：

$$\Delta E_i = 0.6 \times 7.1 \times 0.09 = 0.4 \tag{10-3}$$

这意味着，每年在1%的劳动力中仅有0.4被扩展着的工业部门吸收了，然而，从1965年到1983年，劳动力的年增长率为2.1%。这就是说，进入劳动力队伍的工人，只有不足1/5的人能在工业部门找到工作，其余的人只好可能在初级生产部门或服务部门工作。这样来描述问题不是太悲观了吗？从乐观的角度看，人们可能已经注意到了，在前面的分析中，仅考虑了工业的直接就业创造。在与工业部门存在着前后联系的部门中，可以期望增加某些间接就业创造，例如，销售工业品的服务活动，向工业提供投入物的农业活动和采矿活动。在某些情况下，例如，在国内生产的初级产品的加工能力有所扩大的场合，间接就业创造便具有重要意义，但是，对于缺乏前后联系的进口替代型工业化来说，间接就业创造的作用往往受到限制。当被支付高工资的工业岗位雇用的工人花费他们的收入时，就会出现第二就业创造。市场为他们提供了种类繁多的消费品，从而创造了更多的就业机会。

由于工业就业机会往往是国民经济中最具生产性和报酬最好的就业机会，因此，了解怎样才能促进工业的就业创造，是非常重要的。根据上面给出的公式，提高ΔE_i要求η、$g(v_i)$和S_i的增长，或要求这三个变量同时增长。只有随着时间的不断推移，就业S_i中的工业份额才能提高。在中期，只有部门附加价值增长率$g(V_i)$的提高或就业弹性η的提高，才能保证工业部门劳动吸收能力的提高。

在经济增长速度放慢的20世纪80年代，特别是在许多拉丁美洲和非洲国家，劳动力市场的状况不断趋于恶化。政府和私人正式部门的雇主由于种种原因而裁减工人，并削减过去一直支付给工人的工资津贴。其结果之一，便是城市非正规部门的加速发展。

有少数国家，工业部门就业机会的增加远远快于平均水平。它们也是大举出口劳动密集型制成品的最大成功者。创造这一工业就业岗位的开拓者是韩国、中国台湾、中国香港和新加坡这4个国家（地区），或统称“四小龙”。近期以来，马来西亚、泰国，甚至印度尼西亚以及中国的沿海地区，都在步其后尘。在这一行列中还有少数其他国家，甚至包括毛里求斯。在世界各处，还有许多发展中国家目前都在渴望加入这一潮流。因而,懂得哪些是我们需要了解的,确切地说,它包含哪些内容,便是非常重要的。

对于"四小龙"的成就,有两个互不相关的方面。第一,打入出口市场,由于可以摆脱对扩大国内制成品市场的依赖,他们的工业产出 $g(V_i)$ 便可以实现一个较高的增长。第二,由于他们所选择出口的产品,至少在出口驱动的初期,是大量使用他们最丰富的资源——劳动力所生产的产品,因此,他们可获得一个较高的 η 值。这些国家都实现了 0.8 左右的 η 值,以此取代了对于发展中国家更具典型意义的 0.4～0.6。因此,1963 年以后,韩国仅在制成品出口部门就能吸收其劳动力增长总量的一半之多;而在同一时期,大多数发展中国家的这一部门所能吸收的劳动力,还不足劳动力增长量的 5%。有多少发展中国家能够从韩国和别的"小龙"那里吸取就业政策的经验?

我们通过反思终于认识到,工业部门不仅应该吸收绝大部分增长的劳动力,而且应该逐步从自耕农业、小型服务业、家庭手工业这些低生产性就业形式中吸收劳动力。然而,在大多数发展中国家,恰恰是工业部门吸收劳动力的业绩始终难尽如人意。当工业部门难以实现上述目标时,这些低生产部门的就业量非但不会减少,反而必须增加,这将导致工人生产力和收入水平的停滞甚至下降。有证据表明,在很多最贫困和经济发展缓慢的国家,无论是制造业还是更广泛的领域,这些情形实际上已经发生了。

虽然上述讨论是就制造业而言的,但是可以扩展至所有的城市正规部门。大贸易公司、金融组织、运输和通讯机构,以及公共事业等部门加在一起,对部门间的劳动力转移甚至比制造业更为重要。然而,即使如此,还是难以迅速增加足够的就业机会,来满足日益增长的劳动力的就业需求。

(二)改变相对价格

我们要探讨就业政策,也就是劳动力的使用不充分问题,要从劳动力的供给和需求开始分析。我们先看发展中国家劳动力供给。发展中国家存在巨大的劳动力供给数量,而且增加速度也非常高。发展中国家劳动力的供给其实没有什么特别的方法可以使之改变。只有通过降低人们的生育率来慢慢调节。

所以对于劳动力市场的政策主要是加大对于劳动力的需求,也就是创造更多的就业机会。要想创造就业,一种方法是增加产出以增加劳动力的使用;另一种方法是在既定产出的约束下,使用更多的劳动力来代替其他资源的投入。而要想使用劳动力来代替其他资源,一个是改变劳动力的相对价格,让雇主觉得使用劳动力比使用其他要素更加便宜;另一个是研发劳动密集型的技术,本来需要机器做的工作,改由人力来完成。

在发展中国家，现代部门的企业所面对的劳动力和资本的价格，往往是被扭曲的价格。相对于劳动力价格而言，资本的价格被人为地压低了。这种扭曲促使资本密集型生产部门的增长。并导致生产中，机器取代人工。

这些要素价格的扭曲，通常是政府某些行为的结果。首先，政府的行为提高了劳动者的相对价格。例如，制定保护工人收益的最低工资法；支持工会关于工资的要求；给予大企业作为模范雇主的压力等都有可能将人为的高工资强加给现代部门的厂商。一些政府针对现代部门的工资征收工资税或社会保险税，从而提高了雇主的劳动成本。在拉丁美洲，对解雇工人的限制常常十分严格，以致雇主在第一次雇用他们之前必须考虑再三。当外国人曾经工作过的岗位由本国公民接替时，民族主义的压力会使工资继续保持在先前国际竞争的高水平上。其实这些措施的受益者只是很少一部分在正规部门工作的劳动者。政府的另外一些措施却降低了使用资本的成本。比如对于大企业能够给予更多的贷款数额与利率优惠。而很多政府在对企业的优惠也倾向于投资更多的企业，而非解决更多就业岗位的企业。

如何才能纠正这种要素价格的扭曲呢？政府应避免实施上述政策。但是很普遍的情况是，各发展中国家的正规部门作为既得利益者，具有较强的政治力量。而他们将无一例外地推动工资上涨。所以政府必须创造一个能够公开竞争的机会，加速各种要素在不同产业间的流动。这样才能使丰富的劳动力资源得以充分利用。

（三）采用劳动密集型技术

要想解决或者明显地改善就业问题，适合于低收入和中等收入国家要素禀赋的技术显然是需要的。可是发展中国家在获取技术的时候却面临两难的局面：一方面，他们必须依赖发达国家提供大量现代技术；另一方面，这些国家所提供的绝大多数技术却不适用于在劳动力丰富而且资本和技术稀缺的国家中应用。由于在工业化进程的开始阶段，美国和欧洲相对于其他生产要素而言，都是劳动力比较短缺，因此，他们几乎所有的创新都是旨在节约劳动力。其结果是，几乎每一个生产部门都开发一系列机械化和自动化控制的技术，而且一项比一项更适合于劳动力稀缺而资本丰富的国家，但是却越来越不适合要素禀赋相反的国家。

可以从发达国家得到的技术，如何才能适应发展中国家的需要呢？我们提出4种可能的渠道。第一，欠发达国家可以利用发达国家的技术，但要进行外围改造，例如对材料处理的改造。第二，他们可以从工业国引进过去的技术。美国20年、30年甚至50年以前的技术，可能比当今美国所使用的方法和机器更适用于比如说印度的国情。第三，是有选择地从工业国引进。在东南亚，曾经是英国、法国、美国及荷兰的殖民地的国家，取得独立以后逐渐了解到，日本的设备往往比他们先前从宗主国进口的机器更适合他们的需要。目前，来自韩国、中国台湾省和中国内地的机器，正在取代日本的设备。第四，发展中国家当然也能自行从事研究和开发，尤其是发展专门为适应当地条件而设计的技术。有时，有当地农民、手工艺者经历多年而发展起来的传统技术，为这项工作提供了良好的基础。

不能只是一味地引进与改造，更重要的是发展中国家能够“边干边学”，只有这样才能使自己的工业真正地成熟起来。

第三节 教 育

一、教育与人力资源

发展中国家不仅人力资源闲置严重，而且人力资源素质也非常低下。越来越多的发展中国家注意到增加人力资源的重要性。提高劳动者的素质，是经济发展的一个关键因素。途径包括对儿童或成年人进行教育、改善儿童和成年工作者的健康与营养状况。

西奥多·W·舒尔茨(Thodore W. Schults)①是公认的人力资本理论的构建者。1960 年，他在美国经济协会的年会作了题为《人力资本投资》的演说，阐述了许多无法用传统经济理论解释的经济增长问题，明确提出人力资本是当今时代促进国民经济增长的主要原因，认为人口质量和知识投资在很大程度上决定了人类未来的前景。而提高人口质量和进行知识投资最重要的方法就是教育。

二、教育的重要性

(一)对教育的需求巨大

如今在任何一个国家，其民众对于教育都具有强烈的需求。尤其是发展中国家，由于教育资源的匮乏，致使所有的学校几乎都是处于人满为患的状况。而且，普及教育也成为政府不可推卸的责任。而且教育不仅仅是一代人的收益，好的教育对后代人都是有益的。

(二)教育与收入高度相关

接受越多的教育，便有可能获得更高的收入。如图 10-5 所示，则是一个发展

①西奥多·W·舒尔茨(1902—1998)：美国经济学家，1979 年诺贝尔经济学奖获得者，人力资本理论的创始人。其主要著作有《不稳定经济中的农业》、《农业生产和福利》、《教育的经济价值》、《改造传统农业》、《经济增长和农业》、《对人投资——人口质量经济学》。其农业发展理论也值得发展中国家学习。

中国家教育与收入的典型模型。虽然很多富翁并不一定接受很高的教育，但是就绝大多数人而言，上过大学总比没有上大学能得到的收入要多很多。这也是很多家庭尽可能地使自己的子女获得更多的教育的原因。对于个人是这样，对于国家同样如此。一个发达国家，其国民受教育程度普遍较高。而如果一个国家大多数人没有读完小学，那么这个国家的发展将会陷入困境。

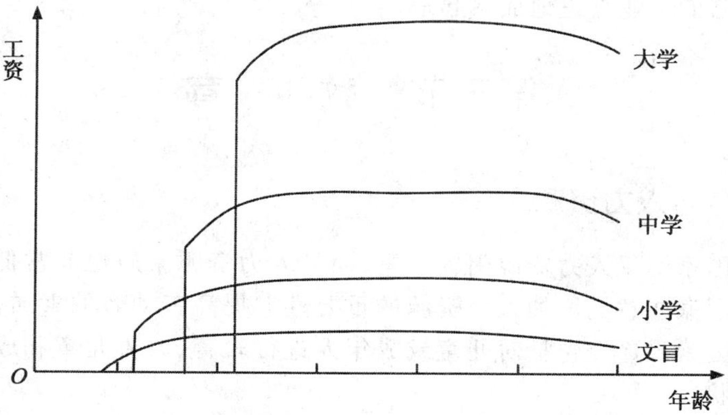

图 10-5　教育与收入的相关关系

(三)教育需要投入大量资金

教育是家庭与国家预算中的重要项目。发展中国家的政府之所以投入大量的资源用于教育系统的创办和管理，是因为自己的国民需要教育，在某种程度上也是认为教育能够促进国家的发展。由于教育的投入相当巨大，所以仅仅依靠私人资本是不可能完成的。所以国家有义务，同时也乐于为教育的投入买单。

三、教育的类型

在任何一个社会中，往往不只存在学校里的教育。广义的教育存在以下 3 种形式。

正规教育(formal education)：正规教育是指在学校里开展的教育，教育的对象是未参加工作的青少年。正规教育时间长，收益明显，能够系统地传授知识。是教育的最主要类型。

非正规教育(nonformal education)：非学校正规教育的参加者是成年人，他们在学校以外的正规教育机构中接受专门的、有组织的知识传授或技术训练。与正规教育相比，这类教育项目的课程往往时间更短、目的更明确、与实际运用的联系也更为紧密。这种教育形式多种多样，可以教授一些职业技巧或者诸如认字、家庭生活以及公民权利等方面的知识。

不正规教育(informal education)：这是一种在各种教育机构和有组织的项目之外进行的学习方式。这种教育通常发生在家里、工作中、社会上。

正规教育是发展中国家教育的主要形式，我们在下文中所提到的教育也是指学校正规教育。

四、发展中国家教育的特点

发展中国家的政府非常注重教育的发展。发展中国家独立以后，为了尽快为国家的建设提供足够的人才，政府迫切地建立自己的学校教育系统。于是发展中国家的教育迅速发展。教育发展迅速的一个最重要体现就是在校人数的提高。在校人数从 1950 年的大约 1 亿人增加到 1990 年的 7.64 亿人。仅在 20 世纪 50 年代，在校生的人数就增长了 1 倍以上。在 60 年代和 70 年代，虽然在校生人数的增长率逐渐下降，但是，每 10 年在校生增加的绝对数字仍然继续上升。在 80 年代，随着许多发展中国家的小学人数达到 100%，资金问题的制约使在校人数难以在更高的水平上拓展，在校生总的增长水平进一步放慢了。虽然接受教育的人越来越多，但是能够接受中等甚至高等教育的人却仍然有限。

虽然在教育参与的数量上有了很大的提高，但由于资金的限制，教育的质量提高却相对困难很多。教育的迅速发展，常常引起师资的匮乏，从而导致班级规模的扩大和任用一些未经严格训练的教师。而且学校教育内容与社会需要不相适应。由于发展中国家的教学内容是从发达国家引进的，所以学生所学的内容不能应用于具体的生产，不能为学生提供谋生的手段。学生进入学校学习，往往不是为了学到知识，而是出于对接受高等教育之后高收入的预期。当学生在学校待了一段时间之后，发现不能进入更高的一级学校，于是学生选择辍学。辍学现象是对教育经费的一种严重浪费。

此外，地区与社会阶层间严重的不平等，成为绝大多数发展中国家教育体制的特征。在许多国家，生活在大城市或来自于优越的社会经济背景的孩子，接受教育的可能性以及接受高质量教育的更大可能性远比来自农村的或普普通通的社会经济背景的学生要大得多。由于受过教育的人往往能找到较好的工作并得到较高的收入，上述的教育格局使机会与收入的分配更加恶化了。有些经济学家相信，教育机会分配的改善，能够成为实现更为公平的收入分配的主要力量。发展中国家的政府目前正开始提出这些问题，并着手发掘这方面的潜力。

在发展中国家的教育体制中，学识受到局限的另一个原因，就是过于重视文凭。在这种体制下，首先注意的完全不是知识和技能的传授，他们更关心的是获取证书或文凭。在那些发展中国家，判断一个人是否适合于某项工作，就看他或她是否拥有学院的文凭。当然，顺利完成某一阶段的学校正规教育，是接受更高一级教育的重要条件。绝大多数发展中国家，在教育过程的特定阶段，都要举行全国性的考试，以决定学生是否适于进一步深造或就业。这些考试极为重要，使得教师在课堂上全力以赴为学生作应试辅导，学生们为通过考试在课外更是不惜时间地死记硬背。这种做法颠倒了教育的真正目的，并且使人才选择过程的成本逐步上升。

知识性失业也成为发展中国家一种持久的社会特征。由于教育发展过于迅速，甚至超过了经济的发展速度，那么各产业部门没有办法吸纳这些从学校走出来的毕业生。于是一些大学毕业学生在做那些仅需要中等教育知识的工作。

五、发展教育的途径与研究方法

教育对于发展中国家的重要性毋庸赘言。可是如何发展教育，发展何种教育才是我们应该注意的。

在20世纪50年代，普遍的观点是认为应该发展专业人才。一些发展中国家运用人力规划的研究方法，预测未来的人力需求计划。他们强调中、高级专门人才，重视发展中高等教育。这些国家开始普及初级，甚至是免费的教育。于是从小学开始，学生就开始为他们成为高级人才做准备。可是很快，许多国家意识到了他们的错误。20世纪60年代，各级正规学校都人满为患。同时，政府对于教育的资金支持却日见紧张。虽然教育的需求日益强烈，可是教育对个人带来的好处却明显下降。受过教育的人中，有很大一部分却找不到工作。

市场失败导致了国家和个人对教育需求的过度。这个时候人们不得不重新思考教育中的成本和收益。于是就出现了一种新的方法——以人力资本理论为基础的成本-效益分析。这种方法不再只考虑收益，而忽视成本的分析。

六、人力规划与成本效益分析

(一)人力规划

一般认为，具备一定的技能或者完成相应的教育，就可以从事特定的岗位工作。比如在一个发展中国家，受过高等教育，就可以做政府雇员或者从事专业性、技术性或管理性的工作。上过中学，一般都会在办公室里、销售机构或者服务部门工作。如果受过的教育很少，则只能从事农业生产。与此类似，有时候也会有这样的观点，要想从事某种工作，就必须接受相应的教育。于是在社会的发展过程中，人们如果预期要从事某种工作，则会接受相应的教育模式，以达到目标。

同样，一国经济也会对未来的工作岗位有一个预期，以便于提供相应的教育系统。这就是人力规划。这样既可以避免由于人力缺乏而阻碍经济增长，同时也防止人力资源过剩的浪费。

要想做好人力规划，首先要对未来的人力需求进行预测。我们可以根据以往的人口发展趋势进行推算，或者将各雇用单位的人力规划进行加总。由于教育的长期性，这样简单的预测都不可靠。另一种复杂的方法是从国民生产总值的增长规划中推演未来的就业格局。这种预测方法的程序如下。

(1)以规划期国民生产总值为基础，根据目标增长率计算未来年份的国民生产总值。

(2)按照实现全面增长率的根本需要，估计产出的部门结构变化。

(3)运用关于劳动生产率增长的假设，或者运用关于相对于产出增长的就业增长弹性的假设，按部门估计就业人数。

(4)运用关于每一行业"需求"结构的假设，按行业将就业人口划归各种职业类别，然后跨行业汇总，以求得一国经济所需要的各类职业的就业人数总和。

(5)通过哪类教育适合于哪种职业组别的假设，将职业需求转换成教育计划。

经过以上步骤，可以做出对未来某年度人力需求的估计。但是劳动力市场还有其他的波动，比如说退休、死亡、移民或者退出，所以要对人力的经常性存量进行调整，以适应那一年的人力供给计划。尽管上边的人力规划方法比较严密，要想真正地预测准确还是非常困难。我们很多假设的数据都是经常变化的，尤其是劳动生产率。在经济活动中，新技术的运用是非常频繁的。

人力规划过程中所遇到的更大的问题是，我们所规划的教育是否可以产生出合格的劳动力。从事任何工作所需要的知识，通过 3 种教育都可以获得，并非仅由正规学校教育才可以。而在正规学校教育中，只有一小部分针对某种特定职业，其他的都是所谓的"通识教育"。此外，人力规划强调学校教育，这也加重了教育的成本。其实有很多技能可以通过其他的便宜的方式来代替，比如非正规教育或者在职培训。

正是基于以上的观点，人力规划在某些时候行不通。但是对于一些发展中国家的政治家来说，精确的数字似乎更加诱人。于是一方面有大量的学校学生毕业，一方面是真正的用工需求得不到满足。学校成为落后的机器被国民所诟病。

(二)成本效益分析

人力资本理论的基本假设是，政府或者个人为了自身利益，在教育、健康及其他人力服务领域投资，其主要目的是为了增加收益。

首先分析个人在接受教育中的成本与收益。收益可以通过我们的终身收入曲线得到。不同的教育年限具有不同的预期收益。当然为了便于比较，我们有必要对未来的收益进行贴现。

个人教育的收益是：

$$V = \sum_{t=1}^{n} \frac{E_t}{(1+i)^t} \tag{10-4}$$

式中：V——未来收益的贴现值，E_t——t 年内的收入，i——利率。

接下来分析个人在教育中的成本。个人在正规教育中的成本包括两方面：显性成本和隐性成本。显性成本就是上学过程中需要额外花费的钱。最主要的就是学费，此外还有书本费、交通费、额外的食品等生活费用。隐性成本就是为了上学而放弃的收益。在很多发展中国家，学生如果不上学，他们或者去工厂做工，或者在自己的家庭中分担一部分家务或者农活。对于那些年龄比较大，受教育程度比较高的学生，他们放弃的收益是一个非常大的数目。

个人教育的成本是：

$$C = \sum_{t=1}^{n} \frac{C_t}{(1+i)^t} \tag{10-5}$$

式中：C——未来收益的贴现值，E_i——t 年内的收入，i——利率。

只需要比较教育收益 V 和教育成本 C 就可以进行个人教育的决策。

如果要计算社会在教育中的成本和收益，我们在私人计算的基础之上还要考虑更多的一些因素。社会的教育成本除去个人的教育成本之外，还额外支付了很多公共财政支出。而社会的教育收益则包括个人的收入加上个人的所得税。

参 考 文 献

[1] 中华人民共和国国家统计局. 2010 年国际统计年鉴. 北京：中国统计出版社，2010.

[2] 巴德汉，尤迪. 发展微观经济学. 北京：北京大学出版社，2002.

[3] 戴维·韦尔. 经济增长. 北京：中国人民大学出版社，2007.

[4] 德布拉吉·瑞. 发展经济学. 北京：北京大学出版社，2002.

[5] 吉利斯，波金斯，罗默，等. 发展经济学. 北京：中国人民大学出版社，1998.

[6] 斯图亚特·林恩. 发展经济学. 上海：格致出版社，2009.

[7] 谭崇台. 发展经济学. 太原：山西经济出版社，2001.

[8] 托达罗. 经济发展. 北京：中国经济出版社，1999.

思 考 题

1. 发展中国家是否应该强制进行计划生育?
2. 分割的就业市场对劳动力重新配置产生什么样的影响?
3. 教育在改变生育模式中起了什么作用?

第十一章　物资资本

第一节　资本在经济增长中的作用

经济增长是由多种要素推动的，在经济增长中资本丰腴程度会给经济增长造成有利或不利的影响，是重要的经济增长要素。因此，资本存量的多寡，尤其是资本形成的快慢，在多数经济学家看来，往往是促进或限制经济增长的基本因素。资本作为经济增长的重要投入要素是一种稀缺的生产性资源，一般将资本分为物资资本(physical capital)、人力资本(human capital)和金融资本(financial capital)三种资本。物资资本是指长期存在的生产物质形式，如机器、设备、厂房、建筑物、交通运输设施等。物资资本是投资过程的结果，代表着本期的生产能力，并同其他生产要素结合代表未来一定时期的生产能力。

在前面介绍的基本理论中，我们大体能够看出，资本对经济增长的作用是至关重要的，甚至形成了“唯资本论”(capital fundamentalism)的理论。对资本对经济增长作用的强调由来已久，从亚当·斯密的古典经济理论到凯恩斯主义的现代经济增长理论中都得到了充分的发挥。这些观点在哈罗德-多马模型理论中体现最为充分。严格来说，哈罗德-多马模型提供了考察发展过程本质内容的分析途径，它致力于解决既要满足确保大幅度稳定增长的投资要求，又不能出现高通货膨胀率或高失业率的困难。但是，对哈罗德-多马模型更为机械的理解，是强调投资增长与国民收入之间的密切联系。这种将资本形成看作经济增长的关键，被称为“资本第一主义”(吉利斯等，中译本，1998)。这一观点也在许多国家的发展战略与计划中得到了实践。增长的问题实质上被看作是一个确保足够的投资资源，以产生某一选定的国民收入增长率的问题。少有考察目标收入增长率对就业和收入分配的含义，人们普遍认为，较快的增长率自身会改善失业和极端的收入不公问题。资本第一主义也为利用国外援助提供了理论支撑，它与 20 世纪五六十年代的外国援助捐赠者的目标与方式是一致的。当时的人们普遍认为，资本短缺是加速经济增长唯一的、最为重要的障碍，通过制订反映这一观点的发展计划，就能获得丰厚的收益。巴基斯坦是最好的践行者，20 世纪 60 年代初期正是巴基斯坦的第三个五年计划时期，在制订这一计划中显示了对大量初始资本的要求，以及对外国资本、特别是外国援助尽早大量注入的需要。人们认为，大量初始援助的注入，将产生新的国内储蓄源，从长期来看，对援助的需求将减少。

罗斯托的经济“起飞”理论以不发达国家为考察对象，以经济落后为分析起点，重点研究不发达国家如何摆脱经济落后，实现经济“起飞”。罗斯托认为，一国要顺利实现经济“起飞”，必须具备三个条件：一是投资率达到10%以上，二是建立起能带动整个国民经济发展的主导部门体系，三是必须伴随制度和意识形态上的变革。在这三个条件中，资本积累率达到10%以上是基本的、先决的条件，是经济增长的基本前提，并认为这是适合一切国家的、具有历史必然的普遍规律。20世纪50～60年代，一些发展经济学家依据哈罗德-多马模型和罗斯托的“起飞”理论，认为资本形成是经济增长的约束条件和决定因素，从而形成了过分强调资本积累在经济增长中的作用和地位的“唯资本论”(谭崇台，2001)。

为了证实资本积累是经济增长的关键和约束条件，一些发展经济学家对发展中国家的经济增长诸因素进行了实证研究。麦迪逊[①]于1970年出版的《发展中国家的经济进步和政策》一书中，考察了1950—1965年22个发展中国家和地区的经济增长情况。他将影响经济增长的因素分为人力资源、资本和资源配置效率三大类。其分析表明，这些国家和地区的经济增长率平均为5.55%，其中人力资源(劳动力)平均增长为1.94%，对经济增长的贡献是35%；资本平均增长为3.06%，对经济增长的贡献是55%；资源配置效率的平均增长为0.55%，对经济增长的贡献是10%(谭崇台，2001)。其结论是：资本投入增长对经济增长的贡献在发展中国家要大于发达国家；资源配置效率的增长对经济增长的贡献在发达国家要大于发展中国家。对发展中国家来讲，以技术进步为核心的资源配置效率提高对经济增长的作用相对小，而资本投入的增加是经济增长最重要的源泉。

纳迪里在1971年出版的《要素投入和全要素生产率的国际研究》一书中，在影响经济增长的因素分为劳动投入、资本投入、全部要素生产率、资源流动对全部要素生产率的贡献四大类的基础上，研究了第二次世界大战后一个时期一些国家经济增长中各要素的相对贡献，其中所选的国家很多是发展中国家并与麦迪逊研究

①安格斯·麦迪逊(Angus Maddison)：美国著名经济历史学家，2010年4月24日在巴黎逝世，享年83岁。生前是荷兰格罗宁根大学经济增长和发展中心的荣誉退休教授。他曾在1953—1978年担任OECD和OEEC(OECD的前身)多个高级职务。是巴西、加纳、希腊、墨西哥和巴基斯坦等国家政府的经济顾问。英国国家人文与社会科学院院士。一生出版20本专著、130篇文章，19册编辑合著的作品。

所选的国家相同。纳迪里的研究表明:除日本和以色列外,所考察的发展中国家的经济增长因素中,对经济增长贡献最大的是要素(资本和劳动)投入量的增加,其中主要是劳动投入量的增加。相比之下,全部要素生产率增长对经济增长的贡献要明显小于要素投入量增加所作的贡献。其研究结果与麦迪逊研究的结论有所不同,纳迪里将资本和劳动合并为要素投入来同全部要素生产率进行比较,并明显降低了资本投入对经济增长贡献的比重。但纳迪里的研究支持了麦迪逊的研究结论,并且两者的研究都认为,要素生产率(或资源配置效率)对经济增长的贡献在发展中国家要小于发达国家,而资本投入对经济增长的贡献在发展中国家要大于发达国家。可见,这两个研究的共同结论是:资本形成是发展中国家经济增长的主要源泉,是影响经济发展的最重要的因素。

资本在收入增长过程中的关键作用,在工业社会中已经得到了人们的广泛认同。在发展中国家,经济学家关于资本与经济增长的关系也做过大量的实证分析,其基本结论是:资本形成对经济增长的影响是相当大的,尤其在发展的早期阶段更是如此;当收入水平提高时,生产力的增长似乎更为重要。韩国、菲律宾和墨西哥等中等收入国家在 20 世纪 60 年代和 70 年代的发展表明,完全撇开人力资本存量的增长不谈,实物资本存量的增长对收入增长率的贡献,在 1/4～1/3 之间,如果估计得高一些,在那些比较贫困的国家,则可能达到 1/2。所有这些研究,都没有与人力资本对收入的增长的贡献结合起来进行分析,因此,作为结果,也就低估了资本形成以及储蓄在收入增长中的作用。因此,几乎所有的实证研究进一步肯定了"唯资本论"关于资本积累是经济增长的关键和主要的约束条件的观点。虽然这一观点在后来技术进步要素的引入曾受到冲击,但是,一些发展经济学家在 20 世纪 90 年代对东亚经济的考察中又重新确认了资本积累在经济增长中的作用。

理论和实践充分说明,在经济发展中,只有社会能够在国内生产总值中保持一个相当规模的投资比例时,才能在长时期内维持适当并且强劲的收入增长率。吉利斯等认为,这一比例一般很少低于 15%,在某些情况下则必须达到 25%甚至 35%,这取决于资本积累所产生的环境,以及为实现基本目标所必须达到的收入增长率。一般来讲,如果发展中国家试图实现实际人均收入增长 3%的增长目标,那么,其总收入增长每年至少应达到 5%(吉利斯等,中译本,1998)。

当然,较好的资本形成如果没有有效的投资,如把这些资本运用到生产力欠佳的项目上,那么资本与经济增长就没有太多的联系,与就业创造和收入分配的改善的联系就更少了。

第二节　国内资本的来源

一、国内资本来源的一般性分析

资源在当前消费与未来消费（储蓄）之间分配，是一切经济所面临的最为基本的经济选择之一。这一选择不仅影响到一个国家的经济增长快慢，而且会对后代甚至后几代的生活水平产生影响。经济学理论可以说明，未来消费即储蓄可以转化为当前的投资，从而转化为机器设备、厂房、交通工具和基础设施等物资资本，因此，储蓄是资本的来源。

储蓄是一个国家在一定时期内（如一年）国民收入中扣除当期消费后的剩余，是放弃当期消费的结果。其公式表述为：

$$Y = \text{工资} + \text{利润} + \text{利息} + \text{地租} \tag{11-1}$$

从供给上看：

$$Y_s = \text{消费} + \text{储蓄} = C + S \tag{11-2}$$

从需求上看：

$$Y_d = \text{消费} + \text{投资} = C + I \tag{11-3}$$

当国民收入处于均衡状态时：

$$Y_s = Y_d \tag{11-4}$$

即：

$$C + S = C + I \tag{11-5}$$

$$S = I \tag{11-6}$$

$$S = Y - C \tag{11-7}$$

对于一个国家来讲，储蓄的总供给是国内储蓄与国外储蓄之和，国内资本的来源就是国内储蓄。国内储蓄可以分为两个部分：政府或公共部门储蓄和私人国内储蓄，私人国内储蓄又有两个来源：家庭储蓄和企业储蓄。

二、政府储蓄

（一）政府储蓄的一般性分析

政府储蓄是政府税收用于政府消费后的余额，政府消费也称为公共消费，包括所有的政府经常性支出和国防支出。个别情况下，国有企业的储蓄会增加政府储蓄，但它对于政府储蓄的积累几乎发挥不了重大作用。因此，政府储蓄主要就是预算储蓄。在此需要注意的非常重要的一点：一个国家即使总预算为赤字，仍然有可能保持正的政府储蓄，这是因为预算开支包括了资本支出或投资，这代表着政府储蓄的使用。

在发展经济学中，一种典型的发展战略的基本原则是，在国内生产总值中尽可能地提高政府储蓄所占的份额，以维持收入增长所要求投资的增加。人们一般会认为，私人储蓄的增长，从来受到诸如人均收入低，以及储蓄能力最强的家庭私人消费倾向于高级化的制约。外国储蓄来源的限制，也使计划制订者和援助提供者格外强调制订动员政府储蓄计划的必要性。因此，为实现提高政府储蓄份额这一目标，在可能性的情况下所采取手段都是通过对税收结构的重大改革或是通过提高现行税率。这一观点的基本假设和理论依据是：每当增加一个美元的收入时，国有部门的消费倾向远比私营部门要小得多。据此，转移到政府的收入能够提高国家的储蓄率。实践中很多的发展计划制订者们便产生了一种普遍看法：税率的增长与成功的发展战略是联系在一起的。在其他条件相同时，那些愿意承担更高的国内税赋的国家，也被外国援助国认为更值得提供援助。

事实上，在发展中国家增加税收并非易事。除了那些自然资源禀赋优越的国家或地区，很难期望发展中国家会有接近工业国普遍实行的那么高的税率。且不论其他原因，仅人均收入低这一因素，就使得广大国民在维持基本生计之后，已没有多少纳税余地了。虽然遭遇到方方面面的困难，有资料表明，从 20 世纪 60 年代开始，许多发展中国家已经能够提高其国民生产总值中税收的份额。通过积极地推行提高税率来动员储蓄的政策，促进了政府储蓄率的提高。但是，这些都是基于在政府新增税收的边际消费倾向（MPC）低于私营部门需要支付新增税收后边际收入的消费倾向时的情况下，增加税收才能增加储蓄。通过预算结余可能形成的政府储蓄，在日本经济发展的早期，确实发挥过重要的作用。然而，通过预算政策使储蓄动员获得成功的其他案例却几乎没有。有证据表明，大多数发展中国家政府新增税收的边际消费倾向已经高到如此地步：增加的税收非但不能增加国内储蓄总额，反而减少了国内储蓄总额。这一现象被称为“普利斯效应”。

在发展中国家的发展历程中，当公共部门的消费迅速增长时，税率只是适度增加，这说明在大多数发展中国家政府储蓄的增加并不是投资资金的主要来源。

（二）政府强制性储蓄

通货膨胀被经济学家们普遍认为的一种政府强制性储蓄。通货膨胀是指价格水平普遍持续上升的现象。通货膨胀首先会改变货币购买力，即引起一定货币量的购买力下降。它实际上是一种变相的税收形式，可以称为通货膨胀税。

从罗马帝国时代开始，各国政府就认识到，通货膨胀是保证政府收入来源的一种可供选择的方式。只需让货币存量以足够快的速度增长，导致价格总水平升高，由于即使在货币贬值的情况下人们仍愿意持有一定的货币余额（奔腾式通货膨胀情况除外），那么，这时的通货膨胀就成了一种对持有货币的税收。设年初货币余额的名义价值为 M_n，且等于实际价值 M_r，如果价格膨胀年率为 p，则一年后货币余额的实际价值（M'_r）就是：

$$M'_r = M_r/(1+p) \tag{11-8}$$

对货币余额征的税就是：　$T = M_r - M'_r$

则税率为：

$$t = (M_r - M'_r)/ M_r = 1 - 1/(1+p) = p/(1+p) \tag{11-9}$$

由此可计算，在 15%的通货膨胀水平下，对货币的年税率为 13%；在 40%的通货膨胀水平下，年税率为 29%。可见，这样的税率比任何国家对房屋、汽车、机器设备等实物资产征收的年税率都要高。

通货膨胀税的易征收性、货币余额的便利性以及通货膨胀税具有的累进性，使许多决策者及经济学家将通货膨胀视为一种为发展筹集资金的理想方法。以至联合国拉丁美洲经济委员会把适度的通货膨胀看作是发展“润滑车轮”的方法，认为它能从货币余额的持有者手中强制动员储蓄，并将其转移给面临投资来源难题的政府。

当然，也有许多经济学家反对利用通货膨胀促进资本积累，主要理由有：适度的通货膨胀率难以把握；通货膨胀会引起实际收入下降，工人必然要求提高工资，这样会形成工资—物价轮番上升的恶性循环，不利于经济和社会稳定；通货膨胀会使国民对本国货币失去信心，导致资本外流，从而会使国内储蓄减少。

三、私人国内储蓄

私人国内储蓄有两个来源：家庭储蓄和企业储蓄。家庭储蓄是指家庭收入中还未被消费的那部分，即家庭的可支配收入扣除用于现期消费后的余额。企业储蓄来自企业利润，是指企业的保留收益，企业利润首先要上缴政府税收，然后支付给投资者所得，剩余的是企业未分配利润，即企业储蓄。

作为资本的来源，许多经济学家、发展中国家的决策者和援助国仍倾向地认为，私人国内储蓄的作用居于政府储蓄和外国援助之下。不过，也有许多发展中国家有证据表明，私人储蓄在支持资本形成方面越来越发挥重要的作用。但家庭储蓄和企业储蓄两部分究竟是哪一个发挥更大作用，需要从私人部门储蓄行为的经济理论方面进行分析。

（一）家庭储蓄行为

家庭储蓄行为理论都试图对以下 3 种结论性现象作出解释：一是在一个特定

国家的某个既定时期，收入较高的家庭用于储蓄的收入部分比收入较低的家庭大；二是在一个特定国家的较长时期，家庭储蓄率基本保持不变，与发展中国家相比，工业国家更是如此；三是对于不同国家，家庭储蓄率的变化与收入没有明显的关系（吉利斯等，中译本，1998）。下面从四个家庭储蓄行为理论对此进行分析。

1. 绝对收入理论

经济学家曾普遍认为，一种简单的收入—储蓄关系具有普适性。在他们看来，家庭储蓄直接依赖于当前可支配收入（缴纳直接税后的家庭收入）。当前可支配的收入储蓄倾向与收入的增长是一致的。这就是凯恩斯在 20 世纪 30 年代提出的绝对收入理论，也叫作凯恩斯绝对收入假说。根据这一理论，储蓄—收入之间的关系可以表达为：

$$S = a + sY^d \tag{11-10}$$

式中：S——储蓄，Y^d——当前可支配收入，a—— 一个常量（$a<0$），s——边际储蓄倾向（$0<s<1$）。常量 a 通常取负值，意味着当收入水平低下时，储蓄将是负的。根据这一公式，储蓄率应可以在所有收入增长的国家中不断得到提高。但是，无论是发达国家还是发展中国家的历史记录，都未能给予凯恩斯绝对收入假说以强有力的支持。

凯恩斯绝对收入假说充其量是对一个相当短时期的储蓄行为作出了阐述，对于一个长期命题却难以成立。上述公式只是对第一种家庭储蓄现象作出了解释，却说明不了第二、第三种现象。

2. 相对收入理论

相对收入理论是从长时期上描述收入—消费关系的理论，也称为相对收入假说。这一理论认为，消费（进而储蓄）不仅取决于当前的收入，而且取决于以前的收入水平和既往的消费习惯。相对收入假说最早是由哈佛大学的经济学家詹姆斯·杜森贝里①提出，后被称为杜森贝利假说。其表达式为：

$$C_1 = a + (1-s)Y_1{}^d + bC_h \tag{11-11}$$

式中：C_1——第一时期的消费，Y_1——第一时期的收入，C_h——以前的高水平消费，$0<s<1$，$0<b<1$。根据相对收入理论，一个经济中的短期消费（储蓄）函数往

①詹姆斯·杜森贝里（James Stemble Duesenberry，1918— ）：美国著名经济学家。毕业于密执安大学和哈佛大学。从 1948 年开始在哈佛大学任教。历任助理教授、副教授、教授，并于 1972—1977 年任哈佛大学经济系主任。主要著作：《收入、储蓄和消费者行为理论》、《经济周期与经济增长》、《货币与信用：冲击与控制》、《美国经济计量模型入门》、《70 年代的资本需要》、《货币、银行和经济》等。

往随着时间的推移而上升。随着收入的长期增长，消费者调整支出习惯达到较高的消费水平。但在短期中，当收入暂时下降或上升时，他们却不情愿让自己的消费水平下降或缓慢上升。图 11-1 对凯恩斯绝对收入假说和杜森贝利相对收入假说之间的关系做出了说明。

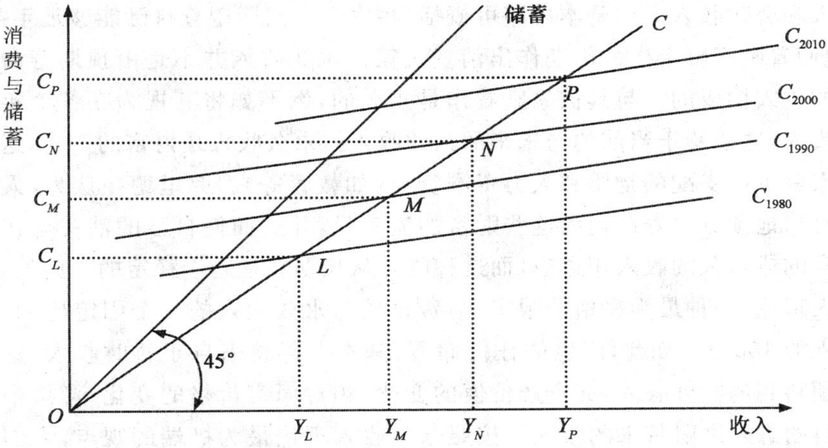

图 11-1　收入不断增长情况下短期与长期的消费和储蓄

图中 45°线显示了在消费等于收入时的所有各点。4 个短期消费函数假定分别表示 1980 年、1990 年、2000 年和 2010 年 4 个不同年限中人们在不同收入水平下的支出状况。用各年的消费线作图来表示方程为：

$$C = Y_d - S = -a(1-s)Y_d \qquad (11\text{-}12)$$

因为 $a<0$，$-a>0$。这些平直的曲线说明，在短期内消费者并不情愿改变自己的消费习惯。在各年中，实际（当前的）收入分别是 Y_L、Y_M、Y_N 和 Y_P。从而，各年的实际消费则是 C_L、C_M、C_N 和 C_P。点 L 通过 P 描绘出一个长期消费函数。消费，从而储蓄，随着时间的推移，成为收入当中的一个固定组成部分。

杜森贝利相对收入理论是在美国消费和储蓄行为进行解释的过程中形成的。但是这一理论在后来的研究者看来同样也适合于发展中国家。有的学者指出，示范效应的作用，可导致发展中国家的消费随着收入的增长而上升。如发展中国家高收入集团的国际交往性和全球视野，使他们竭力去效仿发达国家最富有集团的消费模式。随后，发展中国家的低收入集团再去效仿高收入集团的消费模式。从而，在作为一个整体的社会中，消费往往是收入的一个高而稳定的函数。可见，相对收入理论解释了前面所列举的所有3种储蓄现象。

3. 永久收入理论

永久收入理论是美国芝加哥大学经济学家米尔顿·弗里德曼[①]于20世纪50年代提出的,也称之为永久收入假说。按照弗里德曼的观点,收入由两部分组成:永久收入和暂时收入。其基本思路可概括为:由于人们期望着自己能够延年益寿,因此,他们着眼于整个生命周期作出消费决策。永久收入并不是由预期寿命期间所挣得的收入构成的。与其被家庭看作是永久的,倒不如将其视为在各个年龄段的平均收入,这依赖于当前的与未来的预期收入。永久收入是财富的产物,这种财富包括家庭可以支配的物质和人力资本资产(如教育等)。弗里德曼认为,人们能够非常恰当地预见其寿命期内这些财富的流动量,并进而使自己的消费与在他看来是正常的或永久的收入相适应,而这种收入从长期看是趋于稳定的。此外,根据永久收入理论,一种最为严格的限定,消费将成为永久收入的一个固定比例,接近永久收入的100%。如此,产生的任何储蓄,基本上都将来自于暂时收入:这是一种未曾预料到的额外收入,如资产价值的变化、相对而言价格的变化、彩票中奖等未曾预料的意外之财带来的收入。按照永久收入理论最为极端的观点,人们可以将任何的暂时收入的100%都用于储蓄。但是,20世纪70年代的计量经济学的研究却对这一理论提出了质疑,研究显示,暂时收入中一个相当大的比例被用于消费。

永久消费假说的表达式为:

$$S = a + b_1 Y_p + b_2 Y_t \qquad (11\text{-}13)$$

式中:S——储蓄,a——一个常数,Y_p——永久收入,Y_t——暂时收入。从极端的观点看,$b_1=0$,$b_2=1$,因此,所有的储蓄都来自暂时收入,并且这个部分也全部成为储蓄。对永久收入假说进行修正的观点认为,只有来自永久收入的储蓄在人的一生中是固定不变的,并且可以是正值,尽管来自暂时收入的储蓄倾向相当高,但并不是所有的暂时收入都能够储蓄下来。上述表达式可以说明这一点,其中$0<b_1<b_2<1$。研究者在亚洲和拉丁美洲各种不同的发展中国家大量的实证研究对这一观点给予了支持:相对永久收入,人们确实愿意将暂时收入中的较大部分用于储蓄。

①米尔顿·弗里德曼(Milton Friedman):美国经济学家,货币主义大师,以研究宏观经济学、微观经济学、经济史、统计学及主张自由放任资本主义而闻名。1976年获得诺贝尔经济学奖,以表扬他在消费分析、货币供应理论及历史和稳定政策复杂性等范畴的贡献。

安格斯·迪顿[1]在 1989 年所作的一项以生命周期内永久收入模型为基本框架的研究中，强调了在家庭储蓄行为中预防动机的重要性，特别是对于发展中国家贫困的农村家庭。迪顿指出，对于收入极不稳定的集团，储蓄只是用来减缓自己消费支出波动的一个工具，还不足以进行积累。也就是说，对于贫困的农村家庭，存款的支取和储蓄一样频繁，反映了他们储蓄的主要动机是维持既定的生活水平和抵御灾害。永久收入理论为我们理解 3 种储蓄现象提供了有益的帮助。

4. 阶级储蓄理论

英国经济学家尼古拉斯·卡尔多提出的阶级储蓄理论为家庭储蓄行为提供了一个更为深入的分析模型。这个模型认为，消费(储蓄)习惯因经济阶级不同而大相径庭。主要依靠劳动收入的工人，被认为其储蓄倾向远远低于依靠财产收入(利润、利息、租金)的资本家。阶级储蓄理论的表达式为：

$$S = S_w L + S_c P \tag{11-14}$$

式中：S_w——工人来自劳动收入的储蓄倾向，S_c——资本家来自财产收入的储蓄倾向，L——劳动收入，P——财产收入，$0<S_w<S_c<1$。

如果要素比重(劳动与资本收入的相对比重)在不同国家间存在着差异，阶级储蓄理论便不仅可以解释前面所说的第一种储蓄现象，而且也能对第三种储蓄现象做出解释。当然，阶级储蓄理论与永久收入理论之间的差异，可能比实际存在的要明显。很难看到家庭在其支出—储蓄决策中，对待劳动收入和对待财产收入的态度有什么不同。诚然，家庭的财产收入，尤其是来自非企业的财产收入，比劳动收入的波动要大。永久收入理论认为，可变收入的储蓄倾向要高。此外，财产收入更集中于收入较高的集团。基于阶级模型所进行的有关储蓄行为的研究表明，财产收入的储蓄倾向明显较高。从某些角度上看，在实际上这也就说明了，波动较大的收入具有较高的储蓄倾向。

上述 4 个理论都是从收入(不论是当前的、相对而言的，还是永久的)角度说明储蓄行为的。需要注意的是，收入是家庭储蓄行为的决定因素，并非是全部因素。除了收入之外，存款利率、民族风俗习惯、价值观念、金融机构的完善程度和普及程度、政治经济社会环境、文化背景也都会对家庭储蓄产生影响。

(二)企业储蓄行为

关于发展中国家的企业储蓄的行为，发展经济学中没有较为系统的阐述。实

---

[1] 安格斯·迪顿(Angus Deaton)：1945 年 10 月出生于英国爱丁堡。现任普林斯顿大学国际关系教授、经济学系经济与国际关系教授。曾任布里斯托大学计量经济学教授，剑桥大学丘吉尔学院海外研究员等职。1974 年获剑桥大学博士学位。兼任：美国经济学会会长(2008—)；世界银行首席经济学家顾问委员会成员。

际上，即使是发达国家，在这个问题上也没有较为统一的认识。

在现代企业制度下，由于产权明晰，企业的权力、责任和利益是高度一致的，企业具有自我约束、自我积累、自我扩张的内在动力。在市场竞争和追逐利润的动机驱使下，不断开拓市场，不断扩大投资和生产规模，改进技术，降低成本，提高效率。企业所有者对一个企业的投资额只负有有限责任，并且便于通过发行股票为企业融资。在拥有完善的法律体系和资本市场下，企业是一个充满微型机和活力的经济细胞，具有完善的自我积累与自我扩张的内在机制（张培刚，2001）。

但是，在发展中国家，由于多种原因，以现代企业制度形式从事商务活动的压力和刺激比较少。大多数发展中国家的企业储蓄相对于发达国家来说数额较小，其主要原因在于企业部门相对较小。尽管这种企业制度在拥有完善的法律体系和资本市场的发达国家普遍采用，并效果显著，但在大多数发展中国家，由于法律体系的不完善，资本市场不规范等多种原因，实施现代企业制度却相当困难。当然，也有少数发展中国家公司制企业数量较多，规模也大，但一般来说，这些企业在私人部门的商业活动中所占的比重也不高。因此，也不可能为国内储蓄提供较大的贡献。

第三节　发展中国家的资本形成

一、资本形成

储蓄是资本的重要来源，从再生产的角度上看，国民收入减去消费后的储蓄也叫做“资本积累”。根据国民收入均衡公式 $S=I$，假设既定的储蓄可以全部转化为投资，则储蓄等于投资，那么投资过程就是资本积累过程。

在研究发展中国家的资本形成中，人们通常综合地考察储蓄、投资和资本积累过程，并结合投资标准、投资效益、技术进步等因素来分析储蓄如何转化为资本品生产的投资，投资又是怎么样形成为一定的资本形式，产生一定的生产能力，因而将此过程视之为资本形成（capital formation）。值得注意的是，因为只有净资本形成才对经济增长发生作用，所以，这里的资本形成，主要是指储蓄或资本积累中扣除旧资本更新后的净投资或净资本形成。但是，由于旧资本的更新常常伴随新技术的使用，可能引起“资本深化”（capital deepening），即新资本的生产率提高或资本—劳动配合比率增大（劳动投入减少），因而在分析资本形成与经济增长的关系时，通常使用“总资本形成”（gross capital formation）的概念（韩纪江、胡星，2003）。从这方面考虑，资本形成与资本积累或投资的概念可以通用。

二、发展中国家资本形成理论

经济学家们从发展经济学产生到发展，从来就没有放弃探讨发展中国家贫困原因和寻求出路，尤其是20世纪50年代，是发展经济学集中探讨发展中国家贫困原因和寻求出路的年代。形成了很多相关的理论，总结起来，这些理论的基本结论之一就是，发展中国家贫困的原因是由于经济增长的停滞、收入水平的低下，而经济增长停滞、收入水平低的根源在于资本和投资的缺乏。要摆脱贫困、实现经济增长，首要之事就是克服资本稀缺对经济发展的阻碍或约束条件，必须有大量的资本积累和投资（谭崇台，2001）。

（一）“大推进”理论

1943年，罗森斯坦-罗丹（Rosenstein-Rodan，P. N.）①在其发表《东欧和东南欧国家的工业化问题》文章中阐述了关于发展中国家如何实现经济增长率的观点，并提出“大推进”理论（the “big push” theory）的基本框架。1966年在其《略论“大推进”理论》一文中又系统地阐述了“大推进”理论。

罗森斯坦-罗丹认为，欠发达国家为了加速发展应在投资中采取“大推进”，不是小规模的、渐进的，而是大规模地一次到位。在欠发达国家的农村有个特殊现象，即存在大量农业剩余劳动力，这是欠发达国家一个重大的经济问题。可能有两种选择：一是劳动向资本运送，但这种方式可能性较小，代价较大；二是资本向劳动运送，以吸收劳动，即实现工业化，这比较可行，且代价较小，是正常的选择。因此，发展计划的关键是以充分投资去动员失业者或就业不足者，以进行工业化。所谓“工业化”，是指在农业生产和非农业生产中日益相对少地使用劳动而多使用资本，是以快于富裕地区的发展速度提高经济停滞地区的收入，从而使世界各个地区的收入分配较为均等的唯一方法。罗森斯坦-罗丹指出，在工业化过程中应当注意三点：①为了取得工业企业最优规模，工业化的区域必须有充分的广度，不能过于狭小；②单个企业或行业风险比较大，相反，多企业、多行业同时出现可以相互补充，减少风险；③个别企业或行业对实际的社会效益计算不精确，因此需要大规模的计划安排。

罗森斯坦-罗丹进一步分析，增长理论一般就是投资理论，一个最小规模的投资是顺利发展的必要条件，要促成一国得到自我维持的增长（self-sustaining growth），有点像促使飞机起飞（take-off），即必须有一个临界（critical）的地面速

①保罗·罗森斯坦-罗丹（Paul Rosenstein-Rodan，1902—1985）：发展经济学先驱人物之一，“平衡增长理论”的先驱。

度。同样地，分散的、小规模投资不能给国民经济带来充足的冲力，低下的投资规模或速度不能形成发展氛围。总之，需要一个"大推进"，即大规模的全面的投资，这就是大推进理论的要点。也只有大推进才能冲破经济贫穷落后和停滞的困境与束缚，"推进"整个工业部门全面、迅猛地发展，从而迅速实现工业化，达到经济增长、农村剩余劳动力就业、收入水平提高并且均等化的目标。

那么，实现工业化为什么要在各个工业部门全面地、大规模地进行投资呢？这是因为发展中国家的经济中存在着某种"不可分性"(indivisibilities)和外在经济(external economy)，由此决定了其投资不可能是平衡的，而必须是"大规模跃进"(sizable Jumps)式的。这种不可分性表现为：第一，在生产函数中存在的不可分性，特别是社会分摊资本(social overhead capital)，即资本的集聚性(lumpiness of capital)的供给中的不可分性；第二，存在需求(即需求互补性)的不可分性；第三，存在储蓄的供给的不可分性。外在经济主要是大规模投资对有关厂商盈利的影响。发展中国家经济落后的重要表现之一是企业规模狭小，缺乏规模经济效益，尤其是缺乏正常的"外在经济"。在这种情况下，厂商和社会的"获利能力"(profitability)很低，经济是很难迅速增长的。而如果实现全面的、大规模的投资，可以大幅度地提高工业生产规模，从而产生外在经济。外在经济的产生不仅使一个企业本身获得成本降低的好处，而且还会把"外在经济"的好处分给其他企业或整个社会。

"大推进"理论强调了工业化是经济发展的中心和目标，说明了大规模的资本形成的重要性和必要性，这对于人们认识落后的农业国的经济现状，找出其摆脱贫穷落后的道路，具有一定的启发意义。但是，这种理论过分强调了工业化和资本形成在经济发展中的作用，成为一种典型的"唯工业化论"或"唯资本论"，这一点受到许多西方经济学家的批评。

(二)"贫困恶性循环"理论

1953年，美国发展经济学家罗格纳·纳克斯(Ragnar Nurkse)①出版了《不发达国家的资本形成》一书，系统地考察了发展中国家的贫困问题，探讨了贫困的根源和摆脱贫困的途径，提出了"贫困恶性循环"(vicious circle of poverty)理论，形成了早期发展经济学的资本形成理论的雏形，在《市场规模和投资引诱》一文中纳克斯进一步完善了这一理论。

---

①罗格纳·纳克斯(Ragnar Nurkse，1907—1959)：出生于爱沙尼亚。早期移居加拿大，他曾在爱丁堡大学和维也纳大学学习。作为国际联盟的一名职员，他发表的关于国际经济方面的研究论文非常著名。第二次世界大战之后，他接受了哥伦比亚大学的教授职位直到去世。

“贫困恶性循环”理论认为，发展中国家普遍存在的一个特征是经济发展停滞不前，人均收入水平低，生活贫困。之所以存在长期的贫困，不是因为这些国家国内资源不足，而是因为这些国家的经济存在着一个相互作用和反作用并使穷国维持贫困状态的“多种力量的循环集”(a circular constellation of forces)。举一个例子，一个穷人没有足够的食物，由于处于饥饿状态，他的身体可能很虚弱；由于体质弱，他的工作能力就低，这意味着他穷，反过来又意味着他没有足够的食物，如此反复不已。对于一个国家而言，纳克斯得出一个著名的命题：“一国穷是因为它穷”(A country is poor because it is poor)。而在这个多种力量的循环集中，最重要的障碍是经济落后国家资本积累的循环集。资本的供给为储蓄能力和愿望所左右，资本的需求则受投资刺激支配，这两方面的原因使资本形成陷入两个难解的“贫困恶性循环”之中。

从供给方面看，资本形成存在着一个恶性循环：发展中国家经济不发达，人均收入水平过低。低收入意味着人们将绝大部分收入用于生活消费，而很少用于储蓄，从而导致储蓄水平低、储蓄能力小；低储蓄能力导致资本稀缺、资本形成不足；资本形成不足使生产规模难以扩大，生产率难以提高；低生产率又引起低经济增长率，低增长率又造成了新的一轮低收入。如此周而复始，形成一个“低收入—低储蓄能力—低资本形成—低生产率—低产出—低收入”的恶性循环。

从需求方面看，资本形成也存在着一个恶性循环：发展中国家经济落后，人均收入低，生活贫困。低收入意味着低消费和低购买力；低购买力引起投资引诱不足；投资引诱不足导致资本形成不足；资本形成不足造成生产规模小、生产率难以提高；低生产率又导致低产出和低收入水平。如此周而复始，形成一个“低收入—低购买力—投资引诱不足—低资本形成—低生产率—低产出—低收入”的恶性循环。

这一理论指出，人们通常注意资本供给方面形成的恶性循环的严重性，而实际上，资本需求方面导致的恶性循环在发展中国家经济中也是一个严重的问题。表现为投资引诱受市场规模的限制。这个命题实际上是斯密“分工受市场规模限制”的著名论点的一个发展。发展中国家在经济发展的初期，由于人均收入低，社会购买力和消费水平也低，因而市场容量狭小。如此，即使有了储蓄，也会缺乏投资引诱，因为市场容量有限，商品不易销售出去，企业不愿意贸然进行大量投资。例如，在一个大部分穷得穿不起皮鞋的国家，创建一家现代制鞋古物商业建议可能令人疑惑不解，因为皮鞋的市场太小。如果将上述两个循环联系起来看，那么，即使有投资引诱，却缺乏储蓄用于投资；即使有储蓄，却又缺乏投资引诱来消化储蓄。所以，这两个循环形成一个牢固的死圈，很难打破，从而发展中国家必然会处于长期的经济停滞和贫穷的困境之中。

发展中国家人均收入过低是产生这两个循环的共同的原因,资本形成不足是两者的关键,它一方面造成低水平的储蓄,另一方面造成低水平的需求。“贫困恶性循环”理论的核心是要说明:资本缺乏是产生“贫困恶性循环”的根本原因,资本形成不足是经济发展的主要障碍。因此,要打破“贫困恶性循环”,必须大规模地增加储蓄,扩大投资,促进资本形成。应采取平衡增长,即在许多的、广泛的行业中同步地投入资本。因为假如市场狭小,单一行业生产的商品没有市场,相反,各行业同时投资会形成相互需求,扩大市场容量,反过来又保证投资成功。一个广大范围的产品生产就会创造自己的需求,因此投资需要“全线进攻”,而不是分散行动。

“贫困恶性循环”理论反映了发展中国家贫困这一重要特征,并初步探讨了产生贫困的根源和摆脱贫困的途径。但是,它过分强调了储蓄的作用和资本积累的重要性,因而遭受到一些批评:这一理论混淆了具有绝对意义的储蓄水平(绝对储蓄量)和具有相对意义的储蓄率(储蓄在国民收入中的比率)两个不同的概念;认为穷国缺乏储蓄能力的观点不符合事实;认为储蓄水平提高、投资增加就能促进经济增长、打破贫困恶性循环的观点过于简单、乐观;视个人储蓄为储蓄的唯一来源,忽视了企业储蓄和政府储蓄的作用;所谓市场容量狭小的观点有很大片面性等。

(三)“低水平均衡陷阱”理论

1956年,继纳克斯“贫困恶性循环”理论之后,美国经济学家纳尔逊(R. R. Nelson)发表了《不发达国家的一种低水均衡陷阱理论》,他利用数学模型分别考察了不发达国家人均资本、人口增长、产出的增长与人均收入增长的关系,并综合研究了在人均收入和人口按不同速率增长的情况下人均资本的增长与资本形成问题,从而形成了“低水平均衡陷阱”(low-level equilibrium trap)理论,认为发展中国家人口的过速增长是阻碍人均收入迅速提高的“陷阱”,必须进行大规模的资本投资,使投资和产出的增长超过人口增长,才能冲出“陷阱”,实现人均收入的大幅度提高和经济增长。这一理论的核心是强调资本稀缺对经济增长的障碍,说明资本形成的重要性,其结论与“贫困恶性循环”理论是一致的。下面具体说明这一理论。

1. 人均资本、人口和国民收入的增长与人均收入的关系

(1)人均资本的增长与人均收入的关系。资本形成由两部分组成:储蓄和新耕地的开垦,因此,资本的增长(dK)为储蓄创造的资本增加(dK')与土地增加(dR)之和,即:

$$dK = dK' + dR \tag{11-15}$$

式中:K——资本,K'——由储蓄产生的资本,R——土地。假设土地因素忽略不

计，资本都是由储蓄创造的，全部储蓄都用于投资，那么，人均资本增量(dK'/P)与人均收入(O/P)相关，可以用公式表示：

$$dK'/P=\begin{cases}b[(O/P-X)],O/P>(O/P)'\\-C,O/P\leqslant(O/P)'\end{cases}\tag{11-16}$$

式中：P——总人口，O——总产量或总收入，$-C$，X，b，$(O/P)'$都是常数。其意义可借助图 11-2 来说明。

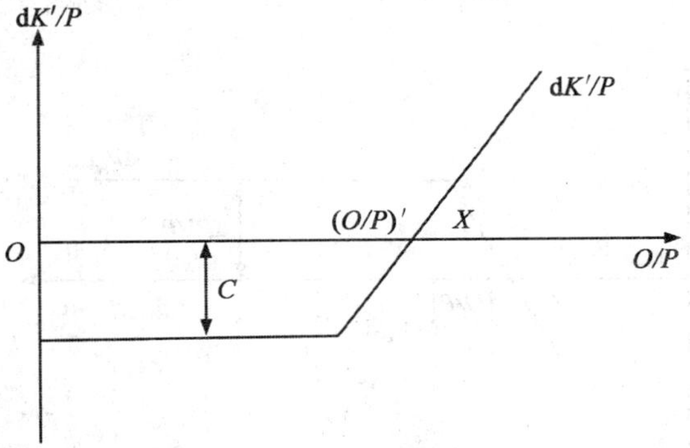

图 11-2　人均资本变化图

在图 11-2 中，横轴代表人均收入，纵轴代表人均资本增量，dK'/P 为人均资本增长曲线。当人均收入小于或等于 $(O/P)'$ 水平时，为负投资(负储蓄)，假定为常数 C，表明人均资本增长与人均收入无关。人均收入大于 $(O/P)'$ 水平时，人均资本增长率曲线随人均收入上升而增加的(这里假设该曲线为直线，其斜率为 b)，表明人均资本增长是人均收入的增函数，即随人均收入增加而增加。X 表示人均资本增长为零时的人均收入。

人均资本增长与人均收入之间的这种关系的经济意义可作如下解释。当人均收入小于或等于 $(O/P)'$ 水平时，人们的消费将超过他们的收入，从而，整个经济存在负储蓄和负投资(图 11-2 中负储蓄为 C)。当人均收入达到某个水平 X 时，人们的收入刚好等于其消费，或者说，人均收入刚够维持人口生存，没有储蓄，也没有负储蓄，因而人均资本增长为零。若人均收入超过这一水平 X 时，人们的收入将大于消费，储蓄产生了，并且随人均收入增加而增加。这时，人均资本大于零且随均收入增长而增长。由此可见，资本形成是受人均收入水平制约。

(2)人口的增长与人均收入的关系。当人均收入开始增长时，由于收入增加使营养、医疗卫生条件等得到改善，人口死亡率下降，从而人口增长加快。当人均收入达到一定限度后，人口增长率达到最大值。人口增长与人均收入之间的关系可以用下面公式表示：

$$dP/P=\begin{cases}[(O/P)-S],(O/P)<(O/P)''\\ dP^{*}/P,(O/P)\geqslant(O/P)''\end{cases} \tag{11-17}$$

式中：dP/P——人口增长率。S——维持最低生计的人均收入水平，当人均收入水平低于 S 时，死亡率将超过出生率，人口增长率为负。这个公式用图 11-3 来说明。

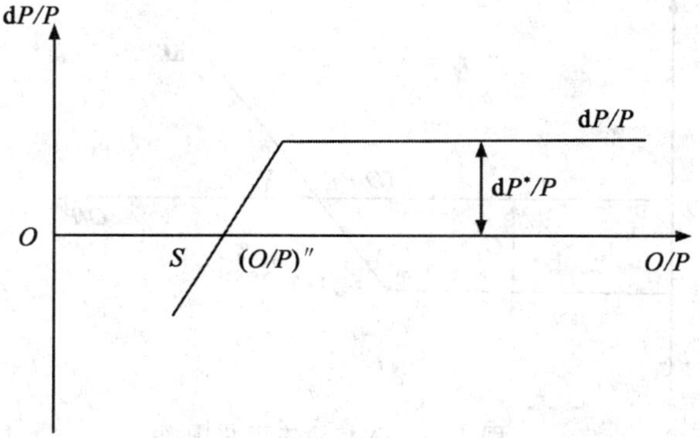

图 11-3　人口变化图

图 11-3 中，横轴表示人均收入，纵轴表示人口增长率。当人均收入等于 S 时，人口增长率为零，即人口出生率刚好等于死亡率。当人均收入小于 S 时，人口增长率为负，表明一个社会收入是如此之低，以至于不能维持现有人口的生存，使得人口死亡率超过人口出生率。当人均收入增加到 $(O/P)''$ 时，人口增长率达到最大，这意味着人口死亡率下降到最低程度。在这种情况下，人均收入的增加不会引起人口增长率的进一步上升。

(3)国民收入的增长与人均收入的关系。假定国民收入是要素投入的线性齐次函数，并假设技术和社会结构不变。$O=Tf(K,L)$，其中 K 是资本，L 是劳动力，T 是总生产率指数，于是，国民收入增长与人均收入的关系可用图 11-4 表示。

图 11-4 中，dO/O 为国民收入增长曲线。在 $X=S$ 的点上，人口处于静止状态(如图 11-3 中的 S 点所示)，由储蓄创造的人均资本增长为零(如图 11-2 中的 X 点所示)，由于劳动和资本都没有增加，所以，国民收入增长为零。在人均收入超过 $X=S$ 这一点之后，由于人口和资本都在增加，根据生产函数，国民收入相应地增加。但是，当人均收入增加到某一个水平时，国民收入的增长率达到最大。如果人

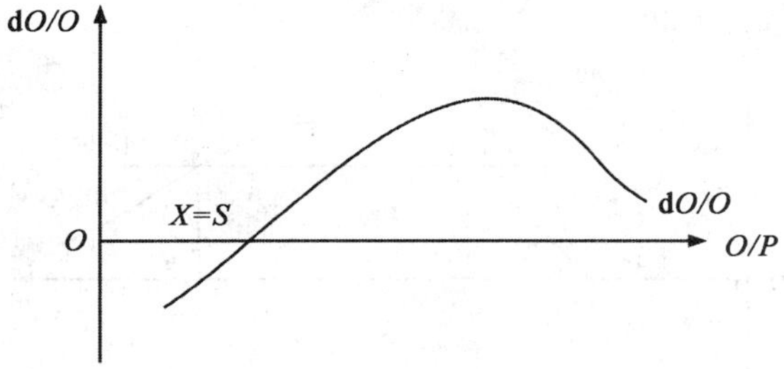

图 11-4 国民收入增长变化图

均收入继续增加，以致超过这一水平，国民收入增长开始呈下降趋势。这是因为，按照边际收益递减规律，在技术、自然资源和土地不变的假定下，资本和劳动的边际生产力不断下降。

2. 低水平均衡陷阱

把图 11-3 和图 11-4 结合在一起，就可以描述低水平均衡陷阱状态（图 11-5）。图 11-5 中，横轴表示人均收入，纵轴表示国民收入增长率和人口增长率，dO/O 为国民收入增长曲线，dP/P 为人口增长曲线。人均收入位于维持生计点（$S=X$）和 Oa 之间的任何水平，都将引起比国民收入更快的人口增长，从而使人均收入进一步降低，直到人口增长率下降到等于国民收入增长率为止，如图 11-5 中的 $X=S$ 点所示，在这一点上，人口增长率与国民收入增长率都为零。纳尔逊把这种状态称为“低水平均衡陷阱”，其意义是，只要人均收入处在很低的水平上（如小于 Oa），国民收入的增长就会被更快的人口增长所抵消，使人均收入退回到维持生存的水平上，并且是固定不变的。从图中还可看到，当人均收入大于 Oa 时，国民收入的增长将超过人口的增长，从而人均收入将增加，直到两条曲线再次相交于 Oa 为止。在这一点上，人口增长和国民收入增长达到新的均衡，新的静态均衡又形成了。但这不是低水平的均衡，而是高水平的均衡。如果其他条件都不变，这种均衡也是稳定的。由此可见，低水平均衡陷阱是由低下的人均收入或过快的人口增长造成的。若要冲出这个陷阱，人均收入就必须大幅度地、迅猛地增加，以超过 Oa，或者使 dO/O，dP/P 发生有利的转变。

“低水平均衡陷阱”理论的意义在于：①说明了发展中国家经济贫穷落后的主要原因，是人均收入过低，导致储蓄能力过低、投资最小和资本形成不足；而人均收入低的原因又在于资本形成不足。由此可见，资本稀缺是经济发展的主要障碍和关键所在。②提出了全面地、大规模地投资，以大幅度地提高资本形成率、实现经济增长的要求。所以，这一理论也就成为了“大推进”理论和“临界最小努力”理论

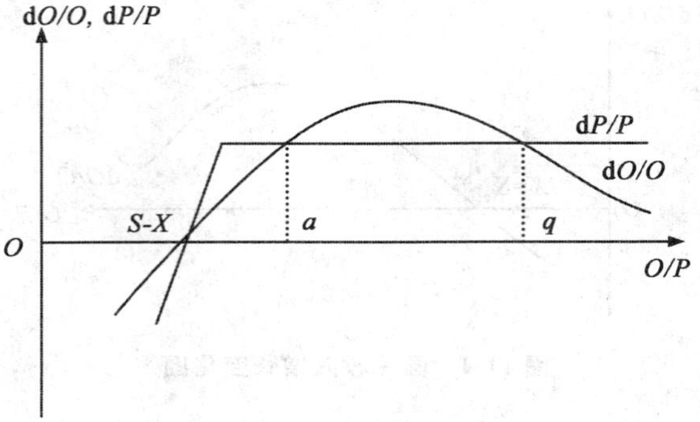

图 11-5　低水平均衡陷阱图

的重要支撑和依据。③“低水平均衡陷阱”意识到人口过快增长对经济增长的障碍。但是,这一理论也过分片面地夸大了资本形成在经济发展中的地位和作用。所以同“贫困恶性循环”理论一样,受到了许多发展经济学家的批评。更重要的是,这一理论忽视了技术进步对经济增长所起到的越来越重要的作用。

(四)“临界最小努力”理论

“临界最小努力”理论是美国经济学家哈维·莱宾斯坦①于 1957 年提出的。这一理论可以说是“低水平均衡陷阱”理论的进一步扩展和概括,完全同意发展中国家贫困的根源,是因为人均收入过低,资本形成不足,形成了一个“低水平均衡陷阱”和“贫困的恶性循环”的观点。要走出这种困境,就必须要有一个临界最小努力。所谓临界最小努力就是通过大规模投资,使投资水平或投资率大到足以达到国民收入的增长超过人口增长的水平,并且在这一阶段,人均收入进一步提高将不会导致“降低收入力量”的作用超过“提高收入力量”的作用,从而产生一个“临界最小努力”,以巨大的投资力量大力推动经济走出“低水平均衡陷阱”的泥潭,实现长期、稳定的增长。

“临界最小努力”理论认为,发展中国家由于收入水平低,长期处于“低水平均衡陷阱”之中。这意味着,发展中国家经济中的内在刺激力量过小,低下的收入水平决定了它们无论怎么样增加投资,资本形成都小于经济迅速发展所需要的临界

①哈维·莱宾斯坦(Harvey Leeibenstein,1922—1994):生于俄国的美国经济学家。小时候他移民到加拿大,在美国西北大学毕业,1967—1989 年,他在哈佛大学任教,此间他出版了他在经济理论方面最有名的一部著作《超越经济人》(1976)。他的其他代表作有:《经济落后与经济增长》(1957)和《经济-人口发展理论》。从 20 世纪 60 年代开始,开始研究 X 效率理论。

最小数量，因而，最终又会滑入低收入均衡的陷阱，无法打破这种稳定的均衡。那么，为什么人均收入不能大幅度提高、低收入均衡陷阱难以冲破？这是因为经济增长过程中存在着提高收入的力量（income raising forces）和压低收入的力量（income depressing forces）两组互相对立、互相制约的努力。提高收入的力量是由上期的收入水平及其投资水平决定的，压低收入的力量是由下一期投资的规模以及人口增长的速度决定的。在经济增长过程中，当压低收入的力量大于提高收入的力量时，人均收入的增长被人口的过快增长等负力所抵消，并退回到原来的“低水平均衡陷阱”中去；只有当提高收入的力量大于压低收入的力量时，人均收入才会大幅度提高，并打破低收入的稳定均衡，实现高收入的稳定均衡。可以用图11-6来说明这一理论。

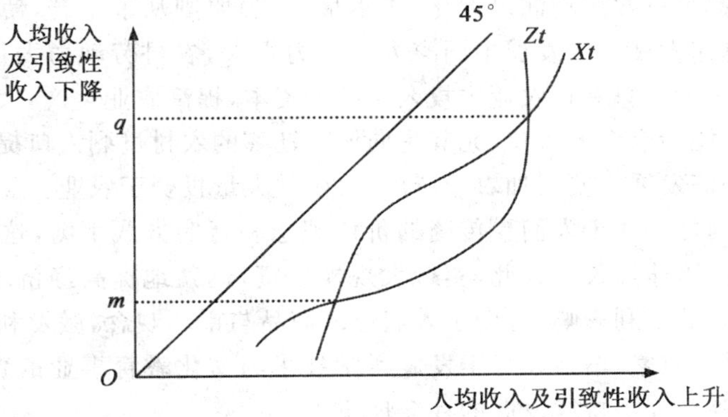

图 11-6　临界最小努力图

图 11-6 中横轴代表可提高收入增长的力量，纵轴代表可压低收入增长的力量，Zt 为提高收入的力量的增长曲线，它由与 45°线的水平距离度量；Xt 为压低收入的力量的增长曲线，它由与 45°线的垂直距离度量；45°线用来测定人均收入的引致性增长或下降。人均收入 m 点为唯一的静态均衡点，这时，提高收入的力量的曲线 Zt 与压低收入的力量的曲线 Xt 相交，达到了两种力量的稳定均衡，但这是一种低收入水平的均衡。如果人均收入在 mq 之间，这时压低收入的力量大于提高收入的力量（$Xt > Zt$），两组对立力量作用的结果，使人均收入滑回到 m 点的低水平均衡陷阱之中。这是一个难以摆脱的困难。怎样才能冲出“低水平均衡陷阱”呢？这需要在初始阶段大规模地投资，形成一个“临界最小努力”，使提高收入的力量大于压低收入的力量。如图 11-6 所示，如果初期的投资能大到产生足够的提高收入的刺激力量，把人均收入猛烈地提高到 Oq 水平之上，则这时的提高收

入的力量大于压低收入的力量，其结果会使人均收入大幅度增长，从而挣脱“低水平均衡陷阱”，实现经济增长。同时，由于提高收入的力量和压低收入的力量在高水平上达到新的稳定均衡，进而经济可以实现长期、稳定的增长。

实现“临界最小努力”，还必须具备一定的条件，如激发群众的经济增长动机，改变传统观念以鼓励人们敢于冒风险、善于追求利润，创造适宜的投资盈利环境，培育经济增长的气氛，培养有创新能力的企业家群体，大力开发和运用新技术等。

实现“临界最小努力”对于发展中国家的经济发展非常必要。①保持一个最低限度的投资，可以克服生产要素、技术等存在的不可分性，扩大企业的生产规模，获得内在经济效益；同时，大规模地在各个产业部门全面投资，可以克服单个产业独立存在时产生的外在不经济，使各个产业部门同时获得外在经济效益。如此，企业和各产业部门都可以按照利润最大化（成本最小化）原则从事生产，使经济效率大大提高，生产迅速发展。②发展中国家人口压力很大，农村劳动力大量过剩，因而发展农业关系重大。只有在农业中投入足够的资本，提高农业生产，大幅度地增加粮食的供给，才能为众多的人口、尤其是向城市迁移的农村过剩人口提供充足的农产品，以支持经济发展。要增加农业产出，就必须大量投资于农业。③发展中国家经济落后的原因之一在于人们受传统的价值观念和行为方式束缚，这些非经济的因素阻碍着经济迅速增长。为此，实行大规模投资，迅猛地提高经济增长率，有助于克服这些因素的不利影响，有助于人们形成商品与市场观念，激发利润动机和谋利欲望，增加冒险意愿，增强献身于发展科学技术与文化教育事业的责任感等，从而创造一个有利于经济持续发展的社会环境。

“临界最小努力”理论探讨了发展中国家贫困、经济长期停滞不前的原因，强调了资本形成对促进经济发展的重性，指出了摆脱贫困恶性循环的途径，这些观点，对于发展中国家认识自己的经济现状，寻找发展的突破口，制定适宜的政策措施，具有很大的启发。但也存在着一些缺陷。主要表现在：

(1)它所描述的人均收入、人口、储蓄与投资的增长之间的函数关系过于悲观和严格。哈根在1959年发表的《人口和经济增长》一文中，依据西欧一些国家人口、人均收入增长的历史材料说明：在西欧，收入增长引致的人口增长并没有阻碍人均收入的增长；而在人均收入增长之前，人口就出现了迅速增长的趋势，表明人口增长要先于人均收入增长，而不是莱宾斯坦所说的那样是人均收入增长在前、人口增长在后、人口增长阻碍了人均收入增长。发展中国家人口增长迅速的主要原因不在于人均收入的提高，而在于技术进步、公共卫生和医疗等条件的改善以及健康水平的提高，使死亡率下降，出生率上升。而且，当今世界大多数发展中国家的人均收入增长速度都要快于人口增长速度；投资也不仅仅是由储蓄决定的，投资主要还受到收入分配、投资环境、经济，与政治体制、投资效率等因素的影响。

(2)它夸大了资本形成对促进经济增长的重要性，忽视了其他因素对经济增长的作用。莱宾斯坦同纳克斯等人一样，认为发展中国家贫困的根源在于人均收入水平低，导致储蓄与资本形成不足，因而得出了资本形成是经济发展的决定性因素的结论。但在实际上，除资本形成外，经济发展还有其他一些决定因素。在社会、政治、制度方面，一个国家的历史背景、社会制度、政治体制、思想文化、传统行为方式等非经济因素，对经济发展也产生着事实上的影响；在经济方面，技术进步、教育、人力资本、管理水平等因素也会对经济发展水平和速度产生决定性作用。

(3)经济增长并不是一定需要有一个“临界最小努力”，较小量的资本投资也可以实现渐进的经济增长。瑟尔瓦尔在 1983 年发表的《增长和发展：对一些发展中国家的特别考察》文章中，借用的纳尔逊的“低水平均衡陷阱”理论中的图示说明了这一观点，见图 11-7。

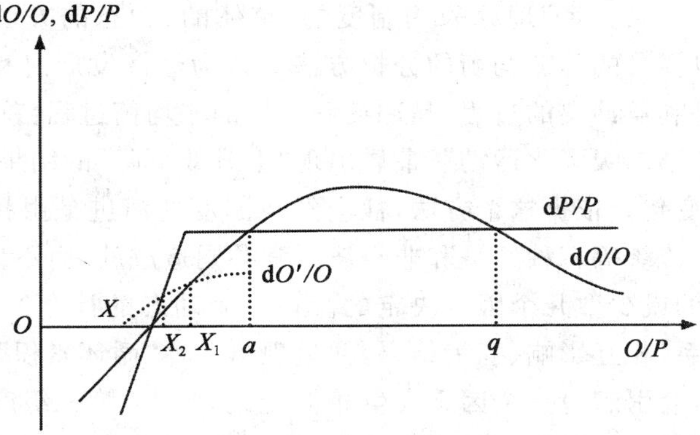

图 11-7　扩展的临界最小努力图

假定经济发展初期有一个较小量的投资，使人均收入由维持生存水平的 OX 提高到 OX_1 水平。在这点上，纳尔逊、莱宾斯坦等认为，由于人口增长快于国民收入增长，人均收入会退回到 OX 的低水平均衡中去。然而，如果在这个模型中加入时间因素，那么，当人均收入由 OX 提高到 OX_1 时，有理由认为资本存量的质量和劳动力的素质、工作技能等得到了提高，因此，OX_1 的人均收入水平虽有可能被人口增长抵消一部分，但不至于完全退回到 OX 水平，而很可能退到 OX 与 OX_1 之间，如 OX_2 的水平。在人均收入从 OX 到 OX_2 的区域间，国民收入也将持续提高，用 dO'/O 曲线表示。一旦 OX_2 成为国民收入增长和人口增长的新均衡点，随之而来的事件就将重复，由此，人均收入就完全可以通过一系列增长步骤进而达到

Oa 水平，从而摆脱“低水平均衡陷阱”，实现经济发展。由此可见，没有“临界最小努力”，只是通过上述“棘轮”(ratchet)机制，也可以实现经济增长和经济发展。

(五)“循环积累因果关系”理论

1957 年，缪尔达尔①出版了《富国与穷国》一书，随后，又在 1968 年出版了《亚洲的戏剧：一些国家的贫困问题研究》。在这两本书中，缪尔达尔考察一些亚洲的发展中国家经济贫穷、制度落后等问题，提出“循环积累因果关系”(circular and cumulative causation)理论。这一理论认为在发展过程中经济和非经济的力量都会导致不平等的现象，经济发展过程中由非均衡趋向静态均衡的假说是错误的，因而应以动态的循环积累因果假说来取代静态均衡的假说，并据此解释跨国间、地区间持久而日益扩大的发展水平的差异。这种发展水平的差异用各个地区之间持久存在的各种发展指数的差异来说明，包括人均收入、工业化和贸易增长率、就业增长率和失业水平。

“循环积累因果关系”理论采用制度的、整体的、动态的方法研究经济发展问题，反对新古典主义的静态均衡的分析方法。认为经济发展过程不是利益和谐的均衡过程，而是利益冲突的过程，是冲突和曲折的非均衡过程：首先产生“起始的变化”，然后产生“第二级强化运动”，最后出现“上升或下降”的结果，这个结果反过来又影响起始的变化。依据这个方法，社会经济制度的演进是由技术进步、社会、经济、政治、文化、传统等多种经济和非经济因素共同造成的，而不像新古典主义所说的那样是单一的或少数几个因素决定的。在一个动态的社会经济发展过程中，各种因素相互联系、相互影响、互为结果，并呈现出一种“循环累积”的发展态势：一个因素发展变化，会引起另一个因素发生相应变化，产出“第二级变化”，强化原先的因素，导致经济发展过程沿原先因素的发展方向发展。因此，这种发展关系不是均衡的，而是一种“累积性循环”。在欠发达国家，由于人均收入水平很低，导致人民群众生活水平低，营养不良，医疗卫生状况恶化，健康受损，教育水平低下，从而使人口的质量下降，劳动力素质不高、就业困难；劳动力素质不高又导致劳动生产率难以提高。最终，低产出又导致低收入，低收入进一步强化了经济贫困，使发展中国家总是陷入低收入与贫困的累积性循环困境之中。可见，收入水平过低是导致发展中国家贫困的重要原因之一。

“循环积累因果关系”理论认为，产生低收入的原因有社会、经济、政治和制度

①纲纳·缪尔达尔(Karl Gunnar Myrdal，1898—1987)：瑞典人，是瑞典学派和新制度学派以及发展经济学的主要代表人物之一。1974 年他和哈耶克因为在货币和经济波动理论中的先驱工作共同获得诺贝尔经济学奖。

等多方面因素，其中一个重要的原因是资本稀缺，资本形成不足，以及收入分配制度上的不平等。为此，通过权力关系、土地关系、教育等方面的改革，实现收入平等，增加穷人消费，以提高投资引诱。同时，增加储蓄以促进资本形成，使生产率和产出水平大幅度提高，以提高发展中国家的人均收入。人均收入的提高有助于克服"低收入的循环累积因果运动"，因为收入增加后，人民群众的生活水平、营养、卫生条件、健康、教育等状况得到改善，从而使人口和劳动力的素质提高，进而引起劳动生产率、人的劳动积极性的提高，最终导致产出水平和人均收入水平的进一步提高，人均收入的提高又会对下一期收入产生更大的积累性效应。这是一个正的"循环累积因果运动"。

三、对资本形成理论的评价

上述的资本形成理论，进一步说明了"唯资本论"在发展经济学中的作用和地位。但在一些发展经济学家提出"唯资本论"的同时，另一些发展经济学家对这种理论也提出了批评。

1."唯资本论"的理论基础不适用于发展中国家

对"唯资本论"的理论基础哈马德-多马模型理论在发展中国家的适用性产生了怀疑，并提出：

(1)这一理论过分强调了储蓄或资本形成在经济增长中的作用，把资本说成是唯一的决定性因素，过分夸大了资本形成的作用，这不仅忽视了其他投入要素尤其是技术进步对经济增长的贡献，不符合发展中国家经济发展的现实，而且对一些发展中国家的经济发展产生了不良影响，造成了片面追求高储蓄、高投资，忽视技术进步、教育、农业的发展和现有生产能力的充分利用以及生产效率的提高等问题。

(2)在开放经济条件下，如果发展中国家没有良好的投资环境，那么国内和国外的投资者可能将投资流向国外，因而储蓄的增加不一定导致资本形成的扩大。

(3)投资的增加不一定导致生产能力的提高。如果投资集中在高资本-产出比的部门(如铁路)，而资本折旧大量发生在低资本-产出比的部门(如纺织业)，则资本存量很难迅速增加，从而生产能力难以提高。

(4)即使生产能力提高，也不一定能增加产出。一方面，发展中国家的生产效率低下，生产能力闲置严重；另一方面，发展中国家缺乏熟练劳动力和管理人才，使扩大的资本存量得不到相应的要素配合，难以发挥作用。因此，单纯增加资本只会形成投资效率低下、生产能力浪费。

2."起飞"理论的"起飞"条件不充分

10% 以上的投资率并不一定是发展中国家经济"起飞"的充分条件。历史统计资料表明，一些发展中国家的储蓄率和净投资率早已超过10%，但仍没有实现“起飞”。有些国家投资率甚至比发达国家“起飞”阶段的投资率还高，但由于缺少其他条件，或因投资结构不合理、投资效率低下，尤其是缺乏有创新精神的企业家，因而迟迟不能实现“起飞”。所以，资本形成的高低并不能唯一地决定经济是否发展。

3. 资本形成不是经济增长的唯一性因素

20世纪60年代发达国家和发展中国家的经济增长因素研究结果证明：在大多数国家，资本形成并不是决定经济增长的唯一决定性因素，甚至不是主要因素。希克斯认为，在发达国家，促进经济增长的因素主要是技术进步，而资本积累则是一个次要的因素，这一由丹尼森等验证的结论同样适用于发展中国家。纳迪里的研究也证实：发展中国家的经济增长，资本投入增加所作的贡献要小于劳动投入增加所作的贡献，因而资本形成虽重要，但不能成为经济增长的决定性因素。金德尔伯格明确指出：“资本形成固然必要，却不能说明经济发展。第一，发展过程不同于经济增长的观念模式，也不总是平稳的或连续的。为了说明这种情况，我们必须超出简单的经济增长模式。第二，所发生的增长率要高于仅仅根据资本形成所能说明的增长率。第三，较高的经济增长率并非伴随有较高的资本形成率。此外，资本形成还受到贫困、贷款禁忌、投资偏好、哄抬地价、商品囤积、通货膨胀、挥霍浪费、资本输出、政府政策等多方因素的影响，因而不能单靠资本形成来促进经济增长。”由此他得出结论：“经济增长要求并部分地依靠资本投入”，但“资本形成并不是经济发展过程唯一组成部分”。

4. “唯资本论”忽视了农业、教育、卫生和营养等因素对经济发展的作用

“唯资本论”是工业化理论的同义语，片面地强调资本的作用和工业化，势必忽视农业的发展，使人口众多的发展中国家粮食问题长期得不到根本的解决，同时，也就看不到农业对经济发展所作的重要贡献；另一方面，早期发展经济学中的“资本”一般指物质资本，不包括人力资本，这样，片面强调资本形成，使发展中国家把注意力仅仅放在物的方面，而忽视对教育、卫生、营养、人口流动等人力资本方面的投资。舒尔茨等因此提出用人力资本理论来补充物质资本理论的不足，并且强调，丹尼森把要素投入增加后的“余值增长”主要归因于技术进步是不正确的，认为余值增长应当归因于人力资本的增进，即教育、卫生、营养等方面投资的增加。

总的来说，20世纪60年代中期以后，西方发展经济学不再坚持“资本形成是经济发展的唯一决定因素”的观点，而是认为：资本形成是经济发展的重要因素或约束条件之一，并且强调，人力资本的增进、技术水平的提高在经济发展中起着越来越重要的作用。

参 考 文 献

[1] 吉利斯,波金斯,罗默,等.发展经济学.4版.北京:中国人民大学出版社,1998.

[2] 谭崇台.发展经济学.太原:山西经济出版社,2001.

[3] 张培刚.发展经济学.北京:经济科学出版社,2001.

[4] 韩纪江,胡星.发展经济学.北京:中国农业大学出版社,2003.

思 考 题

1.国内资本的来源主要有哪些?

2.从主要内容、理论的进展、存在的不足等方面,论述你对资本形成理论的看法。

第十二章　技 术 进 步

第一节　技术进步与经济增长的关系

世界经济发展的历史和现实表明，技术进步是推动一国经济增长的主要动力和衡量一国经济发展水平的重要标志。技术进步能够提高各种生产要素的使用效率，改善它们的组合方式，促进经济增长。新的产品和产业部门会随着技术进步而不断涌现，产业结构、整个经济结构因之调整变化；此外，技术进步还会不断带来新的思想观念，推动社会不断向前发展。

一、技术进步的含义与类型

1.技术进步的含义

技术，是指人类在认识自然和改造自然的反复实践中积累起来的经验和知识。它有狭义和广义之分。狭义的技术是指人类在社会生产实践中运用科学知识所形成的物质改造能力、劳动经验、知识和操作技巧；广义的技术是指科学知识和生产相结合的物化形态以及知识形态的总称。

同样，技术进步也有狭义和广义两种理解，狭义的技术进步一般是指在生产、流通、信息交流等方面所使用的工具和程序水平的提高，也就是在“硬技术”应用方面所取得的进步，如采用新工艺、开发新产品、提高劳动者技能等。广义的技术进步是指产出增长中除去劳动和资本投入增加的作用后，所有其他因素作用的总和。广义的技术进步除了“硬技术”上的进步之外，还包括改善新的组织、提高管理水平、改进管理方法、采用新的决策方法、改善资源配置方式等“软技术”方面的进步。本章所提到的技术进步就是指广义的技术进步。

2.技术进步的类型

根据技术进步对收入分配影响的不同，可将技术进步分为中性技术进步、劳动节约型技术进步和资本节约型技术进步3种。中性技术进步是指使得工资和利润在国民收入中的分配比率不发生变化的技术进步。劳动节约型技术进步使得国民收入的分配有利于资本，即资本要素的所得——利润在国民收入中的比重相对增加，而在国民收入分配中有利于劳动要素的技术进步，则被定义为资本节约型技术进步。

中性技术进步有 3 种不同的定义。这 3 种定义之间的区别源自于它们各自所设定的讨论前提的不同。

(1)希克斯中性技术进步。希克斯中性技术进步，是指在资本、劳动比($k=K/L$)不变的情况下，使得利润和工资在国民收入中的分配比率不发生变化的技术进步。在图 12-1 中，可以通过比较 a、c 点来描述它。

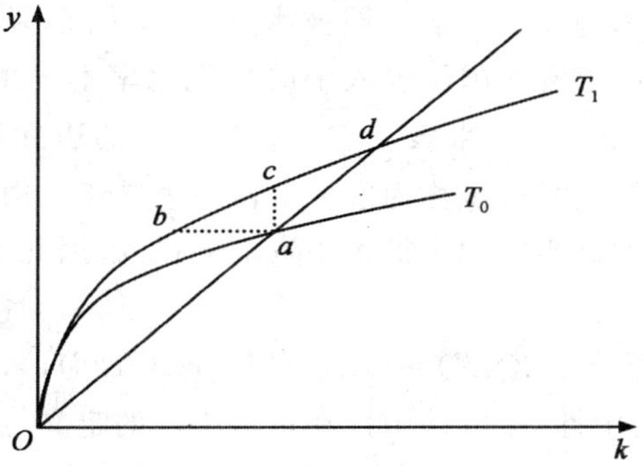

图 12-1　技术进步的类型

设 $MP_K(0)$ 和 $MP_L(0)$ 分别为技术进步前资本与劳动的边际产量，$MP_K(1)$ 和 $MP_L(1)$ 分别为技术进步后资本与劳动的边际产量。

则有：

①如果 $\dfrac{MP_K(1)}{MP_L(1)}=\dfrac{MP_K(0)}{MP_L(0)}$，则技术进步并不改变国民收入分配的比例，因此根据定义，该技术进步为希克斯中性技术进步。

②如果 $\dfrac{MP_K(1)}{MP_L(1)}>\dfrac{MP_K(0)}{MP_L(0)}$，那么技术进步使得 $\dfrac{r}{w}$ 提高了，即技术进步使得国民收入分配变得有利于资本要素，也就是说，相对于资本而言，劳动较以前变得相对充裕了，因此该技术进步被称为劳动节约型技术进步。

③如果 $\dfrac{MP_K(1)}{MP_L(1)}<\dfrac{MP_K(0)}{MP_L(0)}$，那么技术进步则为资本节约型技术进步。

由于假定资本、劳动比不变，所以希克斯中性技术进步在实施效果上等同于同等地扩大了资本和劳动的投入。因此，希克斯中性技术进步的总量生产函数可表述为 $Y=A(t)F(K,L)$。

(2)哈罗德中性技术进步。哈罗德中性技术进步，是指在资本、产出比(K/Y)

不变的条件下，使得利润和工资在国民收入中的分配比率不发生变化的技术进步。在图 12-1 中，可以通过 a、d 点的比较来描述它。如果资本的边际产量 MP_K 在技术进步前后保持不变，则称该技术进步为哈罗德中性技术进步；如果 MP_K 在技术进步之后增加(减少)了，则称该技术进步为劳动节约型(资本节约型)技术进步。由于假定资本、产出比不变，所以哈罗德中性技术进步等同于扩大了劳动的投入。因此，哈罗德中性技术进步的总量生产函数可写为 $Y=F(K,A(t)L)$。

(3)索洛中性技术进步。索洛中性技术进步，是指在劳动、产出比(L/Y)不变的条件下，使得利润和工资在国民收入中的分配比率不发生变化的技术进步。在图 12-1 中，可通过比较 a、b 点来表示它。如果劳动的边际产出 MP_L 在技术进步前后保持不变，则该种技术进步称为索洛中性技术进步。由于假定劳动、产出比不变，所以索洛中性技术进步等同于扩大了资本的投入，因此可将其生产函数表示为 $Y=F(A(t)K,L)$。

由 $Y=A(t)K^{\alpha}L^{\beta}=A(K^{\alpha}L^{\beta})=(AK^{\alpha})L^{\beta}=K^{\alpha}(AL^{\beta})$，可知柯布-道格拉斯生产函数同时满足希克斯中性、哈罗德中性和索洛中性的定义，这是许多经济增长模型将其作为分析基础的一个重要原因。在经济增长模型的理论讨论中，一般采用哈罗德中性技术进步的定义，即我们常见的 $Y=F(K,AL)$ 形式，这是因为在传统的增长模型中，只有哈罗德中性技术进步符合稳定增长的要求。在经验研究中，一般采用希克斯中性技术进步的定义，因为它的生产函数设定比较简单。

二、技术进步在经济增长中的作用

1. 不同的技术决定各种资源在生产过程中的不同组合方式，技术进步改善资源配置

劳动、土地和资本等生产要素在生产过程中总要按照一定的比例、以某种具体形式结合在一起才能形成现实的生产力，而各种生产要素结合的比例和具体形式从根本上来说则是由生产过程中所使用的技术决定的。例如，是多用一些劳动还是多用一些机器设备，是多投入一些资本还是多使用一些土地，这些要素比例问题显然是由技术状况决定的。所谓“资本节约型技术”、“劳动节约型技术”和“中性技术”等概念就正是基于这些显然的事实而建立起来的。

不仅如此，技术的进步也可以改变资源组合的方式。如管道输油技术的使用，使原油运输对航运和铁路的依赖减少；农业机械化作业使传统的牲畜耕作方式和大量的手工劳动成为历史；电脑系统在工厂中的应用使管理者不必进入车间即可了解生产中的各种情况和监督工人工作。

2.技术进步不断改变劳动对象和劳动手段

劳动手段是劳动者用以影响或改变劳动对象的一切物质资料和物质条件，其中最重要的就是生产工具，特别是机器设备。一般地说，许多较大的技术变化，往往首先体现在机器设备等生产工具的变化上。机器生产代替手工工具生产以及自动化生产流水线代替以往的分离的机器加工操作，这就是典型的例子。劳动对象是指在生产过程中将劳动作用于其上的东西。技术进步可以改变劳动对象的属性和扩大劳动对象的规模。如新技术可以改变原材料的物理或化学属性，甚至可以导致新材料的出现；技术进步可以为人们寻找和获得新的矿藏等自然资源提供新的手段，因而可以扩大劳动对象的数量和规模，或者降低人们获得这类劳动对象的成本。

3.技术进步可以提高人力资源的质量

这主要表现在三个方面：一是较高技术水平要求劳动者具有较高的文化程度，因而迫使劳动者接受更多的教育和培训；二是高技术的现代化往往与分工的深化相联系，因而能使劳动者在专门化的工作中获得高度熟练的技能；三是技术进步导致的高生产率为劳动者获得更多的闲暇提供了可能，而更多的闲暇又可以为进一步提高劳动者的精神素质和身体素质创造有利的条件，并且也能为劳动力培训提供更良好的条件。

4.技术进步可以开发出新的产品和劳务

比如一种新技术的使用可能带来一种新产品的出现；而由于消费的互补性，一种新产品的出现可能要求互补新产品的研究和开发，因而产生新的技术。因此，新技术与新产品、新产品与新技术之间呈现连锁效应。

5.技术进步引起和促进产业结构的变化

一国产业结构的变化可由多种原因引起。资源状况的变化、新市场的开发、人们消费偏好的变化、开放程度和进出口结构的变化等这些因素都可能引起产业结构的变化。然而，产业结构的任何变化都离不开技术状况的改变。如果没有技术条件的变化，任何产业结构的变化都是难以想象的。技术进步可能作为上述诸因素的辅助或伴生条件而促成产业结构的改善，也可能作为一个单独的因素成为产业结构变化的诱发剂，例如，现代电脑技术的出现就是电脑行业形成的基本原因或首要原因。

技术进步的诸多作用，归纳起来落在两点上：提高投入-产出率和改善经济结构。其中投入、产出率的提高具有根本性。经济结构的变化往往是某一部门产出的增加或成本的节约的结果。图 12-2 和图 12-3 都表明了这种投入-产出率的增加。

图 12-2 假设一国厂商生产 x 和 y 两种产品。技术进步前的生产可能性曲线

AB 与等收益线 RR 相切于 E 点，厂家在 E 点上进行生产。技术进步后，生产可能性曲线向外移动至 $A'B'$，并与等收益线 $R'R'$ 相切于 E'，厂家在 E' 点上进行生产。由于 $R'R'$ 代表的收益大于 RR 代表的收益，因此，图 12-2 表明了在相同资源限制的情况下，技术进步可使生产可能性曲线外移，收益增加。

图 12-3 假设一国总投入 I 与总产出 y（也可以看作某一厂商的生产曲线）在技术进步前有 W_1 线表示的关系。技术进步后这条曲线上移到 W_2。显而易见，对任意一个投入（如 I_2），技术进步后可获得更大的产出（如 $y_2 > y_1$）；对任何一个产出（如 y_1），技术进步后所需的投入将会减少（如 $I_1 < I_2$），因此技术进步改变了投入-产出比率。

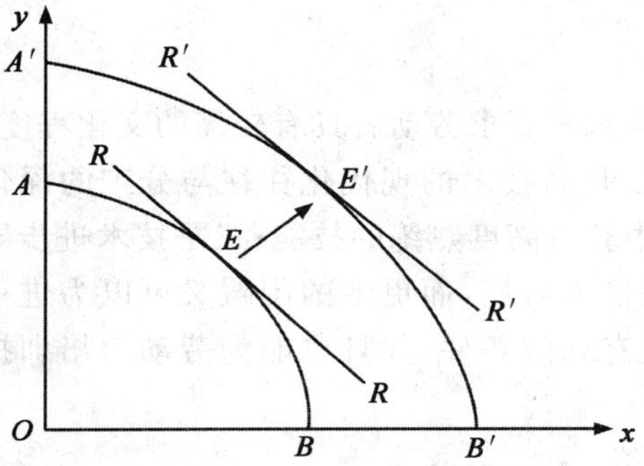

图 12-2　技术进步引起生产可能性曲线移动

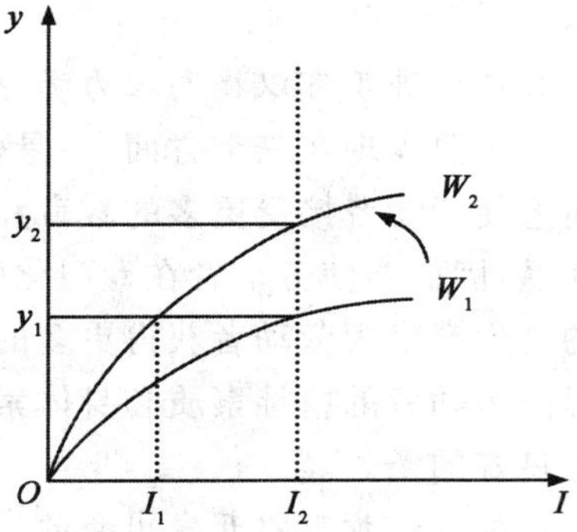

图 12-3　技术进步引起投入-产出曲线向上移动

经济发展的实践也证明，技术进步对促进经济增长的作用是巨大的。

据美国经济学家丹尼森（E. F. Denison）计算，1950—1962 年，美国国民收入增长额的 42%是靠科学技术进步取得的；同期意大利的 72%、法国的 71%、荷兰的 58%、西德的 62%、英国的 53%的新增国民收入也归功于新技术的应用。另根据前苏联经济学家康托罗维奇（Leonid V. Kantorovich）①计算，前苏联国民经济增长中靠科学技术实现的部分：1961—1965 年为 40%，1966—1970 年为 71%，1971—1975 年为 44%，1976 年为 60%。进入 20 世纪 80 年代以后，其国民收入增长量的一半以上和劳动生产率增长量的 75%是应用科学技术的成果。日本通产

①康托罗维奇（1912—1986）：前苏联著名经济学家，1975 年诺贝尔经济学奖得主，1939 年创立了享誉全球的线形规划要点，他在经济学领域的最大成就在于他把资源最优利用这一传统经济学问题，由定性研究和一般定量分析推进到现实计量阶段，对线性规划方法的建立和发展作出了开创性贡献。

省技术研究所考察结果表明，20 世纪 50 年代日本劳动生产率增长量的 60%是依靠科学技术进步实现的(赵冬缓，2000)。

20 世纪以来，农业科学技术进步在促进农业生产发展方面也发挥了极为显著的作用，而且通常大于总的科学技术进步的贡献率。据发达国家统计，20 世纪初，这些发达国家农业增长量中不到 20%是依靠科学技术进步实现的，到 20 世纪末这个增长量的 60%～80%由于农业科学技术进步的作用。例如，从 1929 年到 1972 年间，美国农业增长值中的 81%和劳动生产率增长量的 71%皆归功于农业科学研究和技术推广。

根据有关资料测算，我国 1972—1980 年，农业总产值增长量中 27%是依靠农业科学技术进步实现的，而 1978—1984 年，因科学技术进步而产生的增长占 35%。在“六五”、“七五”、“八五”期间，科学技术对农业增长的作用为 30%～40%，农村非农产业的科学技术贡献也在 30%～40%。

由于科学技术进步的贡献份额与经济发展水平具有明显的正相关关系，因此，经济落后的发展中国家在经济发展初期技术进步的作用还不十分显著，技术进步贡献率仍低于劳动与资本投入要素的贡献率。然而，随着发展中国家的经济发展，技术进步的作用将会日益增大。

三、技术进步的测度

为了分析技术进步对经济增长的贡献，必须对经济增长的诸种要素进行分解。丹尼森、索洛(R. Solow)[①]、肯德里克(J. W. Kendrick)在这方面做出了大量的研究。

研究者们首先将不能由要素投入的增长来解释的产出增长归结为全要素生产率(total factor production，TFP)的增长。全要素生产率是对单要素生产率(如劳动生产率、资本生产率、土地生产率等)概念的扩展，它可以简单地定义为：包括劳动、资本等全部生产要素的每单位投入的产量，或者总产出量与将全部生产要素结合在一起的投入量之比。丹尼森把全要素生产率进一步分解为：劳动者年龄—性别构成的变化、教育的进步、资源配置的改善、规模经济以及知识的增进因素。这些因素从广义角度都可以归结为技术进步，因此，全要素生产率的提高就等同于技术进步。

技术进步贡献的测算建立在增长核算方程的基础之上。设生产函数的基本形式为：

①罗伯特·索洛 (1924—)：美国经济学家，以其新古典经济增长理论著称，并在 1961 年被美国经济学会授予青年经济学家的“约翰·贝茨·克拉克奖”(John Bates Clark Medal)和 1987 年诺贝尔经济学奖。

$$Y=F(K,L,t) \tag{12-1}$$

式中：Y——产出，K——资本投入，L——劳动投入，t——时间变量。对式(12-1)求全微分并除以 Y 得到下式：

$$\frac{\mathrm{d}Y/\mathrm{d}t}{Y}=\frac{\partial F/\partial K}{Y}\cdot\frac{\mathrm{d}K}{\mathrm{d}t}+\frac{\partial F/\partial L}{Y}\cdot\frac{\mathrm{d}L}{\mathrm{d}t}+\frac{\partial F/\partial t}{Y} \tag{12-2}$$

设产出、资本、劳动和全要素生产率的增长率分别用下列符号表示：

$$\tilde{y}=\frac{\mathrm{d}K/\mathrm{d}t}{Y} \qquad \tilde{k}=\frac{\mathrm{d}K/\mathrm{d}t}{K} \qquad \tilde{l}=\frac{\mathrm{d}L/\mathrm{d}t}{L} \qquad \tilde{\delta}=\frac{\partial F/\partial t}{Y}$$

于是，式(12-2)就可以变为如下形式：

$$\tilde{y}=\frac{\partial F}{\partial K}\cdot\frac{K}{Y}\cdot\tilde{k}+\frac{\partial F}{\partial L}\cdot\frac{L}{Y}\cdot\tilde{l}+\tilde{\delta} \tag{12-3}$$

式中：$\frac{\partial F}{\partial K}\cdot\frac{K}{Y}$，$\frac{\partial F}{\partial L}\cdot\frac{L}{Y}$分别是资本和劳动的产出弹性，用 α，β 来表示。这样便得到将产出增长分解为资本增长、劳动增长和全要素生产率增长率三部分份额增长率方程：

$$\tilde{y}=\alpha\cdot\tilde{k}+\beta\cdot\tilde{l}+\tilde{\delta} \tag{12-4}$$

式(12-4)即为经济学家估算各个要素对经济增长的贡献的基本方程，两边若再同除以 $\tilde{y}$，可得到：

$$1=\frac{\alpha\tilde{k}}{\tilde{y}}+\frac{\beta\tilde{l}}{\tilde{y}}+\frac{\tilde{\delta}}{\tilde{y}} \tag{12-5}$$

式(12-5)可以计算出技术进步、资本投入以及劳动投入对经济增长的贡献份额。式中$\frac{\alpha\tilde{k}}{\tilde{y}}$为资本投入对经济增长的贡献份额；$\frac{\beta\tilde{l}}{\tilde{y}}$为劳动投入对经济增长的贡献份额；$\frac{\tilde{\delta}}{\tilde{y}}$为技术进步对经济增长的贡献份额。

因此，若要计算技术进步对经济增长的贡献即技术进步率，可用式(12-4)求得；若要计算技术进步对经济增长的贡献份额则可用式(12-5)求得。

举一例说明：1960—1973 年，非洲 27 个国家作为一个整体实际国内总值年均增长率为 4%，资本投入年均增长率为 6.3%，劳动投入年均增长率 2.1%，资本与劳动的产出弹性分别是 0.38 和 0.42。根据式(12-4)，非洲在这一时期的技术进步率为：

$$\tilde{\delta}=\tilde{y}-\alpha\tilde{k}-\beta\tilde{l}=4\%-0.38\times6.3\%-0.42\times2.1\%=0.72\%$$

直接用技术进步率除以经济增长率或是用式(12-5)均可以得到本例中技术进步对经济增长的贡献份额为 17.5%。

综上所述,全要素生产率的增长实际上是一种增长率余值,它表明,如果扣除单纯的资本和劳动投入量的增加,一国经济是否还有一个额外的增长率。如果没有,该国的经济增长中没有包含技术进步的因素;如果有,则包含了技术进步因素;如果余值还很大,则表明技术进步对经济增长的贡献就很大。

四、技术进步实证分析

20 世纪 50 年代以来,丹尼森、肯德里克等经济学家运用增长核算方程对发达国家经济增长因素的差异进行了详尽的比较研究,后来,麦迪逊(A. Maddison)、纳迪里(M. Nadiri)等运用类似的方法来考察发展中国家各种要素对经济增长的贡献。由于数据的选取和计算方法上的差异,各个学者的研究结果往往会有很大的不同,但总的说来,技术进步对发达国家经济增长的贡献要大于发展中国家。

世界银行在《1991 年世界发展报告》中,在更广泛的范围内对经济增长中各生产要素的贡献进行了实证分析。该报告考察了从 1960 年到 1987 年间,68 个发展中国家资本、劳动和技术进步的增长情况及其对经济增长的贡献。世界银行的估计结果见表 12-1。

表 12-1 68 个国家 GDP、资本、劳动和全要素生产率的增长(1960—1987) %

地区	国内生产总值			资本			劳动力			全要素生产率		
	1960—1973	1973—1987	1960—1987	1960—1973	1973—1987	1960—1987	1960—1973	1973—1987	1960—1987	1960—1973	1973—1987	1960—1987
撒哈拉以南非洲	4.0	2.6	3.3	6.3	6.3	6.3	2.1	2.3	2.2	0.7	−0.7	0.0
东亚	7.5	6.5	6.8	9.8	10.7	10.2	2.8	2.6	2.6	2.6	1.3	1.9
欧洲、中东和北非	5.8	4.2	5.0	7.7	7.5	7.6	1.4	1.9	1.7	2.2	0.6	1.4
拉丁美洲	5.1	2.3	3.6	7.4	5.6	6.3	2.5	2.8	2.6	1.3	−1.1	0.0
南亚	3.1	5.0	4.4	8.0	7.2	7.7	1.8	2.3	2.1	0.0	1.2	0.6
68 个发展中国家	5.1	3.5	4.2	7.4	7.1	7.2	2.2	2.4	2.3	1.3	−0.2	0.6

注:在这 68 个国家中,包括撒哈拉以南非洲 27 个国家,东亚 9 个,拉丁美洲 15 个,中东和北非 8 个,南亚 4 个,还包括 5 个工业国家。

资料来源:世界银行. 1991 年世界发展报告. 北京:中国财政经济出版社,1991:43.

表 12-1 所示的数据可以归纳出如下特点:①发展中国家的经济增长大体上可以分为两类:一类属于高投入、高效率、高产出的经济增长型,如东亚的发展中国家;另一类属于高投入、低效率、低产出的经济增长型,如非洲、南亚和拉美地区的发展中国家。②在 1960—1987 年,大多数国家的资本和劳动投入增长率几乎没有变化,但国内生产总值的增长率却下降了,这说明经济效率下降了。68 个国家作为一个整体,1973—1987 年与 1960—1973 年相比,资本增长率只降低了 0.3%,而劳动增长率却增加了 0.2%,但国内生产总值增长率下降了 1.6%,这样全要素生产率从 1.3%下降到-0.2%,下降了 1.5 个百分点。

表 12-2 各要素在经济增长中的份额

国家组别		资本投入(%)	劳动投入(%)	全要素生产率(%)
发展中国家(1960—1987)	非洲	73	28	0
	东亚	57	16	28
	中东欧洲和北非	58	14	28
	拉丁美洲	67	30	0
	南亚	67	20	14
	总计	65	23	14
发达国家(1960—1985)	美国	23	27	50
	德国	23	-10	87
	日本	36	5	59
	英国	27	-5	78

资料来源:世界银行. 1991 年世界发展报告. 北京:中国财政经济出版社,1991:45.

表 12-2 是依据表 12-1 的数据计算得出,它反映了这 68 个国家资本、劳动和全要素生产率在经济增长中的贡献份额。为便于比较,表 12-2 增加了一些发达国家的数据。从表 12-2 可以看出,在影响经济增长的三大要素中,就发展中国家来说,资本投入的贡献最大,约占到总产出增长的 67%;在非洲国家几乎占到 75%;东亚地区是增长最快的地区,由表 12-1 可知,1960—1987 年,该地区国内生产总值年均增长率高达 6.8%,虽然全要素生产率增长率在全世界是最高的(年均 1.9%),但与其更高的总量增长率相比,技术进步的贡献份额却比较低,为 28%。由此可见,所有发展中国家的经济增长主要是依赖于资本的积累,或者说是资本积累是发展中国家经济增长的主要源泉,而技术进步对经济增长只作出较小的贡献,而在拉

丁美洲和非洲地区甚至完全没有技术进步的作用。相比之下，发达国家经济增长的主要源泉技术进步，而要素投入对经济增长的作用是次要的。

在一定程度上，发展中国家主要依赖于资本积累的经济增长方式反映了经济增长的普遍规律，即技术进步在经济增长中的作用是随着一个国家经济的发展而不断增大的。根据丹尼森的研究，在1909—1929年，劳动与资本投入的增长对美国实际国内生产总值增长的贡献占65%，教育与技术进步的贡献为25%，其他因素占10%；而在1929—1957年，劳动和资本投入的增长对美国实际国内生产总值增长的贡献份额降至42%，但教育与技术进步的贡献份额增至47%，其他因素占11%。这些数据表明，目前发达国家以技术进步为主导的增长方式也是在一个较长的历史过程中逐渐形成的。因此，一个经济发展起步较晚的国家主要依赖要素投入的增长来推进经济增长是不足为奇的。

当然，大多数发展中国家的发展策略值得反思。第二次世界大战以来，由于一方面受到粗放型发展战略的影响，另一方面发展经济学界片面强调资本积累和数量扩张的重要性，大多数发展中国家追求高投入、高积累、高增长的发展模式，经济增长质量普遍被忽视了。其结果是高投入带来一时的高增长（如前苏联），然后就是高投入、低增长，投入效率越来越低。当今发展中国家发展效率较低，技术进步的贡献较少的确在一定程度上与其不当的发展政策有关。

五、技术进步对中国经济增长的贡献

关于技术进步对中国经济增长的贡献，国内外不少学者也进行了实证研究。改革开放以来，中国经济长期保持高速增长的态势，有研究显示中国经济在很大程度上依靠了全要素生产率（TFP）的贡献。世界银行曾经估算，如果把经济增长的来源区分为资本积累、就业增加、人力资本增长和TFP的增长4个部分，那么，在1978—1995年TFP的增长对GDP增长的贡献平均每年高达43%，是中国经济在这一时期的最主要增长来源（世界银行，1997）。郑京海、胡鞍钢研究表明，改革开放以来的中国经济增长可以划分为两个不同的时期（表12-3）：1978—1995年为第一时期，是TFP高增长时期，表现为高经济增长、高生产率增长；1995年以后为第二时期，是TFP低增长时期，表现为高经济增长、低生产率增长，说明这一阶段技术进步速度减缓、技术效率开始下降，技术进步作用明显下降，既没有创造更多的就业增长，也没有改善生产率，显然这种经济增长很难持续下去。

表 12-3　TFP 增长对中国经济增长的贡献(1978—2001 年)　%

	1978—1995	1996—2001
TFP_a	47.3	2.28
TFP_b	40.3	15.9
TFP_c	33.3	3.9

注:在计算 TFP 时,采用了 3 种不同的权重:①TFP_a 的计算中,资本投入的权重为 0.4,劳动投入的权重为 0.3,人力资本的权重为 0.3;②TFP_b 的计算中,资本投入的权重为 0.5,劳动投入的权重为 0.25,人力资本的权重为 0.25;③TFP_c 的计算中,资本投入的权重为 0.6,劳动投入的权重为 0.2,人力资本的权重为 0.2。

资料来源:郑京海,胡鞍钢. 中国改革时期省际生产率增长变化的实证分析(1979—2001 年)[J]. 经济学(季刊),2005(1).

传统的增长核算办法,是将要素投入对经济增长的贡献剔除之后的增长余值,即全要素生产率都归功于技术进步,显然这只是一种粗略地估算技术进步贡献的办法。现在,由于各种计算办法的出现,对全要素生产率的拆分越来越多,认为生产率的增长是由 3 部分组成的:一部分是技术进步,比如采用了新的机器;二是技术效率的提高,比如管理效率和生产经验的积累;三是规模效率的改进,比如企业规模的优化。如果借助于生产函数来表述,那么,技术进步可定义为生产函数所代表的生产前沿向产出增加方向上的移动;技术效率的提高对应于在给定的要素投入水平下,实际产出向前沿的移动;而规模效率的改善则表现为要素投入量沿着生产前沿向最佳投入产出规模方向的移动。郑京海、胡鞍钢对中国全要素生产率进行了拆分,来进一步考察全要素生产率的增长及其构成情况,如表 12-4 所示。从表中可以看出,技术效率变化平均值都小于 1(除个别阶段外),而技术进步的平均值都大于 1,由此表明,改革开放以来,中国全要素生产率的增长是来自技术进步,而技术效率并没有得到提高,反而略有下降。

表 12-4　改革开放后全要素生产率在不同阶段的增长及其构成

时期	TFP 增长		技术效率变化		技术进步	
	平均值	标准差	平均值	标准差	平均值	标准差
1979—1990	1.049 4	0.013 9	0.990 2	0.011 2	1.060 5	0.006 5
1991—2001	1.018 5	0.021 5	0.996 9	0.013 1	1.021 6	0.015 9
1979—1995	1.046 3	0.012 8	0.993 2	0.011 3	1.054 2	0.005 9
1996—2001	1.006 0	0.025 6	0.993 6	0.013 8	1.012 4	0.017 2
1979—1984	1.076 5	0.019 1	0.994 7	0.013 9	1.093 8	0.010 0
1985—1990	1.022 2	0.017 2	0.995 8	0.016 2	1.027 2	0.008 4
1991—1995	1.037 2	0.023 4	1.002 0	0.025 5	1.035 4	0.016 6
1996—2001	1.006 0	0.025 6	0.993 6	0.013 8	1.012 4	0.017 2

转引自:郑京海,胡鞍钢. 中国改革时期省际生产率增长变化的实证分析(1979—2001)[J]. 经济学(季刊),2005(1).

第二节 技术引进

发达国家经济知识化、信息化和发展中国家经济工业化、现代化，是当今世界经济发展的两股潮流。这两股潮流相互影响、相互交融，不仅仅让世界经济格局及其发展态势发生了重大变化，而且也给发展中国家谋求经济的发展赋予了新的内涵和更加艰巨的任务，但同时也给发展中国家的经济发展带来了机遇。在这样的大背景下，技术引进对发展中国家就具有更加重要的意义，通过技术引进，可以极大地节约本国的研究和开发成本，加速技术进步和经济发展；通过技术引进，可以使发展中国家尽快缩小与发达国家之间的技术差距，在学习的过程中增强本国的技术研发能力，促进经济的快速增长。

一、发展中国家技术引进的必要性与可能性

从发达国家引进先进技术是发展中国家促进技术进步的一个主要途径，被认为是后发优势的重要部分。历史经验表明，这种从外部引进的技术进步对发展中国家的意义深远，主要表现在以下几个方面。

(1)借鉴发达国家的成功经验，吸取其失败的教训，可使后发展的国家走上一条“捷径”。工业化的后来者对工业化模式的设计具有可选择性，他们不必重复先行者的错误道路，例如“先污染，后治理”；同样他们可以选择更优的发展道路，比如学习第二次世界大战后新兴工业化国家寻求技术进步的成功经验。

(2)通过技术引进替代有关技术与装备的研究与开发，可使经济发展进程大大加快，并避免有关风险。从知识存量增加，到实现技术进步并获得经济增长通常要经历五个阶段：科学发现，即知识存量的增加；发明，即对现有知识的应用性检验；革新，即把发明初步应用于生产领域；改良，即在发明和发明的应用中不断对革新的技术加以改进；扩散，即随着改良的实现而推广已经革新的技术。一般而言，一项较重大的基础科研成果，从研究、试验、设计到投产，需要经过 10～20 年。发展中国家由于知识存量水平低，若完全循着上述五个阶段来进行技术研究与开发，必将是一个十分漫长的过程。但如果引进国外技术，就可以跳过前两个阶段，大大缩短技术进步所需的时间。从引进一项国外技术到投入生产，只需二三年。

(3)发展中国家可以从与先进国家的技术差距中获得利益。由于国内产业升级和国际竞争的压力，先进国家往往要把资本和技术向后进国家扩散和转移，这就为发展中国家的技术进步创造了机遇。

(4)强烈的赶超意识有助于推动发展中国家技术和经济的迅速发展。落后程

度越大，这种意识及其功效也就越显著。由于后发优势的作用，后发展国家完全有可能用较短的时间走完先进国家用较长时间走过的发展路程，世界经济史已经充分证明了这一点。比如，第一产业比重由50%下降到20%左右，实现工业化，英国用了400年，美国用了100年，日本只用了50年左右。

技术引进不仅是必要的，而且也是可能的。这主要是因为技术输出国可以通过技术转移来获得较大的利益，这可以从技术商品的特殊性来说明。与一般商品相比，技术商品具有如下特点：①技术商品的研制成本一般要大大高于普通商品的生产成本，但技术商品在运用中却无须再生产成本；②技术知识作为商品使用后，并不减少原所有者的持有量，它特别适合于大规模地运用；③技术商品随时面临着被仿效的危险，从而垄断地位随时都可能被丧失；④买卖双方中，买方处于不利地位，他无法正确估算技术商品的未来成本和收益；⑤技术商品一般不能向第三者任意专卖。可见，技术商品的这些特点，尤其是它的规模性和时效性促进和推动了技术的输出。发达国家一般是愿意向发展中国家转移技术的，当然，这是就一般情况而言的。实际上，为了维护发达国家自身的经济利益、政治利益，尤其是军事利益，它们并不情愿把最先进的技术转移给发展中国家。

二、技术引进的类型和途径

按照引进的技术在技术进步周期中所处的阶段，可将技术引进分为垂直型技术引进和水平型技术引进。垂直型技术引进是指将国外的基础科研成果转用于本国的应用科学中，或将国外的应用科研成果转用于本国的生产中。水平型技术引进是指将国外已被应用于生产的新技术应用于本国的生产领域。如果引进国具有一定的科研开发能力，就可以多采用垂直型技术引进的方式；否则，如果引进国基本上不具备科研开发能力，就只好直接引进他国已经应用于生产领域的技术。但是，长期依赖水平型技术引进就意味着在技术上永远处于附庸的地位，无助于增强本国的科学研究和技术开发能力。按照引进国对技术的消化和吸收情况，可将技术引进分为简单型技术引进和吸收型技术引进。简单型技术引进是指仅仅引进了某项技术，但引进国不能把该项技术复制出来。吸收型技术引进是指引进了某项技术以后，引进国能够将其复制出来。这种技术引进又被称为“真正的技术扩散”。只有吸收了引进的技术，才能真正推动发展中国家的技术进步。一国是否能有效地吸收引进的技术，取决于国内的科技研究和开发能力。这种能力越强，越有利于缩短技术吸收的时间。

按照研究的方式，可将技术引进分为无偿技术引进和有偿技术引进。无偿技术引进指不需要支付报酬的技术引进，引进国将从国外获得的知识转化为本国所需要的技术。这种引进也称为非贸易形式的技术引进。有偿引进是指需要支付转让费的技术引进，即国际技术贸易，这种引进也称作贸易形式的技术引进。

通常说来，技术引进的途径包括以下几种：①向国外购买新设备。生产设备本身就是技术的体现，进口某种设备也就是进口了与之相关的技术。②进口某种新产品并加以仿造和复制，从而掌握生产这种新产品的技术。③购买专利或生产许可证，在国内生产新产品或应用新的生产工艺。④引进外国直接投资（FDI），本国人员在外国企业中接受培训而获得先进的知识和技能。⑤国际间的信息技术交流，如派人员去国外参观、考察，聘请外国技术人员来本国工作，或接受国外的技术援助。⑥在国外学习或工作的人员归国带回来的新技术。

三、技术引进的障碍

发展中国家引进国外先进的技术并加以消化、吸收和推广，是一个比较困难的过程，中间需要克服诸多障碍。一般情况下，技术引进时可能会遇到的障碍大体上有以下几种。

1. 市场需求障碍

由于发展中国家人均收入水平比较低，再加上人们对新产品缺乏了解，运用引进的技术生产出来的新产品可能就没有足够的需求，市场过于狭小，使技术的引进和推广得不偿失。例如，中国人过去没有食用生鱼片的习惯，则从国外引进生鱼片的生产技术，其产品当然就没有市场；而现在人们逐渐对生鱼片习惯了，这时引进生鱼片生产技术就变得有意义了。

2. 资本障碍

发展中国家资本往往匮乏，因此可能缺少足够的外汇支付能力去购买国外的先进技术；即使引进了先进技术，也有可能因为没有相应的配套投资而无法应用和推广。

3. 自然资源障碍

新技术的应用和推广往往要以相应的自然资源为条件，发展中国家的自然资源如果不能满足应用某项技术的要求，就会妨碍该项技术的引进，对于小国来说尤其如此。

4. 人力资源障碍

发展中国家教育和技术发展水平相对滞后，劳动力素质差，并缺乏相应的管理和专业技术人才，这会使引进的技术难以充分发挥作用。

5. 劳动成本障碍

发展中国家一般人口多，劳动力成本比较低，而资本稀缺，这就要求在生产中多使用劳动，少使用资本。但先进的技术通常是劳动节约型的，其应用会增加对资本的需求，相对减少对劳动力的需求，使引进国的失业问题进一步加剧。

6. 基础设施障碍

发展中国家的基础设施落后，常常会缺少使用先进技术所必需的交通、通讯、供水、供电、仓储等方面的条件。

7. 规模障碍

许多先进技术的应用，要求企业或相关部门的生产要达到一定的规模，而发展中国家的生产规模和市场容量往往偏小，难以达到使用先进技术的要求。

8. 制度障碍

制度障碍其中包括正式制度的障碍，如法制不健全，专利权得不到保障；政府对经济干预过多，对技术引进管理不当，机构重叠，手续繁琐等。还包括非正式制度的障碍，主要是指由于文化方面的原因妨碍技术的引进和推广，如求稳和守旧的心理会使人们抵触新技术。

9. 技术引进次序上的障碍

由于发展中国家外汇储备有限，只能优先引进那些急需的技术，而其他技术的引进就会受到阻碍。

10. 技术输出国方面的障碍

这个障碍主要是指技术输出国政府对技术输出的管制，以及技术输出国企业处于商业性原因而保留技术的情况。

四、我国技术引进情况及存在的问题

作为发展中国家之一的中国，改革开放以来技术引进无论从合同金额还是从合同数目来看都呈上升趋势。20 世纪 90 年代中后期以来更是连连攀升，上升更为迅猛。技术引进合同金额由 1985 年的 29.6 亿美元跃升到 2006 年的 220.2 亿美元，增长了 6 倍多，技术引进数量由 1985 年的 671 项跃居到 2006 年的 10 538 项，增长了 14 倍多。可喜的是，2006 年中国技术引进合同中专有技术同比增加了 42.8%，技术引进中技术费用支出已经超过了设备费用支出。此外，大中型工业企业技术引进也较为活跃。

中国的技术引进虽然有可喜的一面，但也存在着一些不容忽视的问题，需要引起足够的重视。

第一，重引进轻消化吸收，技术引进中以纯粹的技术转让形式引进的国外技术所占比重不高。如表 12-5 所示，大中型工业企业用于消化吸收的经费支出都远远小于引进支出。如表 12-6 所示，2006 年技术引进中，专利技术和专有技术两项合计占当年全部技术合同总额的39.4%。

表12-5 1995—2006年中国的技术引进情况

年份	全国			大中型工业企业(亿元)		
	引进技术项目数	金额(亿美元)	单项平均金额(百万美元)	引进国外技术支出	消化吸收经费支出	购买国内技术支出
1995	3 629	130.32	3.59	361	13	26
1996	6 074	152.57	2.51	322	14	26
1997	5 984	159.23	2.66	237	14	15
1998	6 254	163.75	2.62	215	15	18
1999	6 678	171.62	2.57	208	18	14
2000	7 553	181.76	2.41	245	18	26
2001	3 900	90.91	2.33	286	20	36
2002	6 072	173.89	2.86	373	26	43
2003	7 130	134.51	1.89	405	27	54
2004	8 605	138.56	1.61	268	54	70
2005	9 904	190.52	1.92	297	69	83
2006	10 538	220.23	2.09	320	82	87

资料来源:国家统计局网站。

表12-6 2006年中国技术引进的类型与构成

引进方式	合同数	合同金额(万美元)	技术费(万美元)	比重(%)	同比增长(%)
总计	10 538	2 202 322.8	1 475 616.1	100.0	15.6
专利技术	405	139 842.9	139 287.9	6.4	9.4
专有技术	2 214	727 674.3	718 271.2	33.0	42.8
技术咨询、技术服务	6 199	518 024.2	427 379.9	23.5	9.4
计算机软件	987	66 534.1	66 388.6	3.0	53.8
商标许可	78	9 140.2	9 140.2	0.4	−66.4
合资、合作生产	116	429 471.2	56 791.8	19.5	149.3
成套设备、关键设备、生产线	269	286 859.2	37 133.6	13.0	−46.2
其他方式	270	24 776.9	21.223.0	1.1	37.3

资料来源:国家统计局.2007年中国经济年鉴[M].北京:中国统计出版社,2007.

第二,重复引进和盲目引进现象在中国也十分严重。现阶段,负责从国外引进技术的常常是企业负责人,甚至还有一些政府部门不恰当的行政干预。他们对所要引进的设备缺乏了解，对国内同类技术的研究和开发情况一无所知，对新技术在中国的适用性也不甚了解。结果，以高价买来的技术设备国内已有，或引进的技术因国内相应的配套条件不足而成为废物的情况屡见不鲜。

第三，作为中国技术引进途径之一的国外直接投资取得了巨大的成绩，但是没有达到预期的效果。虽然目前中国已经成为发展中国家中最大的引资国。但如表12-2所示，2006年合资、合作生产方式的技术引进只占当年合同金额的19.5%。“由于国外企业主要集中在轻工业和劳动力密集型行业，外国投资带来的技术往往不是一流的，可能是二流甚至是三流的。这对利用国外先进技术来加速中国科学技术的进步显然是不利的。”(郭熙保等，2009)。又如，“以市场换技术”没有取得预期的效果，还扩大了地区间技术水平的差距。有研究显示，国外直接投资对于中国东中西部的技术进步的效应是不同的：在东部地区，国外直接投资显著推进了技术进步；而在中西部，虽然国外直接投资对技术进步具有一定的作用，但效果都不显著(李平，2007)。

鉴于中国目前技术引进中存在的问题，应做好以下几个方面的工作。

首先，要根据中国的国情和国际技术转移的趋势，结合社会经济技术发展目标，制定有关技术引进工作的目标、方针、政策和措施。在引进技术的选择上，既要强调高起点、高水平，也要注意中国人口众多、就业压力大的实际国情。在引进时，既要考虑到通过技术进步来提高劳动生产率，又要照顾到创造更多的就业机会。此外，在决定技术引进前，应首先了解中国同类技术的研究和开发情况以及配套条件是否具备，以避免盲目引进和重复引进。

其次，引进与创新并重，引进更重要的是为了推动创新。从长远来看，中国的经济发展最终还是要依靠自己的科技发展和技术创新。每个国家都有自己的国家利益，一国不可能把最先进或最具有商业价值的技术转让给别国，现代竞争从根本上说是科技竞争。引进技术是加快本国技术进步的手段，但科技的发展最终还是必须靠自主研发和创新。

最后，不仅要引进先进的科研成果和生产技术，而且还要注意引进软技术，如现代管理技术、教育和培训技术等。加强人员的交流，通过管理现代化，发展教育和培训，改善人员素质，提高对国外先进技术的吸收和消化能力，从而能在学习和吸收国外先进技术的基础上，具有开发和创新的能力，改变由于忽视开发创新能力的培养而总是随着国外先进技术升级换代而反复引进的做法。

总而言之，技术引进要遵循技术发展的客观规律，充分利用科学技术这一人类文明的共同财富。通过技术引进，实现技术发展中的后发优势，用比较短的时间赶上或者超过发达国家的科技水平。

第三节 技术选择

生产过程就是把各种生产要素组合在一起最终获得产出的过程，技术实际上就生产要素的组合方式。采用不同的技术，可以使不同的要素投入得到相同的产出。如何充分利用现有的资源条件获得最大的产出，这就涉及技术选择问题，即根据资源的相对稀缺程度或比较优势，选择最优的要素投入比例。不仅如此，技术选择还会对就业、环境以及经济增长的长远发展产生影响。为了提高经济增长的效率，缓解失业和环境污染问题，发展中国家应该对技术选择予以高度重视，特别是在技术引进中要选择那些最有利于经济和社会发展的技术。

一、技术类型的划分

按照不同的分类标准可以将技术划分为不同的类型。

1.按占用各种资源的相对量，技术可以分为：

(1)劳动密集型技术。指占用和消耗劳动较多的技术。这种技术能够容纳较多的劳动力，占用资本较少。劳动力的技术装备程度较低，劳动生产率也比较低。

(2)资本密集型技术。指占用和消耗资本较多的技术。其特点是：占用资本较多，周转较慢，投资回收期长，容纳劳动力较少。但一般具有劳动生产率高、生产成本低、竞争能力强等优点。

(3)技术密集型技术。指机械化、自动化程度较高的技术。这种技术对劳动力的熟练程度和知识水平要求较高，可以完成传统技术、常规技术无法完成的生产活动，取得更多、更新的产品，增强企业的竞争力，但通常也要占用和消耗大量资本。由于当代经济中资本投入量的增加总是伴随着技术含量的提高，资本密集型技术和技术密集型技术的界限趋于消失。两者常被称为资本-技术密集型技术。

(4)知识密集型技术。指高度凝结先进的现代化科学成果的技术。使用这种技术的多为中高级科研技术人员和管理人员，连操作人员也都需要具备较高科学技术知识与管理知识。这种技术装备复杂、投资费用高，但占用劳动力少、消耗材料少、环境污染少。采用这种技术还可以为国民经济各部门提供新材料、新能源、新工艺、新设备，促进产业结构调整和加快技术进步。随着现代科学技术的迅猛发展，知识密集型技术越来越成为一个国家获取长期竞争优势的最主要来源，成为社会经济可持续增长的重要推进器。

2.按使用效果，技术可以分为：

(1)资本节约型技术。这种技术通过较多地使用自然资源和劳动力来达到节约资本投入的目的,简单实用、易于推广,特别适用于人均收入低、资本严重缺乏的国家和地区。

(2)节能型技术。指能够减少能源使用量的技术。这种技术对于能源缺乏的国家和地区具有特别重要的意义,对于能源充足的国家也是长期的技术发展战略方向。因为地球上的自然资源是有限的,许多能源资源属于不可再生资源,必须节省使用。

(3)环保型技术。随着世界各国环境问题的日益突出和人们环保意识的增强,能够降低自然资源耗费、减少环境污染的环保型技术越来越受到人们的青睐。采用环保型技术已经成为增强产品国际竞争力的重要手段。环保型技术是今后技术发展的主要方向之一。

二、技术选择的经济分析

经济学家们通常假设,为生产任一既定的产量,存在着各种各样的生产要素组合方式:更多的资本、更少的劳动,更多的劳动、更少的土地等。每一组合方式代表着一种特定的生产工艺或技术。为使产量最大或成本最小,生产者将根据生产要素的相对价格予以选择。因此,技术选择的一个重要含义是,根据资源的相对稀缺程度或比较优势,选择最优的要素投入比例。

假定某个行业或厂商仅有两种技术手段可供选择:技术Ⅰ和技术Ⅱ。对于每一既定的产量水平,技术Ⅰ需要投入较多的资本量,技术Ⅱ需要投入较多的劳动量,则技术选择的过程可由图 12-4 来说明。

图 12-4 中 QQ'为等产量线,该曲线上每一点所代表的劳动与资本的投入组合都可以得到相同的产量。KL 与 $K'L'$是价格线。等产量线和价格线的切点 C 和

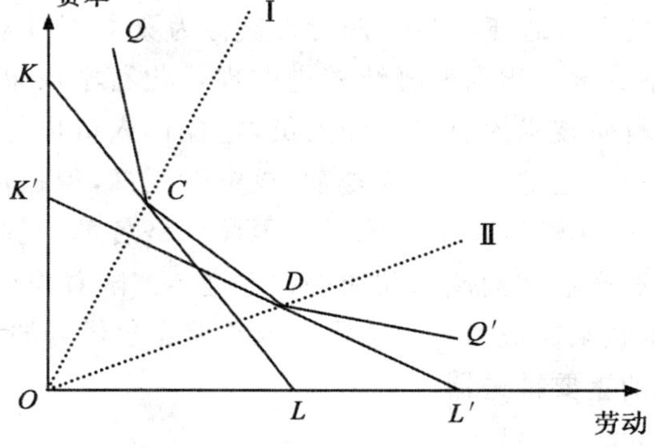

图 12-4　技术选择

D 是实际上可供选择的要素投入组合，射线Ⅰ和Ⅱ代表仅有的两种技术手段。若不计成本，Ⅰ和Ⅱ两种技术手段是无差异的。但生产要素往往是稀缺的，技术的选择需要根据生产要素间的相对稀缺程度来决定，在市场经济条件下，则需要根据要素的价格来决定。如果劳动要素相对充裕，其价格就会较为便宜，就应该选择技术Ⅱ，在价格线 $K'L'$ 与等产量线 QQ' 的切点 D 进行生产；反之，若劳动要素匮乏，价格线位移为 KL，则应选择技术Ⅰ，在切点 C 处进行生产。

但在实际生产中，除了成本以外，技术选择往往还要受到其他因素的影响。例如，发展中国家劳动要素相对充裕，资本严重不足，本应选择劳动密集型的生产技术。然而大量的经验研究显示，这种倾向并不明显。对于同种产品的生产方法，发展中国家与发达国家看来并无多大的差异。发展中国家经济增长效率低，资本增加是产出增加的主要源泉（齐良书，2002）。发展经济学家对此的解释是：①发展中国家的市场不完善，生产要素的价格不能正确反映其稀缺程度。制度的、结构的因素使工资率难以下降，而资本则由于人为的补贴而变得相对便宜。②现代技术进步一般总是意味着更为密集的资本投入，它使原有的劳动密集型技术变得无利可图。③与资本密集型技术相比，劳动密集型技术对劳动力技术水平和熟练程度的要求更高，而发展中国家的劳动力数量虽多，素质却比较差。④由于本国缺乏研究开发能力，发展中国家不得不依靠向发达国家引进技术。发达国家的技术主要是资本密集型的。此外，强烈的赶超意识也促使发展中国家引进较为先进的技术，建立和发展现代工业部门。

不同层次的技术选择所考虑的成本范围也有所不同。企业所进行的微观技术选择是站在企业的角度，只考虑经济成本；而站在国家的高度所进行的宏观技术选择则是以经济和社会发展的长远利益为目标，除了直接的经济成本以外，还要考虑社会、环境等各方面的成本。微观技术选择和宏观技术选择有时会出现不一致。例如，企业从自身的内外部条件和发展目标出发选择了资本-技术密集型技术，就会导致对劳动力的需求减少；失业人数增加。或企业因能源价格低而选择了高耗能技术，结果不利于经济的可持续发展。国家可以通过制定法律、政策将一些外部成本内部化，如使企业承担环境污染成本来缩小不同层次的技术选择的差异。

三、中间技术与适用技术

一些发展经济学家认为，与劳动力充裕而资本匮乏的资源结构相适应，发展中国家应优先选择和引进中间技术或适用技术。

舒马赫(Schumacher)[①]在1973年出版的《小的是美好的》一书中批评了现代大型化工业生产技术的弊病,提出应当发展小型机构,进行适当规模的生产,推广中间技术。所谓中间技术就是指介于初级与高级、原始与现代之间的一种技术。它具有以下的一些特点:①属于劳动密集型技术,适合于小型企业,占用资本不多,可以提供较多的就业机会。②中间技术与传统技术相比,生产率要高得多;与资本高度密集的现代工业技术相比,却要便宜得多。③中间技术在应用、管理和维修方面的问题比较容易解决,能顺利地适应发展中国家的环境。因此,中间技术是一种适合于在经济落后的发展中国家普遍推广的技术。

舒马赫指出,发展中国家应该不遗余力地发展中间技术,因为这种技术有许多优点。首先,中间技术富于人性和创造性。现代大型化工业生产技术使人在日常繁琐的劳动中丧失了激情和智慧,而发展一种"具有人性的中间技术",是人类自身发展的需要。其次,小规模生产对自然环境的危害也比较小。再次,中间技术有助于解决发展中国家严重的失业问题。几乎所有的发展中国家都存在着明显的城乡差距,城市收入水平高,但就业极其有限;农村收入水平低,存在大量的剩余劳动力。解决这个问题的一个可行的方法,就是在农村建立使用中间技术的小型工业企业体系,这些小企业不需要大量的投资,容易建成,通过小企业的建立可以在比较短的时间内提供大量的就业机会,以缓解失业的压力并能制止农村剩余劳动力向城市的盲目流动。

当然,发展中国家要缩短与发达国家的经济和技术差距,单靠中间技术是不行的。所以反对者认为,中间技术往往会造成产品质量低下,并要求工人有较高的技能,生产效率难以提高。如果一味发展中间技术,必然进一步扩大发展中国家与发达国家的技术差距,不利于发展中国家经济的长期发展。

因此,雷迪(Reddy)认为,发展中国家应根据最小成本和最大利润的经济原则,考虑到本国的资源禀赋、市场规模、社会文化环境、吸收创新能力等因素,选择最切合本国实际的技术,即适用技术。适用技术既可以包括先进技术、尖端技术,也可以包括中间技术甚至原始技术。

适用技术的选择应该满足三重目标要求:①环境目标。适用技术应该能够节约能源,循环使用各种材料,减少环境污染,保护生态环境。②社会目标。适用技术应该最大限度地满足人类的基本需要,提供富有创造性和引人入胜的工作,能与传统文化相交融,促进社会和睦,并赋予群众较大的自主权。③经济目标。适用技术应该广泛提供就业机会,采用地方资源并生产地方消费品,取得较高的经济效益

---

①舒马赫(1911—):英籍德国人,世界知名的经济学者和企业家,被后人尊称为"可持续发展的先知"。

并促进经济平衡发展。

适用技术的内涵比中间技术更加丰富、灵活，但二者的基本思路是一致的，都认为发展中国家应选择切合本国实际情况的技术。然而在现实中，发展中国家的政府常常出于赶超先进国家的目的，采取扶持政策，鼓励企业选择资本-技术密集型技术。近几十年发展中国家经济发展的实践证明，这样的企业在自由竞争的市场中是没有自生能力的。政府为了提供政策性扶持，不得不以税收优惠、改变要素价格等方式扭曲经济环境，致使整个经济的运行效率降低。相反，选择适用技术有利于发挥比较优势，企业更有竞争力，投资的回报率更高，储蓄的意愿也更高，更有利于经济发展。从技术引进的角度来看，选择适用技术，所要引进的技术和现有的技术比较接近，学习成本较低，技术引进的成本也会较低，技术升级会比较顺利。

四、技术选择的标准

经济学家提出的技术选择标准主要有以下几种。

(1)高产出量标准。该标准认为，应优先选用在规定投资资本条件下使产出最大的技术。这种技术选择标准特别适用于资本匮乏的国家。

(2)社会极限性生产标准。该标准认为，即使在一定的资本条件下选择的技术能使产出最大化，但是如果超出了社会的承受能力，也不能说是选择了最佳技术。对发展中国家来说，外汇支付能力是一项重要约束，如果采取某种技术需要增加原材料进口，使国际收支情况恶化，就不符合社会极限性生产标准。

(3)高积累率标准。该标准认为，一个国家的经济发展并不限于技术进步，而依存于资本的积累率，应该选择能使经济长期增长的资本积累率较高的技术。

(4)时间系列标准。也就是说，根据一定发展时间内的条件变化，对上述各种标准加以综合选择。如在发展初期资本和外汇特别匮乏的时候采用社会极限性标准，有了一定的资本积累以后再采用高积累率标准。

(5)技术进步关联作用标准。该标准认为，一项技术不应该只孤立地为一个企业、一个部门服务，而要有较强的关联度和推广能力，对相关部门的发展起到带动作用。

(6)相容性原则。该标准认为，为某一系统中的子系统引进的技术要能与其他子系统的技术相容，以使整个系统获得最大的经济效益。

五、技术选择与后发优势

发展中国家实施技术进步发展战略时，其技术选择不仅要充分注意发展中国家的比较优势和面临的就业压力，而且还要遵循技术进步的规律，充分利用其后发优势，争取成功的逾越那些可以跨越的技术发展阶段。这样，才有可能缩小与发达国家的差距。

1985年，索特(Soete)首先提出了"蛙跳"(leapfrogging)发展的观点。在此基础上，帕雷兹(Perez)和索特于1988年又进一步分析指出，在一些产业技术发展过程中存在着许多蛙跳发展的机会窗口(windows of opportunity)。1993年，布雷兹斯(Brezis)、克鲁格曼(Krugman)和齐丹(Tsiddon)建立了国际竞争的"蛙跳"模型。这些理论和模型都认为，发达与不发达、先进与后进并非一成不变，发展中国家如果能把握好后发优势，进行正确的技术选择，完全有可能赶上或超过发达国家。

索特和帕雷兹的"蛙跳"理论着重于产业技术发展机会的选择分析。他们认为，在技术发展过程中，经常存在新的发展机会。若把一些产业技术的发展变化用发展轨道来描述的话，人们就能够看到，某一技术轨道在其延伸过程中，常常会出现许多新技术轨道。新技术轨道出现的机会可能来自本产业的重大技术突破，其他行业的重大技术突破，消费观念及需求结构的改变，以及国内外政治经济形势的变化等方面。一旦上述某种情况产生时，产业技术的发展就会有两个不同的方向：一是沿着旧轨道继续前进，二是转入一条全新的发展轨道。

每一条新轨道都是进入产业竞争的高起点，都存在产业技术"蛙跳"发展的机会窗口。这是因为：①在新轨道上，所有企业都没有什么知识和技术积累，基本上都处于同一条起跑线上。②在新轨道上，所需投资一般并不多，进入壁垒的门槛较低。③在新轨道上，新企业往往能轻装上阵，而老企业则会因沉没成本等形成巨大的惯性，不易实现由旧轨道向新轨道的转换。所以，在新轨道上创新的企业常是某产业的外来户，且常是些小企业。在打字机领域，将电引入这一产业的不是该领域的大公司，而是IBM；而当计算机进入文件处理业务时，创新不是来自当时的霸主IBM，而是来时王安公司、苹果公司等。

根据"蛙跳"理论，由于一些发展中国家在旧一代技术上投资小，一旦这些国家具备适当的技能和基础设施(吸引能力)，它们就有可能在新一代技术发展的早期，在进入门槛较低时，进入该新产业，并取得"蛙跳"式发展。比如，数字技术要比模拟技术更便宜，更有可适宜性，功能更强，且数字技术对模拟技术的依赖性较低，新进入厂商没有必要先搞模拟技术，再搞数字技术，而可以实现"蛙跳"式发展。这就是说，正确的技术选择，可以使发展中国家技术落后的劣势转变为后发优势，通过技术进步实现经济快速发展。

当然，发展中国家在进行技术选择时，也应该注意技术发展的路径依赖性，即"打字机键盘效应"。现有的打字机和计算机键盘不是根据科学规律而设计的，但一旦人们习惯使用，就成了一种标准设计，所有的人都必须接受它，许多产业的发展，如集成电路的发展便是如此。最早进入这一产业先开始做 64 位的计算机记忆芯片的企业就有做 4 兆位和 16 兆位的优势。这就意味着，一个国家在某一技术发展早期的选择，有可能影响以后的发展进程。

第四节　技 术 创 新

技术创新概念首先是由熊彼特(J. A. Joseph Alois Schumpeter)①1912 年在其成名作《经济发展理论》中提出的。他认为，技术创新是发明在生产上的应用，是企业家对生产要素与生产条件的"新组合"。美国经济学家曼斯菲尔德(Mansfield)认为，当一项发明被首次应用时可以称为技术创新。英国经济学家弗里曼(Freeman)和斯通曼(Stoneman)也对技术创新有相近的表述。

在技术进步的过程中，技术创新占有十分突出的地位。技术创新依据社会需求把技术发明应用于生产，把新知识转化为物质产品，把潜在的生产力转化为现实的生产力，实现了技术与经济的结合。在研究与开发的过程中，技术与经济是处于分离状态的，而在技术扩散阶段，技术与经济的结合也已完成，因此，正是技术创新实现了从技术到经济的质的飞跃。

一、技术创新的内涵

(一)技术创新的含义

自熊彼特于 20 世纪初提出"创新"的概念以来，技术创新经历了开发性研究、系统研究和综合研究三个阶段。在这个过程中，关于技术创新的含义也是一个争论的焦点。综合各种讨论，可以将技术创新概括为：技术创新就是指企业将新构思经过研究、开发用于生产经营之中，以创造和实现机关报的经济效益和社会效益的活动。要深入理解技术创新的概念，必须注意以下特点。

(1)技术创新是基于技术的活动。这是对技术创新在概念上给以范围的限定；技术创新是基于技术的创新，而不是基于非技术的创新。在企业经营活动和社会活动中，还存在着组织创新、管理创新和制度创新等非技术创新，虽然技术创新要涉及组织、管理和制度的配合，但是不能将这些认为就是技术创新的内容。

(2)"创新"的范围广。技术创新并不强调技术的根本性变动，允许将技术的增

---

①熊彼特(1883—1950)：美籍奥地利人，经济学家，是当代西方经济学界的一个自成体系经济学家，为当代资产阶级经济学代表人物之一。

量变动包括在技术创新的概念中，不仅包括新产品、新工艺，也包括对产品、工艺的改进。在实现方式上，可以是在研究开发获得新知识、新技术的基础上实现技术创新，也可以是将已有的技术进行新的组合实现技术创新。

(3)技术创新是技术与经济相结合的概念。技术创新不是纯技术活动，是技术与经济相结合的活动。从本质上讲，技术创新是一种以技术为主要手段，实现经济目的的活动。因此，技术创新关键在于商业化，检验技术创新活动的基本标准是看其是否具有商业价值。

(二)技术创新与相关概念的比较

1.与技术发明的关系

技术发明是指在技术上有较大突破，并创造出与已有产品或方法完全不同的新产品或新方法。技术发明仅指技术活动，只考察技术的变动，不考察是否产生经济效益。技术发明可能出现两种情况：一是技术发明形成了具有商业目的的新构想，二是技术发明不具备商业价值，终止于发明原型。对前一种情况，技术发明实际上构成了技术创新的一个环节，对于后一种情况，技术发明不构成技术创新的一个环节。

2.与技术进步的关系

技术进步一般是指社会技术经济活动的结果。实现技术进步的根本途径是技术创新，从这个意义上讲，技术创新是手段，技术进步是结果。在我国也有人把实现技术进步的手段包括在技术进步的大范畴中，如果这样理解，技术创新就成为技术进步的一个组成部分。

3.与技术改造的关系

技术改造是我国特有的概念，是为区别基本建设提出的。基本建设是指新建工程项目的行为，技术改造则是指在已有基础上的改建、扩建行为。因此，技术改造是主要用于投资项目的术语，是与技术创新完全不同的两个概念。但是如果技术改造中存在新技术、新工艺的使用，以及将技术成果加以商业化实现的活动，则技术改造中存在着技术创新，技术改造称为实现技术创新的一种方式。

4.与研究开发的关系

研究开发也分为两种情况：一种情况是当研究开发延伸为商业化应用时，则研究开发成为技术创新的一个必要环节，是技术创新活动的一个组成部分。另一种情况是当研究开发不延伸为商业化应用时，则不构成技术创新的组成部分。

二、技术创新的分类

按照不同的分类原则，可将技术创新活动分为多种类型。

(一)产品创新和工艺创新

按照技术创新的对象或内容不同,可以将技术创新分为产品创新和工艺创新。

产品创新是指企业在产品技术变化基础上进行的技术创新。产品创新包括两种形式:一是在技术发生较大变化的基础上推出新产品;二是在对现有产品进行局部改进的基础上推出改进产品。由于广义的产品概念包括服务,因此,产品创新包括服务创新。

工艺创新是指企业在生产过程技术变化基础上进行的技术创新。工艺创新包括两个方面:一是在技术较大变化基础上采用全新工艺的创新;二是对原有工艺进行改进所形成的创新。

(二)根本性创新和渐进性创新

按照技术创新中技术变化的强度不同,可以将技术创新分为根本性创新和渐进性创新。

根本性创新又称为全新创新,是指在技术上有重大突破的技术创新。这种技术创新一般采用新的技术原理,或产品用途发生重大改变,例如数字式高清晰度彩色电视机就是电视机领域中的一项根本性创新。

渐进性创新是指对现有技术进行局部改进所产生的技术创新。这种创新所采用的技术原理或产品用途没有重大变化,主要是基于市场需求的扩展和技术上的改进,故又称改进创新。例如对现有冰箱进行外观和色彩的改进就属于渐进性创新。

(三)率先创新和模仿创新

按照技术创新的方式和先后,可以将技术创新分为率先创新和模仿创新。

率先创新是指一个企业先于其他企业首家将某一科研成果用于创造经济价值。这种创新需要大量的人力和资本,形成生产力的周期较长。例如,杜邦公司尼龙制品的成功开发和产业化,使化学工业进入了一个新的时代。

模仿创新是指一个企业通过学习其他企业率先创新的经营行为,为市场提供适销对路的产品并创造收益的过程和活动。模仿创新对经济的发展也有不可忽视的作用,例如改革开放以来中国家用电器制造业的发展,使得我国家电工业迅速成长起来,甚至使一些厂家初步具备了与发达国家同行业企业竞争的能力。

三、技术创新的诱导因素

1.企业家的利润动机和企业家精神

创新活动的主体是企业家,根本动机来源于其对超额利润的追求。除了利润动机以外，企业家精神也是企业家进行创新活动的主要动机。所谓企业家精神，主要体现在五个方面：企业家的首创精神；企业家的成功欲；企业家甘冒风险、以苦为乐的精神；企业家的精明、理智和敏捷；企业家的事业心。

2. 生产要素的稀缺性

生产要素相对价格的变化，将激励那些能更经济地利用一些价格相对昂贵的要素的发明。这些价格相对昂贵的因素，就是相对稀缺的要素。也就是说，生产要素的相对稀缺程度及其价格的变化情况决定着技术发明、创新的方向。一般认为，发展中国家由于市场不健全，价格体系扭曲，要素市场的价格变化是无法诱致出有效的技术创新的。然而，只要技术投入市场不受限制，上述假说同样适用于那些初级要素（土地和劳动）的市场交换受到禁止的经济。这是因为，如果一个经济中的一个要素（土地或劳动）在一定时期内变得相对稀缺，该要素的边际产品就会增加。尽管初级要素市场的交换受到禁止，而且它们的相对价格也不存在，但一种要素边际产品的增加所传递的信号与市场经济中该要素相对价格的变化所传递的信号有相同的效果，因此，收入最大化动机仍会诱使人们去发展能节约日益稀缺要素的技术类型。所以，只要经济活动者的行为是理性的，要素稀缺性的诱导作用在发展中国家也具有有效性。

3. 技术推动与市场拉动

科学技术和市场的关联关系是复杂的、互动的、多方向性的，主要的创新驱动力因时间的不同、产业的不同而有很大的差异。科学技术作为根本性的、发展着的知识基础，与市场需求的结构一道在创新活动中以一种互动的方式共同起着重要的作用。影响市场需求的因素主要有市场的地理范围、人口数量、人均收入和收入分配格局等。相对而言，在不发达条件下，后两个因素对市场需求的影响不具有决定性的意义，而市场范围的扩张尤其是对外贸易的扩张，则会对发展中国家产生巨大的创新诱导作用。

4. 社会需求和社会资源

技术发明刺激社会需求的增长，社会需求的增长导致社会资源的紧张；面临社会资源的紧缺问题，创新活动便会受到刺激而展开。

四、国家创新体系

所谓国家创新体系，就是公共和私人部门中的组织结构网络，这些部门的活动和相互作用决定着一个国家扩散知识和技术的能力，并影响着国家的创新业绩。国家创新体系是以政府为主导、充分发挥市场配置资源的基础性作用、各类科技创新主体紧密联系和有效互动的社会系统。它应该是由国立研究机构、地方研究机构、大学研究机构、企业研究开发机构和民间科技中介机构等组成的有序结构，分别发挥知识创新、技术创新、知识传播、知识应用等各有侧重的作用。政府和市场将分别在资源配置、战略引导、政策调控、法制保证、文化环境和舆论建设等方面发挥其作用。政府主要的职能在于制定科技政策和长远的宏观发展战略，增加和引导社会对科技的投入，支持基础和战略性研究发展，改善科学和教育基础设施建设，发展教育，培养人才，对科技活动进行宏观的监督和评估。在全社会营造尊重知识、尊重人才、鼓励创新的舆论和文化氛围，推动科学的普及，弘扬科学精神，提倡科学方法和高尚的科学道德。社会需要和市场将对科技发展尤其是高技术发展和转化起主导作用和基础作用。企业是技术创新的主体和投入的主体。社会需求和市场需求也是政府制定科技政策和规划的主要依据。

国家创新体系是一个宏大的有机网络系统，是互相紧密联系又分工合作的有机整体，并需要社会法律、政策、科技价值观、舆论和文化氛围的保证和配合。教育体制、创新人才、全球化的信息网络和必要的科技投入是国家创新体系的资源基础。该理论将创新视为一种国家行为，认为国家在推动企业创新中起着十分重要的作用。国家创新系统的制度安排是一个国家创新活动的重要影响因素。

一国在经济追赶和发展的过程中，为实现技术进步的目标，仅仅依靠自由竞争的市场经济是不够的，它需要政府提供一些相应的规划、政策和直接支持。日本的国家创新体系是政府主导型的，其特点是政府直接介入创新活动，并制定许多创新政策和创新策略；而美国的国家创新体系则是市场调节型的，政府的作用只在于为企业创造一个良好的创新环境，市场是调节企业创新活动的主要力量。

参考文献

[1] 齐良书. 发展经济学[M]. 北京：中国发展出版社，2002.

[2] 张培刚，张建华. 发展经济学[M]. 北京：北京大学出版社，2009.

[3] 赵冬缓. 新发展经济学教程[M]. 北京：中国农业大学出版社，2000.

[4] 郭熙保，陈志刚，胡卫东. 发展经济学[M]. 北京：首都经济贸易大学出版社，2009.

[5] 马春文，张东辉. 发展经济学[M]. 北京：高等教育出版社，2005.

[6] 谭崇台. 发展经济学概论[M]. 武汉：武汉大学出版社，2009.

[7] 波金斯，拉德勒，吉利斯，等. 发展经济学[M]. 北京：中国人民大学出版社，2005.

思 考 题

1.说明技术进步与经济发展的关系及如何测算技术进步在经济增长中的贡献？

2.发展中国家技术选择和引进时应注意哪些问题？

3.技术创新的诱导因素和影响因素是什么？

第十三章 政府和制度

自20世纪以来,世界各国的经济和社会得到了迅速的发展。对于发展中国家来说,近半个多世纪是这些国家发展的黄金时间,许多发展中国家的经济水平在这期间发生了翻天覆地的变化,甚至有的国家已经接近发达国家或者中等发达国家的水平。但是对于大多数发展中国家来说,经济增长和社会福利等方面还存在着一些问题和不足,这就需要这些国家和政府从经济体制、政府政策以及制度安排等方面来进行有力的改革和改造。本章主要从经济体制、政府和制度三个方面来阐述。

第一节 计划经济与市场经济

经济体制指的是一国国民经济的管理制度和运行方式,是在一定经济制度下国家组织生产、流通和分配的具体形式。也可以说,经济体制是一种制度化的经济基础和宏观生产关系,它是由微观的生产关系决定的,有什么样的微观产权制度,就有什么样的经济体制。在人类几千年的经济活动实践中,产生了两个具有代表性的经济体制:计划经济和市场经济。

计划经济体制和市场经济体制是20世纪以来由于不同国家指导思想的不同而逐渐形成的差异较大的两种经济体制。从实践的结果来看,实行计划经济体制的国家要么直接放弃计划经济,实行激进式或休克疗法的经济制度转型,转而实行市场经济体制,如前苏联;要么实行渐进式的转型,将计划经济和市场经济结合起来发展,如中国;另外,还有部分国家继续坚持实行计划经济体制,如朝鲜。与此同时,实行市场经济体制的国家和地区有的经济得到迅速的发展,如亚洲"四小龙",有的却也出现过危机和崩溃,如东南亚金融危机和2008年金融危机等。

计划经济体制和市场经济体制的产生和发展是有其必然性的,不同国家的不同实践结果又说明了这两种体制的局限性,我们需要用理性的观点来看待。

一、计划经济

1. 计划经济的含义

计划经济体制又称指令型经济,在计划经济体制下,国家在生产、资源配置以及产品消费各方面都由政府部门事先进行全面和详尽的计划，通过国家的统一预算、分配和协调来发展经济。在经济活动中，政府对经济进行全面的控制，并决定经济活动中的三个基本问题：生产什么、怎么生产、为谁生产。

计划经济体制是一种高度中央集权和提倡公平的公有制经济体制。在计划经济体制中，公有制经济在所有制结构中占据主导地位，微观的产权制度是既定的，所有财产归国家和集体所有；国家对经济活动采取直接指令性行政管理，经济决策高度集中，并由国家实行统一的配给制；企业实行全面的国有化，没有定价权，实行国家统一定价。

计划经济体制在 20 世纪经历了从萌芽到发展壮大再到衰落的过程，仅仅维持了不到一个世纪的时间，对一些社会主义国家的经济发展带来了严峻的考验。计划经济的这种发展轨迹是值得我们研究和深思的。

2. 计划经济体制的缺陷

从实行计划经济的国家的历史实践来看，计划经济的缺陷主要体现在以下几点。

(1)计划经济是人为的控制经济，而不是让自然因素起作用。计划经济是一种指令型经济，政府在经济活动中起主导作用。在这种体制下，每个地区、企业甚至个人都是处于政府的严格计划之下的。各个地区、企业和个人必须利用国家定量配给的资源来生产和消费事先计划好的商品和服务。一旦经济环境或者自然因素发生变化，计划就很难迅速地作出反应。而且，在人为的计划控制下，可能会出现有的地区和企业资源禀赋过剩而有的地区和企业又存在资源存量不足的情况。如果计划任务偏高，资源不足的地区或企业就会面临很大的压力，从而可能出现虚报、作假等现象，而资源充足的一方可能出现过剩或者偷懒的行为，最终导致经济效率低下。

(2)计划的准确性要求高，难度比较大，而且计划的成本高昂。计划经济体制是以“社会理性”和“政府万能”为前提的。社会理性要求社会能够准确地反映社会的消费偏好，消费者的需求函数，生产者的生产函数以及资源要素的供给函数等，并能为计划提供准确无误的信息。政府万能则意味着政府能够通过一定的手段从社会理性中获得完备的信息，并能够利用高端的技术来进行核算，从而能够进行精准和完美的经济计划，并按照这种计划进行资源的优化配置。但显然，要想准确地进行定量计算社会需求和消费偏好难度相当高；即使能获得比较可靠的社会信息，政府进行完备的计划也是难度很大的，技术的缺乏以及政治家才能的局限性都会导致计划的偏差。

(3)政府不重视效率的提高,权力作用大。计划经济体制下,政府对于企业的生产存在预算软约束,政府能够在不同地区和企业之间按照政府认为比较合理的方式进行不计成本的生产资料的调配,并在完全忽略市场的情况下,为了政府既定的目标为国家或其他企业进行生产而强制性的进行生产资料的转移。这种完全剥离了价格和市场的影响的生产方式,显然是高成本低效益的,不仅会导致效率低下,还会导致严重的浪费。同时,这种软约束还进一步地使得要素配置中权力的作用扩大,各种寻租行为和幕后交易盛行,而又由于各种监督机制的不完备,就会逐渐地滋生腐败和官僚化、行政化,甚至"官本位"的思想的蔓延,从而使得经济效率大打折扣,公平也逐渐地被弱化。

(4)个人劳动积极性差,缺乏激励机制。计划经济体制是以公有制为基础的,生产资料完全归国家和集体所有,尽管有按劳分配的制度要求,但现实的分配却是多劳未必多得,少劳未必少得,而不劳动也未必不得。当起初的热情逐渐磨灭,而个人的利益追求得不到实现时,偷懒行为和"搭便车"行为就逐渐蔓延开来,人们的生产积极性大幅度地减弱,进而导致生产效率的低下。而以往的树立典型或模范的激励方式已不能适应人们的逐利需求,进一步导致生产积极性和效率的低下。

(5)计划经济还是短缺经济。由于以上几点缺陷的存在,计划经济很显然会导致需求过多,供给不足的短缺经济。一方面,国家可能会为实现计划目标或发展特定产业而将生产资料人为地转入特定的部门中,使得用于其他部门的生产资料缺乏,造成供给严重不足。另一方面,政府不重视效率,人们的生产积极性不高,生产力大幅减弱,再加上计划成本和交易费用的高昂,计划经济可能会出现严重的短缺"排队"现象,严重阻碍经济的可持续发展。

正是由于计划经济体制存在着以上缺陷,再加上发展中国家的组织效率低下,使得很多国家,特别是社会主义国家在计划经济时期付出了相当大的代价,并不得不转而进行经济体制改革。

3.计划经济体制的优势

从20世纪以来实行计划经济的社会主义国家的经济和社会发展来看,在计划经济时期,这些国家在与资本主义国家进行冷战的同时,经济发展水平和人民生活水平还是有了较大的提高的。而且就其经济体制本身来说,对于经济发展还是有许多值得借鉴的优势的。

(1)计划经济体制提倡公平,有利于收入分配的均等化。计划经济或者说社会主义的最终目标是实现共同富裕,也就是公平的最终表现形式。而公平作为经济活动的主要目标之一,是任何一种经济体制都必须要解决的一个问题。在计划经济体制中，相比于效率，政府会更偏向于公平，这样就会直接影响到收入分配的格局，越是提倡公平，收入差距就会越小。在政府进行有效的全国统一的配给制和全国统一定价的计划经济中，收入分配是非常均等的，不会出现市场经济体制中贫富差距大的格局。

(2)在计划经济中，能够实现充分就业，并集中优势力量进行重点建设。计划经济的一个非常有优势的方面就是能够解决就业问题。在计划经济时期是没有失业的，政府可以通过统一的计划和分配手段为劳动者提供足够的工作机会，使得劳动力得到最大限度的利用。而且政府还可以通过宏观控制按照计划的最优组合来配置生产要素，从而能够集中优势力量来进行重点建设，不仅能提高工作效率，还能提供优质的产品和服务，同时也能够保证预期目标按计划实现。

(3)政府计划能够保证总供求的均衡，避免浪费。总供给和总需求均衡也是所有经济体制所追求的最理想的经济状态。在计划经济中，政府最重要的任务就是计划。一个有效率的政府组织能够有效地进行社会预期，并通过社会理性所反映的供求状态来制订计划，在这种计划下的总供给和总需求就是均衡的。也就是说，计划经济能够有效地保证供求的均衡，并通过完备的计划来进行生产和配置，最终实现经济的均衡增长，同时避免资源的浪费。

(4)计划经济能够保证国计民生，稳定经济发展。在计划经济中，生产什么是政府需要解决的问题，包括公共产品在内的所有产品都应当在政府的计划之内。政府在制订计划时可以充分考虑能够提高社会福利和国计民生的商品和服务，并实现社会福利最大化的目标。另外，政府还能够通过完备的计划和及时的经济控制避免各种不稳定因素的影响，比如物价上涨、通货膨胀、金融危机等，从而保证经济持续增长和稳定增长。

可以看出，尽管计划经济存在着许多的缺陷，但是一个有效率的政府组织同样能发挥计划经济的优势来实现经济的稳步增长。也正是因为计划经济体制的这些优势，许多实行计划经济体制的发展中国家在战争之后得以迅速地恢复经济，并为此后的经济发展奠定物质基础，增强了国家的实力，提高了人民的生活水平，也推动了经济的稳步发展。

二、市场经济

1. 市场经济的含义

所谓市场，从狭义上讲是指买卖双方进行商品或服务交换的场所或领域，广义上指的是一种通过自发交易协调商品或服务的生产和消费的组织，是生产者和消费者之间经济关系的总和。保罗·萨缪尔森(Paul Samuelson,1985)[①]认为市场不仅仅是一种交易场所,在有形和无形的市场含义之外还包含着一层用于确定均衡价格和数量的价格机制的作用。市场经济正是通过发挥这种具有价格信号的市场机制的作用而形成的经济体制。

市场经济体制指的是依靠自由市场来对大部分商品、服务以及生产要素进行配置的经济运行模式。在这种运行模式下,生产什么、怎么生产、为谁生产的经济问题主要就由市场来解决,并通过市场价格机制作用来调节生产和消费的供求平衡。

市场经济是一种具有自由性、平等性、开放性、竞争性、规范性和科学性特征,以私有制为基础,以利润最大化为目标的经济体制,是目前为止被公认为最有效率的经济体制。

2. 市场经济体制的优势

市场经济体制是目前世界上大多数国家采用的经济运行模式,相对于传统的计划经济而言,是一种更有效率和激励作用的经济体制。

(1)市场经济能够通过价格机制和利润机制优化资源配置和经济结构,提高经济效率。在"理性人"假定下,市场经济体制能够通过价格机制和利润机制来引导消费者的消费偏好以及生产者的生产偏好。市场可以充分利用价格机制和利润机制,在消费者之间调剂成千上万种不同的产品并充分反映消费者的偏好,并在生产者之间形成各种生产性投入组合,并由此产生最大产出。而在交易费用和信息成本比较小的情况下,市场这只无形的手就能够通过价格的形成和利润的驱动来影响消费者偏好,并引导竞争性的企业或厂商进行资源的重新分配和利用,最终达到一个更有效率的供求均衡的状态。市场还能自动地使要素资源从低效的部门向高效的部门转移,高效部门进一步地替代低效的部门,从而实现资源的优化配置和经济结构的有效调整。

(2)市场比政府更自由、更灵活,更能适应条件的变化,避免中央集权。市场经济是一种提倡自由,民主的开放式经济。在市场经济中,价格机制和供求平衡是相互作用和影响的,供求关系的变化导致均衡价格的变动,新的价格的形成又产生新的供求均衡状态,如此循环作用,而这种相互的作用在市场内部就能自由地进行调

①保罗·萨缪尔森(Paul Samuelson,1915—2009):当代凯恩斯主义的集大成者,经济学的最后一个通才。他的研究涉及经济理论的诸多领域,比如一般均衡论、福利经济学、国际贸易理论等,他的经典著作《经济学》被翻译成多种文字,流传颇广。他于1947年成为约翰·贝茨·克拉克奖的首位获得者,并于1970年成为美国诺贝尔经济学奖第一人。

整。一旦有风险或不稳定因素的发生，高效的市场就能迅速地作出反应，避免“时滞”带来的经济损失。而且市场经济能够充分发挥企业家才能，规避风险，并鼓励企业家进行技术创新和改革，从而更加高效地促进经济快速发展。

(3)市场经济鼓励私人经济，具有更好的激励机制，并导致民主政府和个人自由。市场经济是基于私有制的制度基础的，在私有制的社会里，利润最大化和效用最大化是一个理性人经济行为的根本动机，而对私有产权的保护就为他们的逐利行为提供保证。首先，在市场经济体制中，由于鼓励私人经济，多劳多得、少劳少得、不劳不得，这样将收入和有效劳动挂钩，在人们的逐利动机和存在失业风险的情况下，充分避免了“搭便车”行为和偷懒行为，具有更好的激励作用。其次，市场经济对于私有产权的保护，极大地促进了企业家和劳动者的创新精神和创业精神，而这就更进一步地为提高经济效率带来潜在动因。另外，对于私人经济的鼓励，进一步地使得经济多元化发展，而人们的自由意识也得到加强，民主政府也就自然而然地逐渐形成。

总之，从经济效率的方面来说，市场经济体制确是优于计划经济体制的，而且市场经济体制的鼓励竞争、专业化以及科学规范化发展也都是优于计划经济的。但是，市场不是万能的，市场失灵也会困扰着众多实行市场经济体制的国家，甚至一些发达国家。

3. 市场经济体制的缺陷：市场失灵

市场失灵是指市场无法有效率地提供商品和服务的状态。市场在运行过程中，可能偏离帕累托最优状态，造成效率的损失，而且部分商品或服务市场是无法提供的，需要由政府进行干预，这些都会导致市场失灵。

(1)市场经济存在垄断。在市场经济中，理想的完全竞争市场是不存在的，垄断是现代市场经济的一个重要特征。由于市场经济自由竞争的特性，理性的生产者会为了获取更多的利润而不断改良技术，提高员工素质，缩减成本，从而获得相对于同行业的比较优势，并通过不断的规模扩张，侵吞小规模厂商的利益，最终获得垄断优势。而有些行业由于规模报酬递增的影响，只有达到一定规模的厂商才能获得大量利润，一旦有企业占据该市场就会将一些小厂商排除在行业之外，比如水、电行业等，这样就形成了自然垄断效应。自然垄断还存在于一些稀缺资源行业，比如石油、矿产等，只有具有资源优势的生产者才能进入并垄断市场，而这些生产者往往是与政府紧密相连的。垄断产生之后，垄断厂商就会获得定价权，并不断地通过限制产量、抬高价格来获得超额利润，而市场的调节在这种情况下是无效的，市场偏离了均衡状态，违背完全竞争原则，资源也不能实现优化配置。

(2)市场经济存在外部性作用。在经济活动中，外部性是指某些市场主体的行为会给社会或其他市场主体带来好的或坏的影响，而前者却没有因此而获得报酬或者承担相应的费用，后者也没有因为受益而付费或者因为受损而获得赔偿的经济效应。如果该项经济活动为社会带来了收益，就是正的外部效应，反之，如果为社会带来了损失，就称之为负的外部效应。显然，在具有外部性的经济活动中，私人边际成本（收益）和社会边际成本（收益）是不一致的，其差额就是外部成本（收益）。在存在正的外部效应时，私人收益小于社会效益，理性厂商肯定不愿意提供这种商品或服务，比如植树造林；而在存在负的外部效应时，私人成本小于社会成本，厂商不用为其行为付费，理性厂商自然会继续生产而获得超额利润，从而使资源过度配置，比如环境污染。而市场在这一过程中是无能为力的。

（3）市场无法有效提供公共物品。公共物品是相对于私人物品而言的，具有非竞争性和非排他性，这部分商品或服务是私人厂商不愿意或者无法提供的，比如道路、国防等。公共物品的非竞争性使得个人在消费这类商品时完全不会影响他人对这一商品的消费，增加消费者的边际成本为零，产权没有明确的界定，消费者肯定不会自愿为之付费，比如道路；而非排他性意味着，这类商品一旦生产出来，生产者或者提供者就不能排除其他不愿付费的消费者享用公共物品，而消费者又不能拒绝公共物品所提供的效应，这个效用的大小也就无法衡量，比如国防。也就是说，公共物品是没有产权界定的，边际成本为零，边际利润又无法衡量，这就导致消费者不愿付费，而提供者又无法收费的局面。在市场中，理性的私人厂商肯定不愿提供公共物品，从而产生公共物品供给的不足以及市场的非均衡状态，必须通过政府干预才能解决这一问题。

（4）市场经济存在市场不完全。在市场中，企业的发展是渐进的，都会经历从幼稚到成熟的过程。在这一发展过程中，由于市场的不完全和竞争关系，市场自身不能对新兴企业进行有效保护，这就使得新兴企业在其幼稚期不受重视，只有发展到一定的程度才会得到市场的认可。但是许多新兴企业很有可能由于得不到市场的保护而逐渐衰落并被排斥在市场之外，失去发展的机会，市场也不能提供经济发展所需的经济结构变迁，从而导致市场的无效。

（5）信息不对称导致市场无效。理想的完全竞争市场是信息对称的市场，但是现实中，由于交易双方掌握的信息不同，往往存在着信息不对称的现象。信息的不对称就会导致“逆向选择”和“道德风险”。逆向选择是指在信息不对称的情况下，降低商品的价格，消费者也不会做出增加消费的选择，而提高价格，生产者也不会做出增加供给的现象。道德风险是指交易一方在信息不对称的情况下，为了自身的效用最大化而做出不利于他人的行为的现象。比如在保险市场中，身体状况差的高风险投保者并不会因保费的提高而减少投保，这样保险公司提高保费的损失将更大,一定时期后,供给反而会下降,这就存在着逆向选择;而同样在财产保险中,投保者为了获得保险费,可能故意放松对财产的保管而使保险公司受到损失,这就是道德风险。也就是说信息不对称会由于投机而造成市场资源配置的扭曲,从而使市场无效。

(6)市场经济存在失业、通货膨胀以及收入差距扩大的现象。市场经济发展至今,并没有像推崇市场万能的经济学家所预言的那么美好,反而在市场经济中出现了高失业率以及高通货膨胀的现象。实践表明,在这些情况下,市场的自我调节显然是无效的。而且市场往往被强加了更多的目标,比如收入分配目标等,这在极力提高效率的市场经济中是不现实的,效率兼顾公平往往会忽略了公平而导致收入差距的扩大。失业、通货膨胀以及收入分配问题必须由政府进行宏观控制来解决,仅在市场机制的作用下是无法解决的。

任何一种经济现象的存在都是有其必然性的,到目前为止,没有哪种经济体制是十全十美的。就计划经济和市场经济而言,尽管从上面的分析中可以看出,市场经济体制确有优于计划经济体制之处,但是这二者之间却并没有一个绝对的优劣之分,如果存在高效的政府组织的话,计划经济也许就能充分发挥其优势而获得成功;同样,如果存在高效的市场组织的话,市场失灵也可能得到有效的解决。

第二节　政府干预

在经济思想的发展历程中,对于政府是否应当在经济发展中对经济进行政府干预有着各种不同的观点。重商主义经济学家认为政府应当通过保护关税政策鼓励出口来促进经济增长。古典经济学家亚当·斯密(2009,中译本)[①]主张自由放任的经济政策,并认为政府的职责就是“守夜人”,在自由竞争的市场中,有市场这只“看不见的手”就能自发的调节经济,政府的干预只会阻碍经济的发展。而托马斯·马尔萨斯(Thomam Malthus,1986)[②]却认为财富的增长取决于一些比例关

①亚当·斯密(Adam Smith,1723—1790):经济学的鼻祖以及古典学派的主要创立者,提出了著名的劳动分工理论、价值论、分配理论、赋税理论等,在政治哲学、伦理学等方面有较深的研究,尤其是其提出的“看不见的手”理论对后世经济学家有较深的影响。其著作包括《道德情操论》、《对国民财富的性质和原因的研究》(简称《国富论》)等。

②托马斯·马尔萨斯(Thomam Malthus,1766—1833):古典经济思想中颇具争议的重要人物。在他还是一位默默无闻的牧师的时候发表了一本颇具影响的著作《人口论》,并为他确立了经久不衰的声望,除此之外,他还出版了《政治经济学原理》一书。在这些著作中,他详细阐述了人口增长、国民生产总值计算方法、价值理论、收益递减、土地地租、市场供给过剩理论等。

系，这些比例关系需要政府的协调才能维持在一个最佳的状态。德国历史学派的弗里德里希·李斯特(Friedrich List，1966)①的政府干预学说也主张政府应当对经济的特定领域进行干预和管制，这样才能促进经济的迅速增长和转变。从具体的经济发展的实践来看，自由放任的经济并不是完全可靠的，单纯地靠“看不见的手”来调节经济是不可能维持经济长期、稳定的增长的，政府“看得见的手”的干预也是必不可少的。

一、政府与政府干预

1. 政府

政府，在经济学上指的是一种具有普遍性和强制性特征的经济组织，是经济活动的主体之一。其中，普遍性指的是个人是很难选择政府的，个人不能轻而易举地离开某个政府或者改造某个政府；强制性指的是政府拥有合法的强制权力，政府与个人之间的关系大多是非自愿、非平等而且无偿的。与自由市场进行平等交易的市场机制不同，政府可以在适当的时候直接从国家的整体利益和目标出发，以强制性的手段对经济进行干预。

政府对经济进行干预是有其必然性的。这些理由已经在前面市场经济部分论述过了。

2. 政府干预经济的手段

凯恩斯主义经济学家认为，政府应当根据经济形势的变化采取“相机抉择”的需求管理政策，政府可以通过对总需求进行调节来熨平经济的周期性波动。而随着经济的迅速发展，仅仅通过总需求的调节已经不能适应经济的发展需要了。

一般来说，政府对经济的干预可以通过两方面来进行：一是进行市场调节，包括财政政策、货币政策、产业政策等；二是进行市场替代，包括政府经营和管制、政府计划等。前者只是政府在市场失灵时通过一定的政策手段对市场的不足进行调节和弥补，后者则是政府直接替代市场，实行国有化管理或者计划管理，甚至通过立法等制度化安排进行政府管制，从而弥补市场的缺陷。(齐良书，2002)

(1)财政政策。财政政策是政府根据既定目标通过财政收支的变动影响宏观经济活动的政策，包括税收政策、政府支出政策和发行公债等。财政政策是政府实

①弗里德里希·李斯特(Friedrich List，1789—1846)：是德国历史学派的先驱者，同时也是古典经济学的怀疑者和批判者。与古典自由主义经济学相反，他认为国家应该在经济生活中起到重要作用，提出了国家主导的工业化、贸易保护主义等思想，并以具体行动促成德意志关税同盟、废除各邦关税，使得德国经济获得统一，为战后德国统一产生重要影响。

现社会总供求均衡、充分就业、稳定物价、收入分配均等以及提高社会福利目标的主要手段,作用直接且见效最快。

税收政策。

税收政策是财政收入政策的一种,税收水平越高,投资水平就越高,从而才能有效地刺激经济增长。从总体上看,发展中国家税收水平普遍低于发达国家,因为发展中国家存在税基狭窄、税收弹性小、税制不完善以及对间接税过度依赖的特点,而且人均收入水平低、收入差距大,这就导致发展中国家税收水平的低下,经济发展缓慢。政府必须根据经济发展的需要,调整税收结构(包括所得税和财产税、消费税和关税的结构调整等)并改变税率,以实现最佳的税收水平。

现实的经济中存在"税收悖论"和"最佳税率"的问题。税收增加,可以增加公共积累,有效的总投资就增加,从而促进经济发展;而税收减少,能有效地刺激私人企业的经济活动,增加个人和企业的消费和投资,也能促进经济发展,这就导致"税收悖论"的发生。美国供给学派经济学家阿瑟·拉弗(Arthur Betz Laffer)①通过其提出的拉弗曲线给出了一个"最佳税率"点,认为在该点以下,税收随着税率的提高而增加,在该点以上,由于高税率会削弱经济活力,从而导致税收不升反降的课税禁区。"税收悖论"和"最佳税率"说明了一个共同的问题,税率或税收并不是越高越好,经济发展存在着最优税收或最优税率点,越靠近最优点的税收或税率才是更有效的。

政府支出政策。

政府支出主要是政府用于运转国家机器、提供公共物品、优化资源配置以及进行收入分配等方面的财政支出,主要包括经常性支出和资本性支出。经常性支出也称消费性支出,是一种非生产性支出,比如政府职员工资和津贴、军费开支、利息支出、非生产性购买以及补贴和社会保障金等。资本性支出也称公共投资,是政府的直接投资活动或投资拨款,是一种生产性投资,比如政府固定投资、转移支付、金融投资等。经常性支出和资本性支出存在着互为消长的替代关系。

一般而言,政府支出水平和经济发展水平呈正相关关系。在发展中国家,政府支出存在着财政支出增速过快、政府部门开支大、补贴过度、军费开支大而公共物品供给不足的特点,这就导致有效政府支出的严重不足,从而阻碍经济的发展。政

---

①阿瑟·拉弗(Arthur Betz Laffer,1941—):美国经济学家,供给学派的创始人之一,以"拉弗曲线"而著称于世,并成为里根总统的经济顾问,为里根总统推行减税政策出谋划策。在20世纪70年代,曾设想通过扩大供给的方式来代替扩大需求以增加就业的凯恩斯方案,主张回归到古典经济学重视供给的传统理论之上,并以此摆脱"滞涨"局面。

府应当尽量压缩不必要的经常性开支,加大资本性开支的投资力度,以此刺激经济,提高有效需求,比如精兵简政、提高社会保障金、加大政府投资力度等。

发行公债。

公债的发行也是增加财政收入的方式之一,不仅可以用来弥补财政赤字,还可以调节货币供求,连接财政和金融。一方面,公债可以调动居民手中闲置的货币,从而防止通货膨胀并聚集资本。另一方面,公债可以加速资本的形成,提高资本流通效率,而且充分发挥公民的自愿性。但是,公债的发行具有"挤出效应":公债的增加会导致居民投资和消费的减少,从而不利于刺激经济,阻碍经济的发展,所以政府要谨慎地发行公债。

简而言之,积极有效的财政政策可以促进经济的发展,政府应当根据实际情况,采取合适的财政政策保证经济的活力。当经济过热、总需求过剩时,政府应当采取紧缩性的财政政策,增加税收、减少财政支出,并合理发行公债;当经济衰退,总需求不足时,政府应当采取扩张性财政政策,减少税收、增加政府支出,并适当收回公债。

(2)货币政策。货币政策又称金融政策,是指政府通过中央银行调整货币供给量,以影响利息率,进而刺激或者抑制投资和消费,从而实现经济的总供求均衡以及经济稳定增长的经济政策。

货币政策的核心是货币供给量的变化。货币供给量增加会导致利率的下降,利率下降会促进投资和消费,从而会扩大市场的有效需求而促进经济的增长。货币供给量的调整可以从两个方面来进行,其一是通过中央银行货币发行量的增减来调整,也就是实际货币的增减变化;其二是通过货币供给的调控工具来调整,主要包括法定存款准备率、再贴现率和公开市场债券买卖业务三个方面。其中,法定存款准备率决定货币创造乘数的大小,法定存款准备率越高,货币创造乘数就越小,商业银行获得的货币供给越小,从而使得市场获得的货币供给减少。再贴现率可以反映商业银行从中央银行借款的成本,再贴现率越高,商业银行的借款成本越高,从而会压缩放贷,进而减少货币供给。公开市场业务是政府最常用的调整货币供给量的工具,在公开市场中,政府可以通过卖出债券而减少市场的货币供给,同样也可以通过买进债券而增加市场的货币供给。

也就是说,当经济过热,总需求过剩时,政府可以采用紧缩性的货币政策,包括减少实际货币供给,在公开市场卖出债券收回货币,提高法定存款准备率和再贴现率等,以此来提高利率减少投资,抑制经济增长;反之,当经济萧条,总需求不足时,政府就可以采用扩张性的货币政策,增加货币供给,促进经济的增长。

而在发展中国家,由于金融市场的不完善,货币化程度比较低,货币供求的弹性也比较低，货币政策会受到很大的限制，并不像财政政策那么有效。而且随着发展中国家的经济发展和经济全球化，“金融深化”和“金融资本”的作用也不可小视。

“金融深化”。

金融深化是相对于金融抑制而言的。罗纳德·麦金农(1988，中译本)①和爱德华·肖(1989，中译本)②认为，发展中国家往往会过分干预金融市场，采取肤浅的金融抑制政策，比如制定较低的利率和汇率以及抑制货币供给的调控工具等，而金融深化可以通过金融自由化来放开利率抑制，提高储蓄水平，从而增加投资，促进经济增长，发展中国家应当放弃金融抑制政策，开放金融市场，进行金融深化改革。但是对于发展中国家而言，实行金融抑制政策主要是为了尽早实现工业化，提高国内企业竞争力，并有效地抑制金融危机的发生，所以，实行金融抑制对于金融市场和体系不发达的发展中国家来说是无可厚非的，但是从长远看，渐进式的金融深化政策也是行之有效的。

“金融资本”。

金融资本的形成往往是紧随着金融深化以及垄断的发展的，是资本集中的最高级、最抽象的表现。金融资本指的是产业资本和银行资本相互渗透和融合而形成的最高形态的垄断资本。一方面，产业资本的高度集中可以为银行提供大量的货币资本来源，比如通过储蓄、业务往来以及债券买卖等；另一方面，银行资本的集中和垄断又反过来通过各种信用手段为产业资本的集中和垄断提供货币保证，这种作用往往是通过企业的扩建、并购、重组等需要借贷的投资形式来实现。而金融自由化以及金融工具的衍生正好为这种金融资本的形成提供便利。金融资本的形成就导致金融寡头的产生，并进一步地形成资本集团从而达到操纵国家经济命脉甚至统治国家的目的。可见金融深化并不是一贯有效的，发展中国家还需要谨慎地实行金融深化并谨防金融资本的垄断。

(3)产业政策。产业政策指的是政府通过一定的方式将产业部门之间或某一特定部门内部的产业组织的资源进行重新配置，以弥补市场机制的缺陷和不足，并加速产业结构现代化，提高社会经济福利的政策。

---

①罗纳德·麦金农(Ronald I. Mckinnon，1935—)：当代金融发展和金融抑制理论的奠基人之一，是世界上首先分析“金融抑制”对经济发展的影响的经济学家。在《经济发展中的货币和资本》一书中，他详细分析了金融抑制的危害，并在《经济自由化的顺序——向市场经济转型中的金融抑制》一书中给出了金融自由化的顺序，对发展中国家特别是中国在内的计划经济国家的转型产生深远影响。

②爱德华·肖(Edward S. Shaw)：当代金融发展和金融深化理论的创始人之一，和麦金农教授一起在前人研究的基础上重点研究金融问题对经济发展的影响作用，并重点致力于“金融深化”的研究。其著作包括《经济发展中的金融深化》等，对世界各国尤其是发展中国家的金融深化产生了深远影响。

产业政策的制定需要政府明确本国产业发展的重点和方向。因此可以分为保护性产业政策和限制性产业政策。保护性产业政策一般用于培养发展具有战略意义的产业，或者用来干预或推动资源从衰落产业向更有发展的产业转移，对于一些基础设施产业和需要保护的幼稚产业或中小企业也需要政府通过产业政策进行干预保护。19 世纪后期德国的迅速崛起正是得益于政府对新兴制造业的保护。限制性产业政策则主要用于具有阻碍经济发展的产业或者资源配置不具效率性的产业，比如对垄断产业或环境污染严重的产业进行的政策限制等。其中限制性的政策包括行政审批制度、经营许可证制度、配额制、政府经营等，保护性的政策包括补贴、公共贷款、政府投资等，另外还可以利用税收和关税进行多方面的调节。

(4)政府直接经营与政府管制。市场在存在垄断、外部效应的行业以及公共物品供给等方面是无效或低效的，政府作为追求社会福利的经济主体就必须解决这些问题，解决方法有两种：政府直接经营或政府管制。

政府直接经营一般存在于公共物品以及具有正的外部效应的商品或劳务的供给行业，这些都是私人企业一般都不愿意提供的，比如道路、国防、基础设施等，政府可以通过组建国有化企业来直接经营并满足社会的需求。相对于零供给的无效率状态，政府直接经营是更优选择。

对于垄断行业或者有负的外部效应的行业一般通过政府管制来约束(政府直接经营可能面临利润最大化和福利最大化的两难选择，而且效率可能比私人经营更低)。政府管制可分为直接管制和间接管制。直接管制是政府通过有关进入、价格、许可、认可、标准、收费等法规的制定而对企业进行的管制，比如发放营业许可证、制定排污标准、排污收费等。间接管制是政府通过立法对企业的不正当竞争和垄断行为以及环境污染等外部性问题进行的管制，比如反托拉斯法、环境保护法等。

政府直接经营和政府管制都要求政府是一个高效的经济组织，但是发展中国家的政府往往存在着许多缺陷，比如滥用权力、寻租行为、官僚化、腐败等，这就大大地削弱了政府干预的效率。20 世纪 70 年代后，美国出现了放松管制甚至解除管制的改革运动，通过引入垄断竞争和新的激励机制，生产率得到了极大的提高。对于发展中国家而言，如果政府管制的效率低于放松管制的效率，发达国家的这种经验也是值得借鉴的。

(5)政府计划。计划是为完成一定目标而制定的方案。政府计划不同于计划经济，政府发展计划是政府对经济进行干预、调控和管理的一种手段，是经济主体为了实现经济的快速发展而进行的经济活动。

政府计划按照复杂程度和具体用途可分为国民经济宏观年度计划、产业部门规划和社会项目计划。政府计划需要政府首先根据本国发展情况和经济环境确定发展目标和发展优先顺序，然后据此制定发展政策，并制订计划和政策协调的管理机构。常用的计划方法包括：总量增长模型，最常用的是哈罗德-多马模型；投入-产出模型，一般用于产业发展规划；社会项目评估法，又称为成本-收益分析模型，主要是针对公共设施建设、公共企业、公共信贷等具体项目进行分析的一种方法（燕晓飞，2004）。

对于发展中国家而言，由于经济发展的目标众多、经济主体的效率又比较低，而且经常遇到发展“瓶颈”，再加上经济周期的影响，发展政府计划就成为发展中国家的重点。而且经济活动中经常会有许多不稳定因素的干扰和制约，市场往往会由于市场失灵而偏离稳定的经济增长路径，政府提前进行有效的计划和制定相关的解决方案也能有效地避免或减弱经济的不确定性的影响，为经济的稳定发展指明方向并清除障碍。

二、政府干预经济的历史实践以及评论

从历史上来看，政府对于经济的作用经历了从“守夜人”到“经济主体”的角色转换。而无数次的历史实践证明，仅仅作为“守夜人”的政府已经不能适应经济发展的需要，政府在做好“守夜人”的本职之外，还应当充分发挥经济主体的作用，利用各种政策手段，为经济的发展和增长保驾护航。

1. 罗斯福新政与凯恩斯革命

20世纪20年代初，资本主义世界由于证券市场的投机狂潮而经历了短暂的空前的经济繁荣，人们疯狂地进行着超前消费和股票投机。这种虚假的繁荣最终引发了资本主义世界的大灾难。1929年10月24日，美国纽约证券交易所的股票价格如雪崩般地跌落，股票投机者经历了可怕的一天——“黑色星期四”，金融危机全面爆发。

短短几年时间，美国国民收入从1929年的874亿美元降至1932年的417亿美元，工业生产下降46%，全国6 000家银行倒闭，13万家工商业公司破产，失业人数激增，人民生活水平急剧下滑。到1933年，整个资本主义世界工业生产下降40%，贸易总额缩减40%，物价暴跌达33%，失业工人达到5 000多万人，失业率高达30%，还有几百万小农破产，各国工业产量倒退到19世纪末的水平，整个社会乃至全世界都陷入“大萧条”的阴影之中。

大萧条发生后，很多经济学家仍然坚信市场经济可以通过“看不见的手”将经济从萧条中解救出来，但是现实并非如此，自由主义经济学对经济危机是无能为力的。1933年3月4日，就任美国总统的罗斯福意识到了这一点并开始寻求政府干

预经济的方法和手段，而这正与当时小有名气的约翰·梅纳德·凯恩斯(John Maynard Keynes)①的国家必须干预经济的主张不谋而合。凯恩斯认为，市场需求不足或企业投资不足，政府就应当想办法提高居民的购买力，刺激消费，扩大投资，并通过适当的财政和货币政策积极地干预经济。当经济出现萧条时，政府应当增加支出、减少税收，采取赤字政策，而当经济膨胀时，政府可以增加税收、减少政府支出，获得财政盈余并用于弥补财政赤字，防止经济虚假繁荣。

在凯恩斯思想的指导下，罗斯福开始实行“新政”，即“3R 政策”：改革(Reform)、复兴(Recovery)、救济(Relief)。在金融方面：政府开始改革金融管理制度，实行扩张性货币政策。通过发行货币和购买优先股的形式提高货币供给，刺激投资；而且政府先后通过了证券交易法和紧急银行法等，加强政府对银行、证券市场的改革和管理。在农业方面：政府颁布了农业调整法、农业信用法等，对农业进行奖励和补贴，提高农产品价格，并为农场主提供低息贷款或为偿还能力不足的农民提供再贷款，以解决农民资金不足问题，极大地提高了农民的积极性和购买力。在工业方面：政府颁布了全国产业复兴法和全国劳资关系法，在企业界建立行业工会，制定行业公平竞争原则和合理的工资标准，并成立“全国复兴署”，加强政府对工业的调节和监督。除此之外，罗斯福首度在资本主义社会实行社会保障制度。罗斯福政府颁布了失业救济法、全国就业服务法和社会保障法。经过 3 年的改革，政府在全国范围内建立了比较完善的社会保障制度，包括养老金制度、失业保险制度、儿童救济金制度等。另外，政府还大规模兴建公共工程和建立国有企业，吸收大量的劳动力，为陷于失业和大萧条中的美国人民的生产和生活提供有力的保障，同时也达到刺激经济的目的。

通过新政改革，从 1935 年开始，美国经济指标开始逐年增加，到 1936 年，国民收入和总消费额上升了 50%，到 1939 年国民收入已经达到 2 049 亿美元，国力大大加强，就业问题得到缓解，大萧条也逐渐地缓和，美国经济更是进入了“黄金时代”。而与此同时，凯恩斯的理论体系也得到进一步完善和实践证明，实现了“凯恩斯革命”，而凯恩斯也并被誉为资本主义的“救星”、“战后繁荣之父”。

罗斯福新政对美国经济发展以及凯恩斯革命对于经济学理论的贡献都是具有划时代意义的。罗斯福新政不仅有效地扭转了大萧条的局面，还为美国经济发展

①约翰·梅纳德·凯恩斯(John Maynard Keynes，1883—1946)：现代西方经济学最有影响的经济学家之一，宏观经济学的创始人。在他的经济学名著《就业、利息与货币通论》(简称《通论》)中，他提出了经典的宏观经济学理论以及工资和价格刚性、有效需求等问题。正是在凯恩斯的政策指引下，美国“大萧条”危机才得以缓解，而且凯恩斯的理论也为后世的凯恩斯主义经济学理论奠定基础。

的黄金时代以及在第二次世界大战中发挥“民主国家兵工厂”的作用奠定了坚实的经济基础，同时也有效地解决了失业问题和社会保障问题，带动全球经济的复苏，同时也为政府干预经济提供宝贵经验。但与此同时，我们也发现，罗斯福新政更多的是保护资本主义制度的延续和对垄断资本的保护，并没有从根本上克服经济危机的发生，经济危机发生的周期性规律仍然没有被打破，资本主义社会的根本矛盾也没有得到有效地解决。

从长期来看，随着经济形势和市场环境的变迁，旧的凯恩斯主义也会遇到发展的“瓶颈”和新的挑战，资本主义社会仍然面临着经济危机的威胁。不过凯恩斯主义提倡政府干预经济的主张打破了自由主义经济的壁垒，为政府干预经济提供了理论依据，并通过实践检验了政府干预经济的有效性。

2.2008 年全球金融危机

2008 年席卷全球的金融危机被认为是自 1929 年大萧条以来影响最广泛也最严重的经济危机，是政府干预经济的有效性的再一次验证。这次危机起源于美国 2007 年的次贷危机。2007 年 2 月，新世纪金融公司发出第四季度盈利预警，次级抵押贷款问题日益严重，半年后美国次贷危机爆发并迅速蔓延全球。在次贷危机中，美国有 80 多家次贷公司宣布停业，其中 11 家破产，全球众多的银行和投资机构出现巨额亏损甚至破产，各大股市也大幅下挫。到 2008 年，华尔街五大投资银行之一的雷曼兄弟由于次贷危机的影响正式申请破产，金融危机爆发。而贝尔斯登被接管、美林证券被收购、摩根斯坦利和高盛被迫转为传统银行又进一步使得金融危机的影响逐渐加深。

美国处于金融危机的中心，受到的影响最大。在五大投资银行相继破产和并购后，美国大批的银行破产，出现严重的流动性危机，就连债券保险巨头 AIG 和花旗银行也不得不接受政府注资援助。而且由于银行的大规模破产，市场出现严重投资不足和消费需求不足，再加上次贷债务危机的牵连，许多制造业巨头，比如通用、福特等都发生了巨额亏损甚至需要申请政府保护，美国经济也因此受到重创，在 2008 年第三、第四季度美国 GDP 按年利率计算分别比上一季度下降 0.5% 和 3.8%，失业人数达到 1 000 多万人，严重打击了美国民众的信心。除美国之外，由于金融全球化和债券交易的全球化，世界各国也都受到不同程度的影响。

英国是欧洲首个出现经济衰退的国家，2008 年英国 GDP 下降 2.9%，是 1980 年以来最高的负增长，失业人数达到 200 万人；德国在 2008 年第三季度出现衰退，GDP 比第二季度下降 0.5%，12 月份失业人数达到 310 万人；日本由于是出口导向的国家，经济危机对其影响比较大，2008 年第二季度 GDP 按年利率计算下降 3.7%，第三季度下降 0.4%，经济已陷入衰退。除此之外，比利时富通金融集团的国有化、冰岛第三大银行格里特里尔银行的政府接管等也都是由于受到金融危机的影响而造成的。

2008 年金融危机的波及范围之广和影响程度之深是史无前例的，许多国家也因此迅速出台了一系列的政策来抑制金融危机的影响。在金融危机爆发之后，布什政府主要采取货币政策来缓和金融危机的影响。一方面通过降低再贴现率和联邦基金利率来抵消信贷市场收缩的影响；另一方面敦促美联储通过对金融市场注入资金的方式帮助信贷机构度过难关。布什政府提出了 7 000 亿美元“不良资产救助计划”，通过购买重要金融机构优先股票的方式为这些机构融通资金，以达到挽救信贷市场的目的。另外，为配合政府计划，美联储提出了“货币市场投资者融资工具”计划，使用 5 400 亿美元购买货币市场商业票据，以恢复货币市场的功能。而且政府还首次向金融机构以外的制造业发放贷款，比如为通用和克莱斯勒汽车公司提供 134 亿美元的短期贷款等。除此之外，在政府和美联储的共同作用下还制订了“定期资产支持证券贷款工具”计划，以促进消费信贷和小企业信贷市场的恢复。与布什政府不同的是，奥巴马政府致力于用财政支出政策刺激经济的恢复，提出了 7 800 亿美元的经济复兴计划和 2 750 亿美元的减税计划，希望通过大规模的公共工程建设和减少税收的方式为民众提供大量的工作岗位并刺激有效需求的提高，从而实现节能经济和经济复兴的目标。

其他国家政府的经济刺激方案大多是采用货币政策和财政政策相结合的方式，并通过降低再贴现率和银行基准利率以及注入资金的经济刺激方案来抑制金融危机的影响。比如英国的 200 亿英镑财政刺激计划、德国的 5 000 亿欧元稳定金融市场方案、法国总额 500 多万欧元的金融救援计划、日本超过 500 000 亿日元的刺激经济计划以及中国的 40 000 亿人民币的救市计划等。另外，这些政府还根据各自的实际情况，制定了一系列扩张性的货币政策和财政政策，并希望以此来刺激有效需求，减少失业并最终实现经济的复兴。

2008 年金融危机从爆发到现在还为时较短，过早地断言经济政策的有效性是不理性的。不过，从金融危机的爆发来看，从 20 世纪 80 年代以来恢复自由主义市场经济而削弱政府干预作用的经济发展模式是不能有效地抑制经济危机的发生的。政府应当积极地对市场进行有效地调节，从而有效地避免经济危机的发生。

三、政府失灵

1. 政府失灵

在经济活动中，市场失灵是政府对经济进行干预的主要原因。但是，就如万能的市场也存在缺陷一样，政府由于其内在的缺陷也会导致政府政策的失败，即政府失灵。政府失灵是由于政府的干预而导致经济活动缺乏效率或不能弥补市场失灵的经济现象。政府政策失败的原因如下。

(1)政府存在着有界理性和偏好。经济学理论的一个基本假定就是“理性人”假定，政府作为一个经济组织，要实现有效率的政府干预，也必须是理性的。但是，政府在进行政策干预时往往会由于选择的偏差而出现有界的理性和偏好，比如政府可能会为了部分人的利益而将资源从有效率的部门配置到低效率的部门，或者按照少数人的意愿对社会资源进行控制和调配，从而导致资源的浪费和低效。政府也是由人来管理的，也会存在着各自的利益驱动，而且由于信息的不完全，这种有界理性和偏好也就不可避免了。

(2)各国政府的意识形态存在刚性。一般来说，国家的性质不同，意识形态也不同，资本主义国家信仰的是民主自由，而社会主义国家奉行的是共产主义。因为意识形态的不同，各国政府在制定经济政策和进行经济干预时所希望达到的目标和干预的程度就会有所区别，资本主义国家追求效率，其政策可能会更注重自由发展，而社会主义国家更偏向公平，其政策可能会偏向社会福利的增加。而意识形态对于各国来说是轻易不会改变的，存在着意识刚性，这就导致各国在政府干预经济时会受到固有的意识形态的牵制而不能灵活地运用政策工具进行有效的经济调节。

(3)寻租行为(Krueger,1974)。政府对经济的干预活动往往会伴随着寻租行为的产生。租即是租金，指的是由于拥有某种供不应求的稀缺资源而获得的超出机会成本的超额利润，凌驾于市场之上的权力就是这样一种稀缺资源。理性的政治家或政府职员当然会对权力产生极大的偏好并用以获得租金，比如在政府的特许权发放、进口配额、政府购买等方面收受贿赂等。寻租行为是一种非生产性活动，是一种财富的转移，并不会增加经济总量，反而往往会导致社会成本的增加和社会福利的损失，使富者更富、穷者更穷，加速收入差距的扩大。而且寻租行为加深了社会的官僚化和腐败程度，严重影响政策是有效实施和政策的公平性，从而导致政府政策的低效或者无效。

(4)来自官僚和利益集团的压力。政府在运行的过程中往往会面临官僚和利益集团的压力。公共选择理论认为，官僚是追求个人效用最大化的理性人，政府的非市场性特征导致官僚机构缺乏竞争，使得官僚们过度地追求权力和政治租金并影响政府的有界理性和偏好。而当官僚的既得利益受到损失时就可能会对政府施压，从而影响政府的决策和政策的制定与实施。另一方面，利益集团也会在其既得利益受到损失对政府施压。利益集团主要指的是一些能够影响政治决策的经济或政治组织，比如垄断寡头、其他的竞争政党等。这些利益集团为其利益会通过各种方式给执政党以压力，从而达到其目标。而执政党为了获取选票和经济支持，自然会利用各种政策手段来为其政治选票付费，从而导致经济效率的低下。

(5)政府管理者的社会科学知识的局限性。政治家和政府管理人员在政府进行经济干预的过程中发挥着至关重要的作用，从政策的制定到实施都需要有深厚的社会科学知识水平作支持。但是政府管理者的能力是有限的，其知识和技术水平也是有限的，再加上信息不对称和地域差别的影响，要想制定出完全有效的政策是不太可能的，很有可能会出现事与愿违的局面。

所以，和市场一样，政府也不是万能的，市场和政府都有其固有的局限性，而政府的缺陷可能比市场的缺失对经济的影响更大。

2.东南亚金融危机中的政府

1997—1998 年发生在东南亚的金融危机可以说是仅次于 1929 年美国大萧条和 2008 年金融危机的第三大经济危机。这一危机始于泰国。从 20 世纪 90 年代开始，泰国一直是东南亚经济发展最快的国家之一。但是，从 1995 年起，泰国经济中隐藏的一些问题开始逐渐暴露，经济增长率逐渐下滑。1997 年 7 月 2 日，泰国政府被迫宣布与美元脱钩，实行浮动汇率制。当日泰铢汇率狂跌 17%，在泰铢贬值的冲击下，和泰国经济问题相同的东南亚各国也先后出现严重的货币贬值和股市动荡，从而形成了影响全球的东南亚金融危机。

在金融危机中，截至 1997 年 11 月底，东南亚各国的汇市和股市都受到了重创，其中货币兑美元跌幅为：泰铢 35%、印尼盾 49%、马来西亚林吉特 27%、菲律宾比索 24%、新加坡元 10%；股票市场跌幅为：吉隆坡股市 49%、雅加达股市 45%、马尼拉股市 36%，新加坡股市 16%。同时，紧随着东盟各国的经济衰退，中国台湾和中国香港地区以及韩国、日本也相继出现汇市大幅贬值、股市急速下跌以及银行和证券公司破产的局面，从而进一步加剧金融危机的影响。到 2008 年初，金融危机的重心又转向印度尼西亚，并使得印尼盾汇价暴跌 26%，其他各国虽然有所缓和，但是仍然处于衰退之中。直到 2008 年 2 月初，在国际货币基金组织和其他国家的共同援助下，以及东南亚各国政府的政策干预下，这场危机才得以初步遏制。

面对突如其来的金融危机，东南亚各国纷纷指责国际投机商是这场危机的幕后黑手，尤其是“金融大鳄”乔治·索罗斯的炒卖作用。但是很显然，国际投机商的兴风作浪只能算是金融危机的导火索，究其根本原因还是东南亚各国政府本身的经济结构和政策问题所致。

从经济结构来看，一方面，东南亚各国都采取出口导向的经济发展战略，并以劳动密集型的出口带动经济增长。由于各国内部经济基础薄弱以及经济结构单一化，这种经济结构显然是有局限性的，尤其是20世纪90年代以来，随着中国、印度等发展中国家的兴起，东南亚各国的劳动密集型产品不再具有国际竞争力，而产业结构升级又严重滞后，这就导致东南亚各国出口增长速度的下降和国际收支逆差的骤增，加速了经济危机的形成。另一方面，东南亚各国存在债务结构不合理，投资结构失衡的现象。巨额的贸易逆差和过热的经济发展，使得东南亚各国不得不依赖于外债的引进，尤其是泰国。而在外债利用方面高利润的商业性外债比例大而用于官方和金融机构的外债少，这就使得政府用于提高公共福利的资金严重短缺，而大量的资金集中于房地产和证券市场，造成投资结构失衡，经济泡沫膨胀，一旦泡沫破灭，外债市场将引发信用危机，从而为投机者提供大量获利空间，从而引爆金融危机。

而在政府政策制定方面，东南亚各国都存在金融机制不健全、缺乏金融监管的问题。各国长期坚持不能适应市场变化的与美元挂钩的固定汇率制，随着贸易逆差的加剧，为维持固定汇率不变，中央银行就必须投入大量外汇，从而使外汇储备大量减少，在外汇储备不足的情况下，就会导致经济的严重动荡和信用危机的加剧。而且这些国家为获得大量外资，在金融体系不健全的情况下，过早地开放资本账户，放松了对金融市场的管制，从而为投机者提供可乘之机，金融危机也就势不可挡。

也就是说，东南亚金融危机的发生归根结底还是政府政策的低效或无效而导致的，也就是政府失灵。政府政策不能适应市场的变化，就不能有效地对市场进行调节，对经济的发展也就不能充分发挥政府“经济主体”的作用，甚至会产生反作用而导致经济危机。

总之，经济的发展和增长需要市场“看不见的手”和政府“看得见的手”的共同作用来实现。发展中国家需要不断地完善市场体系和加强市场主体的作用，并充分发挥政治家才能，通过有效率的政策手段对市场进行高效地调节和干预，才能实现经济又快又好地发展。

第三节　制度与经济发展

早在19世纪，马克思就把资本主义制度作为分析和批判的重点；旧制度经济学派的凡勃伦(T. Veblen)[①]和康芒斯(John R. Commons)[②]等也认识到了制度对于经济发展的重要性。而此后的西方主流经济学家却由于意识形态和研究方法的局限而长期忽略对制度因素的研究。直到第二次世界大战后,新制度经济学派的逐渐兴起,制度对经济发展的影响才逐渐受到经济学家重视。实践证明,制度安排以及制度变迁对经济的发展起着重要的作用,有效率的制度安排能促进经济的增长和发展,而低效或无效的制度安排会抑制经济的增长和发展。

一、制度及其对经济发展的作用

1. 制度的含义

在经济学领域中,目前还没有对于"制度"的一个比较一致的定义。旧制度经济学家凡勃伦(1964,中译本)认为制度实质上是个人或社会对某些关系或作用的一般思想习惯;康芒斯(1987,中译本)认为制度是集体行动中控制个人的一系列行为准则。

新制度经济学家对制度给出了更具一般意义的定义。诺斯(1994,中译本)[③]认为制度是一种规范人行为的规则,是人为设计的制约政治、经济、社会各方面关系的"游戏规则",构成了人们交换关系的激励结构,包括正式规则和非正式规则。舒尔茨(1984,中译本)[④]也认为制度是约束人们行为的一系列规则,并涉及社会、政治和经济行为。这一定义被后来研究制度的学者所广泛接受。

制度可以分为非正式制度和正式制度。非正式制度是人们在长期社会生活中

---

①托尔斯坦·凡勃伦(Thorstein Veblen,1857—1929):是对传统经济学理论最尖锐、最诙谐的批判者之一。他对传统理论的批判及其本人对经济学的积极贡献都强调了社会制度对个人的影响。而且在他第一部也最流行的著作《有闲阶级论》中,他也强调了炫耀性消费、避免有效劳动消费、保守主义等观点,对新古典经济学进行了有力的批判,并提出了信用和经济周期等概念。

②约翰·罗杰斯·康芒斯(John R. Commons,1862—1945):是旧制度经济学的代表之一,他从实践、历史和以实验为根据的研究中得出其理论见解,并成为制度经济学方面有特色的威斯康星传统的奠基人。康芒斯特别关注制度的发展,尤其是资本主义内部制度的发展,并发展了资本主义进化理论和制度变化的理论,他的关于"交易"、"产权"的观点为此后的科斯和新制度经济学家产生重大影响。

③道格拉斯·C·诺斯(Douglass C. North,1920—):是新经济史的先驱者、开拓者和抗议者,是新制度经济学派的代表人物之一。他开创性地运用新古典经济学和经济计量学来研究经济史问题,应用制度经济学的方法来解释历史上的经济增长,将新古典经济学中的制度作为内生变量运用到经济研究中,并进一步完善产权理论、国家理论、意识形态理论以及制度变迁理论等。其经典著作包括:《西方世界的兴起:新经济史》、《经济史中的结构与变迁》等,于1993年获得诺贝尔经济学奖。

④西奥多·W·舒尔茨(Theodore W. Schultz,1902—1998):长期关注农业经济和以农业为基础的经济发展问题,并对农业经济学的发展和发展经济学的进步作出了突出贡献。而且舒尔茨更注重对发展中国家农业问题的研究,并提出了农业经济理论、人力资本理论等。舒尔茨在经济发展方面做出的开创性研究以及对发展中国家问题的深入研究使得他获得了1979年的诺贝尔经济学奖。

逐渐形成的,规则的修改和变动纯粹由个人完成,用不着也不可能由群体完成,比如道德规范、风俗习惯、价值观念、意识形态、文化传统等,是人们相互关系的软约束,而且难以进行制度变迁。而正式制度是人们为了避免道德风险或机会主义行为而建立的具有强制性的制度安排,包括法律法规、经济规则、政治规则、政策、契约等。正式制度对人们的行为具有更强的约束力,违约成本更高,需要政府的强制性实施(诺斯,1994,中译本)。

因此,政府、经济政策、经济体制等都被纳入新制度经济学的分析框架中,经济发展也成了一个与制度变迁相关的过程。

2. 制度对经济发展的作用

在新制度经济学看来,经济人在追求效用最大化或利润最大化的过程中要受到各种"游戏规则"的制约。如果没有制度的约束,理性人在利益的驱动下,会导致经济和社会的混乱或低效率。归纳起来,制度可以从以下几个方面提高经济效率。

(1)降低交易费用。制度的基本功能之一就是降低交易费用。有效率的制度安排能够降低市场中的不确定性、抑制机会主义行为倾向的发生,从而降低交易费用。科斯(1991,中译本)①认为,交易费用是获得准确的市场信息、谈判以及经常性契约所需要付出的费用,交易费用的存在必然导致制度的产生,制度的运行有利于稳定经济秩序,从而节约交易费用,提高经济效率。

(2)为个人提供激励机制。任何制度都有激励作用,制度可以通过正式或非正式的规则规定人们行为的方向,并通过利益机制改变人们的偏好和选择。一个有效率的制度,应明确界定行为主体能够获取其预期收益的权利,人们可以通过制度安排来了解其行为的预期结果,并选择能够使其收益最大化的行为方式进行经济活动。也就是说,有效率的制度安排能够激励人们进行更有效率的选择,从而提高经济绩效。而显然,不同国家以及同一国家的不同时期其制度安排的不同也会导致经济绩效的不同。

(3)为经济活动提供服务和有关行动信息。舒尔茨(1984,中译本)认为,制度的功能就是为经济提供服务,每一种制度都有其特定的功能和经济价值。比如市场可以提供稀缺信息,政府可以提供公共物品,货币可以提供便利,期货可以提供降低交易费用的合约等,这些都是制度为经济提供的服务,并提高了经济效率。另

①罗纳德·哈里·科斯(Ronald H. Coase,1910—):新制度经济学的鼻祖,产权理论的创始人。其学术贡献主要在于揭示了"交易价值"在经济组织结构的产权和功能中的重要性,并发明和阐明了交换成本和产权在经济组织和制度结构中的重要性及其在经济活动中的作用。科斯的代表作是两篇著名的论文:《企业的性质》(1937)、《社会成本问题》(1960),并于 1991 年获得诺贝尔经济学奖。

外，制度规定了人们能做什么、不能做什么的基本信息，借助这些信息，人们可以知道自己的行为范围，并能预期他人的行为活动，避免了信息不对称所导致的投机行为的发生。

(4)为实现合作创造条件。从竞争和合作的角度看，制度可以看作是在人们社会分工和协作过程中经过多次博弈而达成的一系列的契约的总称。制度可以为分工协作提供一个基本框架，在这个框架下，可以明确行为主体权、责、利的各个方面，并强制实施。这样通过规范人们之间的相互关系并提供相关的信息，使得行为主体的行为具有最大程度的可预知性和稳定型，有效地避免了信息不完全、有限理性以及道德风险等带来的危害，为合作创造了条件，促进了分工协作的发展，提高了经济效率。

(5)减少外部性的作用。个人的经济活动往往会伴随着外部效应的产生。科斯(1991，中译本)认为，外部性的产生往往是产权界定不清造成的，也就是存在着产权制度缺失。以环境污染为例，若产权界定不明，工厂“有权”污染，其污染成本由整个社会承担；而若产权界定明确，工厂“无权”污染的话，工厂就必须为其污染付费，这就使得成本内部化，从而优化资源配置。在这里，制度的作用就是使外部性极大限度地内部化，从而消除或降低外部性所带来的危害，而产权制度的建立是解决外部性问题的最有效途径。

制度对经济增长和发展的作用是巨大的，有效率的制度安排能通过规范人们的行为并降低生产成本来提高经济效率，而低效或无效的制度安排可能会因为投机行为或高信息成本而阻碍经济的发展(刘葆金，2000)。

3. 制度是经济增长的源泉

早期的主流经济学家一直将制度看成是既定的、已知的外生变量，只将经济增长的源泉归结于资本、劳动、技术进步等要素，而没有看到制度因素在经济增长中的内在作用。但是，是不是当物质生产要素的投入保持不变，技术进步也保持不变时，生产率就无法提高，经济增长就无法实现呢？诺斯(North，1968)在其《1600—1850 年海洋运输生产率的变化的原因》一文中给出了答案。

1600—1850 年，世界海洋运输业中并未发生像用轮船代替帆船之类的重大技术进步，但这期间海洋运输的生产率却得到了大幅度的提高。诺斯通过对海洋运输成本的多方面的统计分析发现，尽管这一时期海洋运输技术没有发生大的变化，但是制度安排却发生了重大的变化。一方面，荷兰、英国等海上霸主为了扩大其殖民影响，对海洋运输业非常重视并给予极大的保护，使得海洋运输变得更安全，而且在对海运制度进行大力改革之后，大幅度地降低了海洋运输成本；另一方面，由于新大陆的发现，世界各国逐渐形成了一个庞大的统一的世界市场，市场分割现象减弱，市场制度得到逐渐的完善，并促使海洋运输生产率大大提高。不仅如此，荷兰、英国还是当时世界上最先在制度和所有权体系方面进行制度创新的国家，产权的明晰化使得他们在海洋运输方面始终处于领先水平。

也就是说，即使技术没有发生变化，其他生产要素也没有变化，通过制度创新或变迁也是能够提高生产效率并实现经济的增长和发展的(North，1968)。而且在诺斯看来，资本积累、劳动投入甚至技术进步都不是经济增长的源泉，而只是经济增长的结果，只有有效率的制度安排才是促进经济增长的决定性因素。

二、制度变迁

1. 制度变迁及其过程

制度变迁指的是制度的产生、替代与转换过程，主要表现在以下两个方面：其一，一种效率更高、交易费用更低的制度对既有的效率较低、交易费用较高的制度的替代；其二，产生一种更有效率的制度，即制度创新。

任何制度都不是完美无缺的，由于经济环境的变化和经济活动的不确定性，既定的制度往往不能永久地满足人们的利益最大化诉求。在动态的经济环境中，通过具有理性的人们的多次重复博弈，制度可以向更有效率的方向变动，从而完成制度变迁的过程。戴维斯和诺斯(1970)在其联合发表的《制度变迁与美国的经济增长》一书中将制度变迁的一般过程分为五个步骤：形成对制度变迁起主要作用的第一行动集团，如制度变迁的决策者、首创者等；提出有关制度变迁的方案；对方案进行评估和选择；形成推动制度变迁的第二次行动集团，包括政府机构、民间组织和个人等；两个集团协作努力以实现制度变迁并达到新的制度均衡。

从制度变迁的过程可以看出，制度变迁是人们在利益的驱动下，为了实现更有效率的制度均衡状态而共同选择的创新和博弈过程。各个行为主体之间的利益一致程度和力量对比关系将决定着制度变迁的方向、方式以及制度效率水平(卢现祥、朱巧玲，2007)。新制度经济学认为，有效率的经济组织是经济增长的关键，同样也是制度变迁的关键。制度是社会游戏的规则，而组织是参与社会游戏的各个角色，制度在规范组织的行为和相互关系的同时，组织的经济活动和利益诉求又会决定着制度变迁的方向和方式，从而使制度变迁沿着有效率的轨迹发展，并以此消除或减少组织的失误和风险，提高组织效率，促进经济的增长和发展。

例如，英国“君主立宪制”的确立就可以看成是国王、议会和人民等行为主体之间经过多重博弈而产生的制度变迁。在革命之前，英国国王兼具立法、司法和执法权于一身，为了增加财政收入，国王常常在没有议会同意的情况下就在全国大肆征税，并通过威逼利诱的手段骗取贷款，甚至利用其特权粗暴的没收公民财产，强行以低价购买商品。国王还通过出售垄断权的方式出售贵族头衔，导致贵族规模的扩张以及使贵族价值降低，而在国王的强权统治下，议会完全失去了对国王权力的限制作用。这种剥夺公民权的独裁统治使得各利益主体之间的矛盾日益加深，并最终导致了资产阶级和新贵族倡导的革命的爆发。

在1640年革命爆发之后，经过国王、议会以及公共等利益主体的激烈博弈，议会最终在英国树立了自己的权威和医院并确立了新的政体——君主立宪制，即议会、独立的司法机构与国王并行且起着核心作用的制度安排，前者可以对国王的权力进行限制，而国王不能随意召集或解散议会，相反，议会至上原则使得议会的作用得到巩固并持久地制约着国王的作用。而随着《权利法案》的公布，议会对国王税收和收入分配权力的控制以及针对王室的独立司法体系的建立，公民权利得到了保护，各利益主体的利益诉求也得到了实现，整个国家的制度安排也朝着更有效率的方向发展。在这种有效率的制度变迁下，英国最终完成了建立现代宪政的历史伟业，并成为当时世界的头号强国。而且更有意义的是这种有效率的制度安排促使英国发生了影响深远的工业革命，极大地促进了经济的增长和发展，并引领全世界走向工业化时代。

2.制度变迁的基本方式

制度变迁方式的选择，主要受制于社会各利益主体之间的相互作用以及其权利结构和社会的偏好结构。在这里主要按照制度变迁的主体不同而将制度变迁分为：诱致性制度变迁和强制性制度变迁。

(1)诱致性制度变迁。诱致性制度变迁是指由一个(群)人在响应由制度不均衡而引致的获利机会时所进行的自发性变迁。这种制度变迁是由经济主体自发组织的自下而上共同实施的，只有存在某种在原有制度安排下无法得到的获利机会时才能产生。

也就是说，诱致性制度变迁的前提条件是在制度不均衡的情况下存在获利机会。从制度的需求角度来说，产品和要素价格的变化、技术进步、市场规模扩大以及其他制度安排的改变都能促使制度不均衡地发生，从而对制度产生新的需求并诱使制度发生变迁；而从制度的供给角度来说，由于制度创新成本的降低、社会科学知识的进步以及法律法规的改革，制度选择集合会发生变化，从而可以增加制度的供给，同样也可以诱发制度变迁。

可以看出，诱致性制度变迁具有以下特点：①自发性。诱致性制度变迁是有关群体对制度不均衡的一种自发反应，只要存在着外在利润或潜在获利机会就会产生制度变迁倾向。②盈利性。经济主体进行制度创新的潜在激励就是有利可图，只有当制度变迁的预期收益大于预期成本时，相关利益主体才会推进制度变迁。③渐进性。诱致性制度变迁是一种自下而上、从局部到整体的制度变迁，而且利益主体往往面临着较高的组织成本和谈判成本，这就使得制度改革不能一步到位，而需要一个较长的时间来完成制度变迁。

诱致性制度变迁一般是在市场机制作用下产生的，具有坚实的组织保障机制，而且往往具有不可逆性，能对激励机制产生持久的作用并提高决策的效率。但是与此同时，诱致性制度变迁往往会存在改革不彻底的问题，而且由于其渐进性特点，改革的成本较大，容易出现"双轨制"并存的现象，从而加大了政府官员的"寻租行为"以及利益主体的"搭便车"行为发生的可能性(赵邦宏，2009)。而这些也正是发展中国家在制度改革过程中容易出现并忽略的问题，并严重制约着制度改革的进程。

(2)强制性制度变迁。强制性制度变迁是国家在追求租金最大化和社会福利最大化的目标下，通过政府的政策法规来实现的，其主体是国家或政府。

在诺斯(1991，中译本)的国家理论中，国家的基本功能就是界定形成产权结构的竞争和合作的基本规则，并且是制度的最大供给者。一方面，国家要为了生存和发展而制定一套规则来减少统治国家的费用以使其租金最大化；另一方面，国家必须提供相关的法律和秩序，保护产权并降低交易费用以使社会总产出最大化，进而换取税收并与选民维持稳定的"交换关系"。而国家要实现其双重目标并优先实现第一个目标，就必须利用其暴力手段来强制性地进行制度安排并促使制度向更有效率的方向变迁。

国家的强制性制度变迁往往由于国家的暴力特性而具有推动力度大、出台时间短、制度实施效果好、对旧制度替代作用强的特征，而且能避免外部性、"搭便车"行为等问题。但是国家本身的局限性也决定了国家并不一定总能建立符合社会需要的有效率的制度安排，比如国家的有界理性、意识形态刚性、社会科学知识的缺乏、利益集团的制约以及国家双重目标的冲突等，而且甚至会出现没有国家办不了事，有了国家又有很多麻烦的"诺斯悖论"现象，这些都会导致制度变迁偏离有效率的制度安排路径，严重阻碍经济的增长和发展。

诱致性制度变迁和强制性制度变迁并不能通过单独的作用而实现最有效率的制度变迁过程。发展中国家在进行制度改革时需要选择一个更接近帕累托最优的途径，在这种制度选择路径下，两种制度变迁能够实现互相补充和协调一致的发展。

对于发展中国家而言，由于诱致性制度变迁往往是在市场机制的作用下产生的，比政府干预的强制性制度变迁具有普遍的更高的效率，这就需要强制性制度变迁要逐渐地适应并配合诱致性的制度变迁。国家应当积极地寻求未被满足的诱致性需求，以自身优势形成有力的诱致性制度创新环境，并大力鼓励经济主体的创新活动，激发个人的企业家精神，使诱致性创新不断蓬勃发展。国家还应在促进有效率的制度变迁的基础上，努力克服自身的缺陷，加强对国家的监督，从而逐渐向有效率的经济组织发展，为经济增长和发展提供制度坚实的基础。

3. 中国经济的制度变迁

从 1978 年改革开放以来，中国采取渐进的方式来实现从计划经济体制向市场经济体制过渡的制度转变，并逐渐形成了有中国特色的社会主义市场经济体制。30 多年的改革历程，可以从制度变迁的角度分为以下 3 个阶段。

(1)改革探索阶段：1978—1984 年，农村诱致性制度变迁。

中国经济体制改革的序幕是由农民首先拉开的。在计划经济时代，农村实行的是集体经济，这种体制对于农民而言是没有什么既得利益的。农民必须自行解决就业、住房、公费医疗、子女教育等问题，对旧制度的依赖程度极低，这就使得制度创新的成本较低，制度变迁也就容易发生。而且在传统体制下，农民是受压抑最严重的利益主体，不仅要受农业体制的束缚，还要受到工农剪刀差等制度安排的剥削，因而新制度对农民来说是利益巨大的。正是在这种高收益低成本的驱动下，诱致性的制度创新也就势在必行了。

在 1978 年前后，安徽省凤阳县(小岗村所在县)、肥西县、天长县等地的农民为摆脱贫困，首先打破三级所有、队为基础的体制，探索出大包干、包产到户和小宗作物田间管理负责人的办法，这是农民在利益的驱动下而自发地展开诱致性制度变迁的开始，并在安徽、四川等地领导人的推动下发展成局部地区的自觉的诱致性制度变迁。而当这种制度创新的收益被中央决策层理解之后，农村家庭联产承包责任制就逐渐变成一种自上而下的强制性制度变迁了，并成为我国农村的主要经营形式。

农村家庭联产承包责任的制度创新给中国农业带来了极大的快速发展的机遇，并带动了整个国民经济的快速增长。在 1984 年之后，中国农业增长逐渐放缓，这就说明既有的制度创新已经达到了饱和，不能再产生额外利润，需要更有效率的制度来进一步促进经济发展。

(2)改革发展阶段：1985—1992 年，城市市场化建设的强制性制度变迁。

相对于农村来说，城市经济体制改革要更困难，其成本和代价也更大。在传统的制度安排中，城市中的各级官僚、企业领导以及工人是旧制度的最大受益者。城市市场化建设意味着官僚会失去“寻租”空间，企业领导的“隐性收入”也会消失，而且工人的就业、退休金、公费医疗、住房等福利也会丧失，尽管制度变迁会带来收入水平和生活水平的极大提高，但是这些城市利益主体由于存在有界理性和信息有限的情况，而使得城市市场建设受阻。在这种情况下，要有效地实行制度变迁就必须由政府出面来进行自上而下地强制性制度安排。

当政府强制性制度变迁逐渐发展之后，城市各利益主体会逐渐看到新制度的潜在利润，并进一步诱发新一轮的制度创新，比如承包制和下海经商的盛行等。也就是说，这一阶段的制度改革实际上是强制性制度变迁诱发诱致性制度变迁并进一步相互交替发展的过程。而在这一过程中，市场机制、政治体制等都发生了重大的革新，尤其是市场体系的发育以及国有企业的改革，为中国市场化进程奠定了坚实的基础，并促进了经济的极大发展。

(3)改革稳步发展阶段：1993 年至今，制度环境改善过程。

从改革开放以来，中国经济增长一直处于较高速度的增长阶段，这主要应归功于制度变迁的有效性和体制改革的成功。但是新的制度在发展到一定程度之后往往会从非均衡状态达到新的均衡状态，从而不再有潜在利润，中国的制度创新也是如此。经过改革的发展阶段之后，既有的单项制度安排已经达到饱和状态，而与其对应的制度结构和制度环境又不能实现突破，这就导致既有的制度边际效率为零的状况，从而也就使得能够影响整个制度结构的产权制度或市场经济体制需要确立。

正是在这种情况下，邓小平发表了“南巡讲话”，中国随即正式确立了建立社会主义市场经济新体制的目标，改革进入了全面的制度创新阶段。在这一阶段的改革中，不仅要突破旧制度、建立新制度，还需要实现从政策调整到制度创新的转变，从而建立一个完整的制度体系和制度环境，并为其他制度安排和制度变迁创造改革的空间。而在新制度不断的创新过程中，整个国民经济的发展也得到了极大的制度保证。现代企业制度的建立、国家与国有企业的新型关系、城乡统筹协调、高速持续的经济增长，都是制度变迁的阶段性成果。

中国 30 多年的经济体制改革过程，实质上是制度不断创新和完善的过程；可以说，制度变迁是中国改革 30 多年来经济增长的最主要因素。但是我们也应看到，目前我国政府和市场的组织效率还比较低，制度结构和环境还不完善，制度变迁还有极大的提升空间。这就需要进一步创新和完善制度安排，并为经济发展提供更广阔的空间、增加更强劲的动力。

参考文献

[1] Krueger O. Anne. The Political Economy of the Rent-Seeking Society. The American Economic Review 64, No. 3(June), 1974.

[2] List Friedrich. National System of Political Economy. New York: Kelly, 1966.

[3] Davis Lance. North Douglass, Institutional Change and American Economic Growth: A First Step Towards a Theory of Institutional Innovation. The Journal of Economic History, Vol. 30, No. 1, (Mar), 1970.

[4] North Douglass. Reason of productivity changes in marine transport 1600—1850. Political Economics, No. 10, 1968.

[5] Samuelson A. Paul and Nordhaus D. William. Economics. 12th, ed.. New York: McGraw-Hill, 1985.

[6] R·科斯,A·阿尔钦,等.财产权利与制度变迁——产权学派与新制度学派译文集.上海:上海三联书店,1991.

[7] Thomam Malthus. Principles of Political Economy. 2d, ed.. New York: A. M. Kelly, 1986.

[8] 爱德华·S·肖.经济发展中的金融深化.王巍译.北京:中国社会科学出版社,1989.

[9] 道格拉斯·C·诺斯.经济史中的结构与变迁.陈昕,陈郁译.上海:上海三联书店,上海人民出版社,1994.

[10] 道格拉斯·C·诺斯.经济史中的结构与变迁.陈昕,陈郁译.上海:上海三联书店,1991.

[11] 凡勃伦.有闲阶级论.蔡受百译.北京:商务印书馆,1964.

[12] 康芒斯.制度经济学.于树生译.北京:商务印书馆,1987.

[13] 刘葆金.发展经济学.2版.北京:中国农业出版社,2000.

[14] 卢现祥,朱巧玲.新制度经济学.北京:北京大学出版社,2007.

[15] 罗纳德·麦金农.经济发展中的货币与资本.卢骢译.上海:上海三联书店,上海人民出版社,1988.

[16] 齐良书.发展经济学.北京:中国发展出版社,2002.

[17] 舒尔茨.制度与人的经济价值的不断提高//科斯,阿尔钦,诺斯,等.财产权利与制度变迁.刘守英,等译.上海:三联书店,上海人民出版社,1994.

[18] 亚当·斯密.国富论.郭大力,王亚南译.上海:上海三联书店,2009.

[19] 燕晓飞.发展经济学概论.北京:经济科学出版社,2004.

[20] 约翰·梅纳德·凯恩斯.就业、利息和货币通论(重译本).高鸿业译.北京:商务印书馆,1999.

[21] 赵邦宏.发展经济学.北京:中国农业大学出版社,北京大学出版社,2009.

思 考 题

1. 简述计划经济和市场经济的优缺点,并进行对比。

2. 政府干预经济的手段有哪些?

3. 制度是如何影响经济发展的?

4. 制度变迁的方式有哪些?政府应当在实现有效率的制度安排中发挥什么样的作用?

第四部分
附　论

第十四章　发展经济学流派

发展经济学经过60余年的发展，建构起了各具特色的发展理论体系。根据流派的时代演进，发展经济学基本上可分为：结构主义的经济发展理论（20世纪40年代后期到60年代）、新古典主义的经济发展理论（20世纪60年代初期到70年代末）、新制度主义经济发展理论（20世纪80年代以来），此外，还有经济增长线性阶段理论、激进的和新马克思主义的经济发展理论。

20世纪40年代中期到60年代，结构主义经济发展理论成为发展经济学的主流理论。该理论重视现代经济理论和统计分析，但是过分强调发展中国家的特殊性，过高看重政府对经济的调控影响，忽略了市场机制的作用。

20世纪60年代初期到70年代末，新古典主义的经济发展理论成为发展经济学的主流理论。该理论主要研究市场经济在经济发展过程中的作用，缺乏对历史、社会、政治、法律、制度、文化等影响经济发展因素的考量。由于存在这样的缺憾，导致了新古典发展经济学的兴起。

20世纪50年代至60年代初，经济增长线性阶段理论成为发展经济学的研究重点。该理论认为，所有国家的发展过程是存在一系列不可逾越的连续阶段。如哈罗德-多马增长模型、剑桥增长模型、罗斯托的经济增长阶段论等。

激进的和新马克思主义的经济发展理论，形成于20世纪60年代，经过70年的演变后代，曾一度沉寂，90年代后，又活跃起来。该流派重视阶级、制度分析的研究方法，指出了资本主义国家和欠发达国家经济的本质。

20世纪80年代以来，新制度主义成为发展经济学的主流理论。该理论重视非经济因素的分析，结合制度分析与新古典方法论，揭示经济发展的规律，将制度理论与经济发展理论融为一体（谭崇台，1999）。

相对于传统的结构主义经济发展理论、新古典主义经济发展理论、激进经济发展理论，新制度主义发展经济学的发展使发展经济学进入到一个崭新的阶段。本章将以新制度主义为重点阐述发展经济学流派。

第一节　新古典主义经济发展理论

20世纪60年代初期以来，发展中国家的经济发展出现了一些新情况，引起经济学家对发展中国家50年代执行的经济政策的反思。发展经济学家重新评估计划经济的得失、市场机制的作用、强调对外贸易的重要性，纠正对农业的偏见等。这些预示着发展经济学进入到一个新的发展阶段，即所谓的“新古典主义的复兴”。于是，发展经济学逐步从结构主义进入到以新古典主义为主流学派的新阶段。新古典主义的核心思想是充分肯定市场机制发挥基础性作用，实现资源配置的优化，即市场均衡论。其政策主张有三个基本观点：保护个人利益、强调私有化的重要性；反对国家干预；主张自由竞争、自由贸易、金融自由化的政策。当然，新古典主义的复兴引起经济学界长时间的激烈争鸣（杨永华，2007）。

一、狄帕克·拉尔[①]与新的自由放任论

20世纪五六十年代，一些发展经济学者认为，因为发展中国家市场发育不完善，资金、技术和人才匮乏，在国际贸易中处于不利地位，因此，需要政府计划干预，实施进口替代战略，以合理配置资源，加快发展；与此相对应，发达国家在贸易领域应做出一些让步，增加对发展中国家的援助，以促进其发展。以政府干预为主要内容的经济体制成为发展经济学的理论基础和政策主张。以此观之，发展中国家逐步形成了一个闭关自守的发展模型，积极推行进口替代工业化战略。

但是，20世纪60年代，亚洲“四小龙”以及其他一些发展中国家的成功，对这种模式提出了质疑。拉尔认为，自由放任即使不具备充分的理由，自由贸易也依然是发展中国家（包括发达国家）最好的政策。对于发展中国家的工业化战略，拉尔认为，政府的有限干预是必要的，但是不应强制性地推行进口替代型工业化战略，最好的办法应是通过维护自由贸易体制来推进工业化。拉尔在《发展经济学的贫困》中批判了国际计划干预的政策，阐明了新古典主义的市场理论。

二、瓦伊纳[②]、鲍尔[③]、哈伯勒[④]与自由贸易论

20世纪40年代末，辛格和普雷维什提出了发展中国家的“贸易条件恶化论”，

---

①狄帕克·拉尔（Deepak Lal）：原籍印度，20世纪70年代供职于印度国家计划委员会和联合国开发署等，后任教于伦敦大学。

②雅各布·瓦伊纳（Jacob Viner，1892—1970）：出生于加拿大蒙特利尔，1915年获哈佛大学博士学位，先后任芝加哥大学教授、普林斯顿大学教授，1939年当选美国经济学会会长。

③彼得·托马斯·鲍尔（1915—）：生于匈牙利布达佩斯，先后在剑桥大学、伦敦经济学院任教，1983年被授予勋爵爵位。

④戈特弗里德·哈伯勒（Gottfried Von Haberler，1900—1995）：在奥地利出生的美国经济学家，1923年毕业于维也纳大学，1925年获博士学位，1928年在维也纳大学任教，1934—1936年兼任国际联盟顾问，1936—1971年任哈佛大学经济学教授。

认为发达国家与发展中国家的贸易存在不平等关系，该理论提倡的是发展中国家选择内向型经济策略。

雅各布·瓦伊纳1952年发表的《来自对外贸易的利益》论文阐述了古典贸易理论，批评了“贸易条件恶化论”，进一步指出古典贸易理论是建立在国际劳动分工基础上的比较优势理论。经济学家对贸易保护和贸易自由的观点存在分歧，一部分经济学家认为，从民族主义、国家利益角度看，保护幼稚产业是正确的，但是从世界角度看，贸易保护弊大于利。

自20世纪40年代起，彼得·托马斯·鲍尔在马来西亚和西非进行了长达10年的研究调查，形成了新古典主义理论的观点。鲍尔认为，经济的发展过程就是以自然人为市场主体的形成过程，政府组织应减少对市场的干预，让市场机制发挥作用。“全面中央计划对经济进步没有必要；相反更可能阻碍经济发展。它不能增加资源，仅从其他公私用途中转移资源。它强化了盛行于许多欠发达国家的集权主义传统。它还使产量与消费者需求相分离，限制了人们的选择范围”（彼得·托马斯·鲍尔，1988）。

哈伯勒认为，国际劳动分工和国际贸易使各国能够开展专业化生产，使贸易双方相互交换生产成本较低的产品，这是相关国家增进财富的基本因素之一。劳动分工利于经济发展，产出水平越高，就越容易摆脱“贫困的恶性循环”。哈伯勒认为，在一定阶段对特殊产业的适度保护，加上政策措施得当，则可以帮助经济加快发展，但其前提是在发挥价格机制作用下的政府政策。哈伯勒在《自由主义和非自由主义的发展政策》中，对结构主义发展理论进行了系统的批驳，同时阐述了自由主义新古典理论。他认为，相同的经济学理论同样适用于发达国家与发展中国家，这明显迥异于结构主义倡导的“双元经济学”。

三、明特[①]与温和的新古典主义

同为新古典主义学者，观点却不尽相同。例如，明特就回避了经济学的一元与双元之争。他主要研究了新古典主义对欠发达国家的实用性问题，提供了分析不同类型欠发达国家的可供选择的模型。

明特肯定市场机制作用，但不太赞同自由贸易的放任自流政策，与该学派其他学者相比，如拉尔·明特属于温和的新古典主义。明特认为，推进欠发达国家发展

①海拉·明特（Hyla Myint，1920—）：出生于缅甸，1939年毕业于仰光大学，1943年在伦敦大学获得博士学位。1947—1950年任仰光大学经济学教授，并兼任缅甸政府经济顾问。1950年起执教于牛津大学、伦敦经济政治学院、仰光大学。

的动力有两种:初级产品出口和货币经济发展,人口增长的压力。在欠发达国家发展的不同阶段,市场机制发挥的作用和效果不同,如果欠发达国家经济成分自给型较大,就需要政府引导转化其为商品经济;如果商品经济成分较大,政府就应推进市场机制发挥基础性作用。

明特对发展经济学的贡献在于:分析了外部经济力量对发展中国家内部经济组织的影响,重视经济思想与发展经济学的关系,并探讨了经济组织和经济体制的理论在发展中国家的应用。

四、金德尔伯格①与经济发展

1958 年,金德尔伯格和赫里克合作出版的《经济发展》是新古典主义流派的一部重要著作。金德尔伯格根据斯密的分工理论(分工是经济增长的源泉,分工依赖于市场的大小,市场大小又取决于运输条件)来研究经济发展理论。

金德尔伯格研究发现,经济发展的过程即是转换产业结构的过程,在此转换过程中,农业产业比重下降,制造业比重上升。这个过程也是一个市场规模得到扩张的过程,市场的形成与扩张得益于商业的发展。根据对自然经济向市场经济演变的五个阶段的研究,金德尔伯格得出了市场是经济发展的关键的结论。

五、吉利斯与市场导向型经济发展理论

1983 年,吉利斯、波金斯、罗默、斯诺格拉德斯合著的《发展经济学》利用新古典的经济理论,深入研究了近 200 年来的经济增长,讨论了发展经济学的理论模型、指导发展的基本理论、人力资本和贸易等方面的理论和政策问题,提出了市场导向型经济发展理论。该理论的核心思想是:市场创造竞争,而竞争刺激生产率的提高。

吉利斯指出,大多数国家依靠市场机制而非政府控制来配置大部分的商品、服务和生产要素,市场化取向是欠发达国家改革发展的必然趋势。

此外,麦金龙与爱德华·S·肖的金融深化理论、舒尔茨的人力资本理论和改造传统农业的理论、赫希曼的不平衡发展理论,也是新古典主义经济发展理论的重要构成部分,这里不再重述。

---

①金德尔伯格(Kindleberger Charles P,1910—):美国纽约人。1937 年获哥伦比亚大学博士学位。1984 年当选美国经济学会会长,1978 年获德国基尔世界经济研究院的哈尔姆斯奖。主要著作有《国际短期资本移动》、《国际经济学》、《1851—1950 年法国和英国的经济增长》等。

第二节　激进主义经济发展理论

激进主义经济发展理论又称新马克思主义经济发展理论，它大量地吸收了马克思主义的经济思想，从经济发展的角度，运用马克思主义的历史唯物主义方法论和社会主义理论，分析和批判欠发达国家自身存在的政治经济制度问题，旧的国际经济秩序，揭示发达国家对发展中国家的国际贸易剥削，认为帝国主义和殖民主义的存在是不发达国家不发展的根源。

激进主义经济发展理论形成于20世纪60年代，并以依附理论的出现为标志，其强烈的现实批判主义色彩使其在众多的发展理论中独树一帜。经过10余年的发展与演化后，一度限于沉寂，20世纪90年代后又出现活跃局面。

激进主义学派主要学说有：依附性理论、不平等交换论、阶级斗争国际化论、社会主义革命论、世界资本主义体系理论。代表性人物有沙米尔·阿明、巴芒、卡尔多索、桑托斯、伊曼努尔、斯威齐等。

第二次世界大战后，现代化理论一直占据着发展研究的统治地位。一大批发展中国家采取了西方经济学理论指导的发展经济的政策，仿效西方谋求发展，实践表明，如此改革并未达到初衷，而是被纳入了世界资本主义体系，没有进入所谓的现代化国家行列，国民经济畸形化并沦为西方国家的经济附庸。因此，反映欠发达国家力图摆脱对发达国家依附地位呼声的依附理论便应运而生。

依附理论产生并发展于20世纪六七十年代的拉丁美洲，是激进主义经济发展理论的重要组成部分。依附理论指出，世界经济体系可分为中心-外围两个部分，西方发达国家处在世界经济的“中心”，欠发达国家则处在世界经济的“外围”，欠发达国家之所以不发达和未能现代化，是由于“中心”国家利用不平等的世界经济秩序对“外围”国家的经济进行控制和剥削，使得它们不得不依附于“中心”国家。可以看出，依附理论的经济学家将眼光从欠发达国家内部转向了发达国家的外部经济关系上，认为“发达国家的发达是不发达国家不发达的原因”。

桑托斯对依附论的内容、理论材料及概念进行了系统梳理，认为从马克思到巴兰、弗兰克等学术研究的发展史构成了依附论的理论渊源和体系，并以该理论分析了拉美发展的经验教训，研究了拉美国家摆脱依附关系，发展经济的战略选择。

1966年，巴兰与斯威齐合著的《垄断资本》揭示了资本主义宗主国吸榨殖民地的经济剩余问题。弗兰克研究了1500—1930年的世界资本主义发展过程，通过史料揭示了资本主义宗主国吸榨殖民地的经济剩余问题，论证了外围国对宗主国的依附关系，指出这种关系是欠发达国家落后的根源。弗兰克在20世纪六七十年代在拉丁美洲考察落后的原因，发表了一批有影响的著作，成为依附论的代表人物之一。

普雷维什的“中心-外围”体系理论指出，发达国家与欠发达国家中心于外围关系，决定了欠发达国家依附于发达国家，在此背景下，普雷维什提出了建立国际经济新秩序，走第三条道路的观点，实践证明这是困难的。

阿明认为，“中心-外围”资本主义体系结构世纪是“统治-依附”结构，在不同时期，“中心-外围”存在不同的表现形式，在此结构下外围的发展不可能出现自主成熟的资本主义现代化前景，为此需要摆脱资本主义体系，选择社会主义制度，欠发达国家才能实现真正的独立发展。

1969 年，伊曼纽尔出版的《不平等交换：对定国主义的研究》著作，以马克思主义劳动价值论和生产价格理论，论证了财富由欠发达国家向发达国家转移的过程，探讨了两类国家的不平等及其原因。

依附理论的出现对发展中国家经济发展问题的研究具有十分重要的现实意义，它唤起了广大欠发达国家人民的主体意识，使他们认识到，欠发达国家的现代化只能走自我主导型道路，工业化进程需要在国家政权的保护下推进。

依附理论不具有一般性，其适用对象主要是拉丁美洲和一些非洲国家。将世界分成中心-外围两部分并没有充分地将发展中国家的整体状况概括出来，显然那些中东产油国和那些东南亚国家都不适合这种划分。20 世纪 70 年代以来，以东亚“ 四小虎”为代表的新兴工业化国家由于积极地参与了国际分工获得了巨大的经济上的成功，使依附理论面临挑战。

第三节　新制度主义发展经济学

自 20 世纪 40 年代末以来，发展经济学研究经历了结构主义阶段、新古典主义复兴阶段和新古典政治经济学(新制度主义发展经济学)阶段。

杨小凯将上述第三阶段称之为“新兴古典发展经济学”。杨小凯将斯密等为代表的古典经济学称之为古典发展经济学，将该理论吸纳了现代经济理论后的新成就概括为新兴古典发展经济学，以区别于新古典主义发展经济学理论。杨小凯的新兴古典发展经济学内容有三：产权经济学、交易成本理论和制度经济学；1980 年后世界银行及当时前沿的发展经济学家的理论观点；古典发展经济学的数学化(杨小凯，2003)。

谭崇台(1999)认为新兴古典政治经济学包括两种思路：科斯代表的新制度主义经济学、斯蒂格利茨代表的信息经济学。新兴古典政治经济学研究的一个重点是经济发展与政府的关系。

综合以上观点,可以看出,无论称呼有何不同,以罗纳德·科斯和道格拉斯·诺思为代表的新制度经济学,是新兴的发展经济学理论最突出的标志。本书据此将罗纳德·科斯和道格拉斯·诺思的新制度主义发展经济学理论以及与之相关的新经济发展理论(包括阿玛蒂亚·森的贫困理论和经济自由论等)统称为新制度主义发展经济学理论。

一、制度变迁与经济增长理论

(一)新制度经济学

新制度经济学,简单说就是利用正统经济理论去研究分析制度的构成和运行,并分析其在经济体系运行的地位和作用。威廉姆斯最早提出了新制度经济学这个概念。

1937 年,美国芝加哥大学法学教授罗纳德·哈里·科斯发表了《企业的性质》一文,被认为是新制度经济学的开山之作。近 30 年来,哈耶克(1974)、布坎南(1986)、科斯(1990)、诺斯(1991)、维克里(1994)等制度学派学者纷纷获得诺贝尔经济学奖,标志着新制度经济学的兴起,成为经济学的一个重要流派。

新制度主义经济学来源于现实发展的需要。第二次世界大战后,由于受凯恩斯主义政策的影响,激增的政府干预和日益政治化的经济生活导致了许多预期外的后果,使西方资本主义社会的传统经济秩序遭遇许多新的挑战,如经济增速减缓和公众对公共政策的不满。新兴的工业国和欠发达国家的人们也认识到,传统的经济增长理论没有涉及经济发展中重要的、真正具有本质的方面,尤其是没有涉及实现自由、经济繁荣和安全的制度的发展,当人们分析新兴的东亚国家与非洲经济增长大相径庭的结果时,认识到制度问题的重要性(卢现祥,2003)。

新制度经济学提出了关于人的行为的三个假定。第一个假定是人存在财富最大化和非财富最大化的双重动机。科斯指出,相对于亚当·斯密以来经济学者关于追求财富最大化的理性经济人假说,新制度经济学对人的行为的假定更接近于现实。因为现实生活中,人类行为远比传统经济理论中的财富最大化的行为假定更为复杂,非财富最大化的其他动机也常常在约束着人们的行为。诺斯将利他主义、意识形态和自愿负担约束等其他非财富最大化行为引入预期效用函数,从而建立了更加复杂、更接近于现实的人类行为模型;非财富最大化动机往往具有集体行为偏好,人们往往要在财富与非财富价值间进行权衡。这种权衡过程实质上是在两者之间寻找均衡点的过程。人类历史上制度创新的过程实际上就是这种双重动机均衡的结果(卢现祥,2003)。

新制度经经济学关于人的行为的第二个假定是,认为人的行为存在有限理性。诺斯认为,在复杂不确定的世界,人的理性是有限的。第三个假定是,在非均衡市场上,人们存在机会主义倾向。威廉姆森认为,机会主义增加了市场交易的复杂性,机会主义是产生交易费用的根源。

新制度经济学家认为,发展仅靠天赋要素、技术和偏好等经济理论的三大传统基础是不够的,加入了制度因素,土地、劳动和资本的要素功能才能得到较好的发挥。制度对经济发展的作用体现在两个方面,一方面认为制度是一种生产力,另一方面认为有效的制度可以降低交易成本,促进生产力发展。对制度的忽视往往与制度的绩效量化困难有关。

新制度经济学作为崭新的经济流派,它是吸纳了许多其他经济学派的“营养”基础之上的一种“综合”,具有鲜明的学派特征。新制度经济学利用新古典经济学的理论和方法去分析制度问题,这种利用不是简单的照搬,而是有修正、发展的利用。在制度、交易等问题方面,吸纳了近代制度经济学派的成果。但是科斯认为,新制度经经济学与近代制度经济学派在理论上不存在传承关系,因为近代制度学派没有建立自己的理论分析框架,某种程度上两者还是对立的。马克思理论中的制度分析也对新制度经济学产生了重要影响。诺斯认为,“在详细论述长期变迁的各种现存理论中,马克思的分析框架是最有说服力的,这恰恰是因为它包括了新古典分析框架所遗漏的所有因素:制度、产权、国家和意识形态”(诺斯,1991)。

新制度经济学主要内容有四:制度的起源与构成,制度变迁与创新,制度、产权与国家理论,制度与经济发展的关系。将制度看作经济社会发展的内生变量是新制度经济学的一个显著特点。

(二)西方经济增长的关键

诺斯和托马斯合著的《西方世界的兴起》在学术界引起了巨大反响。该著作研究了欧洲世界主要国家公元900—1700年的经济增长和产权制度的兴起。认为“有效率的经济组织是经济增长的关键;一个有效率的经济组织在西欧的发展正是西方兴起的原因所在”(诺斯,1991)。

有关的社会经济组织所能做的,就是要通过对制度和所有权加以安排,形成一种激励氛围,便于促使个人通过努力,使个人的经济收益率接近社会收益率。而事实上,由于人类“搭便车”的本性,以及创造、实施所有权的成本可能大于收益,而人类社会历史上所有权尚未发展到个人收益等于社会收益的文明水平,这都需要制度创新。当个人收益的潜在增长超过交易费用时,社会经济组织便会出现为建立所有权而开展的酝酿和创新。

《西方世界的兴起》在研究了西欧公元900—1500年的制度与经济增长的关系后指出，11世纪起，西方经济社会的中心由地中海地区转移到北欧平原，商业经济开始发展。之所以中心转移，诺斯和托马斯认为，是由于中世纪以前，西方人口很少，人口增长到一定规模，导致报酬递减，新增劳动力就出现移民运动，开辟了新的地区，两类地区由于生产类型不同，于是就出现了比较利益，产品的交换，带动了贸易和专业化发展，庄园式的自给自足经济逐渐被取代，出现了城市。但受当时制度环境局限，新出现的不少新技术并未得到广泛的推广应用，转化为现实的生产力。

欧洲经济社会在13世纪得到了快速增长，商业规模空前扩大。诺斯和托马斯认为，本阶段的发展得益于一系列的制度变革，如委托制与合伙制的契约协定，存贷业务的汇票、保险以及商法等。这些变革促使社会出现、形成新的所有制度、劳动关系。现实社会制度的革新也使传统的既得利益者，如国王、贵族和各类承租人分享到了收益。英国政府首先承认了世袭地保有农的权利，出现了现代产权。此后，14—15世纪，欧洲经历了一段动荡时期，饥荒、传染病、战争导致人口大幅度下降，社会经济发展有所停滞，甚至庄园经济有所恢复，但是民族国家出现了，预示着传统社会的瓦解。

诺斯和托马斯在研究了公元1500—1700年欧洲的分化后认为，是否建立有效的产权制度是国家经济发展和停滞的关键所在。

创立和实施所有权是政府的特权，只有当所有权符合政府的财政利益时，政府才会致力于建立这种新的所有权。国家与选民之间存在一种交易关系，选民向政府缴纳一部分剩余产品，同时获得政府提供公共品。国家提供的产权可能有利于经济增长，也可能不利于经济增长。这一时期，西班牙和法国由于不能为民众提供一套提高经济效益的产权制度，导致经济的徘徊停滞，相反，荷兰、英国政府重视推行所有权制度，而成为快速发展的国家。

（三）产权、国家与意识形态构成的制度变迁理论

1981年，诺斯提出了包括产权理论、国家理论和意识形态理论的制度变迁理论在内的诺斯模型。

诺斯模型有三个假定前提：在发明与创新中，个人收益与社会收益存在着较大差异；技术发展和经济发展是相互影响的；除非基础知识的存量扩张，不然新技术的发展最终会导致收入递减的状况。

诺斯模型的基本内容有：首先是引入人口因素，研究人口与资源的关系。人口与资源的矛盾必然促使人们建立排他性的产权。其次是制度理论。诺斯指出，“理

解制度结构的两个主要基石是国家理论和产权理论”(诺斯,1991)。

产权不是指人与物之间的关系,而是指由物的存在及关于它们的使用所引起的人们之间相互认可的行为关系。产权制度是用来确定每个人相对于稀缺资源使用时的地位和经济社会关系。产权的一个主要功能是引导人们实现将外部性较大地内在化的激励。自启蒙运动以来,经济学家们就认为有益的经济制度必须要保护产权,人们有了财产的安全感,才会对他们自己和物质资本进行投资,从而促进经济发展。

1958 年,科斯在《联邦通讯委员会》一文中指出,只要产权不明确,类似的公共灾害是不可避免的;只有明确产权,才能消除或降低这种外部性所带来的危害。在明确产权的基础上,引入市场、价格机制,就能有效地确认相互影响的程序及其相互负担的责任(卢现祥,2003)。

人们对国家起源的传统认识是契约理论和掠夺理论,但不能涵盖所有的国家存在形态。诺斯提出了国家的“暴力潜能”分配理论。他认为,如果平等“暴力潜能”分配于公民,便形成契约型国家,如果分配不平等,就形成掠夺型国家。产权的本质是排他性的权利,在暴力方面具有优势的国家处于界定和执行产权的垄断地位,离开产权人们很难对国家做出有效的分析。

国家存在的基本目标有两项:首先是确定产权结构的竞争与合作规则;其次是通过明确规则,是降低社会交易成本,使社会产出最大化。两者目标均是政府税收最大化,事实上二者相矛盾,因为有效的产权并不一定有利于政府税收最大化,可能产生的无效产权就会导致经济的兴衰变化。

此外,国家统治者的偏好与有限理性,以及不同利益集团的斗争,决定了包括产权在内的各种制度安排并不完全决定于效率原则,还受制于不同利益集团的关系和实力。因此,“国家的存在是经济增长的关键,然而国家又是人为经济衰退的根源”。诺斯的“国家悖论”反映了国家对产权的影响。

诺斯提出的意识形态理论是对制度规则的补充。意识形态是一种调节机制,利于社会成员对已有制度的遵守和执行,降低社会的交易成本。当人们的经验与意识形态不一致时,人们往往会以现有的意识形态为参照,调整自己的状态,形成对现有意识形态的强化认识与维护。

意识形态之所以存在是因为世界是复杂的,而人的理性是有限的,当个体无法对错综复杂的环境做出理智、迅速的判断时,人们就会本能地借助于与价值观念、道德伦理规范等相关的意识形态来走“捷径”,其有效性取决于人们对价值信念或意识形态的虔诚程度(卢现祥,2003)。

二、速水[①]、拉坦的诱导型技术-制度模型

1971年，速水佑次郎和弗农·拉坦出版的《农业发展：国际前景》著作，突破传统农业发展理论和经济发展理论关于农业发展的认识，提出了诱导型技术-制度模型。

速水和拉坦的基本假设是：一个国家和地区形成与当地生态相适应的、符合限制条件的农业技术力量，是促进农业快速增长的基础前提。速水和拉坦的研究将知识和其他要素的供给者对制度与经济机会的反应作为经济体系的组成部分，而不是将技术视作体系的外生变量（速水，2003）。

在诱导型技术-制度模型的技术创新方面，速水和拉坦认为，一个国家和地区可以采取不同的办法实现农业技术的发展，农业的发展取决于技术的选择能力。如果属于土地制约，则可选择具有土地节约型的生物化学技术弱化限制；如果属于劳动力供给不足，则可选择具有劳动节约型特点的机械技术实现突破。速水和拉坦将技术作为制度的内生变量，努力将技术变革与制度变迁结合起来（速水，2003）。

在诱导型技术-制度模型的制度创新方面，速水和拉坦认为技术变革引起的经济发展的不均衡是导致制度变迁的主因。制度变迁条件的变化是由于技术的介入，打破了制度原有的均衡，新出现的发展局面为制度的供给创新提出了要求。

速水和拉坦用诱导型技术-制度模型分析了不同国家农业的发展差距。他们对1960—1980年的国际研究表明，各国间单要素农业生产率差别很大，并且差距还在继续扩大。

发达国家与欠发达国家技术进步都很快，以常规的投入品生产弹性所衡量的世界农业结构却没有发生大的变化，两类国家农业生产率的差距归于三方面的原因：国内资源（土地和牲畜）、现代投入品（化肥和机械）、人力资本（一般教育和技术教育）。比较1980年与1960年数据，发现人力资本变量解释的百分率下降了，这说明人力资本对提高农业生产率至关重要（杨永华，2007）。

速水和拉坦分析了1880—1980年美国和日本发展农业的经验。共同之处是，都是依据市场信号开发农业新技术，通过技术选择弥补稀缺要素，实现农业生产率的持续提升。他们还研究了日本的水稻种植技术向中国台湾、朝鲜扩散过程，证明了引进灌溉基础设施技术的重要作用。

---

①速水佑次郎（Hayami Yujiro，1932—）：日本人经济学家，1960年获美国爱荷华州立大学农业经济学博士学位，曾先后在农林水产省农业综合研究所、日本京都大学、青山学院大学工作。

速水和拉坦从三方面指出了制度创新的重要性。一是发展中国家引进先进的品种技术，提高了农业生产率，而现存的制度安排却不利于穷人阶层分享劳动成果，需要进行制度的创新；二是调整世界农业非均衡需要制度创新。第二次世界大战后，世界农业非均衡的原因是发达国家和欠发达国家采取了不同的农业政策，扭曲了农业市场；三是创新农业生产新模式。第二次世界大战后欠发达国家农业发展不理想在于"那些妨碍而不促进技术进步和制度创新的政策"(杨永华，2007)。

速水和拉坦的诱导型技术-制度模型提出了市场条件下农民接受新技术的制度。然而，新技术、制度的介入需要经济力量的支撑为前提。"所得出的唯一最重要的结论是，在诱导技术和制度变革中，经济力量具有强大的作用"(速水，2003)。

三、托达罗①的经济社会制度

托达罗在《经济发展与第三世界》一书中指出，"发展不纯粹是一个经济现象，从最终意义上说，发展不仅包括人民生活的物质和经济方面，还包括更广泛的其他方面。因此，应该把发展看为整个经济和社会体制的重组和重整在内的多维过程。除了收入和产量的提高外，发展显然还囊括制度、社会和管理结构的基本变化以及人们的态度，在许多情况下甚至还有人们习惯和信仰的基本变化，显然通常是从国家范围来看发展的，但发展的普遍实现也可能使得对国际经济和社会体系进行根本性修正成为必要"(迈克尔·P·托达罗，印金强译，1992)。

托达罗考察了15个国家的数据资料后指出，所有国家都存在国民收入的不平等，在收入分配方面，发达国家相对而言比欠发达国家公平，欠发达国家收入差距很大，而社会主义国家的收入分配最为公平。为改变发展中国家收入差距更大的问题，他提出要调整经济发展的顺序，应将关注国民生产总值的生产率转为对广泛社会目标的关注，因为制度和收入分配结构问题，即使国民生产总值的生产率并不能提升穷人的相对收入水平。

为此，他提出四项建议：通过调整相对要素价格的政策来改变收入的功能性分配，逐次再分配资产所有权来改变规模分配，调整财产税和所得税来改变高收入阶层的规模分配，政府实施直接转移支付和提供公共品以改变低收入阶层的规模分配(杨永华，2007)。

---

①迈克尔·P·托达罗 (Michael P. Todaro，1942—)：出生于美国的发展经济学家，1967年获美国耶鲁大学博士学位，曾任职洛克菲勒基金会，美国纽约大学经济学教授。

四、森[①]的权利、自由与经济发展论

阿马蒂亚·森在《贫困与饥荒》中指出，居民获得平等的政治权利是摆脱贫困的前提，如果社会大众权利不平等，即使国家发展了，并不能使所有社会成员享受到公正的社会福利。

（一）贫困与权利的一般理论

有史以来，人们对饥荒的认识无非是食品太少，满足不了需求而已。而发展经济学家阿马蒂亚·森却不这么认为。他经过研究指出，历史上许多国家和地区发生的饥荒案例表明，面对到来的灾荒，食物的供应能力并未明显减少。恰恰相反，正是由于另外的社会和经济因素，如工资降低、失业、食物分配系统失灵等，造成了社会中某些群体陷入饥饿。换句话说，饥荒的形成并不是没有粮食，而是饥饿的人有需求而无消费——这些人的粮食消费权利被废止了。森的结论是：饥荒不仅源于食物的缺乏，更源于食物分配机制上的不平等。

阿马蒂亚·森认为，饥饿现象是人类关于食物所有权的反映。在市场环境下，人们基本的一个权利来源是人们通过劳动所得，依次还有通过继承获得财产所有权、市场交换所得、政府提供的救济和保障。虽然现今世界整体粮食供应稳定，但还是存在比较严重的饥饿问题，关键在于饥饿是交换权利的函数，而非粮食供给的函数。他不认可贫困是价值判断的观点，也反对将其作为政策性的定义。

阿马蒂亚·森认为，在权利和饥饿的分析上，人们更多的是关注通过社会现有合法手段支配食物的能力，手段包括生产机会、交易机会、法律赋予的权利以及其他获取食物的方法。然而，如此权利分析方法也存在不足之处。他指出，人们具有的权利不容易判定，应该重视研究权利内容的变化；权力关系重视的是一个社会法律框架内的权利，有些财产权利转移可能涉及对这些权利的侵犯，当不合法的财产转移具有普遍性时，研究饥饿的权利方法就是有缺憾的；人们实际食物消费水平低于他们所具有权利的水平时，则还存在其他原因。

阿马蒂亚·森认为，一个人支配粮食的能力或其他物品的能力，取决于这个人在社会中的所有权和使用权的关系。这些权利决定了他的财富在社会关系中的所属和转移。在一个自由市场的社会制度环境中，一个人必须通过劳动获得食物和

---

①阿马蒂亚·库马尔·森（Amartya Kumar Sen，1933—）：出生于印度孟加拉邦桑蒂尼克坦，1955 年在剑桥大学获得文学学士学位，1959 年获得博士学位，先后任德里大学、伯克利加州大学、伦敦经济学院、哈佛大学教授，对福利经济学几个重大问题，包括社会选择理论、对福利和贫穷标准的定义、对匮乏的研究等作出精辟论述，1998 年荣获诺贝尔经济学奖，被称为关注最底层人的经济学家。

其他物品。然而，即使没有发生粮食歉收的灾荒，权力关系的调整也可引起饥荒。这一结论的意义在于，在一般的饥荒分析中，人们总是用食物供给分析方法；权利分析方法则强调不同阶层的人们对粮食的支配控制能力，这种能力表现为社会中的权利关系，而权利关系又决定于法律、经济、政治等社会特性(杨永华，2007)。阿马蒂亚·森实际上提出了人们权利的平等是市场机制发挥作用的前提条件的理论。

(二)自由与发展

阿马蒂亚·森在《以自由看待发展》一书中提出了自己独特的发展观。即自由是发展的首要目的，自由也是促进发展的不可缺少的条件。阐述了人的实质自由是发展的最终目的和重要手段，论证了发展是涉及经济、政治、社会、价值观念等众多方面的一个综合过程，它意味着消除贫困、人身束缚、各种歧视压迫、缺乏法治权利和社会保障的状况，从而提高人们按照自己的意愿来生活的能力。改变了狭隘的传统发展观念，建立了全新的理论框架。

阿马蒂亚·森认为，自由是一个过程，涉及行动自由和决策自由的过程，以及在既定社会状态下的所享有的机会。个人自由实质上是一种社会产品。

自由是促进发展的不可缺少的手段。阿马蒂亚·森在研究自由在增进发展的作用时指出，人们的贫困不仅仅是收入低下，应被视为人们基本可行能力的被剥夺。他从政府制定政策角度分析了若干见解：人的年龄、性别、社会角色、生活区域以及个人无法控制的其他因素影响到收入与可行能力的关系；在收入剥夺和将转化为功能性活动的困难间存在某种配对效应；家庭内部的分配，使得根据收入研究贫困变得复杂。

一个人所拥有的可行能力取决于社会安排的性质。对收入的剥夺会导致对可行能力的剥夺。收入不平等与经济不平等的区别是研究贫困很重要的因素。收入容易评价，可行能力却不易量化评价，需要公众参与评价，公众评价在民主运作和公共政策选择中是重要的组成部分(杨永华，2007)。

《以自由看待发展》的结论是，“发展确实是对自由的各种可能性的一种重要承诺。”有观点认为，政治自由和民主是适用于西方社会的，发展中国家推行政治自由和权利不利于经济增长。阿马蒂亚·森明确反对这样的观点。他指出，经济发展的内在需求加强了而不是减弱了对自由的迫切性，经济与自由不是对立的，而是密切相关。发展中国家不成功的根源在于权力分配的不平等，理想的发展模式在于实质自由的公平分配，如此则可调动人们的积极性，产生巨大的创新效果。由此推论出，实质自由是永不枯竭的发展动力。

阿马蒂亚·森将效用外的福利问题，如个人权利、平等、自由等引入发展分析，为发展经济学作出了积极贡献。

五、佩雷菲特[①]:文化与发展

自经济学建立发展以来,不同流派的学者对经济大发展因素固然有认识上的不同,例如资本、技术、劳动力,还有制度,但是都没有将文化作为一个重要因素提出来。阿兰·佩雷菲特则将文化视作经济发展中资本、劳动力之后的第三个重要因素,并且论证了产生经济奇迹的原因在于文化。他在《论经济"奇迹"》一书中,系统论证了文化在经济发展中的作用。

(一)经济奇迹与文化

佩雷菲特认为,必须从人的身上去寻找经济是否发展的原因。"我发现,所谓的'欠发达',首先是传统社会的持续'不发达现象'。而且,几百年来,这种不发达确实同西方医学促成的人口增长交织在一起。但这种不发达首先应当归咎于不利的文化因素。而我们所说的'发展'则是一种勃兴,这种勃兴主要来自多种有利文化因素的融合。"

佩雷菲特认为产生经济奇迹的原因是文化,虽然列举了一些关于文化的内容,但是他没有给文化确定一个明确的定义。因为相对于不同的国度和历史时期,文化的内涵和作用是变化的。

(二)关于荷兰奇迹

16 世纪末,荷兰经济开始狂飙突进,出现了"荷兰奇迹"。学者从宗教、政治、经济等不同角度对此进行研究。但是在佩雷菲特看来,这些都不是关键所在,文化才是荷兰奇迹的真正原因。

佩雷菲特从两方面分析了导致荷兰奇迹的文化动力。首先是 17 世纪中期,荷兰的政客就开始鼓吹宣扬自由竞争、经济自由以及商业法律观念,例如,荷兰政治家怀特宣扬的经济自由思想在荷兰社会产生了重要的影响,为经济起飞奠定了思想基础。其次是荷兰重商主义的迅速传播,商业力量的迅速形成,商人地位提高,社会上对商业的介入程度加深,对海外贸易产生了强烈的冲动,发现了市场,建立了新的贸易体系。荷兰优势的基本特征在于精神状态,荷兰朝气蓬勃的重商主义情绪推进了阿姆斯特丹的繁荣。与此同时,意大利的威尼斯则处于衰退状态。佩雷菲特认为,两个中心城市的演变完全是由企业家昂扬或消沉的精神状态所决定。

---

①阿兰·佩雷菲特(Alain Peyrefitte,1925—1999):法兰西科学院院士,伦理学与政治科学院院士。

(三)关于英国奇迹

佩雷菲特认为,16 世纪末 17 世纪初,涉及英国农业部门的各个阶级,贵族和自耕农、自耕农与农民、贵族阶级与地主阶级之间形成了比较密切的关系。农业的合理化集约经营,促进了农业快速发展,而“工业革命是从农业革命中诞生的”。他认为,英国奇迹原因是英国女王在派任首位驻中国大使时所说,“我相信智慧的道路,就是让自行其是”,在贸易之外,没有任何挽救的办法,让贸易自己挽救自己吧(佩雷菲特,2001)。佩雷菲特称其为“商业信仰宣言”。

佩雷菲特用相关资料论证了自己的观点。例如,引用托马斯·曼的著作《英国通过对外贸易区的财富》,指出初始条件不利的国家,只有发展贸易,发现新的发展机遇。从轻视贸易到重视贸易的价值观转变,决定了经济发展;引用笛福的《鲁滨孙漂流记》,指出英国是一个敢于航海冒险的鲁滨孙国度;法国的罗歇弗科尔到英国后发现,英国经济奇迹在于伦理方面。英国存在着经济自由,企业的竞争精神是一种创业者的自由;巴空 16 世纪的论文讨论了英国竞争信念的属性;18 世纪初,戴福南特用实用主义方法研究了投机行为,并提出了新观点;英国女王在以此商队出发仪式上发言:对探险者致敬(杨永华,2007)。

佩雷菲特认为,商业离不开自由,个人始终是其劳动成果的所有者,自由与繁荣将“手拉手“并进,政治权利基本上是经济自由的保障,而只有政治权力本身服从经济自由才能做到这一点。

(四)关于美国奇迹

佩雷菲特认为,美国在 200 年的历史中创造了奇迹。这个奇迹由美国人所具有的精神特征所决定。一是愿意自治,不接受殖民化的自由;二是创业的自由权利;三是清教徒的多种实验产生了积极成果,这里的宗教宽容接纳受到宗教迫害的人们,形成了一个开放流动的社会。

佩雷菲特指出,美国自由的精神状态促进了他们对创新的态度,开始是引用外国技术,此后就是自己根据市场的需求创新发明,并引入专利保护制度,进一步促进了工业化社会的发展。由此,他乐观的结论是:“物质基础和自然劣势,在这里都不是问题所在,只有精神气质的因素在发挥作用”(佩雷菲特,2001)。

(五)关于日本奇迹

佩雷菲特认为,作为岛国的日本属于开放式国家,因为地缘因素,历史上日本是长期仿效中国,19 世纪后开始学习、引进西方的经济社会制度,走向现代化之路。明治维新是日本进行的一次全面的社会制度变迁,改变了封建思想,实施民主平等教育,其发展得益于“社会各个阶层的协调流动”;实施人力资本投资,推行高水平的教育;农民地位提升促进了农业的发展;其开放属于竞争性、创新性模仿;存在强大的民族凝聚力。佩雷菲特总结日本奇迹是,虽然与发达国家的发展水平相差几个世纪,要迎头赶上,没有捷径可走。但是可以加速追赶,追赶首先是思想上的追赶,日本如果没有思想上的转变,还会是一个被贪婪的西方蹂躏的封建社会(佩雷菲特,2001)。

(六)经济发展的文化因素

佩雷菲特研究了上述国家奇迹后,进行了一般性概括,以图解释不发达国家的问题。他认为,对待发展的正确态度在于确立"竞争信念的社会属性"。为此,政府要重视商业发展,提高商人地位;鼓励教育,鼓励创新,提倡自由竞争。关键的问题是对人的信任,社会成员的互相信任,这样就能创造经济奇迹。

文化与经济的关系,尚缺乏充分的论证。文化作用于经济的力量是客观存在、毋庸置疑的,因为文化属于意识形态和价值信仰,作为制度的构成部分,作用于影响资本、投资的经济政策,如果将其视作经济发展的内生变量,却存在难以测量的尴尬,这一点相似于制度的经济分析。对此,佩雷菲特也难以做出经济学意义上的回答。

六、伊斯特利[①]:增长激励说

(一)对经济发展理论和政策的反思

伊斯特利认为,发展经济学者为欠发达国家开出的经济增长的药方,如投资、援助、教育、人口控制、调整贷款和减免债务,经验证并非良方。上述政策措施之所以效果不彰,在于忽视了"人们对激励做出反应"这一真理。伊斯特利为此进行了一系列理论的反思。

关于资金缺口理论和投资政策的反思。学者一般认为,欠发达国家需要的投资与本国的储蓄率间存在一个"资金缺口",不少发展经济学家,如钱纳里和斯特劳特就曾指出,发展中国家存在着资本缺口和贸易缺口的"两缺口",解决的出路在于引进外资。对此,伊斯特利认为,如果存在资金缺口,这个理论需要两个检验:投资与援助应该在统计数据上正相关;援助以相同的水平增加投资。伊斯特利通过对1965—1995年的有关数据检验,认为该理论不成立,"由于多种因素都影响经济增长,因而投资与经济增长之间的关系变得松散和不稳定"(伊斯特利,2005)。

---

①威廉·伊斯特利(William Easterly):1985年获麻省理工学院经济学博士学位,1985—2001年一直在世界银行工作;2001—2003年任全球发展中心和国际经济学研究所高级研究员,现为纽约大学经济学教授。伊斯特利的研究领域包括非洲、经济发展和增长、发展中国家的微观经济学以及政治经济学。

关于增长理论的反思。索罗认为，从长期观察，技术进步是经济增长的唯一源泉，也就是说，所有的人均产出增长都来自劳动的技术变化。伊斯特利却认为，索罗模型得出的结论不符合美国的事实，也不能解释经济增长的跨国差异。

关于教育和人力资本的反思。20 世纪 60 年代，人力资本理论问世后深入人心。伊斯特利却不以为然，认为教育对于经济增长作用甚微。他指出，GDP 增长与升学率提高之间弱相关，各国经济增长率差异与人力资本差异关系不大，教育业不能解释国家间的收入差异。问题的关键是，政府行为决定了掌握知识的人是否学以致用。

关于人口控制政策的反思。马尔萨斯主义者对欠发达国家的人口高增长表示担忧，主张实施计划生育政策以利于发展。伊斯特利不认同这样的观点。他通过对人口增长与经济增长的相关性研究，认为人口增长与人均经济增长间缺乏相关性，人口多还具有许多正面的积极作用。

关于国际援助与减免债务的反思。20 世纪 80 年代，一些欠发达国家出现了债务危机，有关世界金融组织经过努力，不断减免穷国的贷款。而减免债务的一些国家却出现债务逐渐增长的现象，而且出现人均收入下降趋势。"债务国对债务的偏好，使得他们借新债，来代替已被减免的旧债。越来越优厚的债务减免条件也可能造成负面刺激，因为这些国家在举债时就预计到未来减免的可能"（伊斯特利，2005）。伊斯特利认为，减免债务的对象应是执行良好政策的政府，减免应是一次性举措，不然会产生负激励。

（二）经济增长激励说

伊斯特利认为，欠发达国家要出现可持续的繁荣发展局面，只有政府采取正确的政策措施，对经济主体、技术创新、投资、教育产生良好的激励时，广泛和深入的发展才有可能出现。

政府必须有良好的激励。在一个具有良好制度的民主社会里，制度可以保护少数利益群体的权利，可以保护私有财产和个体经济自由，那么，政府就面临着适当的激励去发展私有部门经济。人们可以憧憬一个美好的世界，在这个世界里，政府并不会去窃取财富，而是致力于提供基础设施，并且还会向穷人提供帮助。

援助者必须有良好的激励。执行方案可以是形成一个公开的"援助竞争"，每个政府基于其历史表现以及可信、公开的许诺争取贷款。国际援助机构提供援助的目的不仅仅是为了争取来年的预算，而是将援助资金提供给那些真正有助于穷人发展的地方。

私有部门必须有良好的激励。个人和私有企业有时会面临不良的激励，因为政府的政策会导致其投资成果受到掠夺。即便是社会整体上存在良好的经济增长激励，穷人也可能面临不良的激励，因为一个人的生产率依赖于其合作伙伴的生产率，而穷人的合作伙伴往往也是穷人。如果在穷人提高收入时对他们实施奖励，那么这些穷人面临的激励就会得到改善。

伊斯特利认为，发展经济学家可以相对容易地描述贫困国家的问题，但是要找到解决贫困的办法却非易事。他说，自己的建议并不是一张具体的药方，但一定不能放弃探索和研究，要知道，没有什么比放弃更悲哀。

参考文献

[1] 霍利斯·B·钱纳里.结构学派研究发展政策的方法//外国经济学研究会编.现代国外经济学论文选.北京：商务印书馆，1984.

[2] 谭崇台.发展经济学的新发展.武汉：武汉大学出版社，1999.

[3] 保罗·罗森斯坦-罗丹.东欧和东南欧的工业化问题//郭熙保.发展经济学经典论著选编.北京：中国经济出版社，1998.

[4] 张培刚.发展经济学教程.北京：经济科学出版社，2001.

[5] 纳克斯.不发达国家的资本形成问题.北京：商务印书馆，1966.

[6] 阿瑟·刘易斯.增长与波动.梁小民译.北京：华夏出版社，1987.

[7] 沃尔特·惠特曼·罗斯托.经济增长的阶段.北京：商务印书馆，1962.

[8] 霍利斯·钱纳里，等.工业化和经济增长的比较研究.吴奇，等译.上海：上海三联书店，1989.

[9] 杨永华.发展经济学流派研究.北京：人民出版社，2007.

[10] 彼得·托马斯·鲍尔.研究工作的回忆：回顾第一阶段//杰拉尔德·迈耶，达德利·希尔斯.发展经济学新编.北京：经济科学出版社，1988.

[11] 爱德华·S·肖.经济发展中的金融深化.上海：上海三联书店，1988.

[12] 舒尔茨.改造传统农业.北京：商务印书馆，1987.

[13] 艾伯特·奥托·赫希曼.经济发展战略.北京：经济科学出版社，1988.

[14] 吉利斯，波金斯，罗默，等.发展经济学.北京：中国人民大学出版社，1998.

[15] 甘鸿鸣，李运.激进主义发展经济学评析.经济学动态，1996(9).

[16] 杨小凯.发展经济学.北京：社会科学文献出版社，2003.

[17] 谭崇台.发展经济学的新发展.武汉：武汉大学出版社，1999.

[18] 道格拉斯·G·诺斯.经济史中的结构和变迁.上海：上海三联书店，1991.

[19] 迈克尔·P·托达罗.经济发展与第三世界.印金强译.北京：中国经济出版社，1992.

[20] 阿马蒂亚·森.以自由看待发展.北京：中国人民大学出版社，2002.

[21] 阿马蒂亚·森.贫困与饥荒.北京：北京：商务印书馆，2001.

[22] 阿兰·佩雷菲特.论经济“奇迹”.北京：中国发展出版社，2001.

[23] 威廉·伊斯特利.在增长的迷雾中求索.北京:中信出版社,2005.

[24] 速水佑次郎,弗农·拉坦.农业发展的国际分析.郭熙保,等译.北京:中国社会科学出版社,2000.

[25] 彼得·托马斯·鲍尔.研究工作的回忆:回顾第一阶段//杰拉尔德·迈耶,达德利·希尔斯.发展经济学先驱.北京:经济科学出版社,1988.

思 考 题

1.发展经济学的主要理论流派是否存在传承关系?

2.谈谈新古典发展经济学与新古典主义经济发展理论的关系。

3.激进主义经济发展理论的合理内核是什么?

4.发展经济学对发展中国家产生了哪些影响?